音声ダウンロードのご案内

STEP 1 商品ページにアクセス！ 方法は次の3通り！

- QRコードを読み取ってアクセス。
- https://www.jresearch.co.jp/book/b635697.htmlを入力してアクセス。
- Jリサーチ出版のホームページ(https://www.jresearch.co.jp/)にアクセスして、「キーワード」に書籍名を入れて検索。

STEP 2 ページ内にある「音声ダウンロード」ボタンをクリック！

STEP 3 ユーザー名「1001」、パスワード「26059」を入力！

STEP 4 音声の利用方法は2通り！ 学習スタイルに合わせた方法でお聴きください！

- 「音声ファイル一括ダウンロード」より、ファイルをダウンロードして聴く。
- ▶ボタンを押して、その場で再生して聴く。

※ダウンロードした音声ファイルは、パソコン・スマートフォンなどでお聴きいただくことができます。一括ダウンロードの音声ファイルは.zip形式で圧縮してあります。解凍してご利用ください。ファイルの解凍が上手く出来ない場合は、直接の音声再生も可能です。
音声ダウンロードについてのお問合せ先：toiawase@jresearch.co.jp（受付時間：平日9時〜18時）

Français   Español   Português

フランス語・スペイン語・ポルトガル語 版

日本語単語
スピードマスター

STANDARD 2400

JLPT N3

Apprentissage Rapide du Vocabulaire Japonais
Aprendizaje Rápido de Vocabulario Japonés
Aquisição Rápida de Palavras Japonesas

倉品 さやか
Kurashina Sayaka

Jリサーチ出版

はじめに

　もっと単語を知っていたら、いろいろ話せるのに……と思った
ことはありませんか？

　この本は、シリーズ前編の『日本語単語スピードマスターBASIC
1800』に続く、一つ上のレベルの単語集で、約2,400の語を取り
上げています。単語は、初中級や中級のテキスト、以前の日本語
能力試験の出題基準など、さまざまな資料を参考に、生活でどの
ように使われているかを考えて選びました。

　この本では、一つ一つの言葉をばらばらでなく、テーマごとに
整理しながら覚えていきますので、興味のあるユニットから始め
てください。それぞれの語についても、意味だけでなく、例文や
よく使われる表現、関係のある言葉なども一緒に学べるようにし
ています。

　例文は、会話文を中心に、日常よく使われる表現を紹介してい
ます。覚えたら、生活の中ですぐ役立つことでしょう。これら例
文が付属の音声に収められていますので、単語や表現を覚えなが
ら、聞き取りや発音の練習もできます。電車の中や寝る前に使う
のもいいでしょう。どんどん活用してください。また、赤いシー
トを使って、どれだけ覚えたか、チェックしながら勉強を進める
ことができます。

　この本でたくさんの言葉を覚えて、たくさん話してください。

倉品さやか

この本の使い方
ほん つか かた

F Mode d'emploi de ce manuel S Cómo usar este libro P Como usar este livro

---

覚えておきたい基本語に □ をつけています。
おぼ　　　　　　きほんご

F Le signe □ est placé à l'entête des mots importants à retenir. S Se ha colocado
la marca □ al lado de las palabras y expresiones básicas más importantes.

P O sinal □ foi colocado ao lado das palavras básicas mais importantes a serem memorizadas.

⑱ □ 菓子 （F friandises, snacks S dulces P doce）
    かし

▶お菓子を食べ過ぎると、ご飯が食べられなくなるよ。
　　　　　た　す　　　　　　はん

（F Si vous grignotez trop, vous ne pourrez pas dîner. S Si comes demasiados dulces, no

podrás comer la comida. P Se você comer muitos doces, não conseguirá comer a refeição.）

▷ 洋菓子 （F friandise occidentale S dulces occidentales P doces ocidentais）
　ようがし
▷ 和菓子 （F friandise japonaise S dulces japoneses P doces japoneses）
　わ

例文や熟語の例などを紹介します。
れいぶん　じゅくご　れい　　　　しょうかい

F Des phrases et idiomes d'exemple sont présentés. S Se presentan oraciones,
expresiones y frases de ejemplo. P Serão apresentados exemplos de frases e
expressões idiomáticas.

▶は音声が収録されています（▷は音声なし）。
おんせい　しゅうろく　　　　　　　おんせい

F ▶ est disponible en version audio (▷ non). S ▶ contiene audio, pero ▷ no.
P ▶ possui áudio (▷ não possui áudio).

☐☐☐☐で示した言葉と同じグループの言葉などを紹介します。
しめ　　　ことば　おな

F D'autres termes du même groupe lexical sont présentés pour les mots marqués de
☐☐☐. S Las palabras marcadas con ☐☐☐ se presentan junto con otras palabras
del mismo grupo. P As palavras marcadas com um ☐☐☐ serão apresentadas junto
com outras palavras do mesmo grupo lexical.

同 **同義語** F synonyme S sinónimos P sinônimos
　どうぎご
対 **対義語** F antonyme S antónimos P antônimos
　たいぎご
話 **会話で多い言い方** F langage parlé S expresiones mayormente usadas en la
　かいわ　おお　い　かた　　　　　　conversación P expressões coloquiais
て **ていねいな言い方** F forme polie S expresiones formales o de cortesía
　　　　　い　かた　　　P expressões formais ou de cortesia

PART 2 コツコツ覚えよう、基本の言葉
おぼ きほん こと ば

Vocabulaire basique : apprendre progressivement／Vocabulario básico: aprendizaje constante／Vocabulário básico: aprendizagem progressiva

PART 1

テーマ別で覚えよう、基本の言葉

Vocabulaire basique : mémoriser par thème

Vocabulario básico: aprendizaje por temas

Vocabulário básico: memorização por temas

時間・時
じ かん とき
(**F** Temps **S** Tiempo **P** Tempo)

---

❶ □ **昨日** で (**F** hier **S** ayer **P** ontem) （同 きのう）
さくじつ

▶ 昨日は大変失礼いたしました。
たいへんしつれい
(**F** Je suis vraiment désolé(e) pour hier. **S** Perdón por lo de ayer. **P** Eu realmente sinto muito por ontem.)

❷ □ **一昨日** (**F** avant-hier **S** anteayer **P** anteontem)
いっさくじつ

---

❸ □ **昨年** で (**F** l'année dernière **S** el año pasado （同 去年）
さくねん **P** o ano passado） きょねん

▶ 昨年の春に入社しました。
はる にゅうしゃ
(**F** J'ai rejoint l'entreprise au printemps de l'année dernière. **S** Entré a la empresa el año pasado en primavera. **P** Entrei na empresa na primavera do ano passado.)

---

❹ □ **しあさって** (**F** dans trois jours **S** dentro de tres días
P daqui a três dias)

---

❺ □ **先々週** (**F** il y a deux semaines **S** hace dos
せんせんしゅう semanas **P** semana retrasada)

---

❻ □ **先日** (**F** l'autre jour **S** el otro día **P** o outro dia)
せんじつ

▶ 先日はお忙しい中、ありがとうございました。
いそが なか
(**F** Merci pour le temps que vous m'avez consacré l'autre jour malgré votre emploi du temps chargé. **S** Gracias por haberme dedicado tiempo el otro día a pesar de estar ocupado. **P** Obrigado por ter disposto de seu tempo no outro dia.)

---

❼ □ **当日** (**F** ce jour-là, le jour de **S** ese día **P** no dia)
とうじつ

▶ 当日はチケットを忘れないようにしてください。
わす
(**F** N'oubliez pas de vous munir de votre billet le jour de l'événement. **S** No olvide los boletos ese día. **P** Não se esqueça do ingresso no dia.)

❽ □ 翌日 (**F** le lendemain **S** el día siguiente **P** o dia seguinte)
　　　よくじつ

▶ 試験の翌日には解答が発表されました。
　しけん　　よくじつ　　かいとう　　はっぴょう
(**F** Les réponses ont été publiées le lendemain de l'examen. **S** Las respuestas se anunciaron al día siguiente del examen. **P** As respostas foram publicadas no dia seguinte ao exame.)

▷ 翌週、翌月
　よく しゅう　よく げつ
(**F** la semaine suivante, le mois suivant **S** la semana siguiente; el mes siguiente **P** a semana seguinte, o mês seguinte)

❾ □ 近いうちに (**F** bientôt **S** pronto **P** em breve)
　　　ちか

▶ また近いうちに会いましょう。
　　　ちか　　　あ
(**F** Retrouvons-nous bientôt. **S** Nos vemos de nuevo pronto. **P** Nós nos vemos novamente em breve.)

❿ □ 後日 (**F** plus tard, dans les jours qui viennent **S** otro día, en el futuro **P** data posterior, outro dia)
　　　ご じつ

▶ 後日、サンプルをお送りします。
　ご じつ　　　　　　　　おく
(**F** Je vous enverrai un échantillon plus tard. **S** Le enviaré muestras en los próximos días. **P** As amostras serão enviadas a você em uma data posterior.)

⓫ □ 今後 (**F** dans le futur, à l'avenir **S** de aquí en adelante **P** de agora em diante)
　　　こん ご

▶ このカードは今後、使えなくなるそうです。
　　　　　　　こん ご　つか
(**F** Apparemment, cette carte va être supprimée dans le futur. **S** Parece que esta tarjeta no podrá usarse de aquí en adelante. **P** Parece que esse cartão não estará mais disponível de agora em diante.)

▶ 会社を辞めた後、どうするんですか。　—今後のことはまだ何
　かいしゃ　や　　あと　　　　　　　　　　　　　　　　　　　　なに
　も決まっていないんです。
　　き
(**F** Que ferez-vous après avoir quitté l'entreprise ? — Je n'ai encore rien décidé pour mon avenir. **S** ¿Qué harás después de dejar la empresa? —Todavía no he decidido nada sobre el futuro. **P** — O que você fará depois de deixar a empresa? — Ainda não decidi nada sobre meu futuro.)

1 時間・時
2 家族
3 人
4 人と人
5 名前・住所
6 食べ物・料理
7 家具・家電・家庭用品
8 毎日の生活
9 交通・移動
10 建物・施設・部屋

⓬ ☐ **当時**(とうじ) (**F** à l'époque **S** en ese momento, en esa época **P** na época)

▶ 学校に通っていた当時、駅前にはお店が少ししかありませんでした。
がっこう かよ えきまえ みせ すこ

(**F** À l'époque où j'allais à l'école, il n'y avait que quelques magasins en face de la gare. **S** En la época en que yo iba a la escuela, frente a la estación había solo unas pocas tiendas. **P** Na época em que ia à escola, havia apenas algumas lojas em frente à estação.)

⓭ ☐ **以前**(いぜん) (**F** auparavant **S** antes **P** antes)　対 以後(いご)

▶ 以前はどこで働いていたんですか。
はたら

(**F** Où travailliez-vous auparavant ? **S** ¿Dónde trabajabas antes? **P** Onde você trabalhava antes?)

⓮ ☐ **以後**(いご) (**F** à partir de maintenant, dorénavant **S** a partir de, en el futuro **P** a partir de)　対 以前(いぜん)

▶ 今回は本当に申し訳ありませんでした。以後、気をつけます。
こんかい ほんとう もう わけ き

(**F** Je suis vraiment désolé(e) pour ce que j'ai fait. Je ferai attention à partir de maintenant. **S** Lamento mucho lo de esta vez. Seré más cuidadoso en el futuro. **P** Sinto muito desta vez. Serei mais cuidadoso no futuro.)

⓯ ☐ **以来**(いらい) (**F** depuis **S** desde **P** desde)

▶ ここに来るのは大学を卒業して以来です。
く だいがく そつぎょう

(**F** C'est la première fois que je viens ici depuis que j'ai obtenu mon diplôme universitaire. **S** Es la primera vez que vengo aquí desde que me gradué de la universidad. **P** Não venho aqui desde que me formei na universidade.)

⓰ ☐ **以降**(いこう) (**F** à partir de, après **S** después de **P** depois)

▶ 7時以降だったら、うちにいると思います。
じ おも

(**F** Je devrais être à la maison après sept heures. **S** Si es después de las siete, estaré en casa, creo. **P** Se for depois das 7h, acho que estarei em casa.)

⓱ ☐ **時期**(じき) (**F** moment, période **S** época **P** momento, tempo)

▶ 今はまだ結婚する時期じゃないと思います。
いま けっこん おも

(**F** Je ne pense pas que ce soit le bon moment pour se marier. **S** No creo que sea el momento adecuado para casarme ahora. **P** Acho que agora ainda não é o momento certo para se casar.)

⓲ ☐ **延期(する)** (🇫 reporter 🇪 posponerse 🇵 adiamento)
えん き

▶ 明日のハイキングは延期になりました。
あした
(🇫 La randonnée de demain a été reportée. 🇪 La excursión de senderismo de mañana
se ha pospuesto. 🇵 A caminhada de amanhã foi adiada.)

⓳ ☐ **上旬** (🇫 dix premiers jours du mois, début du mois 🇪 principio de
じょうじゅん　　mes 🇵 o primeiro terço do mês, início do mês)

▷ 7月上旬 (🇫 début juillet 🇪 principios de julio 🇵 início de julho)
がつ

⓴ ☐ **中旬** (🇫 milieu du mois 🇪 mediados de mes 🇵 meados do mês)
ちゅう

㉑ ☐ **下旬** (🇫 fin du mois 🇪 fin de mes 🇵 fim do mês, última semana do mês)
げ

㉒ ☐ **月末** (🇫 fin du mois 🇪 último(s) día(s) del mes 🇵 fim do mês)
げつまつ

▶ 家賃はいつも月末に払っています。
や ちん　　　　　　　　　はら
(🇫 Je paie toujours le loyer à la fin du mois. 🇪 Siempre pago el alquiler los últimos días
del mes. 🇵 O aluguel é sempre pago no fim do mês.)

㉓ ☐ **年末年始** (🇫 fin d'année et nouvel an (vacances) 🇪 feriados de fin
ねんまつねん し　　de año y Año Nuevo 🇵 feriados de fim de ano e Ano Novo)

▷ 年末年始の営業時間のご案内
えいぎょうじ かん　　　あんない
(🇫 Avis sur les heures d'ouverture pour les vacances de fin d'année et de nouvel an
🇪 información sobre el horario de atención durante fin de año y Año Nuevo
🇵 Informações sobre o horário de funcionamento durante os feriados de fim de ano e Ano Novo)

㉔ ☐ **ゴールデンウィーク** (🇫 Golden Week (semaine de vacances au printemps) 🇪 feriados de
principios de mayo en Japón (Semana Dorada) 🇵 Semana Dourada
(feriados de fim de abril ao início de maio no Japão))

㉕ ☐ **元旦** (🇫 Jour de l'An 🇪 día de Año Nuevo　　　　　　同元日
がんたん　　🇵 dia de Ano Novo)　　　　　　　　　　　　　　　がんじつ

㉖ ☐ **普段** (🇫 habituellement 🇪 normalmente 🇵 normalmente)
ふ だん

▶ 休みの日は普段何をしていますか。
やす　　ひ　　　　　　なに
(🇫 Que faites-vous habituellement pendant vos jours de congé ? 🇪 ¿Qué haces en tus
días libres normalmente? 🇵 O que você normalmente faz em seus dias de folga?)

▷ 普段着 (🇫 vêtements de tous les jours 🇪 ropa de casa o de diario 🇵 roupas casuais)
ぎ

❷❼ ☐ **平日** (**F** jours de semaine, en semaine **S** entre semana
へいじつ **P** dia da semana, dia útil)

▶ 平日は仕事があるから、夜にしか行けない。
　　　しごと　　　　　よる　い
(**F** Je travaille les jours de semaine, donc je ne peux y aller que le soir. **S** Como trabajo durante la semana, solamente puedo ir por la noche. **P** Como trabalho nos dias úteis, só posso ir à noite.)

❷❽ ☐ **祝日** (**F** jour férié **S** día de fiesta nacional **P** feriado nacional)
しゅくじつ

❷❾ ☐ **休日** (**F** jour de congé, vacances **S** día libre, día festivo **P** feriado,
きゅうじつ dia de folga)

▶ 今日は休日運転だから、この駅には急行は止まらないよ。
　　きょう　　　うんてん　　　　　えき　　きゅうこう　と
(**F** L'horaire de vacances est en vigueur aujourd'hui, les trains express ne s'arrêteront donc pas à cette gare. **S** Hoy es día festivo, por lo que el expreso no para en esta estación. **P** Os trens expressos não pararão nesta estação hoje porque é uma operação de feriado.)

❸⓿ ☐ **期間** (**F** période **S** período **P** período)
きかん

❸❶ ☐ **延長(する)** (**F** prolonger **S** extensión **P** prorrogação)
えんちょう

▷ 契約期間を延長する
　けいやくきかん
(**F** prolonger la durée du contrat **S** extender el período del contrato **P** prorrogar o período do contrato)

❸❷ ☐ **シーズン** (**F** saison **S** temporada
P época, temporada)　　　　　**同** 季節
　　　　　　　　　　　　　　　　　　　　きせつ

▶ もうすぐ花見のシーズンですね。
　　　はなみ
(**F** C'est bientôt la saison des cerisiers ! **S** Pronto será la temporada de observar las flores de cerezo. **P** Em breve será a temporada de contemplação das flores de cerejeira.)

❸❸ ☐ **臨時** (**F** temporaire, extraordinaire **S** temporal **P** temporário)
りんじ

▷ 臨時休業 (**F** fermeture temporaire **S** cierre temporal **P** fechamento temporário)
　きゅうぎょう

❸❹ ☐ **休暇** (**F** vacances **S** vacaciones **P** férias, licença remunerada)
きゅうか

▶ 来月、1週間ほど休暇をとるつもりです。
　らいげつ　しゅうかん
(**F** Je prévois de prendre une semaine de vacances le mois prochain. **S** Planeo tomar unas vacaciones de aproximadamente una semana el próximo mes. **P** Pretendo tirar uma semana de férias no próximo mês.)

㉟ □ **夜中**（🇫 la nuit, au milieu de la nuit 🇪🇸 en medio de la noche
よ　なか
🇵🇹 no meio da noite）

▶ ときどき、夜中に目が覚めるんです。
　　　　　　め　さ
（🇫 Il m'arrive de me réveiller au milieu de la nuit. 🇪🇸 A veces, me despierto en medio de la
noche. 🇵🇹 Às vezes, eu acordo no meio da noite.）

㊱ □ **深夜**（🇫 tard dans la nuit 🇪🇸 tarde por la noche 🇵🇹 tarde da noite）
しん　や

▶ こんな深夜に電話したらだめだよ。
　　　　　　でん　わ
（🇫 Tu ne devrais pas appeler les gens si tard dans la nuit. 🇪🇸 No se debe llamar tan tarde
por la noche. 🇵🇹 Você não deve ligar assim tão tarde da noite.）

▷ 真夜中（🇫 au milieu deve nuit 🇪🇸 medianoche 🇵🇹 meia-noite）
ま　よ　なか

㊲ □ **明ける**（🇫 finir (une certaine période) 🇪🇸 amanecer 🇵🇹 amanhecer）
あ

▷ 夜が明ける、週明けに
よ　　あ　　　　しゅう　あ
（🇫 à l'aube (fin de nuit), au début de la semaine prochaine 🇪🇸 al amanecer; al comienzo
de la semana 🇵🇹 amanhecer, no começo da semana）

㊳ □ **初め**（🇫 début 🇪🇸 inicio, principio 🇵🇹 início）
はじ

▶ 初めはあまり興味がなかったのですが、だんだんおもしろく
　　　　　　きょう　み
なってきたんです。
（🇫 Cela ne m'intéressait pas beaucoup au début, mais c'est devenu de plus en plus
intéressant au fil du temps. 🇪🇸 Al principio no me interesaba mucho, pero con el tiempo se
volvió interesante. 🇵🇹 No início, eu não estava muito interessado nisso, mas foi ficando
cada vez mais interessante.）

▷ 今年の初め（🇫 au début de l'année 🇪🇸 a principios de este año 🇵🇹 início do ano）
こ　とし

㊴ □ **後**（🇫 plus tard, après 🇪🇸 después 🇵🇹 depois）
あと

▶ 後で電話します。
あと　　でん　わ
（🇫 Je vous appellerai plus tard. 🇪🇸 Te llamaré más tarde. 🇵🇹 Eu ligarei para você depois.）

▶ 1時間くらい後のほうがいい。
　　じ　かん　　　あと
（🇫 Ce serait mieux une heure plus tard. 🇪🇸 Una hora más tarde sería mejor.
🇵🇹 Seria melhor cerca de uma hora depois.）

❹ ☐ **際** (さい) (**F** chaque fois, lorsque **S** al momento de **P** quando)

▶ 外出の際は必ず鍵をかけてください。
がいしゅつ　　　かなら　かぎ
(**F** Veillez à fermer à clé chaque fois que vous sortez. **S** Asegúrate de cerrar con llave cuando salgas. **P** Sempre tranque a porta quando sair de casa.)

❹ ☐ **同時** (どうじ) (**F** en même temps **S** al mismo tiempo **P** ao mesmo tempo)

▶ 器用じゃないから、二つのことを同時にできないんです。
きよう　　　　　　　　ふた
(**F** Je ne suis pas très habile, je ne peux donc pas faire deux choses en même temps.
S No soy hábil, así que no puedo hacer dos cosas al mismo tiempo. **P** Não tenho destreza, por isso não consigo fazer duas coisas ao mesmo tempo.)

❹ ☐ **たった今** (いま) (**F** à l'instant **S** en este mismo momento **P** neste exato momento)

▶ ごめん、待った？ ―ううん。たった今来たところ。
ま　　　　　　　　　　　　　き
(**F** Je suis désolé(e). Tu as attendu longtemps ? — Non, je viens d'arriver à l'instant.
S Disculpa, ¿me esperaste? —No, llegué hace un momento. **P** — Desculpe, você esperou por muito tempo? — Não, acabei de chegar.)

❹ ☐ **早め** (はや) (**F** tôt **S** temprano **P** cedo)

▶ 遅れるといけないから、早めに出よう。
おく　　　　　　　　　　　で
(**F** Il ne faut pas être en retard, alors partons tôt. **S** No podemos llegar tarde, así que salgamos temprano. **P** Devemos sair cedo porque não podemos nos atrasar.)

❹ ☐ **現在** (げんざい) (**F** maintenant, à présent **S** actualmente **P** agora, atualmente)

▶ ここは昔、工場でしたが、現在は倉庫になっています。
むかし　こうじょう　　　　　　　　　　そうこ
(**F** Il y a longtemps, c'était une usine, maintenant c'est un entrepôt. **S** Hace tiempo, este sitio era una fábrica, pero actualmente es un almacén. **P** Antigamente aqui era uma fábrica, mas agora é um armazém.)

❹ ☐ **過去** (かこ) (**F** passé **S** pasado **P** passado)

▶ 検索して過去の記事を読むこともできます。
けんさく　　　　　きじ　よ
(**F** Vous pouvez également rechercher les anciens articles que vous souhaitez lire. **S** También se puede buscar y leer artículos pasados. **P** Você também pode pesquisar e ler artigos anteriores.)

4 **㊻** ☐ **未来** (**F** futur **S** futuro **P** futuro)
<small>み らい</small>

▶ 100年後？　そんな遠い未来のことはわからないなあ。
<small>ねん ご</small>　　　　　<small>とお</small>
(**F** Dans cent ans ? C'est trop loin pour le dire. **S** ¿Dentro de cien años? No tengo idea de un futuro tan lejano. **P** Daqui a cem anos? Não sei sobre um futuro tão distante.)

㊼ ☐ **将来** (**F** futur **S** futuro **P** futuro)
<small>しょうらい</small>

▶ 将来は自分の家を持ちたいです。
<small>じ ぶん いえ も</small>
(**F** Dans le futur j'aimerais avoir ma propre maison. **S** Quiero tener mi propia casa en el futuro. **P** No futuro, gostaria de ter minha própria casa.)

㊽ ☐ **一生** (**F** toute sa vie **S** toda la vida **P** uma vida inteira)
<small>いっしょう</small>

▶ 一生、ここで働くつもりはありません。
<small>はたら</small>
(**F** Je n'ai pas l'intention de travailler ici toute ma vie. **S** No tengo la intención de trabajar aquí toda la vida. **P** Não pretendo trabalhar aqui por toda a minha vida.)

㊾ ☐ **永遠** (**F** pour toujours, à jamais **S** eternidad **P** eternidade)
<small>えいえん</small>

▶ 宝くじなんて、永遠に当たらない気がする。
<small>たから</small>　　　　　　<small>あ</small>　　<small>き</small>
(**F** Je pense que je ne gagnerai jamais à la loterie. **S** Siento que jamás ganaré la lotería. **P** Sinto que nunca vou ganhar na loteria.)

㊿ ☐ **現代** (**F** l'époque actuelle, les temps modernes **S** la actualidad, estos tiempos **P** a época atual)
<small>げんだい</small>

▶ これも、現代の若者の特徴です。
<small>わかもの とくちょう</small>
(**F** C'est une autre caractéristique des jeunes d'aujourd'hui. **S** Esto también es una característica de los jóvenes de hoy en día. **P** Esta também é uma característica dos jovens de hoje.)

51 ☐ **今日** (**F** aujourd'hui **S** hoy en día **P** hoje (em dia))
<small>こんにち</small>

▶ 今日、私たちの生活は、世界経済の影響をますます受けるよう
<small>わたし せいかつ せ かいけいざい えいきょう</small>　　　　　　　　　う
になっています。
(**F** Aujourd'hui, nos vies sont de plus en plus exposées aux conséquences de l'économie mondiale. **S** Hoy en día, nuestras vidas están cada vez más influenciadas por la economía mundial. **P** Hoje em dia, nossas vidas são cada vez mais afetadas pela economia global.)

㊾ ☐ 時代 （**F** époque, période, ère **S** época, era, período
じ だい 　　**P** época, tempo, era）

▶ 親と子の関係は、いつの時代も変わらないと思います。
おや こ かんけい か おも
（**F** Je pense que la relation entre les parents et les enfants est restée la même quelle que
soit l'époque. **S** Creo que la relación entre padres e hijos es igual en todas las épocas.
P Acredito que a relação entre pais e filhos é igual em qualquer época.）

▷ 江戸時代、学生時代
え ど がくせい
（**F** époque Edo, époque de l'école / de l'université **S** período Edo; época de estudiante
P Período Edo, época de estudante）

㊿ ☐ ～年代 （**F** années **S** década, época **P** década, época）
ねんだい

▷ 90年代のヒット曲を集めたCD
きょく あつ
（**F** un CD de chansons à succès des années 90 **S** CD con éxitos de los años 90
P Um CD com os sucessos da década de 1990）

54 ☐ 世紀 （**F** siècle **S** siglo **P** século）
せい き

▷ 21世紀、今世紀
こん
（**F** le 21e siècle, ce siècle **S** siglo XXI; este siglo **P** século 21, este século）

55 ☐ 経つ （**F** passer, s'écouler **S** transcurrir **P** passar）
た

▶ あれから1時間経つけど、まだ連絡が来ない。
じ かん れんらく こ
（**F** Une heure s'est écoulée depuis, mais il ne m'a toujours pas contacté(e). **S** Ha pasado
una hora desde entonces, pero todavía no he recibido noticias. **P** Já se passou uma hora
desde então e ainda não recebi nenhuma notícia.）

56 ☐ ～ぶり （**F** depuis～ **S** después de (cierto tiempo) **P** após um
período de tempo）

▶ 7年ぶりに昔の友だちと会った。
ねん むかし とも あ
（**F** J'ai rencontré un vieil ami que je n'avais pas vu depuis sept ans. **S** Me reuní con
viejos amigos después de siete años. **P** Encontrei-me com um velho amigo depois de
sete anos.）

57 ☐ 日にち （**F** date **S** fecha **P** data）
ひ

▶ 引越しの日にちが決まりました。
ひっこ き
（**F** La date de mon déménagement a été fixée. **S** Se ha fijado una fecha para la
mudanza. **P** A data da mudança já foi definida.）

(58) □ **日時**（にちじ） (F date et heure S fecha y hora P data e hora)

▶ 詳(くわ)しい日時が決(き)まったら、教(おし)えてください。

(F Veuillez me communiquer la date et l'heure exactes dès qu'elles auront été fixées. S Cuando la fecha y hora exactas estén confirmadas, por favor, avíseme. P Informe-me quando tiver uma data e horário confirmados.)

(59) □ **日付**（ひづけ） (F date S fecha P data)

▶ 日付のところは、今日(きょう)の日付を書(か)けばいいんですか。

(F Dois-je remplir la case de la date avec la date d'aujourd'hui ? S ¿Debo poner la fecha de hoy en la sección de la fecha? P No espaço de data, devo escrever a data de hoje?)

(60) □ **今回**（こんかい） (F cette fois-ci S esta vez P desta vez)

▶ 今回はだめだったけど、次(つぎ)、また頑張(がんば)ればいいよ。

(F Cela ne s'est pas bien passé cette fois-ci, mais essaie à nouveau la prochaine fois. S Esta vez no funcionó, pero inténtalo de nuevo. P Desta vez não deu certo, mas você pode tentar novamente na próxima vez.)

(61) □ 次回（じ） (F la prochaine fois S la próxima vez P a próxima vez)

(62) □ **機会**（きかい） (F occasion, opportunité S oportunidad, ocasión P oportunidade)

▶ お互(たが)い忙(いそが)しくて、なかなか会(あ)う機会がありません。

(F Nous sommes tous les deux très occupés, nous n'avons donc pas beaucoup d'occasions de nous voir. S Ambos estamos ocupados y no tenemos ocasión para encontrarnos. P Nós dois somos muito ocupados e não temos oportunidade para nos encontrarmos.)

(63) □ チャンス (F le bon moment S oportunidad P chance)

▶ 安(やす)く買(か)いたかったら、今(いま)がチャンスですよ。

(F Si vous voulez l'obtenir à bas prix, c'est l'occasion ou jamais ! S Si quieres comprar barato, esta es tu oportunidad. P Se você quiser comprar barato, agora é a chance.)

(64) □ **きっかけ** (F début, opportunité, déclic S ocasión P motivo, razão)

▶ 飛行機(ひこうき)で隣(となり)の席(せき)になったのがきっかけで、彼(かれ)と付(つ)き合(あ)うようになりました。

(F J'ai commencé à sortir avec lui après que nous nous sommes retrouvés assis côte à côte dans l'avion. S Comencé a salir con él después de que nos sentamos juntos en el avión. P Ele se sentou ao meu lado em um avião e esse foi o motivo de ter começado a namorá-lo.)

UNIT 2

家族
かぞく
(**F** Famille **S** Familia **P** Família)

❶ □ **夫婦** (**F** mari et femme **S** cónyuges **P** casal)

▶ 夫婦で山に登ることもあるんですか。 ──ええ、ときどき。
やま のぼ
(**F** Faites-vous de l'alpinisme en couple ? — Oui, parfois. **S** ¿Con su esposo/a escalan montañas juntos? —Sí, de vez en cuando. **P** — O senhor e sua esposa escalam montanhas juntos? — Sim, às vezes.)

▶ その時は、兄夫婦の家に泊まらせてもらいました。
とき あに いえ と
(**F** Lorsque nous y sommes allés, nous avons séjourné chez mon frère aîné et sa femme. **S** En ese momento, nos quedamos en casa de mi hermano y su esposa. **P** Naquela vez, fiquei hospedado na casa do meu irmão e da minha cunhada.)

❷ □ **姉妹** (**F** sœurs **S** hermanas **P** irmãs)
しまい

▷ 三(人)姉妹 (**F** trois sœurs **S** tres hermanas **P** três irmãs)
さん にん

❸ □ **兄弟** (**F** frères **S** hermanos **P** irmãos)
きょうだい

❹ □ **主人** (**F** mari **S** esposo **P** marido)
しゅじん

▶ いつも主人がお世話になっています。
せ わ
(**F** Vous êtes toujours d'une grande aide pour mon mari. **S** Mi esposo recibe siempre sus atenciones. **P** Estou muito agradecida pela ajuda que prestam ao meu marido.)

▶ 田中さんのご主人は、銀行にお勤めだそうです。
た なか ぎんこう つと
(**F** J'ai entendu dire que le mari de Tanaka-san travaillait dans une banque. **S** Parece que el esposo de Tanaka trabaja en un banco. **P** Ouvi dizer que o marido da senhora Tanaka trabalha em um banco.)

❺ □ **長男** (**F** fils aîné **S** hijo mayor **P** filho primogênito)
ちょうなん

▶ あそこの家は、長男より次男のほうがしっかりしている。
いえ じなん
(**F** Le deuxième fils de cette famille est plus responsable que l'aîné. **S** En esa casa, el segundo hijo es más responsable que el hijo mayor. **P** Naquela casa, o segundo filho é mais responsável do que o filho mais velho.)

時間・時

家族 2

人 3

人と人 4

名前・住所 5

食べ物・料理 6

家具・家電・家庭用品 7

毎日の生活 8

交通・移動 9

建物・施設・部屋 10

❻ ☐ 次男
じなん
(**F** deuxième fils **S** segundo hijo **P** segundo filho)

❼ ☐ 三男
さんなん
(**F** troisième fils **S** tercer hijo **P** terceiro filho)

❽ ☐ 長女
ちょうじょ
(**F** fille aînée **S** hija mayor **P** filha primogênita)

❾ ☐ 次女
じじょ
(**F** deuxième fille **S** segunda hija **P** segunda filha)

❿ ☐ いとこ (**F** cousin(e) **S** primo o prima **P** primo(a))

⓫ ☐ 姪
めい
(**F** nièce **S** sobrina **P** sobrinha)

⓬ ☐ 甥
おい
(**F** neveu **S** sobrino **P** sobrinho)

⓭ ☐ 親せき
しん
(**F** membres de la famille **S** pariente **P** parente)

▶ 毎年 正 月は、親せきの家を訪ねます。
まいとし しょうがつ　　　　　　　いえ　たず
(**F** Je rends visite à ma famille chaque année à l'occasion du Nouvel An. **S** Todos los años, para el Año Nuevo, visito las casas de mis parientes. **P** Todos os anos, no Ano Novo, visito a casa dos parentes.)

⓮ ☐ 親類
しんるい
(**F** membres de la famille **S** pariente **P** parente)

⓯ ☐ 孫
まご
(**F** petit-enfant **S** nieto **P** neto(a))

⓰ ☐ 子孫
しそん
(**F** descendant **S** descendiente **P** descendente)

▶ 彼はそんな偉い人の子孫なんですか。すごいですね。
かれ　　　　えら　ひと
(**F** Il est le descendant de cette famille riche et puissant ? C'est incroyable.
S ¿Es descendiente de una persona tan importante? Es impresionante.
P Ele é descendente de um homem tão importante? Isso é incrível.)

UNIT 3

人
ひと
(**F** Personnes **S** Personas **P** Pessoas)

---

❶ □ **赤ん坊** (**F** bébé **S** bebé **P** bebê)　　　　　同 赤ちゃん
　　あか　ぼう　　　　　　　　　　　　　　　　　　　　　　　　　　　あか

---

❷ □ **少年** (**F** garçon **S** niño **P** menino)
　　しょうねん

▶ 私も少年の頃は、いろいろ夢や希望を持っていました。
　わたし　　　ごろ　　　　　　　ゆめ　きぼう　も
（**F** Quand j'étais enfant, j'avais moi aussi beaucoup de rêves et d'espoirs. **S** Cuando era niño, yo también tenía varios sueños y esperanzas. **P** Quando eu era um menino, também tinha vários sonhos e esperanças.）

---

❸ □ **少女** (**F** fille **S** niña **P** menina)
　　しょうじょ

▶ 10歳くらいの少女が、ひとりで道に座っていました。
　　さい　　　　　　　　　　みち　すわ
（**F** Une fille d'environ 10 ans était assise toute seule dans la rue. **S** Había una niña de unos diez años sentada sola en la calle. **P** Uma menina de cerca de 10 anos estava sentada sozinha na rua.）

---

❹ □ **お嬢さん** (**F** fille de ○○, jeune fille **S** hija, señorita **P** sua filha, senhorita)
　　じょう

▶ 山田さんのお嬢さんは、礼儀正しくていい子ですよ。
　やまだ　　　　じょう　　　れいぎただ　　　　　こ
（**F** La fille de Yamada-san est gentille et polie. **S** La hija de Yamada es una niña educada y agradable. **P** A filha da senhora Yamada é educada e uma boa menina.）

---

❺ □ **青年** (**F** jeune (homme) **S** joven **P** rapaz)
　　せいねん

▶ 10年ぶりに会った彼は、立派な青年になっていました。
　　ねん　　　あ　かれ　　りっぱ
（**F** Cela fait dix ans que je ne l'avais pas vu. Il a grandi et est devenu un beau jeune homme. **S** Cuando lo vi después de diez años, se había convertido en un joven notable. **P** Ele, que não via há 10 anos, tinha se tornado um rapaz admirável.）

---

❻ □ **中年** (**F** âge moyen **S** mediana edad **P** meia-idade)
　　ちゅうねん

▶ 客の多くは中年のサラリーマンでした。
　きゃく　おお
（**F** La plupart des clients étaient des hommes d'affaires d'âge moyen. **S** La mayoría de los clientes eran asalariados de mediana edad. **P** Muitos dos clientes eram homens de meia-idade assalariados.）

❼ □ 女子 (**F** fille **S** chica **P** moça)
じょし

▷ 女子トイレ、女子社員、女子大生
　　　　しゃいん　　だいせい
（**F** toilettes pour femmes, employée, étudiante **S** baños para mujeres; empleadas; estudiantes universitarias **P** banheiro feminino, funcionária, estudante universitária）

❽ □ 男子 (**F** garçon **S** chico **P** rapaz)
だんし

▶ うちの学校ではいつも、男子よりも女子のほうが成績がいいんです。
　　　　　がっこう　　　　　　　　　　　　　　　　　　　　　　　せいせき
（**F** Dans notre école, les filles ont toujours de meilleurs résultats que les garçons.
S En nuestra escuela, las chicas siempre tienen mejores calificaciones que los chicos.
P Na nossa escola as moças sempre têm notas melhores do que os rapazes.）

❾ □ 年寄り (**F** personnes âgées **S** anciano **P** idoso)
としよ

▶ 子どもからお年寄りまで、たくさんの人が応援に来てくれました。
　こ　　　　　　　　　　　　　　　　　　　　ひと　おうえん　き
（**F** Beaucoup de gens, des enfants aux personnes âgées, sont venus nous soutenir.
S Mucha gente vino a dar su apoyo, desde niños hasta ancianos. **P** Muitas pessoas, de crianças a idosos, vieram nos apoiar.）

❿ □ 高齢者 (**F** personne âgée **S** anciano **P** pessoa idosa)
こうれいしゃ

▷ 高齢者向けのマンション、（ご）高齢の方
　　　　む　　　　　　　　　　　　　　かた
（**F** appartements pour séniors, personnes âgées **S** edificio de apartamentos para personas mayores; persona mayor **P** edifício de apartamentos para idosos, senhor(a) idoso(a)）

⓫ □ 住民 (**F** résident **S** residente **P** morador)
じゅうみん

▶ 住民の反対が強く、道路計画は中止になった。
　　　　はんたい　つよ　　どうろけいかく　ちゅうし
（**F** En raison de la forte opposition des résidents, le projet de construction de la route a été suspendu. **S** La oposición de los residentes fue fuerte y el plan de la carretera fue cancelado. **P** O projeto da estrada foi cancelado devido à forte oposição dos moradores.）

⓬ □ 通行人 (**F** passant(e) **S** transeúnte **P** transeunte)
つうこうにん

▶ 財布、見つかったの？ ―うん。通行人の男性が見つけて、交
　さいふ　み　　　　　　　　　　　　　　　　だんせい　　み　　　　　こう
番に届けてくれた。
ばん　とど
（**F** As-tu trouvé ton portefeuille ? — Oui. Un homme qui passait par là l'a trouvé et l'a remis au commissariat. **S** ¿Encontraste tu billetera? —Sí, un transeúnte la encontró y la llevó a la comisaría. **P** — Você encontrou a carteira? — Sim. Um transeunte a encontrou e a entregou no posto de polícia.）

⑬ ☐ **知らない人** (**F** inconnu(e) **S** desconocido **P** desconhecido)

▶ 友だちと間違えて、知らない人に話しかけてしまった。
(**F** J'ai pris un inconnu pour mon ami et je suis allé lui parler. **S** Por equivocación, en lugar de hablarle a mi amigo, le hablé a un desconocido. **P** Confundi um amigo com um desconhecido e fui falar com ele.)

⑭ ☐ **おじさん** (**F** homme d'âge moyen **S** señor, hombre mayor **P** homem mais velho/de meia idade)

▶ あそこのおじさんに聞いてみよう。
(**F** Allons demander à l'homme là-bas. **S** Vamos a preguntarle al señor de allá. **P** Vamos perguntar àquele senhor ali.)

⑮ ☐ **おばさん** (**F** femme d'âge moyen **S** señora, mujer mayor **P** mulher mais velha/de meia idade)

▶ 店のおばさんが、おいしい食べ方を教えてくれたんです。
(**F** La dame du magasin m'a indiqué la meilleure façon de le manger. **S** La señora de la tienda me enseñó una manera deliciosa de comerlo. **P** A senhora da loja me ensinou uma maneira deliciosa de comer.)

⑯ ☐ **人ごみ** (**F** foule, monde **S** multitud **P** multidão)

▶ お祭り、どうでした？ ―すごい人ごみで、歩くのも大変でした。
(**F** Comment était le festival ? — Il y avait tellement de monde qu'on ne pouvait même pas avancer. **S** ¿Cómo estuvo el festival? —Había una multitud y era difícil caminar. **P** — Como foi o festival? — Tinha uma multidão e estava difícil até mesmo para caminhar.)

⑰ ☐ **独り** (**F** seul **S** solo, en soledad **P** sozinho)

▶ 原さんが今度、結婚するそうですよ。 ―えっ、今まで独りだったんですか。
(**F** M. Hara se marie bientôt. — Ah bon ? Il était seul jusqu'à présent ? **S** Parece que Hara se va a casar pronto. —¿En serio? ¿Ha estado solo todo este tiempo? **P** — Parece que o senhor Hara vai se casar em breve. — E ele estava solteiro até agora?)

⑱ ☐ **独り言** (**F** parler tout seul **S** monólogo **P** monólogo)

時間・時 1
家族 2
人 3
人と人 4
名前・住所 5
食べ物・料理 6
家具・家電・家庭用品 7
毎日の生活 8
交通・移動 9
建物・施設・部屋 10

⑲ ☐ **有名人** (🇫 célébrité 🇸 celebridad 🇵 celebridade)
ゆうめいじん

⑳ ☐ **スター** (🇫 star 🇸 estrella 🇵 estrela)

▷ スター選手 (🇫 athlète star 🇸 jugador estrella 🇵 jogador estrela)
せんしゅ

㉑ ☐ **ファン** (🇫 fan 🇸 fanático 🇵 fã)

㉒ ☐ **～者** (🇫 ～personne 🇸 persona (sufijo) 🇵 pessoa (sufixo))
しゃ

▷ 参加者、研究者 (🇫 participant, chercheur 🇸 participante; investigador
さんか けんきゅう
🇵 participante, pesquisador)

㉓ ☐ **ホストファミリー** (🇫 famille d'accueil 🇸 familia anfitriona
🇵 família anfitriã)

㉔ ☐ **氏** (🇫 (titre honorifique) M./Mme/Mlle 🇸 Sr./Sra., apellido
し 🇵 senhor (a))

▶ 元サッカー選手の田中氏を講師に招く予定です。
もと せんしゅ たなか こうし まね よてい
(🇫 Nous prévoyons d'inviter l'ancien joueur de football M.Tanaka comme conférencier.
🇸 Estamos planeando invitar al Sr. Tanaka, exfutbolista, como profesor. 🇵 Estamos
planejando convidar o senhor Tanaka, ex-jogador de futebol, como palestrante.)

㉕ ☐ **氏名** (🇫 nom complet 🇸 apellido y nombre 🇵 nome completo)
しめい

㉖ ☐ **先祖** (🇫 ancêtres 🇸 antepasado, ascendiente 🇵 antepassados)
せんぞ

▶ うちの先祖は、もともと東北の方に住んでいたそうです。
とうほく ほう す
(🇫 Apparemment, mes ancêtres vivaient à l'origine dans la région du Tohoku. 🇸 Parece
que nuestros antepasados originalmente vivían en la región de Tohoku. 🇵 Parece que os
nossos antepassados originalmente viviam na região de Tohoku.)

㉗ ☐ **祖先** (🇫 ancêtres 🇸 ancestro 🇵 ancestrais)
そせん

▶ 人間の祖先は、サルだと言われている。
にんげん い
(🇫 On pense que les singes sont les ancêtres des humains. 🇸 Parece que los simios son
ancestros de los humanos. 🇵 Dizem que os ancestrais dos seres humanos eram os
macacos.)

UNIT 4

人と人
ひと　　ひと
(F Relations interpersonnelles S Relaciones interpersonales P Relações interpessoais)

❶ ☐ 出会う (F rencontrer S encontrarse P encontrar)
で　あ

▶ 彼女と初めて出会ったのは、大学3年の時です。
かのじょ　はじ　　　　　　　　　　だいがく　ねん　とき
(F Je l'ai rencontrée pour la première fois lors de ma troisième année d'université. S Conocí a mi novia cuando estaba en el tercer año de la universidad. P Eu a conheci quando estava no terceiro ano da universidade.)

❷ ☐ 出会い (F rencontre S encuentro P encontro)

❸ ☐ 知り合う (F rencontrer, connaître S conocerse P conhecer)
し　あ

▶ 原さんとは、知り合ってすぐに仲良くなりました。
はら　　　　　　　　　　　　　　なか よ
(F M. Hara et moi sommes devenus amis dès que nous nous sommes rencontrés. S Me hice amigo de Hara poco después de conocernos. P Eu me tornei amigo da senhora Hara logo que nos conhecermos.)

❹ ☐ 知り合い (F connaissance S conocido P conhecido)

❺ ☐ 知人 (F connaissance S conocido P pessoa conhecida)
ち じん

▶ 彼とは、知人の紹介で知り合いました。
かれ　　　　ちじん　しょうかい
(F Je l'ai rencontré par l'intermédiaire d'une connaissance. S Lo conocí a través de un conocido. P Eu o conheci por meio de um conhecido.)

❻ ☐ 友人て (F ami(e) S amigo P amigo)　　　(同友達)
ゆうじん　　　　　　　　　　　　　　　　　　　ともだち

▶ 週末は、友人と絵を見に行く予定です。
しゅうまつ　　ゆうじん え　み　い　よてい
(F Je vais à une exposition de peinture avec un ami ce week-end. S Tengo previsto ir a ver arte con mis amigos este fin de semana. P No fim de semana, tenho planos de ir ver uma exposição de pinturas com amigos.)

❼ ☐ 親友 (F ami proche S amigo íntimo P amigo íntimo)
しんゆう

▶ 友だちはたくさんいますけど、親友といえるのは二人だけです。
とも　　　　　　　　　　　　　　しんゆう　　　　　ふたり
(F J'ai beaucoup d'amis, mais je n'en considère que deux comme des amis proches. S Tengo muchos amigos, pero solo hay dos a los que puedo llamar amigos íntimos. P Tenho muitos amigos, mas só dois posso dizer que são amigos íntimos.)

時間・時 1

家族 2

人 3

人と人 4

名前・住所 5

食べ物・料理 6

家具・家電・家庭用品 7

毎日の生活 8

交通・移動 9

建物・施設・部屋 10

❽ ☐ **仲** (**F** relation **S** relación **P** relação)
なか

▶ 仲が悪いわけではないのですが、彼女とはあまり話しません。
わる　　　　　　　　　　　　かのじょ　　　　　はな

(**F** Ce n'est pas que nous ne nous entendons pas, mais je ne lui parle pas beaucoup.
S No tenemos una mala relación, pero no hablamos mucho. **P** Nós não temos uma relação ruim, mas não falo muito com ela.)

▷ 仲がいい (**F** s'entendre bien **S** tener una buena relación **P** ter uma boa relação)

❾ ☐ **仲良し** (**F** ami(e)s, s'entendre bien **S** buenos amigos **P** bom amigo)
なか よ

▶ あやちゃんと私は、小さいころから仲良しなんです。
わたし　ちい

(**F** Aya et moi sommes ami(e)s depuis que nous sommes enfants. **S** Aya y yo hemos sido amigas desde pequeñas. **P** A Aya e eu somos boas amigas desde quando éramos pequenas.)

❿ ☐ **仲直り(する)** (**F** se réconcilier **S** reconciliarse **P** fazer as pazes)
なか なお

▶ いつまでけんかしてるの？　早く仲直りしたら？
はや

(**F** Quand allez-vous cesser de vous disputer ? Il est temps que vous vous réconciliez.
S ¿Hasta cuándo seguirán peleando? ¿Por qué no se reconcilian pronto? **P** Até quando vocês vão ficar brigados? Por que vocês não fazem as pazes logo?)

⓫ ☐ **先輩** (**F** étudiant senior **S** superior, mayor, más experimentado
せんぱい　　**P** veterano)

▷ 大学の先輩 (**F** étudiant senior à l'université **S** compañeros de cursos superiores en
だいがく
la universidad **P** estudante veterano da universidade)

⓬ ☐ **後輩** (**F** étudiant junior (plus jeune) **S** inferior, menor, menos experimentado
こうはい　　**P** novato, calouro)

⓭ ☐ **年上** (**F** plus âgé(e) **S** mayor (en edad) **P** pessoa mais velha)
としうえ

▶ 私のほうが彼女より一つ年上です。
わたし　　　　かのじょ　　ひと

(**F** J'ai un an de plus qu'elle. **S** Soy un año mayor que ella. **P** Eu sou um ano mais velho do que ela.)

⓮ ☐ **年下** (**F** plus jeune **S** menor (en edad) **P** pessoa mais nova)
した

⓯ ☐ **クラスメート** (**F** camarade de classe **S** compañero de clase
P colegas de classe)

▷ ルームメート (**F** colocataire **S** compañero de habitación o apartamento
P companheiro de quarto)

⓰ ☐ **付き合う**
（つ あ）
（**F** fréquenter, accompagner **S** salir juntos
P acompanhar, namorar）

▶ 昨日は友だちに付き合って、フリマに行きました。
（きのう とも い）
（**F** Hier, j'ai accompagné une amie à un marché aux puces. **S** Ayer salí con amigos y fuimos a un mercado de pulgas. **P** Ontem, acompanhei meu amigo e fomos a uma feira de pulgas.）

▶ あの二人、付き合ってるみたいですよ。
（ふたり）
（**F** On dirait que ces deux-là sortent ensemble. **S** Parece que esos dos están saliendo (tienen una relación). **P** Parece que aqueles dois estão namorando.）

⓱ ☐ **付き合い** （**F** relation **S** relación **P** relação social）

▶ ふじ印刷さんとは、もう5年の付き合いです。
（いんさつ ねん）
（**F** Nous travaillons avec Fuji Printing depuis cinq ans. **S** Trabajamos con Fuji Printing desde hace 5 años. **P** Trabalhamos com a gráfica Fuji já há 5 anos.）

⓲ ☐ **交際(する)**
（こうさい）
（**F** fréquenter **S** relaciones sociales o amorosas
P namoro）

▶ 最近、仕事で知り合った人と交際を始めました。
（さいきん しごと し あ ひと はじ）
（**F** Depuis quelques temps, je fréquente une personne rencontrée au travail. **S** Hace poco comencé una relación con alguien que conocí en el trabajo. **P** Recentemente, comecei a namorar alguém que conheci no trabalho.）

⓳ ☐ **彼(氏)** （**F** petit ami **S** novio **P** namorado）
（かれ し）

▶ 今度、彼氏を紹介してよ。 —うん、そのうちね。
（こんど しょうかい）
（**F** Présente-moi à ton petit ami un de ces jours. — Bien sûr, un de ces jours.
S La próxima vez, preséntanos a tu novio. —Sí, pronto. **P** — Apresente seu namorado na próxima vez. — Sim, um dia desses.）

⓴ ☐ **彼女** （**F** petite amie **S** novia **P** namorada）
（かのじょ）

▶ 石井さんの彼女って、どんな人ですか。 —えっ、普通の女性
（いしい ひと ふつう じょせい）
ですよ。
（**F** Comment est votre petite amie, M. Ishii ? — C'est une femme ordinaire. **S** ¿Cómo es la novia de Ishii? —Ah, es una mujer común. **P** — Como é a namorada do senhor Ishii? — Ah, ela é uma mulher comum.）

時間・時 1
家族 2
人 3
人と人 4
名前・住所 5
食べ物・料理 6
家具・家電・家庭用品 7
毎日の生活 8
交通・移動 9
建物・施設・部屋 10

㉑ □ **失恋(する)** (**F** chagrin d'amour **S** ruptura amorosa
　　　しつれん　　　　　　　 **P** desilusão amorosa)

▶昔、失恋した時によくこの曲を聴いて、泣きました。
　むかし　　しつれん　　とき　　　　　　きょく　き　　　　　　な
　(**F** Chaque fois que j'avais un chagrin d'amour dans ma jeunesse, j'écoutais cette
　chanson et je pleurais. **S** Una vez que tuve una ruptura amorosa, solía escuchar esta
　canción y llorar mucho. **P** No passado, quando tive uma desilusão amorosa, costumava
　ouvir esta música e chorar.)

㉒ □ **ふる** (**F** larguer, laisser tomber **S** rechazar **P** rejeitar)

▶ふられたけど、彼女のことを嫌いになったりはしてない。
　　　　　　　　かのじょ　　　　　きら
　(**F** Même si elle m'a larguée, je ne la déteste pas. **S** Me rechazó, pero no llegué a odiarla.
　P Fui rejeitado, mas não comecei a odiá-la.)

㉓ □ **慰める** (**F** remonter le moral **S** consolar **P** consolar)
　　　なぐさ

▶試験に落ちてがっかりしていたら、おばあちゃんが慰めてくれた。
　しけん　お
　(**F** Lorsque j'étais déprimé(e) par mon échec à l'examen, ma grand-mère m'a aidé à me
　remonter le moral. **S** Estaba desanimado por haber suspendido el examen, pero mi
　abuela me consoló. **P** Quando eu estava desapontado por ter sido reprovado no exame,
　minha avó me consolou.)

㉔ □ **離婚(する)** (**F** divorcer **S** divorcio **P** divórcio)
　　　りこん

㉕ □ **愛(する)** (**F** aimer **S** amor **P** amor)
　　　あい

▶これを見れば、彼らがどれだけこの島を愛しているか、よくわ
　　　　み　　　　かれ　　　　　　　　しま
　かります。
　(**F** Un simple coup d'œil suffit pour comprendre à quel point ils aiment cette île. **S** Al ver
　esto, uno entiende cuánto aman esta isla. **P** Se você vir isto, entenderá o quanto eles
　amam esta ilha.)

㉖ □ **目上** (**F** supérieur **S** superior **P** superior
　　　めうえ　　 hierarquicamente)　　　　　　　对 **目下**
　　　　　　　　　　　　　　　　　　　　　　　　　めした

▶目上の人への手紙なので、失礼がないようにしてください。
　めうえ　ひと　　てがみ　　　　しつれい
　(**F** Comme vous écrivez à un supérieur, veillez à ne pas être impoli. **S** Es una carta para
　un superior, así que asegúrate de que sea respetuosa. **P** É uma carta para alguém
　superior hierarquicamente, por isso, certifique-se de que não haja qualquer desrespeito.)

㉗ ☐ **尊敬(する)** (**F** respecter **S** respeto **P** respeito)
そんけい

▶ 大人になってから、父親を尊敬するようになりました。
おとな　　　　　　ちちおや
(**F** Depuis que je suis adulte, j'ai appris à respecter mon père. **S** Desde que me hice
adulto, empecé a respetar a mi padre. **P** Depois de me tornar adulto, comecei a respeitar
meu pai.)

㉘ ☐ **他人** (**F** les autres **S** otra persona, los demás **P** outra pessoa)
た にん

▶ 他人の言うことを気にする必要はないよ。
　　　　い　　　　き　　　　ひつよう
(**F** Vous n'avez pas à vous soucier de ce que les autres disent. **S** No tienes que
preocuparte por lo que dicen los demás. **P** Você não precisa se preocupar com o que os
outros dizem.)

㉙ ☐ **敵** (**F** ennemi(e), rival(e) **S** enemigo, rival **P** inimigo, adversário)
てき

▷ 敵のチーム (**F** l'équipe adverse **S** el equipo rival **P** time adversário)

㉚ ☐ **味方(する)** (**F** soutenir, être allié **S** aliado **P** aliado)
みかた

▶ みんな私を責めたけど、彼女だけは味方してくれた。
　　　わたし　せ　　　　　　かのじょ
(**F** Tout le monde me blâmait, sauf elle. Elle était la seule à me soutenir. **S** Todos me
culparon, pero ella fue la única que me apoyó. **P** Todos me censuraram, mas ela foi a
única que me apoiou.)

㉛ ☐ **ライバル** (**F** rival(e) **S** rival **P** rival)

▶ ふじ大学は、うちの長年のライバルなんです。
　　　だいがく　　　　　　ながねん
(**F** L'université Fuji est notre rivale depuis des années. **S** La Universidad de Fuji ha sido
nuestro rival durante muchos años. **P** A Universidade Fuji é nossa rival de longa data.)

㉜ ☐ **仲間** (**F** camarade, collègue, copain **S** compañero **P** colega)
なか ま

▶ アルバイト仲間と、ボーリングに行きました。
　　　　　　　　　　　　　　　　い
(**F** J'ai été au bowling avec les camarades de mon petit boulot. **S** Fui a jugar los bolos
con los compañeros de donde trabajo a tiempo parcial. **P** Fui jogar boliche com os
colegas de trabalho.)

時間・時 1

家族 2

人 3

人と人 4

名前・住所 5

食べ物・料理 6

家具・家電・家庭用品 7

毎日の生活 8

交通・移動 9

建物・施設・部屋 10

㉝ □ **相手**
あいて
(**F** l'autre personne, interlocuteur **S** oponente, contrario, compañero **P** a outra pessoa, o interlocutor)

▶ しまった！　メールを送る相手を間違えた！
おく　　　まちが
(**F** Oh, non ! J'ai envoyé l'e-mail à la mauvaise personne ! **S** ¡Oh, no! ¡Le envié el correo electrónico a la persona equivocada! **P** Oh, não! Enviei o e-mail para a pessoa errada!)

▷ 電話の相手、相手チーム
でんわ
(**F** interlocuteur téléphonique, équipe adverse **S** la persona al otro lado del teléfono; equipo rival **P** a pessoa do outro lado da linha telefônica, time adversário)

㉞ □ **君**
きみ
(**F** tu **S** tú (informal) **P** você (informal))

▶ 君の言うこともわかるけど、これは会社のルールだから。
い　　　　　　　　　　　　　　　かいしゃ
(**F** Je comprends ce que tu dis, mais ce sont les règles de l'entreprise. **S** Entiendo lo que dices, pero esta es una regla de la empresa. **P** Eu entendo o que você está dizendo, mas isto é uma regra da empresa.)

㉟ □ **おまえ**
(**F** tu **S** tú (informal, a veces rudo) **P** você (informal, às vezes rude))

▶ これ、お前の荷物？
まえ　にもつ
(**F** C'est ton bagage ? **S** ¿Esto es tu equipaje? **P** Isto é a sua bagagem?)

★目下の者や親しい友だちに使う呼び方。主に男性が使う。／**F** Terme utilisé pour les
めした　もの　　した　とも　　　　つか　よ　かた　おも　だんせい　つか
subordonnés et les amis proches. Principalement utilisé par les hommes.／**S** Para dirigirse a personas muy cercanas, mayormente utilizado por hombres.／**P** Tratamento usado para se referir a alguém mais jovem ou a amigos próximos. Usado principalmente por homens.

㊱ □ **～様**
さま
(**F** (suffixe honorifique) **S** Sr./Sra. **P** Senhor (a) (sufixo honorífico))

▷ 田中様、お客様、皆様
たなか　　きゃく　　みな
(**F** M./Mme Tanaka, Monsieur/Madame (client), Mesdames et Messieurs **S** Sr./Sra. Tanaka; señores clientes; todos ustedes **P** senhor Tanaka, prezado cliente, senhoras e senhores)

㊲ □ **我々**で (**F** nous **S** nosotros **P** nós)　　　　　　（同私たち）
われわれ　　　　　　　　　　　　　　　　　　　　　　　　　わたし

▶ 我々も一生懸命やりますので、どうぞよろしくお願いいたします。
いっしょうけんめい　　　　　　　　　　　　　　ねが
(**F** Nous ferons de notre mieux et nous réjouissons de travailler avec vous. **S** Nosotros también trabajaremos duro, así que cuente con nosotros. **P** Nós também faremos o melhor que pudermos e estamos ansiosos para trabalhar com vocês.)

❸❽ ☐ **依頼**(する) (**F** demander, faire une requête **S** solicitud, pedido **P** pedido, solicitação)

▶ 村田さんに仕事を依頼するのは初めてです。
(**F** C'est la première fois que je demande à M. Murata de faire un travail pour moi.
S Es la primera vez que le pido trabajo a Murata. **P** Esta é a primeira vez que solicito um trabalho ao senhor Murata.)

❸❾ ☐ **頼む** (**F** demander **S** pedir **P** pedir)

❹⓿ ☐ **頼る** (**F** compter sur **S** depender **P** depender ou contar com)

▶ 親に頼ってばかりじゃ、だめだよ。しっかりしないと。
(**F** Tu ne peux pas compter tout le temps sur tes parents. Apprends à te débrouiller.
S Depender siempre de tus padres no está bien. Debes ser más independiente. **P** Contar apenas com os pais o tempo todo não é bom. Você precisa se tornar mais independente.)

▷ 頼りにする (**F** compter sur **S** contar con alguien o confiar en alguien.
P contar com alguém ou depender de alguém.)

❹❶ ☐ **甘える** (**F** dépendre de, se reposer sur **S** depender, ser mimado **P** mimar)

▶ もう大人だからね。いつまでも親に甘えていられないよ。
(**F** Tu es un adulte maintenant, tu sais. Tu ne peux pas te reposer sur tes parents pour toujours. **S** Ya eres adulto. No puedes depender de tus padres para siempre. **P** Você já é adulto. Não pode ficar dependendo dos seus pais para sempre.)

❹❷ ☐ **感謝**(する) (**F** apprécier, ressentir de la gratitude **S** agradecimiento **P** agradecimento)

▶ 青木さんには本当に感謝しています。ありがとうございました。
(**F** J'apprécie vraiment ce que vous avez fait. Merci M. Aoki. **S** Estoy muy agradecido con usted, Aoki. Gracias. **P** Estou realmente grato ao senhor Aoki. Muito obrigado.)

❹❸ ☐ **協力**(する) (**F** coopérer **S** colaboración **P** colaboração)

▶ この作品は、みんなで協力して作ったものです。
(**F** Nous avons tous collaboré à la création de cette œuvre. **S** Esta obra fue creada con la colaboración de todos. **P** Esta obra foi criada com a colaboração de todos.)

㊹ ☐ **回答（する）** （🇫 répondre 🇪 respuesta 🇵 resposta）
かいとう

▶ これらは、よくある質問と、その回答例です。
しつもん　　　　　　　れい
（🇫 Voici quelques FAQ et leurs réponses. 🇪 Estas son preguntas frecuentes y ejemplos
de respuestas. 🇵 Estas são perguntas frequentes e exemplos de respostas.）

㊺ ☐ **断る** （🇫 refuser 🇪 rechazar 🇵 recusar）
ことわ

▶ 飲み会に誘われたけど、用があったから断った。
の　かい　さそ　　　　　　　よう
（🇫 On m'a invité(e) à sortir boire un verre, j'ai refusé parce que j'avais quelque chose à
faire. 🇪 Me invitaron a beber, pero tenía cosas que hacer, así que rechacé la invitación.
🇵 Fui convidado para uma festa, mas recusei porque tinha um compromisso.）

㊻ ☐ **応援（する）** （🇫 soutenir 🇪 apoyo, ánimo 🇵 ajuda, apoio）
おうえん

🎧9 **㊼** ☐ **かわいがる** （🇫 couvrir d'attention 🇪 tratar con cariño
🇵 tratar com carinho）

▶ おばあちゃんは、私をすごくかわいがってくれました。
わたし
（🇫 Ma grand-mère m'a couvert d'attention. 🇪 Mi abuela me trataba con mucho cariño.
🇵 A minha avó me tratava com muito carinho.）

㊽ ☐ **あだ名** （🇫 surnom 🇪 apodo 🇵 apelido）
な

▶ 「プーさん」っていうあだ名は誰がつけたんですか。
だれ
（🇫 Qui t'a donné le surnom de "Pooh" ? 🇪 ¿Quién te puso el apodo "Pooh"? 🇵 Quem
lhe deu o apelido de "Pooh"?）

㊾ ☐ **誤解（する）** （🇫 malentendu 🇪 malentendido 🇵 mal-entendido）
ごかい

▶ なんで私が怒るの？　そんなの、誤解だよ。
わたし　おこ
（🇫 Pourquoi serais-je en colère ? C'est un malentendu. 🇪 ¿Por qué debería estar
enojado? Es un malentendido. 🇵 Por que você acha que eu estou com raiva? Isso é um
mal-entendido.）

㊿ ☐ **責める** （🇫 blâmer 🇪 culpar 🇵 censurar）
せ

▶ 一生懸命やっているんだから、そんなに責めないでほしい。
いっしょうけんめい
（🇫 Je travaille très dur, alors ne me blâmez pas trop. 🇪 Estoy trabajando muy duro, así
que no me culpes tanto. 🇵 Eu estou trabalhando duro, então eu gostaria que você não me
censurasse tanto.）

時間・時　1
家族　2
人　3
人と人　4
名前・住所　5
食べ物・料理　6
家具・家電・家庭用品　7
毎日の生活　8
交通・移動　9
建物・施設・部屋　10

㉑ ☐ 礼儀 (**F** politesse, courtoisie **S** modales **P** ter bons modos, ter
　　れい ぎ 　　　boas maneiras)

▶ 挨拶もしないで帰ったの!? 礼儀を知らない人たちだなあ。
　あいさつ　　　　　かえ　　　　　　　　　　　し　　　　　　　ひと
　(**F** Ils sont partis sans dire au revoir ? Quelle bande de malpolis ! **S** ¿Se fueron sin
　siquiera saludar? No tienen modales. **P** Eles saíram sem nem cumprimentar!? Essas
　pessoas realmente não têm modos.)

▷ 失礼(な) (**F** impolitesse **S** descortés **P** rude)
　しつれい

㉒ ☐ お辞儀(する) (**F** s'incliner, se courber **S** reverencia
　　　じ ぎ 　　　　　　**P** reverência)

▶ スピーチを始める前に軽くお辞儀をしたほうがいいよ。
　　　　　　はじ　　　まえ　　かる
　(**F** Vous devez vous courber légèrement lorsque vous commencez votre discours.
　S Deberías hacer una ligera reverencia antes de comenzar tu discurso. **P** Antes de
　começar o discurso, é bom fazer uma leve reverência.)

㉓ ☐ 訪問(する) (**F** rendre visite **S** visita **P** visita) 同訪ねる
　　　ほうもん　　　　　　　　　　　　　　　　　　　　　　　　　たず

▶ 月曜は、さくら工業を訪問して、新商品の説明をする予定です。
　げつよう　　　　　　こうぎょう　　　　　　しんしょうひん　せつめい　　　よてい
　(**F** Je vais rendre visite à "Sakura Industries" lundi pour faire une présentation des
　nouveaux produits. **S** El lunes, planeo visitar la empresa Sakura Industrial para explicar
　sobre los nuevos productos. **P** Na segunda-feira, planejo visitar as Indústrias Sakura para
　explicar sobre os novos produtos.)

㉔ ☐ 歓迎(する) (**F** accueillir **S** bienvenida **P** boas-vindas)
　　　かんげい

▷ 歓迎会 (**F** fête de bienvenue **S** fiesta de bienvenida **P** festa de boas-vindas)
　かんげいかい

㉕ ☐ 握手(する) (**F** serrer la main **S** apretón de manos
　　　あくしゅ　　　　　　**P** aperto de mãos)

㉖ ☐ 交流(する) (**F** interagir, avoir des échanges **S** intercambio
　　　こうりゅう　　　　　　**P** intercâmbio)

▶ うちの学校では、毎年6月に海外の学生と交流会をやるんです。
　　　がっこう　　　　まいとし　がつ　かいがい　がくせい　　こうりゅうかい
　(**F** Notre école organise chaque année au mois de juin une rencontre avec des étudiants
　étrangers. **S** En nuestra escuela, cada junio organizamos un encuentro de intercambio
　con estudiantes extranjeros. **P** Na nossa escola, todos os anos em junho, realizamos um
　encontro de intercâmbio com estudantes estrangeiros.)

❺❼ ☐ コミュニケーション （**F** communication **S** comunicación
P comunicação）

▶ 言葉はわかりませんでしたが、なんとかコミュニケーションを
とることができました。

（**F** Je ne parlais pas la langue, mais j'ai réussi à communiquer avec eux. **S** No entendí
sus palabras, pero de alguna manera logramos comunicarnos. **P** Eu não entendia a
língua, mas consegui me comunicar de alguma forma.）

❺❽ ☐ おしゃべり（する） （**F** discuter **S** charlar **P** bate-papo）

▶ カフェで友だちと2時間もおしゃべりしてました。
（**F** J'ai discuté avec des amis dans un café pendant deux heures. **S** Estuve charlando
con amigos en un café durante dos horas. **P** Bati papo com amigos em uma cafeteria por
duas horas.）

❺❾ ☐ 冗談 （**F** blague **S** broma **P** brincadeira, piada）
じょうだん

❻⓪ ☐ 議論（する） （**F** débattre **S** debate **P** discussão, debate）
ぎろん

▶ この問題については、さまざまな議論が行われている。
もんだい
（**F** Cette question fait l'objet d'un large débat. **S** Se está debatiendo mucho sobre este
problema. **P** Estão ocorrendo diversas discussões sobre este problema.）

❻❶ ☐ 信用（する） （**F** faire confiance **S** confianza **P** confiança）
しんよう

▶ 彼はよくうそをつくから、信用できない。
かれ
（**F** Je ne peux pas lui faire confiance parce qu'il ment tellement. **S** No se puede confiar
en él porque miente mucho. **P** Não posso confirar nele porque ele mente com
frequência.）

❻❷ ☐ 任せる （**F** confier **S** encargar **P** encarregar）
まか

▶ この仕事、彼女に任せてみたらどうですか。
しごと　かのじょ
（**F** Pourquoi ne pas la laisser s'occuper de ce travail ? **S** ¿Por qué no le encargan este
trabajo a ella? **P** Que tal encarregá-la deste trabalho?）

❻❸ ☐ 契約（する） （**F** contracter **S** contrato **P** contrato）
けいやく

▷ 契約書 （**F** contrat **S** contrato **P** contrato）
しょ

時間・時 1
家族 2
人 3
人と人 4
名前・住所 5
食べ物・料理 6
家具・家電・家庭用品 7
毎日の生活 8
交通・移動 9
建物・施設・部屋 10

❻④ ☐ **だます** (**F** tromper **S** engañar **P** enganar, iludir)

▶ 彼のうそにすっかりだまされてしまいました。
かれ
(**F** J'ai été complètement trompée par ses mensonges. **S** Fui completamente engañado por sus mentiras. **P** Fui completamente enganado pelas mentiras deles.)

❻⑤ ☐ **からかう** (**F** se moquer **S** burlarse **P** zombar)

▶ まじめにやっているんだから、からかわないでください。
(**F** Je suis sérieux, ne vous moquez pas de moi. **S** Estoy trabajando seriamente, así que no te burles. **P** Estou fazendo isso seriamente, por isso não zombe de mim.)

❻⑥ ☐ **迷惑（する）** (**F** gêner, nuire **S** molestia **P** incômodo)
めいわく

▶ となりの部屋がうるさくて、いつも迷惑しています。
へや
(**F** Mon voisin d'à côté fait toujours du bruit. Cela me dérange toujours. **S** El apartamento de al lado es ruidoso y nos molesta siempre. **P** O quarto ao lado é barulhento e sempre me incomoda.)

▷ 迷惑をかける (**F** nuire, porter tort **S** causar molestia **P** causar incômodo)

❻⑦ ☐ **交代（する）** (**F** remplacer **S** cambio, reemplazo **P** troca, revezamento)
こうたい

▶ けがをしたので、ほかの選手と交代することになりました。
せんしゅ
(**F** Je me suis blessé(e) et ai dû être remplacé(e) par un autre joueur. **S** Me lesioné, así que tuve que ser sustituido por otro jugador. **P** Devido a uma lesão, tive que ser substituído por outro jogador.)

❻⑧ ☐ **便り** (**F** nouvelles, lettre **S** noticias, correspondencia **P** notícias ou cartas)
たよ

▶ 一度絵はがきをくれましたが、それ以来、彼女からは便りがありません。
いちどえ　　　　　　　　　　　　　　　　　　　　　　いらい　かのじょ
(**F** Elle m'a envoyé une carte postale une fois, mais je n'ai pas eu de nouvelles depuis.
S Me envió una postal una vez, pero desde entonces no he recibido noticias de ella.
P Ela me enviou um cartão postal uma vez, mas desde então não tenho recebido notícias dela.)

❻⑨ ☐ **返信（する）** (**F** répondre **S** respuesta **P** resposta)
へんしん

▶ 森さんは、メールを送ったら、いつもすぐ返信してくれますよ。
もり　　　　　　　　おく
(**F** Chaque fois que j'envoie un courriel à M. Mori, il me répond immédiatement.
S Siempre que le envío un correo electrónico a Mori, me responde de inmediato.
P O senhor Mori sempre responde imediatamente quando envio um e-mail.)

時間・時 1

家族 2

人 3

人と人 4

名前・住所 5

食べ物・料理 6

家具家電・家庭用品 7

毎日の生活 8

交通・移動 9

建物・施設・部屋 10

🎧10 **UNIT 5**

名前・住所
なまえ じゅうしょ
(**F** Nom, adresse **S** Nombres, direcciones **P** Nome, endereço)

❶ □ **住所** (**F** adresse **S** dirección **P** endereço)
じゅうしょ

❷ □ **氏名** (**F** nom **S** apellido y nombre **P** nome completo)
しめい

❸ □ **生年月日** (**F** date de naissance **S** fecha de nacimiento
せいねんがっぴ **P** data de nascimento)

❹ □ **年齢** (**F** âge **S** edad **P** idade)
ねんれい

▶ 年齢は何歳ですか。
なんさい
(**F** Quel âge avez-vous? **S** ¿Cuántos años tiene? **P** Qual é a sua idade?)

❺ □ **(お)年** (**F** âge **S** años, edad **P** anos, idade)
とし

▶ お年はいくつですか。
(**F** Quel âge avez-vous? **S** ¿Cuántos años tiene? **P** Quantos anos você tem?)

❻ □ **性別** (**F** sexe **S** género **P** gênero, distinção de sexo)
せいべつ

▶ 生まれるのは来年の4月？ じゃ、性別はまだわからないね。
う らいねん がつ
(**F** Le bébé naîtra en avril ? Je suppose que cela signifie que vous ne connaissez pas encore son sexe ! **S** ¿Nacerá en abril del próximo año? Entonces, aún no se sabe el género. **P** Nascerá em abril do próximo ano? Então, você ainda não sabe o sexo, não é?)

❼ □ **姓** (**F** nom de famille **S** apellido **P** sobrenome)
せい

▶ 姓はスミス、名前はジョンです。
なまえ
(**F** Mon nom de famille est Smith et mon prénom est John. **S** El apellido es Smith, el nombre es John. **P** O sobrenome é Smith e o nome é John.)

❽ □ 名字 （**F** nom de famille **S** apellido **P** sobrenome）
みょうじ

▶ 名字は知ってる。田中でしょ？　でも、下の名前がわからない。
　　　　　　　し　　　　　た　なか　　　　　　　　　　　　　　　　　した　　な　まえ

（**F** Je connais son nom de famille. C'est Tanaka, non ? Mais je ne connais pas son prénom. **S** Sé el apellido. Tanaka, ¿verdad? Pero no sé el nombre. **P** Eu sei o sobrenome. É Tanaka, certo? Mas não sei o nome.）

❾ □ 生まれ （**F** né(e) **S** nacimiento **P** nascimento ）
う

▶ 東京生まれですが、育ったのは大阪です。
　　とうきょう　　　　　　　　そだ　　　　　　おおさか

（**F** Je suis né(e) à Tokyo, mais j'ai grandi à Osaka. **S** Nací en Tokio, pero crecí en Osaka. **P** Eu nasci em Tóquio, mas cresci em Osaka.）

▷ ４月生まれ （**F** né(e) en avril **S** nacido en abril **P** nascido em abril）
し　がつ

❿ □ 出身 （**F** originaire **S** lugar de nacimiento **P** origem, naturalidade）
しゅっしん

▶ ご出身はどちらですか。　―北海道です。
　　　　　　　　　　　　　　　　　ほっかいどう

（**F** D'où êtes-vous originaire ?　― De Hokkaido. **S** ¿De dónde es? ―De Hokkaido. **P** ― De onde você é?　― De Hokkaido.）

時間・時 1
家族 2
人 3
人と人 4
名前・住所 5
食べ物・料理 6
家具・家電・家庭用品 7
毎日の生活 8
交通・移動 9
建物・施設・部屋 10

11 **UNIT 6**

食べ物・料理
た　もの　りょうり
(F Nourriture, plats S Comida, cocina P Comida, culinária)

❶ □ **味見(する)** (F goûter S probar, degustar P prova)
　　あじ み

▶ ちょっとこれ、味見してくれない？　‥‥どう？　—うん、
　　　　　　　あじ み
おいしいよ。

(F Tu peux goûter cela pour moi ? Comment c'est ? — Oui, c'est bon. S Oye, ¿puedes probar esto? ... ¿Qué te parece?—Está delicioso. P — Você pode provar isso para mim? ... O que você acha? — Hum, está delicioso!)

❷ □ **味わう** (F savourer S saborear P saborear)
　　あじ

▶ これはめったに食べられないものだから、よく味わって食べて。
　　　　　　　　　　　た

(F C'est quelque chose que l'on a rarement l'occasion de manger, alors savourez-le bien. S Esto es algo que no se come a menudo, así que saboréalo bien. P Essa é uma iguaria rara, portanto, saboreie bem e depois ingira.)

❸ □ **かじる** (F croquer S morder P morder)

▶ リンゴをかじった時に、歯がちょっと痛くなりました。
　　　　　　　　とき　は　　　　　　いた

(F Quand j'ai croqué dans une pomme, j'ai eu un peu mal aux dents. S Cuando mordí la manzana, me dolió un poco el diente. P Quando mordi uma maçã, meu dente doeu um pouco.)

❹ □ **食う** (F manger (bouffer) S comer P comer)
　　く

★ 「食べる」のやや乱暴な言い方。基本的に男性言葉。/ F Manière légèrement
　　た　　　　　らんぼう　い　かた　きほんてき　だんせいことば
familière de dire "taberu". Langage essentiellement masculin. / S Forma algo ruda de decir "taberu", usada mayormente por hombres. / P Uma forma um tanto grosseira de falar "taberu". Basicamente uma linguagem masculina. 🐸

▷ 立ち食いの店 (F Restaurant où l'on mange debout S pequeños restaurantes
　　た　ぐ　みせ
donde se come de pie P restaurante onde se come de pé)

❺ □ **食欲** (F appétit S apetito P apetite)
　　しょくよく

▶ 暑さのせいか、最近、あまり食欲がないんです。
　　あつ　　　　　さいきん

(F Je n'ai pas beaucoup d'appétit ces jours-ci, probablement à cause de la chaleur. S No tengo mucho apetito últimamente, tal vez debido al calor. P Ultimamente, talvez devido ao calor, não tenho tido muito apetite.)

❻ ☐ **昼食**　(**F** déjeuner **S** almuerzo **P** almoço)
　ちゅうしょく

❼ ☐ **朝食**　(**F** petit déjeuner **S** desayuno **P** café da manhā)
　ちょう

❽ ☐ **夕食**　(**F** dîner **S** cena **P** janta)
　ゆう

❾ ☐ **食卓**　(**F** table **S** mesa **P** mesa de jantar)
　しょくたく

▶ こんな高級なお肉がうちの食卓に上がるのは、年に１回くらい
　　こうきゅう　　にく　　　　　　　　　　あ　　　　　　　ねん　　かい
です。

(**F** Ce type de viande haut de gamme n'arrive sur notre table qu'une fois par an.
S Tener carne de tan alta calidad en nuestra mesa es algo que ocurre una vez al año más
o menos. **P** Uma carne tão cara como essa raramente aparece na nossa mesa, talvez
uma vez por ano.)

❿ ☐ **ごちそう（する）**　(**F** inviter **S** invitación a comer, buena
　　　　　　　　　　　　　　　comida **P** banquete, refeição deliciosa)

▶ 先輩にお昼をごちそうしてもらった。
　せんぱい　　ひる
(**F** J'ai été invité à déjeuner par mes aînés. **S** Mi superior me invitó a almorzar.
P Um colega veterano me convidou e pagou pelo almoço.)

▶ 昨日のパーティーはすごいごちそうだったね。
　きのう
(**F** La fête d'hier a été un véritable festin. **S** La fiesta de ayer fue un banquete increíble.
P A festa de ontem foi um banquete incrível.)

⓫ ☐ **乾杯（する）**　(**F** trinquer, porter un toast **S** brindis **P** brinde)
　かんぱい

▶ さあ、みんなで乾杯しましょう。
(**F** Allez, trinquons ! **S** Bueno, vamos a brindar todos juntos. **P** Bem, vamos todos
brindar!)

⓬ ☐ **外食（する）**　(**F** manger au restaurant **S** comer fuera de casa
　がいしょく　　　　　　　**P** comer fora)

▶ 普段は家で食べますけど、休みの日はときどき外食します。
　ふだん　いえ　た　　　　　　　　やす　ひ
(**F** Je mange généralement à la maison, mais il m'arrive de manger au restaurant pendant
mes jours de congé. **S** Normalmente como en casa, pero a veces como fuera los días de
descanso. **P** Normalmente eu como em casa, mas nos dias de folga, de vez em quando,
eu como fora.)

⓭ ☐ **自炊（する）**　(**F** cuisiner (soi-même) **S** cocinar uno mismo **P** cozinhar para si mesmo)
　じすい

時間・時 1
家族 2
人 3
人と人 4
名前・住所 5
食べ物・料理 6
家具・家電・家庭用品 7
毎日の生活 8
交通・移動 9
建物・施設・部屋 10

⑭ □ ステーキ （**F** steak **S** bistec **P** bife）

⑮ □ うどん （**F** nouilles udon **S** fideos udon **P** udon (tipo de macarrão japonês)）

⑯ □ 汁 (しる) （**F** soupe **S** sopa **P** caldo）

▶早く食べないと、お汁が冷めちゃうよ。
（**F** Ta soupe va refroidir si tu ne la manges pas rapidement. **S** Deberías comer rápido, o la sopa se enfriará. **P** Se você não comer rápido, o caldo vai esfriar.）

⑰ □ おかず （**F** plats (en accompagnement) **S** guarnición **P** acompanhamento）

▶おかずが多いから、ご飯はちょっとでいい。
（**F** Il y a beaucoup de plats, alors je ne prendrai qu'un peu de riz. **S** Tenemos muchas guarniciones, así que no hace falta tanto arroz. **P** Há muitos acompanhamentos, então um pouco de arroz está bom.）

⑱ □ 菓子 (かし) （**F** friandises, snacks **S** dulces **P** doce）

▶お菓子を食べ過ぎると、ご飯が食べられなくなるよ。
（**F** Si vous grignotez trop, vous ne pourrez pas dîner. **S** Si comes demasiados dulces, no podrás comer la comida. **P** Se você comer muitos doces, não conseguirá comer a refeição）

▷洋菓子 (ようがし) （**F** friandise occidentale **S** dulces occidentales **P** doces ocidentais）
▷和菓子 (わがし) （**F** friandise japonaise **S** dulces japoneses **P** doces japoneses）

⑲ □ フルーツ （**F** fruits **S** fruta **P** fruta）

⑳ □ ジュース （**F** jus **S** jugo **P** suco）

㉑ □ ウイスキー （**F** whisky **S** whisky **P** whisky, uísque）

㉒ □ 米 (こめ) （**F** riz **S** arroz **P** arroz）

㉓ □ 小麦 (こむぎ) （**F** blé **S** trigo **P** farinha de trigo）

㉔ ☐ **豆**（まめ）（**F** haricots **S** legumbres **P** feijão）

㉕ ☐ **作物**（さくもつ）（**F** produits, cultures **S** cultivos **P** cultivos）

▶ お米のほか、畑でいろいろな作物を育てています。
（**F** En plus du riz, nous cultivons d'autres produits dans nos champs. **S** Además de arroz, tenemos varios tipos de cultivos en el campo. **P** Além do arroz, cultivamos várias culturas diferentes no campo.）

㉖ ☐ **収穫**（しゅうかく）**(する)**（**F** récolte **S** cosecha **P** colheita）

▶ この店では、朝収穫したばかりの野菜が買えます。
（**F** Dans ce magasin, vous pouvez acheter des légumes qui viennent d'être récoltés le matin. **S** En esta tienda, se puede comprar verduras recién cosechadas por la mañana. **P** Nesta loja se pode comprar verduras recém-colhidas pela manhã.）

㉗ ☐ **食料**（しょくりょう）（**F** réserves de nourriture **S** alimentos **P** alimentos）

▶ 何が起きるかわからないので、水と食料はしっかり用意しておいてください。
（**F** Nous ne savons pas ce qui va se passer, alors assurez-vous d'avoir des réserves suffisantes d'eau et de nourriture. **S** No sabemos qué pasará, así que prepara suficiente agua y alimentos. **P** Como nunca se sabe o que pode acontecer, assegure-se de ter água e alimentos suficientes.）

▷ 食料品（ひん）（**F** produits alimentaires **S** comestibles, provisiones **P** ítens alimentares）

㉘ ☐ **食品**（しょくひん）（**F** aliments **S** alimentos **P** produto alimentício）

▷ 健康食品（けんこう）（**F** aliments diététiques **S** alimentos saludables **P** alimentos saudáveis）

㉙ ☐ **インスタント食品**（**F** aliments instantanés **S** comida instantánea **P** alimentos instantâneos）

㉚ ☐ **缶詰**（かんづめ）（**F** boîte de conserve **S** enlatados, conservas **P** enlatados ou conservas）

▷ 缶切り（き）（**F** ouvre-boîte **S** abrelatas **P** abridor de latas）

㉛ ☐ **クリーム**（**F** crème **S** crema **P** creme）

時間・時 1

家族 2

人 3

人と人 4

名前・住所 5

食べ物・料理 6

家具・家電・家庭用品 7

毎日の生活 8

交通・移動 9

建物・施設・部屋 10

㉜ □ 脂 (**F** graisse **S** grasa **P** gordura)
あぶら

▶ このお肉、おいしいけど、脂が多くて太りそう。
にく　　　　　　　　　　　おお　ふと
(**F** Cette viande est bonne mais elle est grasse et fait grossir. **S** Esta carne es deliciosa, pero tiene mucha grasa y puede hacerme engordar. **P** Esta carne é deliciosa, mas tem muita gordura e pode fazer engordar.)

㉝ □ 油 (**F** huile **S** aceite **P** óleo)
あぶら

㉞ □ こしょう (**F** poivre **S** pimienta **P** pimenta)

㉟ □ 酢 (**F** vinaigre **S** vinagre **P** vinagre)
す

㊱ □ 酸っぱい (**F** acide **S** ácido **P** azedo)
す

▷ 甘酸っぱい (**F** aigre-doux **S** agridulce **P** agridoce)
あまず

㊲ □ 調味料 (**F** condiments **S** condimento **P** condimento)
ちょうみりょう

㊳ □ スパイス (**F** épices **S** especias **P** tempero, especiaria)

㊴ □ さじ (**F** cuillère **S** cuchara **P** colher)

▷ 大さじ、小さじ (**F** cuillère à soupe, cuillère à café **S** cucharada; cucharadita **P** colher de sopa, colher de chá)
おお　こ

㊵ □ カロリー (**F** calories **S** calorías **P** caloria)

▷ カロリーの高い食べ物 (**F** aliments riches en calories **S** alimentos altos en calorías **P** alimentos ricos em calorias)
たか　た　もの

㊶ □ 生 (**F** cru(e), tel quel **S** crudo **P** cru)
なま

▷ 生ゴミ、生放送 (**F** ordures ménagères, diffusion en direct **S** basura orgánica; transmisión en vivo **P** lixo orgânico, transmissão ao vivo)
ほうそう

㊷ ☐ 腐る (**F** pourrir **S** pudrirse **P** apodrecer)
　　くさ

㊸ ☐ むく (**F** peler **S** pelar **P** descascar)

　　▷ 皮をむく (**F** éplucher **S** pelar la piel **P** descascar)
　　　かわ

㊹ ☐ 熱する (**F** chauffer **S** calentar **P** aquecer)
　　ねっ

　　▶ ‥‥次に、油を引いて、フライパンをよく熱してください。
　　　　つぎ　あぶら　ひ
　　　(**F** … Ensuite, graisser et chauffer la poêle à frire. **S** Luego, añada aceite y caliente bien
　　　la sartén. **P** ...Em seguida, unte a frigideira e aqueça-a bem.)

㊺ ☐ ゆでる (**F** faire bouillir **S** hervir **P** cozinhar, ferver)

　　▷ 卵をゆでる (**F** faire cuire des œufs **S** hervir huevos **P** cozinhar um ovo)
　　　たまご

㊻ ☐ 煮る (**F** mijoter **S** guisar **P** cozinhar)
　　に

　　▶ 生でも食べられるけど、煮ると、もっとおいしいよ。
　　　なま　た
　　　(**F** On peut aussi les manger crus, mais ils sont meilleurs mijotés. **S** Se pueden comer
　　　crudos, pero son aún más sabrosos cuando los cocinas. **P** Você pode comê-lo cru, mas
　　　fica ainda mais gostoso quando você cozinha.)

㊼ ☐ 煮える (**F** bouillir, cuire **S** cocerse **P** estar cozido)

　　▶ このニンジン、まだ煮えてないみたい。ちょっと硬い。
　　　　　　　　　　　　　　　　　　　　　　かた
　　　(**F** Ces carottes n'ont pas l'air encore cuites. Elles sont un peu dures. **S** Esta zanahoria
　　　aún no está cocida. Está un poco dura. **P** Estas cenouras parecem que ainda não estão
　　　cozidas. Estão um pouco duras.)

㊽ ☐ 蒸す (**F** faire cuire à la vapeur **S** cocinar al vapor **P** cozinhar no
　　む　　　vapor)

　　▷ 野菜を蒸す (**F** faire cuire les légumes à la vapeur **S** cocer verduras al vapor
　　　やさい
　　P cozinhar legumes no vapor)

㊾ ☐ 炒める (**F** faire revenir **S** saltear **P** refogar)
　　いた

　　▶ まずフライパンでタマネギを炒めて、それから肉を入れます。
　　　　　　　　　　　　　　　　　　　　　　　　にく　い
　　　(**F** Tout d'abord, faire revenir les oignons dans une poêle à frire, puis ajouter la viande.
　　　S Comienza salteando la cebolla en la sartén y luego añade la carne. **P** Primeiro,
　　　refogue a cebola em uma frigideira e depois adicione a carne.)

(50) □ 揚(あ)げる (F faire frire S freír P fritar)

(51) □ 炊(た)く (F cuire S cocer (arroz) P cozinhar o arroz)

(52) □ 炊ける (F cuire S cocerse P cozinhar)

▷ ご飯(はん)が炊けるまで30分くらいかかる。

(F Cela prendra environ 30 minutes avant que le riz soit cuit. S El arroz tardará 30 minutos en cocerse. P O arroz leva cerca de 30 minutos para cozinhar.)

(53) □ 焦(こ)げる (F brûler S quemarse, chamuscarse P queimar)

▷ 焦げたところは食(た)べないほうがいいよ。体(からだ)に悪(わる)いから。

(F Il ne faut pas manger les parties brûlées. C'est mauvais pour la santé. S Es mejor no comer la parte quemada. No es bueno para la salud. P É melhor não comer as partes queimadas. Faz mal para a saúde.)

(54) □ 焦がす (F faire brûler S quemar, chamuscar P ficar queimado)

▶ あっ、また、パンを焦がしちゃった。

(F Oh, j'ai encore brûlé le pain. S Oh, de nuevo quemé el pan. P Ah, eu queimei o pão de novo.)

ゆでる

煮(に)る

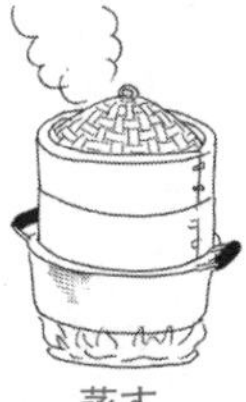
蒸(む)す

炒(いた)める

揚(あ)げる

炊(た)く

12

UNIT 7

家具・家電・家庭用品
か　ぐ　　か　でん　　か　てい　よう　ひん

(**F** meubles, appareils electriques et ménagers **S** Muebles, electrodomésticos y artículos para el hogar **P** Móveis, eletrodomésticos, artigos domésticos)

❶ □ じゅうたん　(**F** tapis, moquette **S** alfombra **P** tapete)

▷ じゅうたんを敷く (**F** mettre un tapis **S** colocar o extender una alfombra **P** estender um tapete)

❷ □ カーペット　(**F** tapis **S** alfombra **P** tapete)

❸ □ ふとん　(**F** futon **S** futón **P** futon)

❹ □ 枕　(**F** oreiller **S** almohada **P** travesseiro)
　　まくら

❺ □ シーツ　(**F** drap **S** sábana **P** lençol)

❻ □ 毛布　(**F** couverture **S** manta **P** manta, cobertor)
　　もうふ

▷ 毛布をかける (**F** poser une couverture **S** cubrir con una manta **P** cobrir com uma manta)

❼ □ タオル　(**F** serviette **S** toalla **P** toalha)

❽ □ 歯ブラシ　(**F** brosse à dents **S** cepillo de dientes **P** escova de dente)
　　は

❾ □ 歯磨き粉　(**F** dentifrice **S** pasta de dientes **P** pasta de dente)
　　は みが こ

時間・時 1

家族 2

人 3

人と人 4

名前・住所 5

食べ物・料理 6

家具・家電・家庭用品 7

毎日の生活 8

交通・移動 9

建物・施設・部屋 10

⑩ □ ハンガー (**F** cintre **S** percha **P** cabide)

▶ このコート、ハンガーにかけてくれる?

(**F** Tu peux mettre ce manteau sur un cintre ? **S** ¿Puedes colgar este abrigo en la percha? **P** Você pode pendurar este casaco no cabide?)

⑪ □ クーラー (**F** climatiseur **S** aire acondicionado **P** ar-condicionado)

▶ この暑さじゃ、クーラーがないとつらいです。
あつ

(**F** Par cette chaleur, il est difficile de se passer d'un climatiseur. **S** Con este calor, cuesta estar sin aire acondicionado. **P** Neste calor, é difícil ficar sem ar-condicionado.)

⑫ □ 扇風機 (**F** ventilateur **S** ventilador **P** ventilador)
せんぷう き

⑬ □ ストーブ (**F** poêle, chauffage **S** estufa **P** aquecedor)

⑭ □ ヒーター (**F** chauffage **S** calefactor **P** aquecedor elétrico)

⑮ □ アイロン (**F** fer à repasser **S** plancha **P** ferro de passar)

▶ あとでこのズボンにアイロンをかけておいてくれる?

(**F** Tu pourrais repasser ce pantalon plus tard ? **S** ¿Puedes plancharme estos pantalones más tarde? **P** Você poderia passar ferro nesta calça mais tarde?)

⑯ □ レンジ (**F** four à micro-ondes **S** horno **P** micro-ondas)

▷ 電子レンジ、オーブンレンジ
でんし

(**F** four à micro-ondes **S** microondas; horno eléctrico **P** forno de micro-ondas, forno de micro-ondas com grill)

⑰ □ ガスコンロ (**F** cuisinière à gaz **S** cocina de gas **P** fogão a gás)

⓳ ☐ **やかん** （**F** bouilloire **S** tetera (metálica) **P** chaleira）

⓳ ☐ **なべ** （**F** casserole **S** olla, cacerola **P** panela）

⓴ ☐ **（お）わん** （**F** bol **S** tazón, cuenco **P** tigela）

㉑ ☐ **ふきん** （**F** chiffon de cuisine **S** trapo o paño de cocina **P** pano de prato）

▶ そのふきんは食器用。テーブルはこれで拭いて。
（**F** Ce torchon est pour la vaisselle. Essuie la table avec celui-là. **S** Ese paño es para platos. Limpia la mesa con esto. **P** Este pano de prato é para a louça. Limpe a mesa com isto.）

㉒ ☐ **洗剤** （**F** détergent **S** detergente **P** detergente）
せんざい

▶ その汚れは、洗剤で洗わないと落ちないですよ。
（**F** Il faut laver cette tache avec du détergent pour l'enlever. **S** Esa suciedad no se quitará sin detergente. **P** Essa sujeira não sairá sem usar detergente.）

㉓ ☐ **トイレットペーパー** （**F** papier toilette **S** papel higiénico **P** papel higiênico）

㉔ ☐ **ティッシュペーパー** （**F** mouchoir en papier **S** papel tisú **P** lenço de papel）

㉕ ☐ **日用品** （**F** produits de première nécessité **S** artículos de uso にちようひん diario **P** produtos de uso diário）

▶ 食料や日用品は、いつもこのスーパーで買います。
しょくりょう
（**F** J'achète toujours la nourriture et les produits de première nécessité dans ce supermarché. **S** Siempre compro alimentos y artículos de uso diario en este supermercado. **P** Sempre compro alimentos e produtos de uso diário neste supermercado.）

13

UNIT 8

毎日の生活
まいにち せいかつ
(F Vie quotidienne S Vida diaria
P Vida cotidiana)

❶ □ 通う (F faire la navette S ir, frecuentar P ir e vir, frequentar)
かよ

▶ 父は今、週に1回、病院に通っています。
ちち いま しゅう かい びょういん
(F Mon père se rend maintenant à l'hôpital une fois par semaine. S Mi padre
actualmente va al hospital una vez a la semana. P Meu pai está indo ao hospital uma vez
por semana agora.)

❷ □ 帰宅(する) (F rentrer chez soi S regresar a casa
き たく P voltar para casa)

❸ □ 暮らす (F vivre S vivir P viver)
く

▶ 子どもの時からずっとここで暮らしています。
とき
(F Je vis ici depuis mon enfance. S He vivido siempre aquí desde que era niño.
P Vivo aqui desde a minha infância.)

❹ □ 暮らし (F vie quotidienne S vida P vida cotidiana)

▷ 田舎暮らし、一人暮らし
いなかぐ ひとり
(F vivre à la campagne, vivre seul S vivir en el campo; vivir solo P vida no campo,
morar sozinho)

❺ □ 下宿(する) (F loger S alojamiento P hospedagem)
げ しゅく

▶ 学生の頃は、親戚の家に下宿していました。
がくせい ころ しんせき いえ
(F Lorsque j'étais étudiant, je logeais chez un parent. S Cuando era estudiante, me
alojaba con unos parientes. P Quando eu era estudante, eu morava na casa de
parentes.)

❻ □ 化粧(する) (F se maquiller S maquillaje P maquiagem)
け しょう

❼ □ 洗濯物 (F linge S ropa para lavar P roupa para lavar)
せんたくもの

時間・時 1
家族 2
人 3
人と人 4
名前・住所 5
食べ物・料理 6
家具・家電・家庭用品 7
毎日の生活 8
交通・移動 9
建物・施設・部屋 10

❽ ☐ そる（剃る）　(**F** raser　**S** afeitarse　**P** raspar)

▷ ひげをそる (**F** se raser la barbe, la moustache　**S** afeitarse la barba　**P** barbear-se, fazer a barba)

❾ ☐ とく（髪を）　(**F** brosser (les cheveux)　**S** peinar (el cabello)
かみ　　　　　　　　　　　　　　**P** pentear (o cabelo))

❿ ☐ 眠る　(**F** dormir　**S** quedarse dormido　**P** adormecer)
ねむ

▶ 原因はよくわからないんだけど、最近、よく眠れないんです。
げんいん　　　　　　　　　　　さいきん
(**F** Je ne sais pas pourquoi, mais je ne dors pas bien ces derniers temps.　**S** No estoy
seguro de la razón, pero últimamente no puedo dormir bien.　**P** Não sei a razão, mas
ultimamente, não tenho conseguido dormir bem.)

⓫ ☐ 寝る (**F** dormir　**S** dormir, acostarse　**P** dormir, deitar-se)
ね
▶ こんなところで寝ると風邪ひくよ。
か ぜ
(**F** Tu vas attraper froid si tu dors ici.　**S** Si duermes en un lugar como este, te resfriarás.
P Se você dormir aqui, vai pegar um resfriado.)

⓬ ☐ 分別（する）　(**F** faire le tri　**S** separación　**P** separação)
ぶんべつ

▶ 缶はどこに捨てたらいいのかなあ？ ──あそこにごみの分別の
かん　　す
仕方が書いてあるよ。
し かた　か
(**F** Je me demande où je dois jeter les boîtes de conserve ? ── Il y a les instructions sur la
façon de trier les déchets là-bas.　**S** ¿Dónde se tiran las latas? ──Allí hay instrucciones
sobre la separación de los residuos.　**P** ── Onde é que devo descartar as latas? ── As
instruções para a separação do lixo estão escritas ali.)

⓭ ☐ 留守番（する）　(**F** rester à la maison　**S** quedarse a cuidar (la
る す ばん　　　　　　　　　　　　casa)　**P** guardar a casa)

▶〈電話で〉今日はみんな出かけています。私はちょっと風邪を
でん わ　　　きょう　　で　　　　　　　　　わたし　　　　　か ぜ
引いているので、家で留守番ですが。
ひ　　　　　　　いえ
(**F** (Au téléphone:) Tout le monde est sorti aujourd'hui. Je suis un peu enrhumé(e), alors je
reste à la maison.　**S** (Por teléfono) Hoy todos han salido. Yo, como estoy resfriado, me he
quedado cuidando la casa.　**P** (Ao telefone) Todos saíram hoje. Como estou um pouco
resfriado, fiquei em casa.)

▷ 留守番電話 (**F** répondeur　**S** contestador telefónico　**P** secretária eletrônica)

14

UNIT 9

交通・移動
こうつう　いどう

(**F** Circulation, transports **S** Tráfico, transporte **P** Tráfego, transporte)

---

❶ □ 乗車(する) (**F** rouler **S** embarque **P** embarque)
じょうしゃ

▷ 乗車券 (**F** billet, titre de transport **S** boleto o billete (de viaje) **P** passagem, bilhete)
　　けん

❷ □ 乗客 (**F** passager **S** pasajero **P** passageiro)
じょうきゃく

---

❸ □ 往復(する) (**F** faire l'aller-retour **S** ida y vuelta **P** ida e volta)
おうふく

❹ □ 片道 (**F** aller simple **S** solo ida **P** somente ida)
かたみち

---

❺ □ 運賃 (**F** tarif de transport **S** tarifa de transporte **P** tarifa)
うんちん

▷ 運賃の値上げ (**F** augmentation des tarifs de transport **S** aumento de tarifas de
　　　　ね あ
transporte **P** aumento da tarifa)

---

❻ □ 定期券 (**F** abonnement **S** abono **P** passe)
ていきけん

▷ 定期預金 (**F** dépôt à terme fixe **S** depósito a plazo fijo **P** depósito a prazo)
　　よ きん

---

❼ □ 発車(する) (**F** départ / partir (véhicule) **S** partir, arrancar
はっしゃ 　　　　　　　　　**P** partida)

▶ 飲み物買う時間ある？ ― ない、ない。もうすぐ発車するよ。
　の ものか　 じかん
(**F** J'ai le temps d'acheter une boisson ? — Non, non, non. Le train va bientôt partir.
S ¿Tenemos tiempo para comprar bebidas? —No, no. Ya casi es hora de partir.
P — Tem tempo para comprar uma bebida? — Não, não tem. O trem vai partir em breve.)

---

❽ □ ～発 (**F** au départ de **S** con salida desde… **P** partida de…)
はつ

▷ 新宿発の特急
しんじゅくはつ　とっきゅう
(**F** train express au départ de Shinjuku **S** tren expreso desde Shinjuku **P** trem expresso
partindo de Shinjuku)

時間・時 1
家族 2
人 3
人と人 4
名前・住所 5
食べ物・料理 6
家具・家電・家庭用品 7
毎日の生活 8
交通・移動 9
建物・施設・部屋 10

❾ □ **～行き** (**F** à destination de ～ **S** con destino a…
ゆ／い   **P** com destino a...)

▷ 京都行きの電車 (**F** train à destination de Kyoto **S** tren con destino a Kioto
きょうと   でんしゃ
P trem com destino a Quioto)

❿ □ **上り・下り** (**F** ascendant / descendant **S** subida/bajada
のぼ   くだ   **P** subida e descida)

▷ 上りの電車 (**F** train vers le haut **S** tren en ascenso (hacia Tokio)
でんしゃ
P trem em direção a Tóquio)

★「上り」は東京方面を、「下り」はその逆の方面を表す。／
とうきょうほうめん   ぎゃく   あらわ
F "ascendant" indique la direction vers Tokyo et "descendant" indique la direction
opposée.／**S** "上り" suele referirse a la dirección hacia Tokio, mientras que "下り" se
refiere a la dirección opuesta.／**P** "上り" indica a direção de Tóquio, enquanto "下り"
indica a direção oposta.

⓫ □ **終点** (**F** terminus **S** última estación **P** ponto final)   対 始発
しゅうてん   し はつ

⓬ □ **到着(する)** (**F** arriver **S** llegada **P** chegada)
とうちゃく

⓭ □ **～着** (**F** arrivée à ～ **S** con llegada a… **P** chegada às...)
ちゃく

▷ 15時7分着の特急
じ   ふん   とっきゅう
(**F** express arrivant à 15:07 **S** tren expreso que llega a las 15:07 **P** trem expresso com
chegada às 15 horas e 7 minutos)

⓮ □ **時刻** (**F** horaire **S** hora **P** horário)
じ こく

⓯ □ **停車(する)** (**F** s'arrêter (véhicule) **S** parada
ていしゃ   **P** fazer uma parada)

⓰ □ **終電** (**F** dernier train **S** último tren **P** último trem)
しゅうでん

時間・時 1
家族 2
人 3
人と人 4
名前・住所 5
食べ物・料理 6
家具・家電・家庭用品 7
毎日の生活 8
交通・移動 9
建物・施設・部屋 10

❶❼ □ **列車**（ⓕ voiture de train Ⓢ tren Ⓟ trem）
れっしゃ

▶〈写真の説明〉これは列車の窓からの景色です。
しゃしん　せつめい　　　　　　　　　　まど　　　　けしき
（ⓕ (description d'une photo) Voici la vue depuis la fenêtre du train. Ⓢ (Descripción de una foto) Esta es una vista desde la ventanilla del tren. Ⓟ (Descrição da foto) Esta é uma vista da janela do trem.）

❶❽ □ **優先席**（ⓕ siège prioritaire Ⓢ asiento prioritario
ゆうせんせき　　Ⓟ assento preferencial）

▶大丈夫？　具合が悪かったら優先席に座ったら？
だいじょうぶ　　ぐあい　わる　　　　　　　　　すわ
（ⓕ Ça va ? Si vous ne vous sentez pas bien, pourquoi ne pas vous asseoir sur un siège prioritaire ? Ⓢ ¿Estás bien? Si te sientes mal, ¿por qué no te sientas en uno de los asientos prioritarios? Ⓟ Você está bem? Se não estiver se sentindo bem, por que você não se senta no assento preferencial?）

❶❾ □ **鉄道**（ⓕ chemin de fer Ⓢ ferrocarril Ⓟ ferrovia）
てつどう

❷⓪ □ **線路**（ⓕ voies ferrées Ⓢ vía férrea Ⓟ trilho）
せんろ

❷❶ □ **モノレール**（ⓕ monorail Ⓢ monorraíl Ⓟ monotrilho）

❷❷ □ **停留所**（ⓕ arrêt Ⓢ parada Ⓟ parada）
ていりゅうじょ

▶こんな所にバスの停留所がある。
ところ
（ⓕ Il y a un arrêt de bus ici. Ⓢ Hay una parada de autobús en este lugar. Ⓟ Há um ponto de ônibus em um lugar como este.）

❷❸ □ **バス停**（ⓕ arrêt de bus Ⓢ parada de autobús Ⓟ ponto de ônibus）

❷❹ □ **大通り**（ⓕ boulevard Ⓢ avenida Ⓟ avenida）
おおどお

❷❺ □ **交差点**（ⓕ croisement Ⓢ cruce Ⓟ cruzamento）
こうさてん

▶あそこの交差点の角にも銀行があります。
かど　　ぎんこう
（ⓕ Il y a également une banque au croisement là-bas. Ⓢ También hay un banco en la esquina de ese cruce. Ⓟ Há também um banco na esquina do cruzamento.）

㉖ □ 四つ角 （**F** carrefour **S** intersección de cuatro esquinas **P** encruzilhada）
よ　かど

▶ この先の四つ角を右に曲がってください。
さき　　　　　　　　　　　みぎ　ま
（**F** Tournez à droite au carrefour devant vous. **S** Gire a la derecha en la próxima intersección. **P** Vire à direita na encruzilhada à frente.）

㉗ □ 通行（する） （**F** passer **S** tráfico **P** passagem）
つうこう

▶ 工事中なので、ここから先は通行止めになっています。
こうじちゅう　　　　　　　　　　　　　　さき　　　　ど
（**F** La route est fermée à partir d'ici car elle est en construction. **S** Más allá de este punto está cerrado al tráfico por obras. **P** Devido a obras em progresso, a passagem está bloqueada a partir daqui.）

㉘ □ 通行人 （**F** un(e) passant(e) **S** transeúnte **P** transeunte）
にん

㉙ □ 高速道路 （**F** autoroute **S** autopista **P** rodovia）
こうそくどうろ

㉚ □ 渋滞（する） （**F** (il y a un) embouteillage **S** congestión de tráfico
じゅうたい　　　　　　　**P** engarrafamento）

▶ 道が渋滞してて、バスが全然動かない。
みち　　　　　　　　　　　　　　ぜんぜんうご
（**F** La route est encombrée et le bus n'avance pas du tout. **S** La carretera está congestionada y el autobús no se mueve en absoluto. **P** A estrada está engarrafada e o ônibus não está se movendo de jeito nenhum.）

㉛ □ 近道 （**F** raccourci **S** atajo **P** atalho）
ちかみち

㉜ □ 駐車（する） （**F** stationner (un véhicule) **S** estacionamiento
ちゅうしゃ　　　　　　　**P** estacionamento）

▷ 駐車禁止 （**F** interdiction de stationnement **S** prohibido estacionar **P** proibido estacionar）
きんし

㉝ □ 歩道 （**F** trottoir **S** acera, vereda **P** calçada）
ほどう

▷ 車道 （**F** route **S** calzada, carretera **P** faixa de rodagem）
しゃどう
▷ 国道 （**F** route nationale **S** carretera nacional **P** rodovia federal）
こくどう

㉞ □ 運転免許証 （**F** permis de conduire **S** licencia de conducir
うんてんめんきょしょう　　**P** carteira de motorista）

㉟ □ ブレーキ （**F** frein **S** freno **P** freio）

▷ 急ブレーキ （**F** freinage brusque **S** freno de emergencia **P** freio brusco）
きゅう

㊱ □ パンク（する） （**F** pneu crevé **S** pinchazo (de neumático)
P pneu furado）

㊲ □ ひく （**F** renverser **S** atropellar **P** atropelar）

▶ そんなところを歩いてると、車にひかれるよ。
　　　　　　　　ある　　　　　　くるま
（**F** Si vous marchez à un tel endroit, vous risquez de vous faire renverser par une voiture. **S** Si caminas por lugares
así, va a atropellarte un coche. **P** Se você ficar andando por um lugar como esse, pode ser atropelado por um carro.）

㊳ □ パトカー （**F** voiture de police **S** coche de policía, patrullero
P viatura policial）

㊴ □ 航空機 （**F** avion **S** avión **P** avião）
こうくうき

▷ 航空会社 （**F** compagnie aérienne **S** aerolínea **P** companhia aérea）
　がいしゃ

㊵ □ 便 （**F** vol **S** vuelo **P** voo）
びん

▷ 上海行きの便 （**F** vol pour Shanghai **S** vuelo a Shanghái **P** voo com destino a Xangai）
シャンハイ ゆ

㊶ □ ヘリコプター （**F** hélicoptère **S** helicóptero **P** helicóptero）

㊷ □ ボート （**F** bateau **S** barco **P** barco）

㊸ □ ヨット （**F** yacht **S** yate **P** iate）

㊹ □ 横断（する） （**F** traverser **S** cruce **P** travessia）
おうだん

▷ アメリカを横断する、横断歩道
　　　　　　　　　　　　　ほどう
（**F** traverser les États-Unis, passage pour piétons **S** atravesar los Estados Unidos; cruce
de peatones **P** atravessar os Estados Unidos, faixa de pedestres）

時間・時 1
家族 2
人 3
人と人 4
名前・住所 5
食べ物・料理 6
家具・家電、家庭用品 7
毎日の生活 8
交通・移動 9
建物・施設・部屋 10

㊺ ☐ **交通の便**（こうつう べん）（🇫 accessibilité 🇪 accesibilidad 🇵 acessibilidade）

▶ もっと交通の便がいいところに引っ越したい。（ひ こ）

（🇫 Je veux déménager dans un endroit mieux desservi par les transports. 🇪 Quiero mudarme a un lugar con mejores conexiones de transporte. 🇵 Eu quero me mudar para um lugar com melhor acessibilidade de transporte.）

㊻ ☐ **通路**（つう ろ）（🇫 passage 🇪 pasillo 🇵 passagem, corredor）

▶ 駅の反対側に行く通路はどこですか。（えき はんたいがわ い）

（🇫 Où se trouve le passage qui mène à l'autre côté de la gare ? 🇪 ¿Dónde está el pasillo que lleva al otro lado de la estación? 🇵 Onde fica a passagem para ir para o outro lado da estação?）

㊼ ☐ **移動**（い どう）**（する）**（🇫 se déplacer 🇪 traslado 🇵 deslocamento）

▶ この辺は田舎だから、車で移動するしかないんです。（へん いなか くるま）

（🇫 Cette région est rurale, il n'y a que la voiture pour se déplacer. 🇪 Esta área es rural, así que la única opción es trasladarse en coche. 🇵 Esta área é rural, então a única opção é se deslocar de carro.）

㊽ ☐ **宿泊**（しゅくはく）**（する）**（🇫 loger 🇪 alojamiento 🇵 hospedagem）　　同 泊まる（と）

▶ 宿泊先はどちらですか。（さき）

（🇫 Où se trouve votre hébergement ? 🇪 ¿Dónde se aloja? 🇵 Onde você está hospedado?）

㊾ ☐ **宿**（やど）（🇫 logement, hébergement 🇪 posada 🇵 alojamento）

▶ 宿はまだ取ってません。これから予約します。（と よやく）

（🇫 Je n'ai pas encore d'hébergement. Je vais le réserver maintenant. 🇪 Todavía no he reservado la posada. Pronto lo haré. 🇵 Ainda não fiz a reserva do alojamento. Vou fazer a reserva agora.）

㊿ ☐ **滞在**（たいざい）**（する）**（🇫 séjourner, rester 🇪 estancia, estadía 🇵 estadia, permanência）

▶ ローマに二日間滞在する予定です。（ふつ か かん よてい）

（🇫 Je prévois de rester à Rome pendant deux jours. 🇪 Tengo planeado quedarme en Roma durante dos días. 🇵 Tenho planos de ficar em Roma por dois dias.）

51 ☐ **来日**（らいにち）**（する）**（🇫 venir au Japon 🇪 visita a Japón 🇵 vinda ao Japão）

15

UNIT 10

建物・施設・部屋
たてもの　しせつ　へや

(**F** Bâtiments, installations et locaux **S** Edificios, instalaciones, habitaciones **P** Edifício, instalações, apartamento)

❶ □ **書店**
しょてん
(**F** librairie **S** librería **P** livraria)

★カジュアルな言い方が「本屋」。／**F** Dans le langage courant, on dit "hon'ya"./**S** Informalmente, se dice "hon'ya"./**P** Informalmente, diz-se "hon'ya".

❷ □ **床屋**
とこや
(**F** coiffeur (barbier) **S** barbería, peluquería masculina **P** barbearia)

★「理容室」ともいう。男性や子供が利用する。女性は「美容院」を利用する。／**F** Aussi appelé "riyōshitsu" où vont les hommes et les enfants. Les femmes vont plutôt au "biyōin"./**S** También se llama riyōshitsu. Es allí donde suelen ir hombres y niños. Las mujeres van al "biyōin"./**P** Também é chamado de "riyōshitsu". É frequentado por homens e crianças. As mulheres frequentam um "biyōin".

❸ □ **劇場**
げきじょう
(**F** théâtre **S** teatro **P** teatro)

❹ □ **舞台**
ぶたい
(**F** théâtre, scène **S** escenario **P** palco)

▶ こんな大きな舞台に出るのは初めてです。
おお　　　　で　　　　　はじ

(**F** C'est la première fois que je me retrouve sur une scène aussi importante. **S** Es la primera vez que actúo en un escenario tan grande. **P** Esta é a primeira vez que estou atuando em um palco tão grande.)

❺ □ **売店**
ばいてん
(**F** échoppe **S** puesto de venta, quiosco **P** barraca de vendas)

▷ 駅の売店 (**F** kiosque de gare **S** quiosco de la estación **P** quiosque da estação)
えき

❻ □ **ショップ**
(**F** magasin **S** tienda **P** loja)

▷ コーヒーショップ、ペットショップ

(**F** café, animalerie **S** cafetería; tienda de mascotas **P** cafeteria, pet shop)

時間・時 1
家族 2
人 3
人と人 4
名前・住所 5
食べ物・料理 6
家具・家電・家庭用品 7
毎日の生活 8
交通・移動 9
建物・施設・部屋 10

❼ ☐ フロント （**F** accueil **S** recepción **P** recepção）

▷ ホテルのフロント （**F** réception d'hôtel **S** recepción del hotel **P** recepção do hotel）

❽ ☐ 博物館 （**F** musée **S** museo **P** museu）
　　　はくぶつかん

❾ ☐ 遊園地 （**F** parc d'attractions **S** parque de atracciones
　　　ゆうえんち　　**P** parque de diversão）

❿ ☐ ジェットコースター （**F** montagnes russes **S** montaña rusa **P** montanha russa）

⓫ ☐ ファミリーレストラン （**F** restaurant familial **S** restaurante familiar **P** restaurante para toda a família）

⓬ ☐ 会場 （**F** lieu **S** salón o recinto para eventos **P** local de eventos）
　　　かいじょう

▶ 初日だから、会場はすごく混んでるんじゃない？
　しょにち
（**F** C'est le premier jour, cela va être plein de monde non ? **S** Es el primer día, así que el lugar estará muy concurrido, ¿no? **P** Você não acha que, por ser o primeiro dia, o local está lotado?）

⓭ ☐ 領事館 （**F** consulat **S** consulado **P** consulado）
　　　りょうじかん

⓮ ☐ 老人ホーム （**F** maison de retraite **S** residencia de ancianos
　　　ろうじん　　**P** casa de repouso）

⓯ ☐ 寮 （**F** dortoir **S** residencia estudiantil **P** alojamento）
　　　りょう

⓰ ☐ グラウンド （**F** terrain (de sport) **S** campo de juego **P** campo）

⓱ ☐ コインランドリー （**F** laverie automatique **S** lavandería a monedas **P** lavanderia de moedas）

⓲ ☐ **待合室** (F salle d'attente S sala de espera P sala de espera)
　　まちあいしつ

⓳ ☐ **広場** (F square, place S plaza P praça)
　　ひろ ば

⓴ ☐ **消防署** (F caserne de pompiers S estación de bomberos
　　しょうぼうしょ　　P posto de bombeiros)

㉑ ☐ **便所** (F toilettes S baño P banheiro)
　　べんじょ

　　▷ **公衆便所** (F toilettes publiques S baño público P banheiro público)
　　　こうしゅう

㉒ ☐ **別荘** (F villa, maison secondaire S casa de vacaciones, casa de
　　べっそう　　campo P casa de campo)

㉓ ☐ **城** (F château S castillo P castelo)
　　しろ

㉔ ☐ **支店** (F succursale S sucursal P filial)　　　　　対 **本店**
　　し てん　　　　　　　　　　　　　　　　　　　　　　　　　　ほんてん

㉕ ☐ **オフィス** (F bureau S oficina P escritório)

　▶ **この服、オフィスで着るのにちょうどよさそう。**
　　　ふく
　　(F Ces vêtements sont parfaits pour être portés au bureau. S Esta ropa parece perfecta
　　para usar en la oficina. P Esta roupa parece adequada para usar no escritório.)

　▶ **1階と2階がお店で、3階がオフィスになっています。**
　　　　かい　　　かい　みせ　　　　かい
　　(F Le magasin est au rez-de-chaussée et au premier étage, et le bureau au deuxième
　　étage. S En el primero y el segundo piso hay tiendas; y en el tercer piso, oficinas.
　　P O térreo e o primeiro andar são lojas e o segundo andar são escritórios.)

㉖ ☐ **会議室** (F salle de réunion S sala de reuniones
　　かい ぎ しつ　　P sala de reunião)

時間・時 1
家族 2
人 3
人と人 4
名前・住所 5
食べ物・料理 6
家具家電・家庭用品 7
毎日の生活 8
交通・移動 9
建物施設・部屋 10

㉗ □ **居間** (いま) (🇫 salon 🇪 sala de estar 🇵 sala de estar)

㉘ □ **リビング** (🇫 living room, salon 🇪 sala de estar 🇵 sala de estar)
▶ リビングが広くて、いいですね。
(🇫 Le salon est spacieux. 🇪 Qué bueno que la sala de estar sea espaciosa, ¿no?
🇵 Que bom que a sala de estar é espaçosa!)

㉙ □ **キッチン** (🇫 cuisine 🇪 cocina 🇵 cozinha) 同 台所(だいどころ)

㉚ □ **ダイニングキッチン** (🇫 salle à manger et cuisine 🇪 cocina comedor 🇵 cozinha com sala de jantar)

㉛ □ **ベランダ** (🇫 balcon, véranda 🇪 balcón 🇵 varanda)

㉜ □ **書斎** (しょさい) (🇫 bureau 🇪 estudio (habitación para estudiar o trabajar) 🇵 escritório)

㉝ □ **押し入れ** (おしいれ) (🇫 placard 🇪 armario 🇵 armário)
▶ 昔撮ったビデオは、押し入れにしまってあります。
(むかしと)
(🇫 Je garde mes vieilles vidéos dand un placard. 🇪 Los videos que hicimos hace tiempo están guardados en el armario. 🇵 Os vídeos que filmei há tempos estão guardados no armário.)

㉞ □ **お手洗い** (おてあらい) (🇫 toilettes 🇪 baño 🇵 banheiro)

★「トイレ」の丁寧な言い方。(ていねい いかた)／🇫 C'est une façon polie de dire "toire".／🇪 Forma más educada que "toire".／🇵 Forma educada de dizer "toire".

㉟ □ **施設** (しせつ) (🇫 services, installations 🇪 instalaciones 🇵 instalações)
▶ この辺は公園とかスポーツ施設とかが多くて、雰囲気がいいですね。
(へん こうえん おお ふんいき)
(🇫 Il y a beaucoup de parcs et d'installations sportives dans les environs, ce qui crée une atmosphère agréable. 🇪 Esta zona es muy buena; tiene muchos parques e instalaciones deportivas. 🇵 Nesta área há muitos parques e instalações esportivas, a atmosfera é agradável, não é?)

時間・時 1

家族 2

人 3

人と人 4

名前・住所 5

食べ物・料理 6

家具・家電・家庭用品・ 7

㊱ □ **設備**
せつび
(**F** équipement **S** equipamiento, instalaciones **P** equipamento, instalações)

▶ ちょっと古いホテルだけど、設備はしっかりしていた。
ふる
(**F** C'est un hôtel un peu ancien, mais il est bien équipé. **S** El hotel era un poco antiguo, pero estaba bien equipado. **P** O hotel era um pouco antigo, mas bem equipado.)

㊲ □ **～室**
しつ
(**F** salle, chambre ～ **S** sala de… **P** sala…)

▷ 研究室、会議室、事務室
けんきゅう　かいぎ　じむ
(**F** laboratoire, salle de conférence, bureau **S** laboratorio; sala de reuniones; oficina **P** sala de pesquisa, sala de reuniões, sala administrativa)

㊳ □ **建築（する）**
けんちく
(**F** construire **S** arquitectura, construcción **P** arquitetura, construção)

▶ その当時、すでに高度な建築技術を持っていたことがわかった。
とうじ　　　　こうど　　ぎじゅつ　も
(**F** Il s'est avéré qu'ils disposaient déjà d'une technologie de construction avancée à l'époque. **S** Se supo que, en ese momento, ya tenían técnicas de construcción avanzadas. **P** Descobrimos que, naquela época, já se possuía tecnologia avançada de construção.)

㊴ □ **柱**
はしら
(**F** pilier **S** pilar **P** pilar)

㊵ □ **建設（する）**
けんせつ
(**F** construire **S** construcción **P** construção)

▶ 駅前に建設中のビルもマンションです。
えきまえ　　　　ちゅう
(**F** L'immeuble en construction devant la gare est également une résidence. **S** El edificio que están construyendo frente a la estación también es un condominio. **P** O prédio em construção em frente à estação também é um condomínio.)

㊶ □ **ダム**
(**F** barrage **S** presa **P** barragem, represa)

UNIT 11

読む・書く・聞く・話す
よ　　　か　　　き　　　はな

(🇫 Lire, écrire, écouter et parler 🇪🇸 Leer, escribir, escuchar, hablar 🇵🇹 Ler, escrever, escutar, falar)

---

❶ ☐ **書類** (🇫 documents 🇪🇸 documento 🇵🇹 documentos)
　　しょるい

▶ それはどういう書類ですか。— 税金に関する書類です。
　　　　　　　　　　　　　　　　　　ぜいきん　　かん
(🇫 De quel type de documents s'agit-il ? — Des documents fiscaux. 🇪🇸 ¿Qué documento es ese? –Es un documento relacionado con los impuestos. 🇵🇹 — Que tipo de documentos são esses? — São documentos fiscais.)

▷ 提出書類 (🇫 documents à fournir 🇪🇸 documentos a entregar 🇵🇹 documentos a serem entregues)
　　ていしゅつ

---

❷ ☐ **資料** (🇫 documents 🇪🇸 material, datos, documentación
　　しりょう　　🇵🇹 dados, material)

---

❸ ☐ **記事** (🇫 article de presse 🇪🇸 artículo 🇵🇹 artigo)
　　きじ

---

❹ ☐ **載る** (🇫 être publié(e) 🇪🇸 ser publicado 🇵🇹 aparecer)
　　の

▶ 見て！　うちの社長が雑誌に載ってる。
　　み　　　　　　　　しゃちょう　ざっし　　の
(🇫 Regarde ! Notre patron est dans le magazine. 🇪🇸 ¡Mira! Nuestro director ha salido en una revista. 🇵🇹 Olhe! Nosso presidente saiu na revista.)

❺ ∨ ☐ **載せる** (🇫 poster, publier 🇪🇸 publicar 🇵🇹 publicar)
　　　　の

---

❻ ☐ **物語** (🇫 récit 🇪🇸 cuento, relato 🇵🇹 narrativa, conto)
　　ものがたり

---

❼ ☐ **記入(する)** (🇫 remplir 🇪🇸 rellenar (formularios) 🇵🇹 preencher)
　　きにゅう

▶ ここに名前と住所を記入してください。
　　　　なまえ　じゅうしょ　きにゅう
(🇫 Remplissez ici votre nom et votre adresse. 🇪🇸 Por favor, escriba su nombre y dirección aquí. 🇵🇹 Por favor, preencha seu nome e endereço aqui.)

---

❽ ☐ **下書き(する)** (🇫 faire un brouillon 🇪🇸 borrador 🇵🇹 rascunho)
　　したが

聞く　読む　書く　話す　11

天気・天候　12

お金　13

服・くつ　14

色・形　15

数量・程度　16

趣味・娯楽　スポーツ　17

生活・環境・土地　18

体　19

健康・病気　20

❾ □ 削除（する） <small>さくじょ</small> (**F** supprimer, effacer **S** suprimir, eliminar **P** eliminação)

▶ この表現はちょっと問題があるので、削除することにしました。
<small>ひょうげん　　　　　　　もんだい</small>
(**F** Cette expression est un peu problématique et nous avons décidé de la supprimer. **S** Esta expresión es algo problemática, así que decidí borrarla. **P** Essa expressão tem um pequeno problema, então decidi suprimi-la.)

❿ □ 聴く <small>き</small> (**F** écouter **S** escuchar **P** ouvir)

▷ 音楽を聴く (**F** écouter de la musique **S** escuchar música **P** ouvir música)
<small>おんがく</small>

⓫ □ 話題 <small>わだい</small> (**F** sujet **S** tema **P** assunto)

▶ もうちょっと楽しい話題に変えましょう。
<small>たの　　　　か</small>
(**F** Changeons de sujet pour quelque chose d'un peu plus amusant. **S** Pasemos a un tema más divertido. **P** Vamos mudar o assunto para algo um pouco mais divertido.)

⓬ □ しゃべる話 (**F** parler **S** hablar **P** falar, conversar)

▶ 大勢の人の前だと、うまくしゃべれないんです。
<small>おおぜい　ひと　まえ</small>
(**F** J'ai du mal à parler devant beaucoup de monde. **S** No puedo hablar bien en público frente a mucha gente. **P** Não consigo falar bem na frente de muitas pessoas.)

⓭ □ おしゃべり（する） (**F** bavarder **S** charla **P** conversa)

⓮ □ 発言（する） <small>はつげん</small> (**F** dire, s'exprimer **S** declarar, expresarse **P** expressão)

▶ 会議では、積極的に発言してください。
<small>かいぎ　　　せっきょくてき</small>
(**F** Exprimez-vous activement pendant les réunions. **S** En la reunión, no dude en expresarse activamente. **P** Na reunião, por favor, se expresse de forma proativa.)

⓯ □ 述べる <small>の</small> (**F** déclarer **S** hablar, decir **P** mencionar)

▶ 最初に述べたように、このことについてはまだわかってないことが多いんです。
<small>さいしょ　　　　　　　　　　　　　　　　　　　　　　　おお</small>
(**F** Comme je l'ai dit au début, il y a beaucoup de choses que nous ne savons pas encore à ce sujet. **S** Como dije al principio, todavía hay muchas cosas que no comprendemos acerca de esto. **P** Como mencionei no início, ainda há muitas coisas que não sabemos sobre este assunto.)

⑯ ☐ **語る**（**F** raconter **S** contar **P** contar, falar）
かた

▶ 新監督は、チームの今後の目標について語った。
しんかんとく　　　　　　　　　こんご　もくひょう
（**F** Le nouvel entraîneur a parlé des objectifs futurs de l'équipe. **S** El nuevo entrenador habló de los futuros objetivos del equipo. **P** O novo treinador falou sobre os futuros objetivos da equipe.）

⑰ ☐ **スピーチ（する）** （**F** faire un discours **S** discurso **P** discurso）

▶ 友だちの結婚式で、スピーチを頼まれました。
とも　　　けっこんしき　　　　　　　　たの
（**F** On m'a demandé de faire un discours au mariage d'un ami. **S** Me pidieron que diera un discurso en la boda de un amigo. **P** Fui convidado para fazer um discurso no casamento de um amigo.）

⑱ ☐ **訳す**（**F** traduire **S** traducir **P** traduzir）
やく

▶ この日本語を英語に訳せばいいんですね。
にほんご　えいご
（**F** Donc, il faut traduire ce japonais en anglais. **S** Tengo que traducir esto al inglés, ¿verdad? **P** Só preciso traduzir isso do japonês para o inglês, não é?）

⑲ ☐ **通訳（する）** （**F** traduire (oral) **S** interpretar, intérprete **P** intérprete）
つうやく

▷ 通訳になる（**F** devenir interprète **S** convertirse en intérprete **P** tornar-se um intérprete）

⑳ ☐ **翻訳（する）** （**F** traduire (écrit) **S** traducción **P** tradução (escrita)）
ほんやく

▶ 時々、翻訳の仕事を頼まれます。
ときどき　　　　　しごと　たの
（**F** On me demande parfois de faire des traductions. **S** A veces me encargan trabajos de traducción. **P** Às vezes, sou solicitado a fazer trabalhos de tradução.）

㉑ ☐ **言葉づかい** （**F** langage **S** manera de expresarse **P** forma de falar）
ことば

▶ 目上の人には、言葉づかいに気をつけてください。
めうえ　ひと　　　　　　　　　　　　き
（**F** Il faut faire attention à son langage lorsqu'on traite avec ses supérieurs. **S** Cuide la manera de expresarse frente a sus superiores. **P** Por favor, seja cuidadoso com a forma de falar com pessoas mais velhas ou superiores.）

UNIT **12**

天気・天候
てんき・てんこう (🇫 Temps, climat 🇪 Tiempo 🇵 Tempo)

お金 13

服・くつ 14

色・形 15

数量・程度 16

趣味・娯楽 スポーツ 17

生活・環境・土地 18

体 19

健康・病気 20

❶ □ **照る** (🇫 briller 🇪 brillar 🇵 brilhar)
て

▶ 日が照っているうちに洗濯物を干そう。
ひ　　　　　　　　　　　せんたくもの　ほ
(🇫 Séchons nos vêtements pendant que le soleil brille. 🇪 Vamos a tender la ropa
mientras haya sol. 🇵 Vamos estender as roupas enquanto o sol estiver brilhando.)

❷ □ **日差し** (🇫 lumière du soleil 🇪 luz del sol 🇵 luz do sol)
ひ ざ

▶ 今日は日差しが強いなあ。日焼け止めを持ってくればよかった。
きょう　　ひざ　　つよ　　　　ひや　ど　　も
(🇫 Le soleil est très fort aujourd'hui. J'aurais dû apporter de la crème solaire. 🇪 Hoy hace
mucho sol. Debería haber traído protector solar. 🇵 Hoje a luz do sol está forte. Deveria ter
trazido o protetor solar.)

❸ □ **曇る** (🇫 nuageux 🇪 nublarse 🇵 nublar)
くも

▶ 曇っているけど、雨は降らないそうです。
くも　　　　　　あめ　ふ
(🇫 Le temps est nuageux, mais il ne va pas pleuvoir. 🇪 Se ha nublado, pero parece que
no va a llover. 🇵 Está nublado, mas parece que não vai chover.)

❹ □ **にわか雨** (🇫 averse 🇪 chubasco, chaparrón
あめ　　　🇵 chuva passageira)

▶ にわか雨だから、すぐ止むよ。
や
(🇫 C'est juste une petite averse, elle va bientôt s'arrêter. 🇪 Es un chaparrón, así que
pronto parará. 🇵 É uma chuva passageira, ela vai parar logo.)

❺ □ **嵐** (🇫 tempête 🇪 tormenta 🇵 tempestade)
あらし

▶ 風が強くなってきたね。 ―うん。もうすぐ嵐になるんじゃな
かぜ　つよ
い？
(🇫 Il y a de plus en plus de vent. — Oui, il va bientôt y avoir une tempête, n'est-ce pas ?
🇪 El viento sopla cada vez más fuerte. ―Sí, ¿no crees que pronto habrá tormenta?
🇵 — O vento está ficando mais forte, não está? — Sim, acho que vai cair uma
tempestade em breve.)

❻ □ 積もる (**F** s'accumuler **S** acumularse **P** acumular)
つ

▶ 朝、起きたら、雪が積もってて、びっくりした。
あさ お ゆき
(**F** Quand je me suis réveillé(e) ce matin, j'ai été surpris(e) de voir autant de neige au sol.
S Me sorprendió ver que había nevado cuando me levanté por la mañana.
P Quando acordei de manhã, fiquei surpreso ao ver a neve acumulada.)

❼ □ 天候 (**F** météo **S** tiempo, condiciones meteorológicas **P** tempo)
てんこう

▶ 悪天候が続いて、今年は野菜があまりよくできなかった。
あく つづ ことし やさい
(**F** Les légumes n'ont pas très bien poussé cette année à cause du mauvais temps.
S Por el constante mal tiempo, este año las verduras no crecieron muy bien.
P Devido ao mau tempo contínuo, as verduras não cresceram muito bem este ano.)

❽ □ 気候 (**F** climat **S** clima **P** clima)
きこう

▶ ここは一年中温暖な気候で、暮らしやすい所です。
いちねんじゅうおんだん く ところ
(**F** Ici, le climat est doux toute l'année, c'est donc un endroit où il fait bon vivre.
S Aquí hay un clima templado durante todo el año y la vida es agradable.
P Aqui tem um clima ameno durante todo o ano e é um local agradável para se viver.)

❾ □ 気温 (**F** température de l'air **S** temperatura **P** temperatura)
きおん

▶ 〈天気予報で〉今日の東京の最高気温は30度でした。
てんきよほう きょう とうきょう さいこう ど
(**F** (Selon les prévisions météorologiques) La température maximale à Tokyo aujourd'hui
est de 30 degrés. **S** (Pronóstico del tiempo) La temperatura máxima en Tokio hoy fue de
30 grados. **P** (Previsão do tempo) A temperatura máxima em Tóquio hoje foi de 30
graus.)

❿ □ 湿度 (**F** humidité **S** humedad **P** umidade)
しつど

⓫ □ 蒸し暑い (**F** chaud et humide **S** caluroso y húmedo
む あつ **P** abafado)

⓬ □ 予報 (**F** prévision **S** pronóstico **P** previsão)
よほう

▷ 天気予報 (**F** prévisions météorologiques **S** pronóstico del tiempo **P** previsão do tempo)
てんき

⓭ □ 梅雨 (**F** saison des pluies **S** temporada de lluvias
つゆ **P** estação das chuvas)

UNIT 13

お金
かね
(**F** Argent **S** Dinero **P** Dinheiro)

❶ □ **会計**(する) (**F** faire les comptes, demander l'addition
かいけい **S** cuenta(s), contabilidad **P** conta, contabilidade)

▶すみません、お会計お願いします。
ねが
(**F** Excusez-moi, puis-je avoir l'addition s'il vous plaît ? **S** Disculpe, la cuenta, por favor.
P Desculpe, a conta, por favor.)

❷ □ **勘定**(する) (**F** (demander) l'addition **S** cuenta, pago **P** conta)
かんじょう

❸ □ **金額** (**F** montant **S** suma de dinero **P** quantia, soma de dinheiro)
きんがく

▶実際に使った金額を記入してください。
じっさい つか き にゅう
(**F** Veuillez indiquer le montant réel dépensé. **S** Por favor, registre el monto real que ha
gastado. **P** Por favor, preencha a quantia real que você gastou.)

❹ □ **支払う** (**F** payer **S** pagar **P** pagar)
し はら

▶今月末までにお支払いください。
こんげつまつ
(**F** Veuillez payer avant la fin du mois. **S** Por favor, realice el pago antes de fin de mes.
P Por favor, faça o pagamento até o final deste mês.)

▷支払い期限 (**F** date d'échéance du paiement **S** fecha límite de pago **P** prazo de pagamento)
き げん

❺ □ **レシート** (**F** ticket de caisse **S** recibo **P** recibo)

▶私はコンビニのレシートとかは、すぐ捨てちゃう。
わたし す
(**F** Je jette tout de suite les tickets de caisse des magasins de proximité et autres.
S Suelo tirar enseguida los recibos de las tiendas de conveniencia. **P** Eu logo jogo fora
os recibos de lojas de conveniência e coisas do tipo.)

❻ □ **領収書** (**F** reçu, facture **S** recibo **P** nota fiscal)
りょうしゅうしょ

▶これは会社が負担するから、領収書をもらっておいてください。
かいしゃ ふ たん
(**F** L'entreprise prend cela à sa charge, alors n'hésitez pas à récupérer les reçus.
S La empresa se hará cargo de esto, así que asegúrate de que te den un recibo.
P Isso será coberto pela empresa, por isso pegue a nota fiscal.)

❼ ☐ 無料 (**F** gratuit **S** gratis **P** grátis)
むりょう

❽ ☐ ただ話 (**F** gratuit **S** gratis **P** gratuito)

▶ 子どもはただで入れます。
こ　　　　　　　はい

(**F** Les enfants peuvent entrer gratuitement. **S** Los niños entran gratis. **P** As crianças entram de graça.)

❾ ☐ 有料 (**F** payant **S** de pago **P** valor cobrado)
ゆう

❿ ☐ 払い戻す (**F** rembourser **S** reembolsar **P** reembolsar)
はら　　もど

⓫ ☐ 払い戻し (**F** remboursement **S** reembolso **P** reembolso)

▶ 切符、間違えて買ったの？ じゃ、払い戻ししてもらったら？
きっぷ　まちが　　　か

(**F** Tu as acheté ton ticket par erreur ? Alors pourquoi ne pas te faire rembourser ? **S** ¿Compraste el billete equivocado? ¿Qué tal si pides un reembolso? **P** Você comprou o bilhete por engano? Bem, então por que você não pede um reembolso?)

⓬ ☐ おごる (**F** inviter **S** invitar (pagar la comida o bebida) **P** Convidar alguém para uma refeição ou atividade e pagar por isso.)

▶ 機嫌がいいと、部長もたまにおごってくれます。
きげん　　　　　ぶちょう

(**F** Quand il est de bonne humeur, parfois mon supérieur nous offre le repas. **S** A veces el jefe nos invita cuando está de buen humor. **P** Quando o chefe está de bom humor, ele às vezes nos convida para algo e paga.)

⓭ ☐ 割り勘 (**F** partager l'addition **S** dividir la cuenta **P** dividir as despesas)
わ　　かん

▶ ここは割り勘にしましょう。一人 2,500 円でお願いします。
ひとり　　　　　えん　　ねが

(**F** Partageons l'addition. 2 500 yens par personne, s'il vous plaît. **S** Vamos a dividir la cuenta. Por favor, 2500 yenes por persona. **P** Vamos dividir a conta daqui. Por favor, 2.500 ienes por pessoa.)

⓮ ☐ 貯金(する) (**F** économiser **S** ahorrar **P** poupança)
ちょきん

⓯ ☐ 通帳 (**F** livret de banque **S** libreta de ahorros **P** cardeneta bancária)
つうちょう

⓰ ☐ 口座 (**F** compte **S** cuenta bancaria **P** conta bancária)
こうざ

読む・書く
聞く・話す　11

天気・天候　12

お金　13

服・くつ　14

色・形　15

数量・程度　16

趣味・娯楽
スポーツ　17

生活・環境・土地　18

体　19

健康・病気　20

⑰ □ 利子 （**F** intérêts **S** interés **P** juros）
り　し

▷ 利子がつく （**F** produire des intérêts **S** producir intereses **P** render juros）

⑱ □ 預金（する） （**F** dépôt **S** depósito **P** depósito）
よ　きん

▷ 普通預金、定期預金
ふ　つう　　てい　き
（**F** épargne, dépôts à terme **S** cuenta de ahorros común; depósito a plazo fijo **P** conta de depósito comum, conta de depósito a prazo）

⑲ □ 下ろす （**F** retirer **S** retirar **P** sacar）
お

▶ ちょっとそこの ATM でお金を下ろしてきます。
かね
（**F** Je vais retirer un peu d'argent au distributeur automatique de billets. **S** Voy a retirar dinero en el cajero automático de allí. **P** Vou sacar dinheiro no caixa eletrônico ali.）

⑳ □ 請求書 （**F** facture **S** factura **P** fatura）
せいきゅうしょ

㉑ □ 振り込む （**F** transférer de l'argent **S** transferir dinero
ふ　こ　　　　　　　　**P** transferir dinheiro）

▶ この金額をこの口座に振り込めばいいんですね。
きんがく　　　こうざ
（**F** Il faut donc transférer ce montant sur ce compte. **S** Tengo que transferir esta cantidad a esta cuenta, ¿verdad? **P** Eu só preciso transferir esse valor para esta conta, certo?）

㉒ □ 振り込み （**F** transfert bancaire **S** transferencia **P** transferência bancária）

㉓ □ 収入 （**F** revenus **S** ingresos **P** renda, receita）
しゅうにゅう

▶ 1 カ月ほど入院したので、その分、収入が減った。
げつ　　にゅういん　　　　　　　ぶん　　　　　　へ
（**F** J'ai été hospitalisé pendant environ un mois, c'est pourquoi j'ai perdu les revenus équivalents. **S** Estuve hospitalizado durante alrededor de un mes, por eso disminuyeron mis ingresos. **P** Fiquei hospitalizado por cerca de um mês, então minha renda diminuiu nesse período.）

㉔ □ 予算 （**F** budget **S** presupuesto **P** orçamento）
よ　さん

▶ 予算がないから、1 泊しかできない。
ぱく
（**F** Je ne peux rester qu'une nuit car je n'ai pas de budget. **S** No tengo presupuesto, así que solo puedo quedarme una noche. **P** Só posso ficar uma noite porque não tenho orçamento.）

67

㉕ ☐ 赤字 (**F** déficit **S** déficit, números rojos **P** déficit, saldo negativo)
　　あか じ

▶ 赤字になるのは当然だよ。無駄なものにお金を使いすぎてる。
　　　　　　　とうぜん　　　　　　　　む だ　　　　　　　　　かね　つか
(**F** Ce n'est pas étonnant que tu sois dans le rouge. Tu dépenses trop d'argent pour des
choses inutiles. **S** Es natural que estés en rojo. Estás gastando demasiado en cosas
innecesarias. **P** É natural que você esteja no vermelho. Está gastando dinheiro demais
em coisas desnecessárias.)

㉖ ☐ 黒字 (**F** surplus **S** superávit **P** superávit, saldo positivo)
　　くろ じ

㉗ ☐ 節約(する) (**F** économiser **S** ahorro **P** economia)
　　せつやく

▶ 不景気な世の中だから、いろいろ節約しないと。
　　ふ けい き　よ　なか
(**F** Nous sommes en récession, nous devons donc économiser où l'on peut. **S** Dado que
estamos en recesión, debemos ahorrar en muchas cosas. **P** Como o mundo está em uma
situação econômica difícil, precisamos economizar de várias maneiras.)

㉘ ☐ 費用 (**F** dépenses **S** gastos **P** custo)
　　ひ よう

▶ 引っ越しの費用はどれくらいかかりましたか。
　　ひ こ
(**F** Combien le déménagement a-t-il coûté ? **S** ¿Cuánto costó la mudanza? **P** Quanto
custou a mudança?)

㉙ ☐ 小遣い (**F** argent de poche **S** asignación, dinero
　　こ づか　　para pequeños gastos **P** mesada)　　話お小遣い

㉚ ☐ 〜費 (**F** frais de 〜 **S** gasto **P** despesa de...)
　　　　ひ

▷ 交通費、食費、生活費
　こうつう　しょく　せいかつ
(**F** frais de transport, frais de nourriture, coût de la vie **S** gastos de transporte; gastos de
alimentación; gastos diarios **P** despesas de transporte, despesas de alimentação, custo
de vida)

㉛ ☐ 時給 (**F** salaire horaire **S** salario por hora **P** salário por hora)
　　じ きゅう

▷ 時給1,000円のバイト
　　　　　　　　えん
(**F** emploi à temps partiel payé 1 000 yens de l'heure **S** trabajo a tiempo parcial con un
salario por hora de 1000 yenes **P** trabalho temporário com um salário por hora de 1.000
ienes)

聞く・話す 読む・書く 11

天気・天候 12

お金 13

服・くつ 14

色・形 15

数量・程度 16

趣味・娯楽 スポーツ 17

生活・環境・土地 18

体 19

健康・病気 20

㉜ ☐ 稼ぐ (**F** gagner (de l'argent) **S** ganar (dinero) **P** ganhar dinheiro)
かせ

▶ たくさん稼いで親を楽にさせたいと思っています。
おや らく おも
(**F** Je veux gagner beaucoup d'argent pour aider mes parents à être à l'aise. **S** Quiero ganar mucho dinero para darles una buena vida a mis padres. **P** Eu quero ganhar muito dinheiro para proporcionar conforto aos meus pais.)

㉝ ☐ 財産 (**F** propriété **S** patrimonio **P** bens)
ざいさん

㉞ ☐ 利益 (**F** bénéfice **S** beneficio **P** lucro)
り えき

㉟ ☐ もうける (**F** gagner (de l'argent) **S** ganar dinero, obtener ganancias **P** lucrar, ganhar dinheiro)

▶ この人はお金をもうけることしか考えてない。
ひと かね かんが
(**F** Cette personne ne pense qu'à gagner de l'argent. **S** Esta persona solo piensa en ganar dinero. **P** Essa pessoa só pensa em ganhar dinheiro.)

㊱ ☐ もうかる (**F** gagner de l'argent/rentable **S** rentable, provechoso **P** lucrar)

㊲ ☐ 寄付(する) (**F** don (d'argent) **S** donación **P** doação)
き ふ

㊳ ☐ 札 (**F** billet **S** billete **P** nota)
さつ

▷ 1万円札 (**F** un billet de 10 000 yens **S** billete de diez mil yenes **P** nota de dez mil ienes)
まんえん

㊴ ☐ 硬貨 (**F** pièces de monnaie **S** moneda **P** moeda)
こう か

㊵ ☐ 小銭 (**F** petite monnaie **S** cambio, monedas **P** moedas de menor valor, troco)
こ ぜに

㊶ ☐ 崩す (**F** faire la monnaie **S** cambiar billetes/monedas por unidades pequeñas **P** trocar notas/moedas por unidades menores)
くず

▶ あっ、小銭がない。‥‥ねえ、誰か千円札、崩せない？
だれ せんえんさつ
(**F** Oh, je n'ai pas de pièces de monnaie. ...Hé, est-ce que quelqu'un peut me faire la monnaie sur 1 000 yens ? **S** Oh, no tengo cambio... Ey, ¿alguien puede cambiarme un billete de 1000 yenes? **P** Ah, não tenho troco... Ei, alguém pode trocar uma nota de mil ienes?)

服・くつ
ふく
(🇫 Vêtements, chaussures 🇪 Ropa, zapatos
🇵 Roupas, calçados)

❶ □ **服装** (🇫 style vestimentaire 🇪 ropa 🇵 vestuário, roupa)
ふくそう

▶ 明日は面接だから、ちゃんとした服装で行かないと。
あした　　　めんせつ
(🇫 J'ai un entretien demain, je dois m'habiller correctement. 🇪 Mañana tengo una
entrevista, así que tengo que vestirme adecuadamente. 🇵 Como amanhã tenho uma
entrevista, preciso me vestir adequadamente.)

❷ □ **ドレス** (🇫 robe 🇪 vestido 🇵 vestido)

▶ パーティーに着て行くドレス、どうしよう。
き　い
(🇫 Quelle robe dois-je porter pour la soirée ? 🇪 ¿Qué vestido debería llevar para la
fiesta? 🇵 Que vestido devo usar na festa?)

❸ □ **制服** (🇫 uniforme 🇪 uniforme 🇵 uniforme)
せいふく

❹ □ **ブラウス** (🇫 blouse 🇪 blusa 🇵 blusa)

❺ □ **ワンピース** (🇫 robe 🇪 vestido (prenda informal) 🇵 vestido)

❻ □ **パンツ** (🇫 pantalon 🇪 pantalones 🇵 calça)

▶ このシャツには、白いパンツのほうが似合うね。
しろ　　　　　　　　　　　に あ
(🇫 Un pantalon blanc irait mieux avec cette chemise. 🇪 Esta camisa queda mejor con
pantalones blancos, ¿verdad? 🇵 Esta camisa combina melhor com calças brancas, não
acha?)

❼ □ **ベルト** (🇫 ceinture 🇪 cinturón 🇵 cinto)

読む　書く
聞く　話す

11

天気・天候

12

お金

13

服・くつ

14

色・形

15

数量・程度

16

趣味・娯楽
スポーツ

17

生活・環境・土地

18

体

19

健康・病気

20

❽ □ コート （**F** manteau　**S** abrigo, saco　**P** casaco, sobretudo）

❾ □ レインコート （**F** imperméable　**S** impermeable, chubasquero　**P** casaco impermeável）

❿ □ サンダル （**F** sandales　**S** sandalias　**P** sandálias）

⓫ □ ストッキング （**F** collants　**S** medias　**P** meias-calças）

⓬ □ 浴衣
ゆかた （**F** yukata (kimono d'été)　**S** yukata (prenda tradicional japonesa de verano)　**P** "yukata" (quimono leve)）

⓭ □ 水着
みずぎ （**F** maillot de bain　**S** traje de baño　**P** maiô）

⓮ □ 宝石
ほうせき （**F** bijoux, pierres précieuses　**S** joya　**P** joia）

⓯ □ アクセサリー （**F** accessoires　**S** accesorio　**P** acessórios）

⓰ □ イヤリング （**F** boucles d'oreilles　**S** pendientes　**P** brincos）

⓱ □ ピアス （**F** boucles d'oreilles　**S** pendiente, piercing　**P** brinco）

⓲ □ ネックレス （**F** collier　**S** collar　**P** colar, cordão）

⓳ □ コンタクトレンズ （**F** lentilles de contact　**S** lentes de contacto　**P** lentes de contato）

⓴ □ レンズ （**F** lentilles　**S** lentes　**P** lente）

㉑ □ 袖
そで （**F** manches　**S** manga　**P** manga）

▷ 長袖、半袖 （**F** manches longues, manches courtes　**S** manga larga; manga corta
なが　　はん
P manga comprida, manga curta）

UNIT 15

色・形
いろ　かたち

(**F** Couleurs, formes **S** Colores, formas **P** Cores, formas)

❶ □ カラー (**F** couleur **S** color **P** cor)

❷ □ ピンク (**F** rose **S** rosa **P** cor-de-rosa)

❸ □ オレンジ (**F** orange **S** naranja **P** cor de laranja)

❹ □ 紫(色) (**F** violet **S** morado, violeta **P** roxo)
むらさきいろ

❺ □ 紺(色) (**F** bleu marine **S** azul marino (oscuro) **P** azul-marinho)
こん　いろ

❻ □ ゴールド (**F** doré, or **S** dorado **P** dourado)

❼ □ 金(色) (**F** doré, or **S** dorado **P** dourado)
きん　いろ

❽ □ シルバー (**F** argenté **S** plateado **P** prateado)

❾ □ 銀(色) (**F** argenté **S** plateado **P** prateado)
ぎん　いろ

読む・書く・聞く・話す 11

天気・天候 12

お金 13

服・くつ 14

色・形 15

数量・程度 16

趣味・スポーツ・娯楽 17

生活・環境・土地 18

体 19

健康・病気 20

❿ ☐ 派手(な) (**F** criard(e) **S** llamativo **P** chamativo)
　　　は　で

▶ このオレンジ、会社に着て行くにはちょっと派手かもしれない。
　　　　　　　　かいしゃ　き　い
（**F** Cet orange pourrait être un peu criard pour le travail. **S** Este naranja puede que sea un poco llamativo para llevarlo a la oficina. **P** Esta cor laranja pode ser um pouco chamativa para usar no trabalho.）

⓫ ☐ 地味(な) (**F** simple, discret **S** discreto, modesto **P** discreto, simples)
　　　じ　み

▶ 彼女はいつも地味な服装で、アクセサリーも付けません。
　かのじょ　　　　　　　　　ふくそう
（**F** Elle porte toujours des vêtements simples, sans accessoires. **S** Ella siempre viste de forma discreta y no usa accesorios. **P** Ela sempre se veste de forma discreta e não usa acessórios.）

⓬ ☐ シンプル(な) (**F** simple **S** sencillo **P** simples)

⓭ ☐ 模様 (**F** motif **S** patrón **P** padronagem, estampa)
　　　も よう

▶ この魚、変わった模様をしてる。 ―ほんとだ。
　　　さかな　か
（**F** Ce poisson a des motifs inhabituels. — En effet. **S** Este pez tiene un patrón inusual. —Cierto. **P** — Este peixe tem uma padronagem incomum. — É verdade.）

⓮ ☐ 柄 (**F** motif **S** diseño, estampado **P** desenho, padrão)
　　　がら

▶ お皿は、絵とか柄とかない、シンプルなものが好きです。
　さら　　え　　　　　　　　　　　　　　　　　　す
（**F** J'aime les assiettes simples, sans images ni motifs. **S** Me gustan los platos sencillos, sin dibujos ni estampados. **P** Gosto de pratos simples, sem desenhos ou padrões.）

⓯ ☐ しま (**F** rayures **S** rayas **P** listra)

▷ 縦じま、横じま
　たて　　　よこ
（**F** rayures verticales, rayures horizontales **S** rayas verticales; rayas horizontales **P** listras verticais, listras horizontais）

⓰ ☐ 水玉 (**F** pois **S** lunares **P** bolinhas)
　　　みずたま

▷ 水玉のスカート (**F** jupe à pois **S** falda de lunares **P** saia de bolinhas)

⓱ ☐ 花柄 (**F** motifs de fleurs **S** estampado de flores **P** estampa floral)
　　　はながら

⑱ ☐ **無地** (**F** monotone, uni(e) **S** liso **P** sem estampa, liso)
　　むじ

　▶スカートがちょっと派手な柄だから、シャツは無地がいい。
　　　　　　　　　　はで　がら
　　(**F** La jupe a des motifs un peu fantaisistes, je préfère donc une chemise unie. **S** Como la
　　falda tiene un patrón un poco llamativo, una camisa lisa sería mejor. **P** Como a saia tem
　　um padrão um pouco chamativo, uma camisa lisa seria melhor.)

⑲ ☐ **円** (**F** cercle **S** círculo **P** círculo)
　　えん

　▷円形のプール (**F** piscine circulaire **S** piscina circular **P** piscina circular)
　　けい

⑳ ☐ **丸** (**F** rond(e) **S** redondo, circular **P** redondo)
　　まる
　▷丸印をつける、丸いテーブル
　　じるし
　　(**F** dessiner un cercle, table ronde **S** poner un sello circular; mesa redonda **P** marcar
　　com um círculo, mesa redonda)

㉑ ☐ **輪** (**F** cercle **S** círculo **P** círculo)
　　わ
　▷輪ゴム、輪になって歌う
　　　　　　　　　うた
　　(**F** élastique, chant en cercle **S** goma elástica; cantar en círculo **P** elástico, cantar em
　　roda)

㉒ ☐ **球** (**F** sphère **S** esfera **P** bola)
　　きゅう

　▷球場 (**F** terrain de base-ball **S** estadio de béisbol **P** campo (estádio) de beisebol)
　　じょう

㉓ ☐ **ボール** (**F** balle **S** balón, pelota **P** bola)

㉔ ☐ **玉** (**F** boule, pièce **S** bola, moneda **P** esfera, bola)
　　たま

　▷ガラス玉、100円玉
　　　　だま　　えん
　　(**F** boule en verre, pièce de 100 yens **S** canica de vidrio; moneda de 100 yenes **P** bola
　　de vidro, moeda de 100 ienes)

㉕ ☐ **三角** (**F** triangle **S** triángulo **P** triângulo)
　　さんかく

　▷三角の屋根、三角形
　　　　やね　　けい
　　(**F** toit triangulaire, triangulaire **S** tejado triangular; triángulo **P** telhado triangular,
　　triângulo)

読む・書く
聞く・話す 11

天気・天候 12

お金 13

服・くつ 14

色・形 15

数量・程度 16

趣味・娯楽
スポーツ 17

生活・環境・土地 18

体 19

健康・病気 20

❷❻ ☐ **四角** (**F** carré **S** cuadrado **P** quadrado)
　　しかく

▷ 四角い皿、四角形
　　　さら　　　　けい
（**F** assiette carrée, carré(e) **S** plato cuadrado; cuadrado **P** prato quadrado, quadrado）

❷❼ ☐ **点** (**F** point **S** punto **P** ponto)
　　てん

❷❽ ☐ **線** (**F** ligne **S** línea **P** linha)
　　せん

▷ 線を引く (**F** tracer une ligne **S** trazar una línea **P** traçar uma linha)
　　　ひ

❷❾ ☐ **直線** (**F** ligne droite **S** línea recta **P** linha reta)
　　ちょくせん

▶ ここから球場まで、直線で約200メートルです。
　　　　　きゅうじょう　　　　　　　やく
（**F** D'ici au terrain de base-ball, c'est environ 200 mètres tout droit (à vol d'oiseau).
S Desde aquí hasta el estadio, son aproximadamente 200 metros en línea recta.
P Daqui até o estádio, de beisebol, são cerca de 200 metros em linha reta.）

❸❿ ☐ **カーブ** (**F** courbe **S** curva **P** curva)

▶ この先は急なカーブになっています。
　　　さき　きゅう
（**F** Devant nous va apparaître un virage serré. **S** Más adelante hay una curva
pronunciada. **P** A partir daqui, há uma curva acentuada.）

❸❶ ☐ **曲線** (**F** courbe **S** línea curva **P** curva)
　　きょくせん

❸❷ ☐ **平ら(な)** (**F** plat(e) **S** plano **P** horizontal)
　　たい

▶ 危ないので、必ず平らな場所に置いてください。
　　あぶ　　　　かなら　　　　ばしょ　お
（**F** Veillez à le/la placer sur une surface plane, car c'est dangereux. **S** Es peligroso, así que colóquelo
siempre en un lugar plano. **P** Por favor, coloque sempre em um local plano, pois é perigoso.）

❸❸ ☐ **水平(な)** (**F** horizontal **S** horizontal **P** horizontal)
　　すいへい

▷ 水平線 (**F** horizon **S** horizonte **P** linha do horizonte)
　　　せん

❸❹ ☐ **穴** (**F** trou **S** agujero **P** buraco)
　　あな

▶ あっ、靴下に穴が開いてる。
　　　くつした　　あ
（**F** Oh, il y a un trou dans ma chaussette. **S** Oh, hay un agujero en el calcetín. **P** Ah, há
um buraco na meia.）

❸❺ □ **網** （**F** filet **S** red **P** rede）
あみ

❸❻ □ **粒** （**F** grain, comprimé **S** grano **P** partícula, grão）
つぶ

▶ これ一粒にレモン５個分のビタミンＣが入ってるんだって。
ひと　　　　　　　　こぶん　　　　　　　　　　　　　　　　　　　はい
（**F** Un comprimé contient l'équivalent en vitamine C de cinq citrons. **S** Dicen que una sola cápsula de esto contiene la vitamina C equivalente a cinco limones. **P** Dizem que um único comprimido disso contém o equivalente em vitamina C a cinco limões.）

❸❼ □ **列** （**F** rangée **S** fila **P** fila, fileira）
れつ

▶ 順番に２列に並んでください。
じゅんばん　　なら
（**F** Veuillez vous aligner en deux rangées dans l'ordre. **S** Por favor, ordénense en dos filas. **P** Por favor, formem duas filas em ordem.）

❸❽ □ **幅** （**F** largeur **S** ancho **P** largura）
はば

▶ 幅が狭くて通れない。
せま　　とお
（**F** C'est trop étroit pour passer. **S** Es demasiado estrecho y no se puede pasar. **P** É estreito demais para passar.）

❸❾ □ **寸法** （**F** dimensions **S** dimensiones **P** dimensão, medida）
すんぽう

▷ 寸法を測る （**F** mesurer les dimensions **S** tomar las medidas, medir **P** medir as dimensões）
はか

❹⓪ □ **拡大（する）** （**F** agrandir **S** ampliar **P** amplo）
かくだい

▶ 近く、売り場を拡大する予定です。
ちか　　う　ば　　　　　　　　よてい
（**F** L'espace de vente sera bientôt agrandi. **S** Tenemos planes de ampliar la sección de ventas pronto. **P** Estamos planejando ampliar a área para vendas em breve.）

❹❶ □ **縮小（する）** （**F** retrécir **S** reducir **P** reduzir）
しゅくしょう
▷ 縮小コピー （**F** copie réduite **S** copia reducida **P** cópia reduzida）

❹❷ □ **姿** （**F** forme, apparence **S** forma **P** aparência）
すがた

▶ 村田さんのスーツ姿は初めて見ました。
むらた　　　　　　　　　　はじ　　み
（**F** C'est la première fois que je vois Murata-san en costume. **S** Es la primera vez que veo a Murata en traje. **P** Foi a primeira vez que vi o senhor Murata usando um terno.）

UNIT 16

数量・程度
すうりょう　ていど

(F Quantité, niveau S Cantidad, grado
P Quantidade, grau)

❶ □ 余る　あま　(F rester S sobrar P sobrar)

▶ 1枚チケットが余ったから、あげましょう。
まい
(F Il me reste un billet, je vous le donne. S Me sobra una entrada, así que te la daré.
P Como sobrou um ingresso, vou te dar.)

❷ □ 余り　(F reste S sobra, resto P sobra)

❸ □ 一定　いってい　(F certain(e), défini(e) S fijo, constante P fixo)

▶ 一定の収入があれば、誰でもこのサービスを利用できます。
しゅうにゅう　　　だれ　　　　　　　　　　　　　りよう
(F Toute personne disposant d'un certain revenu peut utiliser ce service. S Cualquier
persona con ingresos fijos puede utilizar este servicio. P Qualquer pessoa pode usar este
serviço se tiver um determinado rendimento.)

▷ 一定期間　きかん　(F période déterminée S período determinado P período definido)

❹ □ いっぱい 話　(F plein(e) S lleno P cheio)

▶ 箱にみかんがいっぱい入っている。
はこ　　　　　　　　　　はい
(F Il y a plein de mandarines dans la boîte. S La caja está llena de mandarinas.
P A caixa está cheia de tangerinas.)

▶ もう、お腹がいっぱいです。
なか
(F Je n'ai plus faim (j'ai le ventre plein). S Ya estoy lleno, no puedo comer más.
P Já estou com a barriga cheia.)

❺ □ 億　おく　(F cent millions S cien millones P cem milhões)

❻ □ およそ／おおよそ　(F à peu près S aproximadamente
P aproximadamente)

▷ およそ1時間　じかん　(F environ 1 heure S aproximadamente una hora P aproximadamente 1 hora)

❼ □ 約　やく　(F environ S aproximadamente P cerca de…)

❽ □ だいたい 話　(F à peu près S más o menos P mais ou menos)

❾ ☐ **温度**（**F** température **S** temperatura **P** temperatura）
おんど

❿ ☐ **気温**（**F** température extérieure **S** temperatura atmosférica **P** temperatura atmosférica）
きおん

⓫ ☐ **体温**（**F** température corporelle **S** temperatura corporal **P** temperatura corporal）
たいおん

⓬ ☐ **角度**（**F** angle **S** ángulo **P** ângulo）
かくど

▶ これは、別の角度から見た富士山です。
べつ　　み　ふじさん
（**F** Voici le mont Fuji vu sous un angle différent. **S** Este es el monte Fuji visto desde otro ángulo. **P** Este é o monte Fuji visto de um ângulo diferente.）

⓭ ☐ **確率**（**F** probabilité **S** probabilidad **P** probabilidade）
かくりつ

⓮ ☐ **数**（**F** nombre **S** número **P** número）
かず

⓯ ☐ **数える**（**F** compter **S** contar **P** contar）
かぞ

▶ 村上春樹は、日本を代表する作家の一人に数えられる。
むらかみはるき　にほん　だいひょう　さっか　ひとり
（**F** Haruki Murakami est un écrivain que l'on peut compter parmi les plus célèbres du Japon. **S** Haruki Murakami está considerado como uno de los escritores representativos de Japón. **P** Haruki Murakami é considerado um dos escritores representativos do Japão.）

⓰ ☐ **距離**（**F** distance **S** distancia **P** distância）
きょり

▶ ここから空港までは、かなり距離がありますよ。
くうこう
（**F** L'aéroport est assez loin d'ici. **S** Desde aquí hasta el aeropuerto, hay una distancia considerable. **P** Daqui até o aeroporto, há uma distância considerável.）

⓱ ☐ **偶数**（**F** nombre pair **S** número par **P** número par）
ぐうすう

⓲ ☐ **奇数**（**F** nombre impair **S** número impar **P** número ímpar）
きすう

読む・書く
聞く・話す
11

天気・天候
12

お金
13

服・くつ
14

色・形
15

数量・程度
16

趣味・娯楽
スポーツ
17

生活・環境・土地
18

体
19

健康・病気
20

❶❾ ☐ **計** (**F** total **S** total **P** total)
けい

▶ この２年間で計15カ国を訪問しました。
ねんかん　　　　こく　ほうもん

(**F** Au total, j'ai visité 15 pays au cours de ces deux dernières années. **S** En los últimos dos años, he visitado un total de 15 países. **P** Nos últimos dois anos, visitei um total de 15 países.)

❷⓪ ☐ **計算**(する) (**F** calculer **S** cálculo **P** cálculo)
けいさん

▶ 計算が合っているか、もう一度確かめてください。
あ　　　　　　　いち ど たし

(**F** Veuillez vérifier à nouveau si vos calculs sont corrects. **S** Verifique si los cálculos son correctos, por favor. **P** Verifique novamente se os cálculos estão corretos.)

❷❶ ☐ **減少**(する) (**F** diminuer **S** reducción **P** redução)
げんしょう

▶ 市の人口は年々減少している。
し　じんこう　ねんねん

(**F** La population de la ville diminue d'année en année. **S** La población de la ciudad está disminuyendo año tras año. **P** A população da cidade está diminuindo ano após ano.)

❷❷ ☐ **増加**(する) (**F** augmenter **S** aumento, incremento **P** aumento)
ぞうか

❷❸ ☐ **合計**(する) (**F** faire le total **S** total **P** soma)
ごうけい

▶ 合計でいくらになりますか。

(**F** Ça fait combien au total ? **S** ¿Cuánto es en total? **P** Quanto é no total?)

❷❹ ☐ **若干** (**F** un peu **S** un poco **P** um pouco)
じゃっかん

▶ 後ろのほうの席が若干空いています。
うし　　　　　　せき　　　　　あ

(**F** Il y a quelques places disponibles au fond. **S** Hay unos pocos asientos disponibles al fondo. **P** Há alguns poucos assentos disponíveis no fundo.)

▷ 若干名 (**F** quelques personnes **S** unas pocas personas **P** um pequeno número de pessoas)
めい

❷❺ ☐ **少々** (**F** un petit peu **S** un poco **P** um momento)
しょうしょう

▶ 15日の午後に予約をしたいんですが。　―少々お待ちください。
にち　ご ご　よやく　　　　　　　　　　　　　　　　　　ま

(**F** Je voudrais prendre rendez-vous pour le 15 après-midi. — Un petit instant s'il vous plaît. **S** Quiero hacer una reserva para el 15 por la tarde. —Un momento, por favor. **P** — Queria fazer uma reserva para o dia 15 à tarde. — Por favor, aguarde um momento.)

㉖ ☐ **速度**(そくど) (**F** vitesse **S** velocidad **P** velocidade)

▷ 速度を上げる / 落とす(下げる)
あ　　　　お　　　さ
(**F** accélérer / ralentir **S** aumentar/reducir la velocidad **P** aumentar/reduzir a velocidade)

㉗ ☐ スピード (**F** vitesse **S** velocidad **P** velocidade)

㉘ ☐ **大部分**(だいぶぶん) (**F** majorité **S** la mayor parte **P** maior parte)

▷ 体の大部分は水でできている。
からだ　　　　　　　　　　　みず
(**F** La plus grande partie de votre corps est constituée d'eau. **S** La mayor parte del cuerpo está compuesta de agua. **P** A maior parte do corpo é composta de água.)

㉙ ☐ たった (**F** seulement **S** solamente **P** apenas)

▶ 〈料理の説明〉たった5分で、おいしいチーズケーキができます。
りょうり　せつめい　　　　　　ふん
(**F** (Explication d'une recette) En cinq minutes seulement, vous pouvez faire un délicieux gâteau au fromage. **S** (Descripción de una receta) Se puede hacer un delicioso pastel de queso en solo cinco minutos. **P** (Descrição de uma receita) Em apenas 5 minutos, você pode fazer um delicioso bolo de queijo.)

㉚ ☐ たっぷり (**F** beaucoup **S** abundante, mucho **P** bastante)

▶ 慌てなくていいよ。時間はたっぷりあるから。
あわ　　　　　　　　　　　じかん
(**F** Pas de panique. Vous avez tout le temps. **S** No te preocupes, tenemos mucho tiempo. **P** Não precisa se apressar. Temos bastante tempo.)

㉛ ☐ **度々**(たびたび) (**F** souvent, à nouveau **S** repetidas veces **P** repetidamente)

▶ 度々すみません、もう一度、その資料を見せてもらえますか。
いちど　　　　　しりょう　み
(**F** Je suis désolé(e) de vous importuner à nouveau, mais pourriez-vous une fois de plus me montrer ce document s'il vous plaît ? **S** Disculpe la insistencia. ¿Podría mostrarme ese documento una vez más? **P** Desculpe-me novamente, você poderia me mostrar esse documento mais uma vez?)

㉜ ☐ **値**(ね) (**F** valeur **S** valor **P** preço)

▷ 値上げ・値下げ、値段
あ　　　さ　　　だん
(**F** augmentation de prix, diminution de prix, prix **S** aumento de precio; rebaja; precio **P** aumento de preço, redução de preço, preço)

読む・書く 聞く・話す 11

天気・天候 12

お金 13

服・くつ 14

色・形 15

数量・程度 16

趣味・娯楽 スポーツ 17

生活・環境・土地 18

体 19

健康・病気 20

㉝ ☐ **はかる** (**F** mesurer **S** medir **P** medir)

▷ ［時間を］計る、［長さ・温度を］測る、［重さを］量る
(**F** mesurer (temps, longueur, température, poids) **S** medir (el tiempo); medir (longitud/temperatura); pesar **P** medir (o tempo), medir (o comprimento/a temperatura), pesar)

㉞ ☐ **広さ** (**F** étendue **S** área, tamaño **P** área)

㉟ ☐ **増える** (**F** augmenter **S** aumentar **P** aumentar)

▷ 体重が増える (**F** prendre du poids **S** aumentar de peso **P** ganhar peso)

㊱ ☐ **増やす** (**F** (faire) augmenter **S** aumentar **P** aumentar)

㊲ ☐ **複数** (**F** plusieurs **S** múltiples, varios **P** múltiplo, vários)

㊳ ☐ **平均(する)** (**F** faire la moyenne **S** media **P** média)

▷ 平均点、平均気温
(**F** point moyen, température moyenne **S** nota media, promedio; temperatura media **P** média das notas, temperatura média)

㊴ ☐ **減る** (**F** diminuer **S** reducir **P** diminuir)

▷ 給料が減る (**F** perdre des revenus **S** reducirse los salarios **P** diminuir o salário)

㊵ ☐ **減らす** (**F** (faire) diminuer **S** reducir **P** diminuir)

▷ 体重を減らす (**F** perdre du poids **S** bajar de peso **P** perder peso)

㊶ ☐ **枚数** (**F** nombre de feuilles **S** cantidad de hojas **P** número de folhas)

㊷ ☐ **余分(な)** (**F** supplémentaire **S** extra, exceso de **P** excesso)

▶ これを使えば、余分な油を簡単にカットできます。
(**F** Cela vous permet d'éliminer facilement l'excès d'huile. **S** Con esto, es fácil reducir el exceso de aceite. **P** Com isto, você pode facilmente reduzir o excesso de gordura.)

❹③ ☐ **余裕** （🅕 marge 🅢 margen, holgura, espacio 🅟 margem, sobra,
よ ゆう folga ）

▶ 締め切りまで２週間しかないから、余裕は全くありません。
し き しゅうかん まった
（🅕 À deux semaines de l'échéance, il n'y a plus aucune marge de manœuvre.
🅢 Solo quedan dos semanas para la fecha límite, así que no hay margen de tiempo.
🅟 Só temos duas semanas até o prazo final, por isso não há nenhuma margem de
manobra.)

❹④ ☐ **率** （🅕 pourcentage, taux 🅢 índice, tasa 🅟 taxa, proporção)
りつ

▷ 割引率、経済成長率
わりびき けいざいせいちょう
（🅕 taux de réduction, taux de croissance économique 🅢 tasa de descuento; tasa de
crecimiento económico 🅟 taxa de desconto, taxa de crescimento econômico)

❹⑤ ☐ **量** （🅕 quantité 🅢 cantidad 🅟 quantidade)
りょう

▶ お年寄りには、ちょっと量が多いかもしれません。
とし よ おお
（🅕 La quantité peut être un peu trop importante pour une personne âgée. 🅢 Puede que
sea mucha cantidad para las personas mayores. 🅟 Talvez seja uma quantidade muito
grande para uma pessoa idosa.)

❹⑥ ☐ **レベル** （🅕 niveau 🅢 nivel 🅟 nível)

▶ 上級コースは、私にはちょっとレベルが高すぎます。
じょうきゅう わたし たか
（🅕 Le niveau du cours avancé est un peu trop haut pour moi. 🅢 El nivel del curso
avanzado es un poco alto para mí. 🅟 O curso avançado é um pouco acima do meu nível.)

❹⑦ ☐ **わずか（な）** （🅕 léger/ legère, peu 🅢 escaso, muy poco
🅟 pouco, escasso)

▶ Ｂ席はまだありますが、Ａ席は残り（は）わずかだそうです。
せき せき のこ
（🅕 Il y a encore des places B disponibles, mais il ne reste que quelques places A.
🅢 Todavía hay asientos en la clase B, pero parece que apenas hay asientos en la clase A.
🅟 Parece que ainda há assentos no setor B, mas os do setor A estão quase todos
esgotados.)

❹⑧ ☐ **割合** （🅕 pourcentage 🅢 proporción 🅟 proporção)
わりあい

▶ 下のグラフは、毎日、朝食を食べる人の割合を示したものです。
した まいにち ちょうしょく た ひと しめ
（🅕 Le graphique ci-dessous montre le pourcentage de personnes qui prennent un
petit-déjeuner tous les jours. 🅢 El gráfico de abajo muestra la proporción de personas que
desayunan todos los días. 🅟 O gráfico abaixo mostra a proporção de pessoas que tomam
café da manhã todos os dias.)

読む・書く
聞く・話す 11

天気・天候 12

お金 13

服・くつ 14

色・形 15

数量・程度 16

趣味・娯楽
スポーツ 17

生活・環境・土地 18

体 19

健康・病気 20

(22) **UNIT 17**

趣味・娯楽・スポーツ
しゅみ　ごらく

(**F** Loisirs, divertissements et sports **S** Pasatiempos, entretenimiento, deportes **P** Passatempo, entretenimento, esportes)

❶ □ **趣味** (**F** loisir **S** pasatiempo **P** passatempo)
　　しゅみ

▶ 趣味は何ですか。 ―そうですね。楽器を演奏するのが好きで
　　　　なん　　　　　　　　　　　　　　　がっき　えんそう　　　　　　す
す。今も、バンドをやっています。
　　いま

(**F** Quels sont vos loisirs ? — Eh bien, j'aime jouer d'un instrument. Je joue encore dans un groupe. **S** ¿Cuál es tu pasatiempo? —Bueno, me gusta tocar instrumentos musicales. Todavía tengo una banda. **P** — Qual é o seu passatempo? — Bem, gosto de tocar instrumentos musicais. Eu ainda toco em uma banda.)

❷ □ **読書** (**F** lecture **S** lectura **P** leitura)
　　どくしょ

▷ 読書感想文 (**F** compte-rendu de lecture **S** reporte de lectura **P** redação sobre as
　　かんそうぶん
impressões de leitura)

❸ □ **雑貨** (**F** objets divers **S** artículos diversos **P** artigos diversos)
　　ざっか

▷ 生活雑貨、輸入雑貨店
　　せいかつ　　ゆにゅう　　てん
(**F** articles ménagers, magasin de produits importés **S** artículos para el hogar; tienda de artículos importados **P** artigos para o lar, lojas de produtos importados)

❹ □ **おもちゃ** (**F** jouet **S** juguetes **P** brinquedo)

❺ □ **人形** (**F** poupée **S** muñeco **P** boneco)
　　にんぎょう

▷ 人形を飾る (**F** décorer avec des poupées **S** decorar con muñecos **P** enfeitar com
　　　　かざ
bonecos)

❻ □ 娯楽 (**F** divertissement **S** entretenimiento, ocio **P** diversão)
ごらく

▶ 3日間ずっと研修だと疲れるから、少し娯楽の時間も入れましょう。
かかん　　けんしゅう　　つか　　　　　　　　　　すこ　　ごらく　　じかん　い
(**F** S'entraîner pendant trois jours peut être fatigant, alors prévoyons un peu de temps pour
se divertir. **S** Tres días seguidos de formación es algo agotador, así que incluyamos
también tiempo para el ocio. **P** Como três dias seguidos de treinamento podem ser
cansativos, vamos incluir um pouco de tempo para diversão também.)

▷ 娯楽施設 (**F** lieu récréatif **S** instalaciones de entretenimiento **P** instalações de entretenimento)
しせつ

❼ □ 花火 (**F** feux d'artifice **S** fuegos artificiales **P** fogos de artifício)
はなび

▷ 花火大会 (**F** feux d'artifice **S** festival de fuegos artificiales **P** festival de fogos de artifício)
たいかい

❽ □ 手品 (**F** tours de magie **S** truco de magia **P**
てじな　truque de mágica) 　　　　　　　　　　　　　　同 マジック

❾ □ レジャー (**F** activités de loisirs **S** ocio **P** lazer)

▷ レジャー施設 (**F** espace de loisirs **S** instalación de ocio **P** instalações recreativas)
しせつ

❿ □ 観光(する) (**F** faire du tourisme **S** turismo **P** turismo)
かんこう

▷ 観光客、観光バス、観光地
きゃく　　　　　　　　　　　ち
(**F** touristes, bus touristique, lieu touristique **S** turista; autobús turístico; lugar turístico
P turista, ônibus turístico, ponto turístico)

⓫ □ 旅館 (**F** auberge traditionnelle **S** posada tradicional japonesa
りょかん　**P** pousada tradicional japonesa)

★旅館は、日本の伝統的な構造や設備を持つ宿泊施設。/ **F** Les ryokans sont des
にほん　でんとうてき　こうぞう　せつび　も　しゅくはく
établissements d'hébergement dotés de structures et d'équipements japonais
traditionnels. / **S** Un ryokan es un alojamiento caracterizado por su estructura y
comodidades al estilo tradicional japonés. / **P** Ryokan é uma acomodação com
estruturas e instalações tradicionais do Japão.

⓬ □ 旅(する) (**F** voyager **S** viaje **P** viagem)
たび

▷ 旅に出る、世界を旅する
で　せかい
(**F** partir en voyage, parcourir le monde **S** salir de viaje, viajar por el mundo **P** sair de
viagem, viajar pelo mundo)

読む・書く
聞く・話す 11

天気・天候 12

お金 13

服・くつ 14

色・形 15

数量・程度 16

趣味・娯楽
スポーツ 17

生活・環境・土地 18

体 19

健康・病気 20

❸ □ ピクニック (**F** pique-nique **S** pícnic **P** piquenique)

▷ ピクニックに行く (**F** partir en pique-nique **S** ir de pícnic **P** ir ao piquenique)
　　　い

⓮ □ 登山 (**F** alpinisme **S** montañismo **P** montanhismo)
　　と ざん

▷ 登山靴、登山道 (**F** chaussures d'alpinisme, sentiers de montagne **S** botas de
　　　ぐつ　　どう
montaña; senderos de montaña **P** calçados para montanhismo, trilha de montanha)

⓯ □ キャンプ (**F** camping **S** acampada **P** acampamento)

⓰ □ 釣り (**F** pêche **S** pesca **P** pesca)
　　つ

⓱ □ マラソン (**F** marathon **S** maratón **P** maratona)

▷ マラソン大会に出る (**F** participer à un marathon **S** participar en una carrera
　　　　たいかい で
de maratón **P** participar de uma maratona)

⓲ □ 水泳 (**F** natation **S** natación **P** natação)
　　すいえい

▷ 水泳教室 (**F** cours de natation **S** clases de natación **P** aula de natação)
　　　きょうしつ

⓳ □ スケート (**F** patinage **S** patinaje **P** patinação)

⓴ □ 相撲 (**F** lutte sumo **S** sumo **P** sumô)
　　すもう

㉑ □ 攻める (**F** attaquer **S** atacar **P** atacar)
　　せ

▶ずっと攻めているんだけど、なかなか点が取れない。
　　　　　　　　　　　　　　　　　てん と
(**F** Ils n'arrêtent pas d'attaquer, mais ils n'arrivent pas à marquer. **S** Ataca todo el tiempo,
pero no marca ningún punto. **P** Está atacando o tempo todo, mas está difícil marcar
pontos.)

㉒ □ 守る 対 (**F** défendre **S** proteger **P** defender)
　　まも

㉓ □ ゴール (**F** but **S** gol **P** gol)

▷ ゴールを決める、ゴールキーパー
（**F** marquer un but, gardien de but **S** marcar un gol; portero **P** marcar um gol, goleiro）

㉔ □ 同点 (**F** égalité **S** empate **P** empate)
どうてん

▷ 同点に追いつく、同点ゴール
（**F** arriver à égaliser, but de l'égalisation **S** empatar; gol de empate **P** igualar o placar, gol de empate）

㉕ □ 逆転(する) (**F** inverser **S** inversión **P** inversão)
ぎゃくてん

▶ 今、深夜のアルバイトをしていて、昼と夜が逆転しているんです。
いま しんや ひる よる
（**F** Je travaille à temps partiel tard le soir maintenant, ce qui fait que mes jours et mes nuits sont inversés. **S** Actualmente, estoy trabajando a tiempo parcial por la noche, y mi horario de día y noche está invertido. **P** Atualmente, estou trabalhando em um emprego de meio período durante a noite, então meu dia e noite estão invertidos.）

▷ 逆転勝ち / 負け
が ま
（**F** renverser le score en gagnant / perdant **S** ganar/perder por un cambio repentino **P** ganhar/perder de virada）

㉖ □ 引き分け(る) (**F** match nul **S** empate **P** empate)
ひ わ

▷ 引き分けに終わる (**F** se terminer par un match nul **S** terminar en empate
お
P terminar em empate）

㉗ □ 選手 (**F** joueur **S** jugador, deportista **P** atleta ou jogador)
せんしゅ

▷ サッカー選手 (**F** footballeur **S** jugador de fútbol **P** jogador de futebol)

UNIT 18

生活・環境・土地
せいかつ　かんきょう　と　ち

(**F** Vie, environnement, terre **S** Vida, medio ambiente, terreno **P** Modo de vida, meio ambiente, terreno)

❶ □ **自炊(する)** (**F** faire la cuisine (soi-même) **S** cocinar uno mismo
じ　すい　　　　　**P** cozinhar para si mesmo)

▶ 節約のため、自炊をしていますが、たまに外食します。
せつやく　　　　　　　　　　　　　　　　　　　　　　がいしょく
(**F** Je cuisine moi-même pour économiser de l'argent, mais il m'arrive de manger au
restaurant. **S** Para ahorrar dinero, cocino, pero de vez en cuando como fuera.
P Para economizar, cozinho para mim mesmo, mas de vez em quando faço refeições
fora.)

❷ □ **粗大ごみ** (**F** déchets encombrants **S** residuos voluminosos
そ　だい　　　　　**P** lixo volumoso)

★家具や家電製品など、大きなごみ。／**F** déchets volumineux, tels que les meubles et
か　ぐ　か でんせいひん　　おお
les appareils électroménagers.／**S** Artículos grandes como muebles y electrodomésticos.
／**P** Lixos volumosos, como móveis e eletrodomésticos.

❸ □ **リサイクル(する)** (**F** recycler **S** reciclaje **P** reciclagem)

▶ 牛乳のパックはリサイクルできるので、別にしてください。
ぎゅうにゅう　　　　　　　　　　　　　　　　　　　べつ
(**F** Les briques de lait peuvent être recyclées et doivent être triées. **S** Por favor,
sepárelos, porque los envases de leche se pueden reciclar. **P** Por favor, separe as
embalagens de leite porque elas podem ser recicladas.)

❹ □ **家事** (**F** tâches ménagères **S** tareas domésticas
か　じ　　**P** tarefa doméstica)

▶ 夫もときどき、家事を手伝ってくれます。
おっと　　　　　　　　　てつだ
(**F** Mon mari m'aide parfois à faire les tâches ménagères. **S** Mi esposo también me
ayuda con las tareas domésticas de vez en cuando. **P** Às vezes, meu marido também me
ajuda com as tarefas domésticas.)

❺ □ **環境** (**F** environnement **S** medio ambiente **P** meio ambiente)
かんきょう

▷ 育った環境、環境問題
そだ　　　　　　　もんだい
(**F** environnement d'éducation, problèmes environnementaux **S** lugar donde (alguien) se
crio; problemas ambientales **P** meio em que foi criado, problemas ambientais)

読む・書く
聞く・話す　11

天気・天候　12

お金　13

服・くつ　14

色・形　15

数量・程度　16

趣味・娯楽
スポーツ　17

生活・環境・土地　18

体　19

健康・病気　20

❻ ☐ **市場** (**F** marché **S** mercado **P** mercado)
いちば

▶ スーパーで買うより、ここの市場で買ったほうが安くて新鮮な
か　　　　　　　　　　　　　　　　　　　　　　　　　　　やす　しんせん
んです。

(**F** Ici, au marché, c'est moins cher et plus frais qu'au supermarché. **S** Es más barato y
fresco si compras en este mercado que si vas al supermercado. **P** Comprar aqui no
mercado é mais barato e fresco do que comprar no supermercado.)

❼ ☐ **自宅** (**F** domicile **S** residencia **P** residência)
じ たく

❽ ☐ **芝生** (**F** pelouse **S** césped **P** grama)
しば ふ

❾ ☐ **住まい** (**F** logement **S** domicilio **P** moradia)
す

▶ お住まいはどちらですか。

(**F** Où habitez-vous ? **S** ¿Dónde vive usted? **P** Onde você mora?)

❿ ☐ **住宅** (**F** résidence **S** residencia **P** moradia)
じゅうたく

▷ 住宅街 (**F** quartier résidentiel **S** zona residencial **P** bairro residencial)
がい

⓫ ☐ **田舎** (**F** campagne **S** campo (zona rural) **P** cidade do interior)
いなか

⓬ ☐ **都会** (**F** ville **S** ciudad, área urbana **P** cidade grande)
と かい

▶ 都会よりも田舎のほうが私には合っていると思う。
わたし　　 あ　　　　　 おも

(**F** La campagne me convient mieux que la ville. **S** Creo que el campo me sienta mejor
que la ciudad. **P** Eu acho que o campo se adequa mais a mim do que a cidade.)

⓭ ☐ **故郷** (**F** ville d'origine **S** pueblo natal **P** terra natal)
こきょう／ふるさと

▶ 私にとって、日本は第二の故郷といえます。
にほん　だい に

(**F** Pour moi, le Japon est ma deuxième maison. **S** Para mí, Japón es como mi segundo
hogar. **P** Para mim, o Japão é como se fosse a minha segunda terra natal.)

読む・書く
聞く・話す 11

天気・天候 12

お金 13

服・くつ 14

色・形 15

数量・程度 16

趣味・スポーツ・娯楽 17

生活・環境・土地 18

体 19

健康・病気 20

❶❹ ☐ **土地** (**F** terrain **S** terreno **P** terreno)
とち

▶ 東京とここじゃ、土地の値段が全然違います。
とうきょう　　　　　　　　　ねだん　　ぜんぜんちが
(**F** Le prix des terrains est totalement différent entre Tokyo et ici. **S** Los precios de la tierra son muy diferentes entre Tokio y aquí. **P** Os preços dos terrenos em Tóquio e aqui são completamente diferentes.)

❶❺ ☐ **日当たり** (**F** ensoleillement **S** luminosidad **P** ensolarado)
ひあ

▶ 狭くてもいいから、日当たりのいい部屋に住みたい。
せま
(**F** Je veux vivre dans un appartement ensoleillé, même s'il est petit. **S** Quiero vivir en un apartamento luminoso, aunque sea pequeño. **P** Eu gostaria de morar em um apartamento ensolarado, mesmo que seja pequeno.)

❶❻ ☐ **田／田んぼ** (**F** champ **S** campo de arroz **P** campo de arroz)
た　　た

▷ 田植え (**F** plantation **S** plantación de arroz **P** plantação de arroz)
う

❶❼ ☐ **畑** (**F** champ **S** huerto **P** horta)
はたけ

▶ これは全部、実家の庭の畑でとれた野菜です。
ぜんぶ　じっか　にわ　　　　　　やさい
(**F** Tout ça, ce sont des légumes du jardin de mes parents. **S** Todos estos son vegetales cosechados en el huerto de mi casa. **P** Tudo isso são verduras colhidas na horta da casa dos meus pais.)

❶❽ ☐ **牧場** (**F** ferme **S** granja **P** pastagem)
ぼくじょう

❶❾ ☐ **墓** (**F** cimetière **S** tumba **P** túmulo)
はか

▷ (お)墓参り (**F** visite au cimetière **S** visita a una tumba **P** visita ao túmulo)
まい

体
からだ (F Corps S Cuerpo P Corpo)

❶ □ 毛 (F poil S pelo P pelo)
け

▶ うちの犬は毛が短いから、手入れは楽です。
いぬ　　　みじか　　　　　て　い　　　　らく
(F Mon chien a le poil court, il est donc facile à entretenir. S Mis perros tienen el pelo corto, así que son fáciles de cuidar. P Nosso cachorro tem pelo curto, então é fácil de cuidar.)

❷ □ 髪の毛 (F cheveu(x) S cabello P cabelo)
かみ

❸ □ 白髪 (F cheveux blancs S canas P cabelo branco)
しら　が

❹ □ まゆ (F sourcil S cejas P sobrancelhas)

❺ □ まゆげ (F sourcil S pestañas P sobrancelhas)

❻ □ 頬 (F joue S mejilla P bochechas)
ほお／ほほ

❼ □ 涙 (F larme S lágrima P lágrima)
なみだ

▷ 涙が出る (F pleurer S derramar lágrimas P chorar)
で

❽ □ 眠たい (F avoir sommeil S soñoliento P sono)
ねむ

▶ お腹がいっぱいになったら、眠たくなってきた。
なか　　　　　　　　　　　　　ねむ
(F Après avoir mangé, j'ai commencé à avoir sommeil. S Tras haberme llenado el estómago, empecé a sentir sueño. P Depois de comer bastante, estou começando a ficar com sono.)

❾ □ 眠い (F avoir sommeil S soñoliento P sono)
ねむ

読む・書く
聞く・話す 11

天気・天候 12

お金 13

服・くつ 14

色・形 15

数量・程度 16

趣味・娯楽
スポーツ 17

生活・環境・土地 18

体 19

健康・病気 20

⑩ □ 覚ます (**F** se réveiller **S** despertar **P** acordar)

▶ 子どもたちが目を覚まさないように、そっと家を出ました。
(**F** J'ai quitté la maison en silence pour que les enfants ne se réveillent pas. **S** Salí silenciosamente de casa para que los niños no se despertaran. **P** Saí de casa silenciosamente para não acordar as crianças.)

⑪ □ 覚める (**F** se réveiller **S** despertar **P** acordar)

▶ 母は、5時ごろには目が覚めるようです。
(**F** Ma mère semble se réveiller vers 5 heures du matin. **S** Mi madre parece despertarse sobre las cinco de la mañana. **P** Parece que minha mãe acorda por volta das 5 horas.)

⑫ □ 唇 (**F** lèvres **S** labios **P** lábios)
くちびる

⑬ □ 舌 (**F** langue **S** lengua **P** língua)
した

⑭ □ 息 (**F** souffle **S** respiración **P** respiração)
いき

▷ 息をする (**F** respirer **S** respirar **P** respirar)

⑮ □ 胸 (**F** poitrine **S** pecho **P** peito)
むね

▶ 胸のレントゲンも撮ることになりました。
(**F** J'ai également dû passer une radiographie du torse. **S** Me tengo que hacer también una radiografía de tórax. **P** Terei que fazer uma radiografia do tórax.)

⑯ □ 心臓 (**F** cœur **S** corazón **P** coração)
しんぞう

▶ びっくりして、心臓が止まるかと思いました。
(**F** J'ai été tellement surpris(e) que j'ai cru que mon cœur allait s'arrêter. **S** Me sorprendió tanto que pensé que se me pararía el corazón. **P** Fiquei tão assustado que pensei que meu coração fosse parar.)

⑰ □ 胃 (**F** estomac **S** estómago **P** estômago)
い

⓮ ☐ **腹／お腹** (**F** abdomen/ventre **S** abdomen/estómago, panza
はら　　　なか 　　**P** barriga)

▶ 最近、お腹にちょっと肉がついて、今までのズボンが入らなく
さいきん 　　　　　　　　　　　　　にく 　　　　　いま 　　　　　　　　　　　はい
なったんです。

(**F** Récemment, j'ai pris un peu de chair au niveau du ventre et mes vieux pantalons ne
me vont plus. **S** Ahora que tengo un poco de panza, los pantalones que usaba ya no me
entran. **P** Recentemente, ganhei um pouco de gordura na barriga e minhas calças
antigas não me servem mais.)

▷ お腹が痛い (**F** avoir mal au ventre **S** dolerle (a uno) el estómago **P** dor de barriga)
いた

⓯ ☐ **背** (**F** dos, stature **S** espalda **P** altura)
せ

▷ 背が高い (**F** grand(e) (de taille) **S** ser alto **P** estatura alta)
たか

▶ 校門を背にして、写真を撮りましょう。
こうもん 　せ 　　　　　しゃしん 　と
(**F** Prenons une photo avec l'entrée de l'école en fond. **S** Hagamos una foto con la
puerta del colegio de fondo. **P** Vamos tirar uma foto com o portão da escola ao fundo.)

⓰ ☐ **背中** (**F** dos **S** espalda **P** costas)
せ なか
▷ 背中がかゆい (**F** Le dos me démange. **S** picarle (a uno) la espalda **P** coceira nas costas)

㉑ ☐ **肘** (**F** coude **S** codo **P** cotovelo)
ひじ

㉒ ☐ **手首** (**F** poignet **S** muñeca **P** pulso)
て くび

㉓ ☐ **腰** (**F** taille **S** caderas **P** quadril)
こし

㉔ ☐ **尻** (**F** fesses **S** nalgas **P** nádegas)
しり

㉕ ☐ **膝** (**F** genou **S** rodilla **P** joelho)
ひざ

㉖ ☐ **足首** (**F** cheville **S** tobillo **P** tornozelo)
あし くび

読む・書く・聞く・話す 11

天気・天候 12

お金 13

服・くつ 14

色・形 15

数量・程度 16

趣味・娯楽スポーツ 17

生活・環境・土地 18

体 19

健康・病気 20

❷❼ ☐ **血液** （🇫 sang 🇸 sangre 🇵 sangue）
けつえき

▶ 血液検査の結果は、特に異常はありませんでした。
けんさ　けっか　　とく　いじょう

（🇫 Les résultats de l'analyse de sang n'ont révélé aucune anomalie. 🇸 Los resultados de los análisis de sangre no muestran anomalías. 🇵 Os resultados dos exames de sangue não mostraram nenhuma anomalia.）

❷❽ ☐ **汗** （🇫 sueur 🇸 sudor 🇵 suor）
あせ

▷ 汗をかく （🇫 transpirer 🇸 sudar 🇵 suar）

❷❾ ☐ **肌** （🇫 peau 🇸 piel, cutis, tez 🇵 pele）
はだ

▶ 鈴木さんのお肌、きれいですね。どんなお手入れをしているんですか。
すずき　　　　　　　　　　　　　　　　　　　　　てい

（🇫 Votre peau est magnifique, Mme Suzuki. Quel genre de soins faites-vous ? 🇸 Su piel es hermosa, Suzuki. ¿Cómo la cuida? 🇵 Senhora Suzuki, sua pele é bonita. Que tipo de cuidados você tem com a pele?）

❸❿ ☐ **皮膚** （🇫 peau 🇸 piel 🇵 pele）
ひ　ふ

▷ 皮膚の病気 （🇫 maladie de la peau 🇸 enfermedades de la piel 🇵 doenças de pele）
びょうき

❸❶ ☐ **爪** （🇫 ongle 🇸 uñas 🇵 unha）
つめ

❸❷ ☐ **掻く** （🇫 gratter 🇸 rascarse 🇵 coçar）
か

❸❸ ☐ **神経** （🇫 nerf 🇸 nervios 🇵 nervo）
しんけい

▶ 虫歯、辛そうですね。 ―はい、ずきずきします。神経が痛む感じです。
むしば　つら　　　　　　　　　　　　　　　　　　しんけい　いた
かん

（🇫 Ta carie, ça a l'air de faire mal. — Oui, ça picote. On dirait une douleur nerveuse. 🇸 Parece que la caries le causa dolor. —Sí, un dolor punzante. Parece que llega hasta los nervios. 🇵 A cárie dentária parece ser dolorosa, não é mesmo? — Sim, é uma dor latejante. Parece uma dor nos nervos.）

㉞ □ 骨 （**F** os **S** huesos **P** osso）
ほね

▷ 背骨 （**F** colonne vertébrale **S** columna vertebral **P** coluna vertebral）
せ ぼね

㉟ □ 身体 （**F** corps **S** cuerpo **P** corpo humano）
しんたい

★「からだ」と読むことも多い。／**F** Souvent lu "karada".／**S** A menudo se lee "karada".／**P** Lê-se frequentemente como "karada".

㊱ □ 身長 （**F** taille **S** estatura **P** altura）
しんちょう

▷ 身長が伸びる （**F** grandir **S** crecer en estatura **P** crescer em altura）
の
➡はかる（UNIT⑯）

㊲ □ 体重 （**F** poids corporel **S** peso corporal **P** peso corporal）
たいじゅう

▷ 体重計 （**F** pèse-personne **S** báscula, balanza **P** balança）　➡はかる（UNIT⑯）
けい

㊳ □ 裸 （**F** nu **S** desnudo, desnudez **P** nu）
はだか

▶ 知らない人の前で裸になるのは恥ずかしいです。
し　　　ひと まえ　　はだか　　　　　 は
（**F** Il est gênant d'être nu devant des inconnus. **S** Da vergüenza estar desnudo delante de desconocidos. **P** É constrangedor ficar nu na frente de pessoas desconhecidas.）

㊴ □ 裸足 （**F** pieds nus **S** descalzo **P** descalço）
は だ し

㊵ □ 日焼け（する） （**F** bronzer **S** bronceado **P** bronzeado）
ひ や

▷ 日焼け止めクリーム （**F** crème solaire **S** crema de protección solar **P** creme protetor solar）
ど

㊶ □ 美容 （**F** beauté **S** belleza **P** beleza）
び よう

▶ おいしいだけじゃなく、美容にもいいんですよ。
（**F** Non seulement c'est bon mais c'est aussi bénéfique pour la beauté. **S** No solo tiene buen sabor, sino que también mejora tu apariencia. **P** Não é apenas saboroso, mas também é bom para a beleza.）

▷ 美容院 （**F** salon de beauté **S** salón de belleza **P** salão de beleza）
いん

読む・書く
聞く・話す 11

天気・天候 12

お金 13

服・くつ 14

色・形 15

数量・程度 16

趣味・娯楽
スポーツ 17

生活・環境・土地 18

体 19

UNIT 20

健康・病気
けんこう びょうき

(**F** Santé et soins médicaux **S** Salud y enfermedad **P** Saúde, doenças)

❶ □ 健康 (**F** santé **S** salud **P** saúde)
けんこう

▶ 健康のために、駅まで毎日歩いています。
えき まいにちある

(**F** Je me rends à pied à la gare tous les jours pour ma santé. **S** Voy caminando a la estación de tren todos los días por mi salud. **P** Para manter a saúde, estou caminhando até a estação todos os dias.)

❷ □ 健康な (**F** en bonne santé **S** saludable **P** saudável)

❸ □ 健康的(な) (**F** sain(e) **S** saludable **P** saudável)
▷ 健康的な生活 (**F** vie saine **S** vida saludable **P** vida saudável)
てき せいかつ

❹ □ ストレス (**F** stress **S** estrés **P** estresse)

▶ 毎日課長に怒られてばかりで、ストレスがたまるよ。
まいにち か ちょう おこ

(**F** Je suis stressé(e) parce que le manager me gronde tous les jours. **S** Me estresa que mi jefe se enfade conmigo todos los días. **P** Estou sendo repreendido pelo chefe todos os dias, por isso meu estresse está se acumulando.)

❺ □ 症状 (**F** symptôme **S** síntoma **P** sintoma)
しょうじょう

▶ 薬のおかげで、症状が少し軽くなった気がします。
くすり しょうじょう すこ かる き

(**F** Grâce aux médicaments, je pense que les symptômes se sont un peu atténués. **S** Gracias a la medicación, siento que mis síntomas han disminuido un poco. **P** Graças ao medicamento, sinto que meus sintomas melhoraram um pouco.)

❻ □ 顔色 (**F** teint **S** semblante, aspecto **P** cor da pele)
かおいろ

▶ 顔色が良くないけど、大丈夫？
よ だいじょうぶ

(**F** Vous n'avez pas l'air bien (mauvais teint), ça va ? **S** No tienes buen aspecto. ¿Te encuentras bien? **P** Sua aparência não está boa. Você está bem?)

❼ ☐ **苦しい** (**F** douloureux **S** doloroso, penoso **P** sofrimento)
くる

▶ 熱が高いので、かなり苦しいみたいです。
ねつ たか
(**F** Il a une forte fièvre et semble souffrir beaucoup. **S** Tiene fiebre alta y parece que está sufriendo bastante. **P** A febre está alta e parece que está sofrendo bastante.)

❽ ☐ **苦しむ** (**F** souffrir **S** sufrir **P** sofrer)
くる

▶ この病気で苦しんでいる人を一人でも助けたい。
びょうき ひと ひとり たす
(**F** Je veux aider le plus grand nombre possible de personnes qui souffrent de cette maladie. **S** Quiero ayudar a todos los que sufran de esta enfermedad. **P** Quero ajudar nem que seja apenas uma pessoa que esteja sofrendo com essa doença.)

❾ ☐ **苦しめる** (**F** faire souffrir **S** hacer sufrir **P** causar sofrimento)
くる

❿ ☐ **痛む** (**F** avoir mal **S** sufrir **P** ter/sentir dor)
いた

▶ 前に治療した歯が、ときどき痛むんです。
まえ ちりょう は
(**F** Ma dent qui a été soignée auparavant me fait parfois mal. **S** A veces me duele el diente que me trataron antes. **P** Às vezes, o dente que já foi tratado dói.)

⓫ ☐ **痛み** (**F** douleur **S** dolor **P** dor)
いた

⓬ ☐ **痛める** (**F** se faire mal à **S** dolor **P** ferir)
いた

▶ 階段で転んで、ちょっとひざを痛めました。
かいだん ころ
(**F** Je suis tombé(e) dans les escaliers et je me suis fait un peu mal au genou. **S** Me he caído por las escaleras y me he dañado un poco la rodilla. **P** Eu escorreguei nas escadas e machuquei um pouco o joelho.)

⓭ ☐ **だるい** (**F** fatigué(e) **S** pesado (de cansancio) **P** cansaço)

▶ 体がだるくて、全然力が出ない。
からだ ぜんぜんちから で
(**F** Mon corps est fatigué et je ne me sens pas du tout motivé(e). **S** Siento el cuerpo pesado y estoy completamente desganado. **P** Estou me sentindo cansado e sem motivação nenhuma.)

読む・書く
聞く・話す 11

天気・天候 12

お金 13

服・くつ 14

色・形 15

数量・程度 16

趣味・娯楽
スポーツ 17

生活・環境
土地 18

体 19

健康・病気 20

⓮ ☐ **しびれる** (🇫 engourdi(e) 🇪 entumecerse
🇵 formigar, adormecer)

▶ うっ、足がしびれて、立てない。
(🇫 Mes jambes sont engourdies et je ne peux pas me lever. 🇪 Oh, tengo las piernas entumecidas y no puedo ponerme de pie. 🇵 Ai, minha perna está formigando e eu não consigo ficar de pé.)

⓯ ☐ **かゆい** (🇫 démanger 🇪 sentir picor o picazón 🇵 coceira)

⓰ ☐ **頭痛** (🇫 migraine 🇪 dolor de cabeza 🇵 dor de cabeça)
ず つう

▶ 頭痛がするから、今日はちょっと早めに帰るよ。
きょう　　　　　はや　　　　かえ
(🇫 J'ai mal à la tête, alors je rentre chez moi un peu plus tôt aujourd'hui. 🇪 Me duele la cabeza, así que hoy me voy a casa un poco antes. 🇵 Estou com dor de cabeça, então vou voltar para casa mais cedo hoje.)

▷ 頭痛薬 (🇫 médicament contre le mal de tête 🇪 medicina para el dolor de cabeza
やく
🇵 analgésico para dor de cabeça)

⓱ ☐ **吐く** (🇫 vomir 🇪 vomitar, escupir 🇵 vomitar)
は

▶ 急に気分が悪くなって、少し吐きました。
きゅう　きぶん　わる　　　　　　すこ
(🇫 Je me suis senti(e) mal tout d'un coup et ai un peu vomi. 🇪 De repente me sentí mal y vomité un poco. 🇵 De repente, me senti mal e vomitei um pouco.)

▷ 吐き気 (🇫 nausée 🇪 náuseas 🇵 náusea)
け

⓲ ☐ **めまい** (🇫 vertige 🇪 mareo 🇵 tontura)

▶ どうしたんですか！ ―すみません、ちょっとめまいがして……。
(🇫 Qu'est-ce qui ne va pas ? — Désolé(e), j'ai des vertiges... 🇪 ¿Qué te pasa? —Lo siento, estoy un poco mareado... 🇵 — O que aconteceu? — Desculpe, mas estou um pouco tonto.)

⓳ ☐ **虫歯** (🇫 carie 🇪 caries 🇵 cárie)
むし ば

⑳ ☐ **傷** (きず) (**F** plaie **S** herida, corte, rasguño **P** ferida)

▶ 子供のころは、いつも体のあちこちに傷をつくっていました。
（こども　　　　　　　　からだ）
(**F** Quand j'étais enfant, j'avais toujours des cicatrices sur tout le corps. **S** Cuando era niño, siempre tenía heridas por todo el cuerpo. **P** Quando era criança, sempre tinha feridas em várias partes do meu corpo.)

▷ 車の傷、心の傷
（くるま　　こころ）
(**F** dommages à la voiture, dommages émotionnels **S** rayadura en un coche; daño emocional **P** Arranhões no carro, feridas no coração)

㉑ ☐ **けが**（する）(**F** blessure **S** lesión, herida **P** ferimento)

▶ 息子さん、大丈夫ですか。 —はい。大したけがじゃなくてよかったです。
（むすこ　　だいじょうぶ　　　　　　　　たい）
(**F** Votre fils va bien ? — Oui. Tant mieux, ce n'est pas une blessure grave. **S** ¿Su hijo está bien? —Sí. Me alegro de que no haya sido una herida grave. **P** — Seu filho está bem? — Sim，ainda bem que não foi uma lesão grave.)

▷ 大けが、軽いけが (**F** blessure grave, blessure légère **S** lesión mayor; lesión menor
（おお　　かる）
P lesão grave, ferimento leve)

㉒ ☐ **骨折**（する）(こっせつ) (**F** se casser un os **S** fractura **P** fratura)

▷ 足を骨折する (**F** se casser la jambe **S** fracturarse una pierna **P** fraturar a perna)
（あし）

㉓ ☐ **火傷**（する）(やけど) (**F** se brûler **S** quemadura **P** queimadura)

㉔ ☐ **診る** (み) (**F** examiner **S** examinar **P** examinar)

▶ だんだん悪くなってるじゃない。早く医者に診てもらったら？
（わる　　　　　　　　　　　　　はや　いしゃ）
(**F** C'est de pire en pire. Pourquoi ne pas consulter un médecin dès que possible ?
S Se está poniendo cada vez peor. ¿Por qué no va ya mismo a que le examine un médico? **P** Você está piorando cada vez mais. Por que você não vai logo se consultar com um médico?)

㉕ ☐ **診察**（する）(しんさつ) (**F** consulter **S** examen **P** consulta médica)

㉖ ☐ **治療**（する）(ちりょう) (**F** faire un traitement **S** tratamiento **P** tratamento)

読む・書く
聞く・話す 11

天気・天候 12

お金 13

服・くつ 14

色・形 15

数量・程度 16

趣味・娯楽
スポーツ 17

生活・環境・土地 18

体 19

健康・病気 20

㉗ ☐ **手術(する)** (**F** faire une opération **S** cirugía **P** operação)
しゅじゅつ

㉘ ☐ **注射(する)** (**F** (faire une) injection **S** inyección **P** injeção)
ちゅうしゃ

㉙ ☐ **患者** (**F** patient(e) **S** paciente **P** paciente)
かんじゃ

㉚ ☐ **外科** (**F** médecine générale **S** cirugía **P** cirurgia)
げか

㉛ ☐ **内科** (**F** médecine interne **S** medicina interna **P** clínica geral)
ないか

㉜ ☐ **眼科** (**F** ophtalmologie **S** oftalmología **P** oftalmologia)
がんか

㉝ ☐ **健康保険証** (**F** carte d'assurance maladie **S** tarjeta del
けんこうほけんしょう seguro de salud **P** cartão de seguro de saúde)

㉞ ☐ **インフルエンザ** (**F** grippe **S** gripe **P** influenza)

㉟ ☐ **ウイルス** (**F** virus **S** virus **P** vírus)

(26) **㊱** ☐ **感染(する)** (**F** être contaminé **S** contagio **P** infecção)
かんせん

▷ウイルスに感染する、感染を防ぐ
ふせ

(**F** attraper un virus, prévenir l'infection **S** contagiarse de un virus; prevenir un contagio
P ser infectado por um vírus, prevenir a infecção)

▶知らない人からのメールには気をつけないと。ウイルスに感染
し　　　　　ひと　　　　　　　　　　　　　　　　　　　　き
するよ。

(**F** Il faut se méfier des courriels provenant de personnes que l'on ne connaît pas. Vous
allez attraper un virus. **S** Hay que tener cuidado con los correos electrónicos de gente
desconocida. Pueden infectar el sistema con virus. **P** Tenha cuidado com e-mails de
pessoas desconhecidas. Você pode ser infectado por um vírus.)

㊲ ☐ **うつる** (**F** être contaminé, attraper (maladie) **S** contagiarse **P** pegar, contrair)

▶のどがちょっと痛い。田中さんの風邪がうつったかもしれない。
いた　　たなか　　　　　かぜ

(**F** J'ai un peu mal à la gorge. J'ai peut-être attrapé le rhume de M. Tanaka. **S** Me duele
un poco la garganta. Puede que me haya contagiado del resfriado de Tanaka. **P** Minha
garganta está um pouco dolorida. Talvez eu tenha contraído o resfriado do senhor Tanaka.)

㊳ ☐ **うつす** (**F** contaminer **S** contagiar (a alguien) **P** transmitir)

❸❾ □ うがい（する）（**F** se gargariser **S** gárgaras **P** gargarejo）

▶ 家に帰ったら、ちゃんと手を洗って、うがいをしたほうがいいよ。
いえ　かえ　　　　　　　　　て　あら
（**F** Vous devriez vous laver les mains et vous gargariser en rentrant chez vous.
S Deberías lavarte las manos y hacer gárgaras al llegar a casa. **P** Quando chegar em
casa, lembre-se de lavar bem as mãos e fazer gargarejo adequadamente.）

❹⓪ □ マスク（**F** masque **S** mascarilla **P** máscara）

▷ マスクをつける（**F** porter un masque **S** ponerse una mascarilla **P** usar uma máscara）

❹❶ □ 睡眠（**F** sommeil **S** sueño **P** sono）
すいみん

▶ まず、十分な睡眠をとることが大切です。
じゅうぶん　　　　　　　　たいせつ
（**F** Tout d'abord, il est important de dormir suffisamment. **S** En primer lugar, es
importante dormir lo suficiente. **P** Primeiro, é importante garantir um sono adequado.）

▷ 睡眠不足（**F** manque de sommeil **S** falta de sueño **P** falta de sono）
ぶそく

❹❷ □ 栄養（**F** nutrition **S** nutrición **P** nutrição）
えいよう

❹❸ □ ビタミン（**F** vitamine **S** vitamina **P** vitamina）

❹❹ □ 効く（**F** faire de l'effet **S** funcionar, hacer efecto **P** fazer efeito）
き

▶ 薬が効いてきたみたいです。
くすり
（**F** Le médicament semble faire effet. **S** Parece que la medicina hace efecto. **P** Parece
que o remédio está começando a fazer efeito.）

❹❺ □ 消化（する）（**F** digérer **S** digestión **P** digestão）
しょうか

▶ お腹の調子が悪いときは、なるべく消化のいい物を食べてくだ
なか ちょうし　わる　　　　　　　　　　　　　　　　　　もの　た
さい。
（**F** Si vous avez des maux d'estomac, mangez le plus possible d'aliments faciles à digérer.
S Si tiene malestar estomacal, coma la mayor cantidad posible de alimentos de fácil
digestión. **P** Quando seu estômago estiver ruim, tente comer alimentos de fácil digestão.）

46 ☐ 禁煙(する)　（**F** s'abstenir de fumer　**S** prohibido fumar
きんえん　　　　　　　　　　**P** proibição de fumar）

▷ 禁煙席　（**F** siège non fumeur　**S** sección de no fumadores　**P** área para não fumantes）
せき

47 ☐ 喫煙(する)　（**F** fumer　**S** fumar　**P** fumar）
きつえん

48 ☐ 体操(する)　（**F** faire de la gymnastique　**S** gimnasia
たいそう　　　　　　　　　**P** exercício físico）

▶ プールに入る前に、軽く準備体操をしてください。
　　　　はい　まえ　　かる　じゅんび
（**F** Avant d'entrer dans la piscine, faites quelques exercices d'échauffement. **S** Antes de entrar en la piscina, haga unos ligeros ejercicios preparatorios. **P** Antes de entrar na piscina, faça alguns exercícios leves de aquecimento.）

49 ☐ お見舞い(する)　（**F** rendre visite (à un malade)　**S** visitar (a
み　ま　　　　　　　　　　　un enfermo)　**P** visita a um doente）

▶ 明日は入院している友だちのお見舞いに行きます。
あした　にゅういん　　　　　とも
（**F** Demain, je vais rendre visite à un ami à l'hôpital. **S** Mañana voy a visitar a un amigo al hospital. **P** Amanhã vou visitar um amigo que está hospitalizado.）

50 ☐ 看病(する)　（**F** soigner, s'occuper (d'un malade)　**S** cuidar (a un
かんびょう　　　　　　　　　enfermo)　**P** cuidar de alguém）

▶ 病気になった時は、母がここに来て、看病してくれました。
びょうき　　　　　とき　はは　　　　　き
（**F** Ma mère est venue ici pour s'occuper de moi quand j'étais malade. **S** Mi madre vino a cuidarme cuando estuve enfermo. **P** Quando fiquei doente, minha mãe veio aqui e cuidou de mim.）

51 ☐ がん　（**F** cancer　**S** cáncer　**P** câncer）

▷ 肺がん、胃がん　（**F** cancer du poumon, cancer de l'estomac　**S** cáncer de
はい　　　い
pulmón; cáncer de estómago　**P** câncer de pulmão, câncer de estômago）

52 ☐ アレルギー　（**F** allergie　**S** alergia　**P** alergia）

▶ 何か食べ物のアレルギーはありますか。 ―いえ、特にありま
なに　た　もの　　　　　　　　　　　　　　　　とく
せん。
（**F** Avez-vous des allergies alimentaires ? — Non, pas particulièrement. **S** ¿Tiene alergia a algún alimento? —No, ninguna en especial. **P** — Você tem alguma alergia alimentar? — Não, nenhuma em particular.）

読む・書く
聞く・話す　11

天気・天候　12

お金　13

服・くつ　14

色・形　15

数量・程度　16

趣味・娯楽
スポーツ　17

生活・環境
土地　18

体　19

健康・病気　20

27

UNIT 21

地球・自然
ち きゅう　し ぜん
(**F** Terre, nature　**S** Tierra, naturaleza　**P** Terra, natureza)

❶ ☐ **宇宙** (**F** univers, espace　**S** universo　**P** universo)
う ちゅう

❷ ☐ **地球** (**F** La Terre　**S** la Tierra　**P** (planeta) Terra)
ち きゅう

❸ ☐ **南極** (**F** Pôle Sud　**S** Antártida　**P** Polo Sul)
なん きょく

❹ ☐ **北極** (**F** Pôle Nord　**S** Ártico　**P** Polo Norte)
ほっ

❺ ☐ **熱帯** (**F** tropiques　**S** trópicos　**P** trópico)
ねったい
▷ **熱帯雨林** (**F** forêts tropicales humides　**S** selva tropical　**P** floresta tropical)
う りん

❻ ☐ **陸** (**F** terre　**S** tierra　**P** terra)
りく

❼ ☐ **大陸** (**F** continent　**S** continente　**P** continente)
たい
▷ **アフリカ大陸** (**F** continent africain　**S** continente africano　**P** continente africano)

❽ ☐ **火山** (**F** volcan　**S** volcán　**P** vulcão)
か ざん

❾ ☐ **土** (**F** sol, terre　**S** suelo, tierra　**P** terra, solo)
つち
▶〈花屋で〉土が乾いてきたら、水をあげてください。
はなや　つち　かわ　みず
(**F** (chez le fleuriste) Quand la terre se dessèche, il faut l'arroser.　**S** (En una floristería) Cuando la tierra se seque, riéguela.　**P** (Em uma floricultura) Quando a terra estiver seca, por favor, regué-a.)

地球・自然 21

事務用品 22

仕事・作業 23

技術・産業 24

原料・材料 25

道具・器具・機械 26

動物・植物・人間 27

学校・教育 28

大学・研究 29

対象・範囲 30

❿ ☐ 砂漠 (**F** désert **S** desierto **P** deserto)
さばく

⓫ ☐ 岸 (**F** rivage **S** orilla **P** costa)
きし

▷ 川岸 (**F** bord de la rivière **S** orilla de un río **P** margem do rio)
かわぎし

⓬ ☐ 海岸 (**F** côte **S** costa **P** litoral)
かいがん

⓭ ☐ 丘 (**F** colline **S** colina **P** colina)
おか

⓮ ☐ 谷 (**F** vallée **S** valle **P** vale)
たに

⓯ ☐ 滝 (**F** chute d'eau **S** cascada **P** cachoeira)
たき

⓰ ☐ 金属 (**F** métal **S** metal **P** metal)
きんぞく

⓱ ☐ 銀 (**F** argent **S** plata **P** prata)
ぎん

⓲ ☐ ダイヤモンド (**F** diamant **S** diamante **P** diamante)

⓳ ☐ 光 (**F** lumière **S** luz **P** luz)
ひかり

⓴ ☐ 日光 (**F** lumière du soleil **S** luz del sol **P** luz do sol)
にっこう

▶ 日光が当たる場所に長く置くと、色が変わってしまいます。
あ　　ばしょ　なが　お　　　　いろ　か
(**F** S'il est laissé trop longtemps à la lumière du soleil, il changera de couleur. **S** Si los deja mucho tiempo al sol, cambian de color. **P** Se for deixado exposto ao sol por muito tempo, ele mudará de cor.)

㉑ □ **虹**（🇫 arc-en-ciel 🇪🇸 arcoíris 🇵🇹 arco-íris）
にじ

㉒ □ **夕日**（🇫 coucher de soleil 🇪🇸 puesta de sol 🇵🇹 pôr do sol）
ゆう ひ

㉓ □ **暮れる**（🇫 commencer à faire nuit 🇪🇸 atardecer 🇵🇹 anoitecer）
く

▶ 日が暮れてきたから、もう帰ろう。
ひ　　　　く　　　　　　　　　　かえ
（🇫 Il commence à faire nuit, rentrons à la maison. 🇪🇸 Está oscureciendo, así que vamos a casa. 🇵🇹 O sol está se pondo, então vamos voltar para casa.）

㉔ □ **雷**（🇫 tonnerre, foudre 🇪🇸 trueno, relámpago, rayo 🇵🇹 trovão）
かみなり

▶ あっ、雷が鳴ってる。雨が降るかも。
かみなり　な　　　　あめ　ふ
（🇫 Oh, il y a du tonnerre. Il pourrait pleuvoir. 🇪🇸 Oh, se oyen truenos. Podría llover.
🇵🇹 Nossa, está trovejando. Talvez chova.）

▷ 雷が落ちる（🇫 La foudre tombe. 🇪🇸 caer un rayo 🇵🇹 cair um raio）
お

㉕ □ **天然**（🇫 naturel(le) 🇪🇸 natural 🇵🇹 natural）
てんねん

▶ 原料には植物油など天然のものしか使っていません。―じゃ、
げんりょう　しょくぶつゆ　　　てんねん　　　　　　つか
体にいいんですね。
からだ
（🇫 Nous n'utilisons que des ingrédients naturels tels que l'huile végétale comme matières premières. — Alors, c'est bon pour pour la santé. 🇪🇸 Como materia prima, solo usamos ingredientes naturales como el aceite vegetal. —Entonces es bueno para la salud, ¿no?
🇵🇹 — Usamos apenas ingredientes naturais, como óleo vegetal. — Então, é bom para a saúde, certo?）

㉖ □ **人工**（🇫 artificiel(le) 🇪🇸 artificial 🇵🇹 artificial）
じんこう

▶ 〈映画を見ながら〉これ、人工の雪なんだって。 ―へえ、言
えいが　み　　　　　　じんこう　ゆき　　　　　　　　　い
われなきゃ、わからない。
（🇫 (en regardant un film) Il parait que c'est de la neige artificielle. — Je ne m'en serais pas douté si tu ne ne me l'avais pas dit. 🇪🇸 (Viendo una película) He oído que esto es nieve artificial. —Oh, si no me lo dices, no me doy cuenta. 🇵🇹 (Assistindo a um filme) — Ouvi dizer que isso é neve artificial. — Ah, eu não teria percebido se você não tivesse dito.）

㉗ □ **人工的（な）**（🇫 artificiel(le) 🇪🇸 artificial 🇵🇹 artificial）
てき

UNIT 22

事務用品
じ む ようひん

(🇫 Fournitures de bureau 🇪 Artículos de oficina 🇵 Artigos de escritório)

地球・自然 21

事務用品 22

仕事・作業 23

技術・産業 24

原料・材料 25

道具・器具・機械 26

動物・植物・人間 27

学校・教育 28

大学・研究 29

対象・範囲 30

❶ □ 便せん (🇫 papier à lettres 🇪 papel de carta 🇵 papel de carta)
    びん

❷ □ 用紙 (🇫 feuille de papier 🇪 hoja de papel 🇵 folha de papel)
    よう し

▷ コピー用紙、解答用紙 (🇫 papier à photocopie, feuille de réponses 🇪 papel para
    かいとう
fotocopias; hoja de respuesta 🇵 papel para fotocópias, folha de resposta)

❸ □ ファイル (🇫 dossier 🇪 archivo, fichero 🇵 arquivo)

▶ 資料は、この青いファイルにまとめてあります。
    し りょう   あお

(🇫 Les documents sont conservés ensemble dans ce dossier bleu. 🇪 Los materiales se
guardan todos en esta carpeta azul. 🇵 Os documentos estão organizados nesta pasta
azul.)

❹ □ ホッチキス (🇫 agrafeuse 🇪 grapadora, abrochadora
    🇵 grampeador)

▷ ホッチキスでとめる (🇫 agrafer 🇪 grapar 🇵 prender com o grampeador)

❺ □ のり (🇫 colle 🇪 pegamento 🇵 cola)

▷ のりで貼る (🇫 coller 🇪 pegar con pegamento 🇵 colar com cola)
        は

❻ □ セロハンテープ (🇫 ruban adhésif (transparent) 🇪 cinta de
    celofán 🇵 fita adesiva (durex))

▷ テープでとめる (🇫 fixer avec du ruban adhésif 🇪 fijar con cinta adhesiva 🇵 prender com fita adesiva)

❼ □ ガムテープ (🇫 ruban adhésif gommé 🇪 cinta adhesiva
    🇵 fita de empacotamento)

★段ボール箱を閉じるときなどに使う、紙または布のテープ。／🇫 ruban adhésif en papier
    だん   ばこ   と   つか   かみ   ぬの
ou en tissu, utilisé par exemple pour fermer des boîtes en carton.／🇪 Cinta adhesiva de papel o tela, por
ejemplo, para cerrar cajas de cartón.／🇵 Fita de papel ou tecido usada para fechar caixas de papelão,
entre outros usos.

UNIT 23

仕事・作業
しごと　さぎょう
(F Travail, tâches S Trabajo, tareas
P Trabalho, tarefas)

❶ □ 働く (F travailler S trabajar P trabalhar)
はたら

❷ □ 勤務(する) (F travailler S trabajo P trabalho)
きんむ

▶ 勤務時間は、毎日9時間くらいです。
じかん　　まいにち　じかん
(F Je travaille environ neuf heures par jour. S Trabajo unas nueve horas diarias.
P O expediente é de cerca de 9 horas por dia.)

❸ □ 職場 (F lieu de travail S lugar de trabajo P local de trabalho)
しょくば

❹ □ 通勤(する) (F se rendre au travail S desplazarse al trabajo
つうきん　　　　　P deslocamento para o trabalho)

▶ 毎朝、通勤にどれくらい時間がかかりますか。
まいあさ　　　　　　　　　じかん
(F Combien de temps mettez-vous pour vous rendre au travail chaque matin ? S
¿Cuánto tardas en desplazarte al trabajo cada mañana? P Quanto tempo leva para
chegar ao trabalho todas as manhãs?)

❺ □ 出勤(する) (F aller au travail S ir al trabajar
しゅっきん　　　　P ida ao trabalho)

▶ 明日は午後から出勤することにしました。
あした　ごご
(F J'ai décidé d'aller travailler demain à partir de l'après-midi. S He decidido ir a trabajar
por la tarde mañana. P Decidi que amanhã vou começar a trabalhar à tarde.)

❻ □ 打ち合わせ(る) (F réunion, briefing S reunión, consulta,
う　あ　　　　　　　preparativos P reunião)

▶ 担当者を集めて、一度打ち合わせをしましょう。
たんとうしゃ　あつ　　　　　いちど
(F Réunissons les responsables et organisons une réunion avec eux. S Reunámonos y
pongámonos de acuerdo con los responsables. P Vamos reunir as pessoas responsáveis
e fazer uma reunião.)

地球・自然 21

事務用品 22

仕事・作業 23

技術・産業 24

原料・材料 25

道具・器具・機械 26

動物・植物・人間 27

学校・教育 28

大学・研究 29

対象・範囲 30

❼ □ ミーティング （**F** réunion **S** reunión **P** reunião）

▶ じゃ、そろそろミーティングを始めたいと思います。
（**F** Il est alors temps de commencer la réunion. **S** Bien, ahora quisiera empezar la reunión. **P** Bem, agora eu gostaria de começar a reunião.）

❽ □ 作業（する） （**F** faire une tâche **S** tarea **P** trabalho, serviço）
さ ぎょう

▶ 簡単な作業なので、誰にでもできます。
かんたん　　　　　　　　だれ
（**F** C'est une tâche simple, tout le monde peut la faire. **S** Es una tarea sencilla, así que cualquiera puede hacerla. **P** É uma tarefa simples, então qualquer um pode fazer.）

❾ □ 休憩（する） （**F** faire une pause **S** hacer una pausa **P** descanso, intervalo）　　　　同 休む
きゅうけい　　　やす

❿ □ 仕上げる （**F** finir **S** terminar **P** concluir）
し あ

▶ 早くその仕事を仕上げて、こっちを手伝ってよ。
はや　　　しごと　　しあ　　　　　　　　　　てつだ
（**F** Terminez ce travail rapidement et aidez-moi par ici. **S** Termina el trabajo rápido y ayúdame con esto. **P** Termine logo esse trabalho e me ajude aqui.）

⓫ □ 仕上がる （**F** finir **S** terminarse **P** ser concluído）

⓬ □ 出来上がる （**F** être fini **S** estar listo **P** estar pronto）
で き あ

▶ 作品はいつ出来上がる予定ですか。
さくひん　　　　　　　よてい
（**F** Quand est prévue la fin de l'œuvre ？ **S** ¿Cuándo se prevé que esté lista la obra？ **P** Quando a obra deve estar pronta？）

⓭ □ 出来上がり （**F** être fini **S** acabado **P** pronto）

▶ 冷蔵庫で約30分冷やすと出来上がりです。
れいぞうこ　　やく　　ぷんひ
（**F** Ce sera prêt après environ 30 minutes dans le réfrigérateur. **S** Después de unos 30 minutos en el refrigerador, queda terminado. **P** Está pronto depois de resfriar na geladeira por cerca de 30 minutos.）

⓮ □ 事務 （**F** travail de bureau **S** trabajo de oficina **P** trabalho administrativo）
じ む

▷ 事務室、事務員 （**F** bureau, employé de bureau **S** oficina; oficinista **P** Escritório, funcionário administrativo）
しつ　　　いん

⑮ ☐ 管理(する) （**F** gérer **S** administrar **P** administração）
かんり

▶ この公園は、市が管理しています。
こうえん　し
（**F** Le parc est géré par la ville. **S** El parque está administrado por la ciudad.
P Este parque é administrado pela cidade.）

⑯ ☐ 徹夜(する) 　（**F** travailler toute la nuit **S** pasar toda la noche
てつや　trabajando **P** passar a noite em claro）

⑰ ☐ 怠ける （**F** être paresseux **S** vaguear **P** ser preguiçoso）
なま

▶ 誰か怠けている人がいたら、遠慮なく注意して。
だれ　　　　　　　ひと　　　　　　　　　えんりょ　　ちゅうい
（**F** Si quelqu'un est paresseux, n'hésitez pas à lui faire la remarque. **S** Si hay alguien
vagueando, no dudes en llamarle la atención. **P** Se alguém estiver sendo preguiçoso, não
hesite em repreender.）

▷ 怠け者 （**F** paresseux **S** vago **P** pessoa preguiçosa）
もの

⑱ ☐ サボる （**F** manquer, sécher **S** saltarse (una responsabilidad)
P matar a aula, não trabalhar）

▶ 授業をサボったことは一度もありません。
じゅぎょう　　　　　　　　　　　いちど
（**F** Je n'ai jamais séché un cours. **S** Nunca me he saltado una clase. **P** Nunca matei
uma aula.）

⑲ ☐ プロジェクト （**F** projet **S** proyecto **P** projeto）

▶ 先生は、市が新しく始めた教育のプロジェクトに参加しています。
せんせい　　し　あたら　　はじ　　きょういく　　　　　　　　　　　さんか
（**F** Le professeur participe au nouveau projet éducatif de la ville. **S** El profesor participa
en el proyecto educativo que acaba de emprender la ciudad. **P** O professor está
participando de um novo projeto educacional iniciado pela cidade.）

⑳ ☐ ボーナス （**F** bonus (prime) **S** paga extra (extraordinaria)
P bônus）

㉑ ☐ 転勤(する) （**F** être transféré(e), être muté(e) **S** traslado
てんきん　(laboral) **P** transferência de local de trabalho）

▷ 地方に転勤する
ちほう
（**F** Il est muté dans une zone rurale. **S** ser trasladado a una zona rural **P** Ser transferido
para uma área rural）

UNIT 24

技術・産業
ぎ じゅつ さんぎょう

(**F** Technologie, industrie **S** Tecnología, industria **P** Tecnologia, indústria)

地球・自然 21

事務用品 22

仕事・作業 23

技術・産業 24

原料・材料 25

道具・器具・機械 26

動物・植物・人間 27

学校・教育 28

大学・研究 29

対象・範囲 30

❶ □ **生産(する)** (**F** produire **S** producción **P** produção)
せいさん

▶ この工場だけで、年間約100万本のワインを生産しています。
こうじょう　　　　ねんかんやく　　　　まんぼん

(**F** L'usine produit à elle seule environ un million de bouteilles de vin par an. **S** Tan solo esta fábrica produce alrededor de un millón de botellas de vino al año. **P** Esta fábrica produz cerca de um milhão de garrafas de vinho por ano.)

❷ □ **産業** (**F** industrie **S** industria **P** indústria)
さんぎょう

▶ 地域経済を元気にするには、新しい産業を育てていくしかありません。
ち いきけいざい げん き　　　　　　あたら　　　　　　　　そだ

(**F** La seule façon de stimuler l'économie locale est de développer de nouvelles industries. **S** La única forma de estimular la economía local es desarrollar nuevas industrias. **P** Para revigorar a economia local, é preciso desenvolver novas indústrias.)

❸ □ **〜業** (**F** industrie 〜 **S** industria de... **P** setor de...)
ぎょう

▷ 工業、農業、漁業
こう　　のう　　ぎょ

(**F** industrie, industrie agricole, industrie de la pêche **S** industria manufacturera; agricultura; pesca **P** indústria, agricultura, pesca)

❹ □ **製造(する)** (**F** fabriquer **S** producción **P** fabricação)
せいぞう

▶ チョコレートの製造方法が写真付きで紹介されています。
ほうほう　しゃしんつ　　しょうかい

(**F** Le processus de production du chocolat est illustré par des photographies. **S** Les presentamos con fotografías el proceso de producción del chocolate. **P** O método de fabricação de chocolate é apresentado com fotos.)

❺ □ **製品** (**F** produit **S** producto **P** produto)
せいひん

▷ 新製品、家電製品、日本製品
しん　　　か でん　　　に ほん

(**F** nouveau produit, produit électroménager, produit japonais **S** nuevo producto; electrodoméstico; producto japonés **P** novos produtos, eletrodomésticos, produtos japoneses)

❻ □ 工事(する) （**F** (faire des) travaux **S** construcción, obra
こう じ **P** construção, obra）

▶ 渋滞していますね。 ── この先で工事をしているみたいです。
じゅうたい さき
（**F** Il y a un embouteillage. — On dirait qu'il y a des travaux en cours plus loin. **S** Hay un atasco de tráfico. —Parece que están en obras justo al final de la calle. **P** — O trânsito está engarrafado. — Parece que há uma obra logo adiante.）

❼ □ 工事中 （**F** en travaux **S** en construcción **P** em obras）
ちゅう

❽ □ 技術 （**F** technologie **S** tecnología **P** tecnologia）
ぎ じゅつ

▷ 科学技術の発展は生活を豊かにした。
か がく はってん せいかつ ゆた
（**F** Le développement de la science et de la technologie a enrichi notre vie.
S El desarrollo de la ciencia y la tecnología ha enriquecido nuestras vidas. **P** O avanço da ciência e tecnologia enriqueceu nossas vidas.）

▶ 世界を相手に戦うには、技術だけでなく、パワーとスピードが
せ かい あい て たたか
必要です。
ひつよう
（**F** Pour avoir du poids dans le monde, il faut la technologie, mais également la puissance et la rapidité. **S** Para competir contra el mundo, además de tecnología, necesitamos potencia y velocidad. **P** Para competir globalmente, é necessário não apenas tecnologia, mas também potência e velocidade.）

❾ □ 開発(する) （**F** développer **S** desarrollo **P** desenvolvimento）
かいはつ

❿ □ 自動 （**F** automatique **S** automático **P** automático）
じ どう

▶ 一定の時間が過ぎると、自動で止まるようになっています。
いってい じ かん す と
（**F** Après un certain temps, le système s'arrête automatiquement. **S** Después de un tiempo determinado, el sistema se detiene automáticamente. **P** Após um determinado período de tempo, o sistema para automaticamente.）

⓫ □ 録音(する) （**F** enregistrer (son) **S** grabación (de sonido)
ろくおん **P** gravação de áudio）

⓬ □ 録画(する) （**F** enregistrer (vidéo) **S** grabación (de video)
ろく が **P** gravação de vídeo）

▶ しまった。録画予約するの、忘れた。
よやく わす
（**F** Mince ! J'ai oublié de programmer l'enregistrement. **S** Oh, no. Me olvidé de programar la grabación. **P** Oh, não! Esqueci de programar a gravação.）

地球・自然 21

事務用品 22

仕事・作業 23

技術・産業 24

原料・材料 25

道具・器具・機械 26

動物・植物・人間 27

学校・教育 28

大学・研究 29

対象・範囲 30

⓭ □ 通信 (F communication S comunicación P comunicação)
つうしん

▶ 通信状態がよくないですね。電話がすぐ切れてしまいます。
じょうたい　　　　　　　　　　　　　　でんわ　　　き
(F La communication n'est pas bonne. L'appel est immédiatement coupé.
S La comunicación anda mal. El teléfono se corta enseguida. P As condições de
comunicação não são boas. A ligação cai o tempo todo.)

⓮ □ デジタル (F numérique S digital P digital)

▶ デジタルデータにして保存すれば、場所をとらなくていいですよ。
ほぞん　　　　　ばしょ
(F Si vous enregistrez les données sous forme numérique, elles prennent moins de place.
S Si lo guarda como datos digitales, no le ocupará espacio. P Se você converter em
dados digitais e armazenar, não ocupará espaço.)

⓯ □ デジカメ (F appareil photo numérique S cámara digital P câmera digital)

⓰ □ 電子 (F électronique S electrónico P eletrônico)
でんし

▷ 電子辞書、電子レンジ
じしょ
(F dictionnaire électronique, four à micro-ondes S diccionario electrónico; microondas
P dicionário eletrônico, forno de micro-ondas)

⓱ □ 高度な (F avancé S de alto nivel P avançado)
こうど

▷ 高度な技術 (F technologie avancée S tecnología de alto nivel P tecnologia avançada)
ぎじゅつ

⓲ □ アンテナ (F antenne S antena P antena)

⓳ □ 電波 (F ondes S ondas, señal P sinal)
でんぱ

⓴ □ ロケット (F fusée S cohete P foguete)

㉑ □ 印刷(する) (F imprimer S impresión P impressão)
いんさつ

▷ カラー印刷 (F impression couleur S impresión en color P impressão colorida)

原料・材料
げんりょう ざいりょう

(**F** Matières premières, matériaux
S Materias primas, materiales
P Matéria-prima, material)

❶ □ **絹** (**F** soie **S** seda **P** seda)
きぬ

❷ □ **ビニール** (**F** vinyle **S** vinilo **P** vinil)

▷ ビニール袋 (**F** sac en plastique **S** bolsa de plástico **P** saco plástico de vinil)
ふくろ

❸ □ **アルミ** (**F** aluminium **S** aluminio **P** alumínio)

▷ アルミ缶 (**F** canette en aluminium **S** lata de aluminio **P** lata de alumínio)
かん

❹ □ **石炭** (**F** charbon **S** carbón **P** carvão)
せきたん

❺ □ **コンクリート** (**F** béton **S** hormigón **P** concreto)

▷ コンクリートの壁 (**F** mur en béton **S** muro de hormigón **P** parede de concreto)
かべ

❻ □ **燃料** (**F** combustible **S** combustible **P** combustível)
ねんりょう

▶ へー、ごみを燃料にして走る車ですか。いいですね。
はし くるま
(**F** Une voiture qui fonctionne avec des déchets comme carburant ? C'est très bien.
S Oh, ¿un coche que funciona con basura como combustible? Qué bueno.
P Incrível! Um carro que funciona com lixo como combustível. Legal!)

❼ □ **資源** (**F** ressources **S** recursos **P** recursos)
し げん

▷ 限りある資源を大切に！
かぎ たいせつ
(**F** Préservons les ressources limitées ! **S** Los recursos son limitados, ¡cuidémoslos!
P Preserve os recursos limitados!)

地球・自然 21

事務用品 22

仕事・作業 23

技術・産業 24

原料・材料 25

道具・器具・機械 26

動物・植物・人間 27

学校・教育 28

大学・研究 29

対象・範囲 30

32

UNIT 26

道具・器具・機械
どうぐ　きぐ　きかい

(🇫 Outils, équipements et machines 🇪🇸 Herramientas, aparatos, máquinas 🇵🇹 Ferramentas, equipamentos, maquinários)

❶ □ **明かり** (🇫 lumière 🇪🇸 luz 🇵🇹 luz)
　　あ

▶ 明かりがついてる。誰かいるみたいだね。
　　　　　　　　　　だれ
(🇫 Les lumières sont allumées. On dirait qu'il y a quelqu'un ici. 🇪🇸 La luz está encendida. Parece que hay alguien aquí. 🇵🇹 A luz está acesa. Parece que há alguém aqui.)

❷ □ **ろうそく** (🇫 bougie 🇪🇸 vela 🇵🇹 vela)

❸ □ **ライト** (🇫 lumière 🇪🇸 luz 🇵🇹 luz)

▶ 夜、自転車に乗るときは、必ずライトをつけてください。
　　よる　じてんしゃ　の　　　　　　かなら
(🇫 Il faut toujours allumer la lumière quand on fait du vélo la nuit. 🇪🇸 Enciende siempre la luz cuando vayas en bicicleta por la noche. 🇵🇹 À noite, quando andar de bicicleta, certifique-se sempre de ligar a lanterna.)

❹ □ **ランプ** (🇫 voyant, lampe 🇪🇸 lámpara, luz (de un dispositivo) 🇵🇹 lâmpada)

❺ □ **電池** (🇫 piles 🇪🇸 batería 🇵🇹 bateria)
　　でんち

▶ 電池が切れてるのかなあ。全然動かない。
　　　　き　　　　　　　　　ぜんぜんうご
(🇫 Je me demande si les piles ne sont pas mortes. Ça ne fonctionne pas du tout. 🇪🇸 Me pregunto si la batería se ha agotado. No funciona en absoluto. 🇵🇹 Será que a bateria acabou? Não está funcionando de jeito nenhum.)

❻ □ **乾電池** (🇫 piles 🇪🇸 pila seca 🇵🇹 pilha)
　　かん

❼ □ **充電(する)** (🇫 charger 🇪🇸 cargar (un aparato eléctrico) 🇵🇹 carregar)
　　じゅうでん

▷ 充電器 (🇫 chargeur 🇪🇸 cargador 🇵🇹 carregador)
　　　き

❽ □ 電源 (**F** source d'énergie **S** suministro eléctrico
でんげん **P** fonte de energia)

▶ このランプが赤だと、電源が入ってないということです。
あか　　　　　　　はい
(**F** Si ce voyant est rouge, cela signifie que ce n'est pas allumé. **S** Este parece ser el
único suministro eléctrico de esta habitación. **P** Quando esta lâmpada está vermelha,
significa que a energia não está ligada.)

❾ □ コンセント (**F** prise de courant **S** enchufe **P** tomada)

❿ □ コード (**F** cordon d'alimentation **S** cable **P** cabo, fio)

▷ 電源コード (**F** cordon d'alimentation **S** cable de alimentación **P** cabo de alimentação)
でんげん

⓫ □ スイッチ (**F** interrupteur **S** interruptor **P** interruptor)

▷ スイッチを入れる (**F** allumer, enclencher l'interrupteur **S** encender (con el
い
interrupteur) **P** ligar, acender (uma lâmpada))

⓬ □ オン (**F** ON **S** encendido, activado **P** ligado)

▶ スイッチをオンにすると、緑のランプがつきます。
みどり
(**F** Lorsque l'interrupteur est enclenché, la lumière verte s'allume. **S** Al activarla, se
enciende la luz verde. **P** Quando você liga o interruptor, a luz verde se acende.)

⓭ □ オフ対 (**F** OFF **S** apagado, desactivado **P** desligado)

⓮ □ 操作(する) (**F** fonctionner **S** manejo **P** operação)
そうさ

▶ 機械が苦手なので、操作が簡単なのがいいんですが……。
きかい　にがて　　　　　　　　　かんたん
(**F** Je ne suis pas doué(e) avec les machines, je préfère donc une utilisation simple...
S No se me dan bien las máquinas, así que prefiero algo con un manejo sencillo…
P Como não sou bom com máquinas, prefiro algo de fácil operação...)

⓯ □ 機械 (**F** machine, appareil **S** máquina **P** máquina)
きかい

⓰ □ 機械的(な) (**F** mécanique **S** mecánico **P** mecânico)

▶ 機械的な作業でつまらない。
てき　さぎょう
(**F** C'est un travail mécanique ennuyeux. **S** Es un trabajo mecánico aburrido.
P É um trabalho mecânico e entediante.)

114

地球・自然 21

事務用品 22

仕事・作業 23

技術・産業 24

原料・材料 25

道具・器具・機械 26

動物・植物・人間 27

学校・教育 28

大学・研究 29

対象・範囲 30

❶❼ □ 〜機 (き) (**F** 〜machine **S** máquina de... **P** máquina de...)

▷ 掃除機、洗たく機、コピー機
そうじ　せん
(**F** aspirateur, machine à laver, photocopieuse **S** aspiradora; lavadora; fotocopiadora
P aspirador de pó, máquina de lavar, copiadora)

❶❽ □ 運転(する) (うんてん) (**F** fonctionner **S** operar **P** operação)

▶ 今、運転中だから、中に手を入れないでください。
いま　ちゅう　なか　て　い
(**F** C'est en marche, alors ne mettez pas la main dedans. **S** Ahora está operando, así
que no meta la mano dentro. **P** Agora está em funcionamento, por isso não coloque as
mãos dentro.)

★運転する…機械や車を動かすこと。／**F** "unten-suru" conduire, faire fonctionner une
き　かい　くるま　うご
machine ou une voiture.／**S** unten-suru... Manejar una máquina o un coche.／
P unten-suru, colocar em movimento uma máquina ou um carro.

❶❾ □ 停止(する) (ていし) (**F** s'arrêter **S** parar **P** parada)

▶ 機械を止めるときは、この赤い停止ボタンを押してください。
きかい　と　あか　お
(**F** Pour arrêter la machine, appuyez sur ce bouton d'arrêt rouge. **S** Para parar la
máquina, pulse este botón rojo de parada. **P** Quando for parar a máquina, pressione o
botão de parada vermelho.)

❷⓪ □ エンジン (**F** moteur **S** motor **P** motor)

❷❶ □ タイヤ (**F** pneumatique **S** neumático **P** pneu)

❷❷ □ ハンドル (**F** volant **S** volante **P** volante)

❷❸ □ シートベルト (**F** ceinture de sécurité **S** cinturón de
seguridad **P** cinto de segurança)

❷❹ □ マイク (**F** microphone **S** micrófono **P** microfone)

❷❺ □ スピーカー (**F** haut-parleur **S** altavoz, parlante
P alto-falante)

㉖ □ ベル (**F** cloche **S** timbre **P** campainha)

▷ ベルが鳴る (**F** La cloche sonne. **S** sonar un timbre **P** tocar a campainha)

㉗ □ 鐘 (**F** cloche **S** campana **P** sino)
かね

㉘ □ サイレン (**F** sirène **S** sirena **P** sirene)

㉙ □ 器具 (**F** appareil **S** equipamiento, aparatos **P** equipamento,
き ぐ aparelho)

▷ 健康器具のコーナー (**F** section des équipements de santé **S** sección de
けんこう
equipamiento sanitario **P** seção de equipamentos de saúde)

㉚ □ 板 (**F** planche **S** tabla **P** tábua)
いた

㉛ □ 台 (**F** meuble de support **S** plataforma **P** suporte, mesa)
だい

▷ テレビを置く台 (**F** un meuble pour poser la télévision **S** plataforma para poner
お
la televisión **P** rack para colocar a TV)

㉜ □ 棒 (**F** baton **S** vara **P** vara)
ぼう

㉝ □ 針 (**F** aiguille **S** aguja **P** agulha)
はり

㉞ □ 釘 (**F** clou **S** clavo **P** prego)
くぎ

㉟ □ ねじ (**F** vis **S** tornillo **P** parafuso)

㊱ □ 磁石 (**F** aimant **S** imán **P** ímã)
じ しゃく

地球・自然 21

事務用品 22

仕事・作業 23

技術・産業 24

原料・材料 25

道具・器具・機械 26

動物・植物・人間 27

学校・教育 28

大学・研究 29

対象・範囲 30

❸❼ □ **ひも** (**F** ficelle **S** cordón **P** barbante, cadarço)

▷ 靴ひもを結ぶ/ゆるめる
(**F** nouer / défaire ses lacets **S** atarse/desatarse los cordones **P** Amarrar/desamarrar os cadarços dos sapatos)

❸❽ □ **ロープ** (**F** corde **S** cuerda **P** corda)

❸❾ □ **鏡** (**F** miroir **S** espejo **P** espelho)
かがみ

❹⓪ □ **くし** (**F** peigne **S** peine **P** pente)

❹❶ □ **ブラシ** (**F** brosse **S** cepillo **P** escova)

▷ 歯ブラシ、ヘアーブラシ (**F** brosse à dents, brosse à cheveux **S** cepillo de dientes; cepillo de pelo **P** escova de dentes, escova de cabelo)

❹❷ □ **口紅** (**F** rouge à lèvres **S** pintalabios **P** batom)
くちべに

▷ 口紅を塗る (**F** mettre du rouge à lèvres **S** pintarse los labios **P** passar batom)
ぬ

❹❸ □ **黒板** (**F** tableau noir **S** pizarra **P** quadro-negro, lousa)
こくばん

❹❹ □ **画面** (**F** écran **S** pantalla **P** tela (de dispositivo))
がめん

▶ 画面が小さくて、よく見えない。
ちい み
(**F** L'écran est trop petit pour bien voir. **S** No se ve bien porque la pantalla es muy pequeña. **P** A tela é pequena e não consigo ver bem.)

❹❺ □ **掲示板** (**F** panneau d'affichage, forum (internet) **S** tablón de
けいじばん anuncios, cartelera **P** quadro de avisos)

▷ 学生用の掲示板 (**F** tableau d'affichage des élèves **S** tablón de anuncios para los
がくせいよう
alumnos **P** Quadro de avisos para estudantes)

▶ この事件、知ってる？ ―今、ネットの掲示板で話題になってるね。

(**F** Êtes-vous au courant de cet incident ? — C'est partout sur les forums Internet maintenant, n'est-ce pas ? **S** ¿Te has enterado de este incidente? —Se está hablando de eso en todos los foros de Internet. **P** Você ouviu falar sobre esse incidente? Está sendo discutido em fóruns da internet agora.)

㊻ ☐ **看板** (**F** enseigne **S** cartel **P** placa)
かんばん

▶ そこを曲がったら、お店の看板が見えますよ。

(**F** Si vous tournez là, vous verrez l'enseigne du magasin. **S** Si giras ahí, verás un cartel de una tienda. **P** Virando ali, verá a placa da loja.)

㊼ ☐ **風船** (**F** ballon **S** globo **P** balão)
ふうせん

㊽ ☐ **旗** (**F** drapeau **S** bandera **P** bandeira)
はた

㊾ ☐ **入れ物** (**F** boîte, étui **S** contenedor, recipiente **P** recipiente)
い　もの

▶ 何か入れ物がないと、落として割りそうだなあ。

(**F** Si je n'ai pas d'étui, je vais le faire tomber et le casser. **S** Si no está en ningún recipiente, se puede caer y romper. **P** Se não colocar em algum recipiente, pode cair e quebrar.)

㊿ ☐ **容器** (**F** récipient **S** contenedor, recipiente **P** recipiente)
ようき

▷ プラスチックの容器 (**F** récipient en plastique **S** recipiente de plástico **P** recipiente de plástico)

(51) ☐ **ふた** (**F** couvercle **S** tapa **P** tampa)

52 ☐ **カバー** (**F** couvercle **S** tapa, cubierta **P** capa)

▶ 〈家電製品など〉カバーを外して見てみたら、ほこりだらけでした。
か でんせいひん　　　　　　　　はず　　み

(**F** (Par exemple, pour un appareil électrique) J'ai enlevé le couvercle et j'ai regardé, il était plein de poussière. **S** (Electrodomésticos, etc.) Al quitarle la tapa y mirarlo, estaba lleno de polvo. **P** (Em eletrodomésticos, etc) Ao retirar a capa e olhar, estava cheio de poeira.)

53 ☐ **ファスナー** (**F** fermeture éclair **S** cremallera **P** zíper)

地球・自然 21

事務用品 22

仕事・作業 23

技術・産業 24

原料・材料 25

道具・器具・機械 26

動物・植物・人間 27

学校・教育 28

大学・研究 29

対象・範囲 30

❺❹ □ びん （**F** bouteille **S** botella **P** garrafa）

❺❺ □ 缶 （**F** boîte de conserve, canette **S** lata **P** lata）
かん

▷ 缶ビール、空き缶、缶切り
あ き

（**F** canette de bière, canette vide, ouvre-boîte **S** lata de cerveza; lata vacía; abrelatas
P lata de cerveja, lata vazia, abridor de latas）

❺❻ □ かご （**F** panier **S** canasta **P** cesta）

❺❼ □ バケツ （**F** seau **S** cubo, balde **P** balde）

❺❽ □ ポリ袋 （**F** sac en plastique **S** bolsa de plástico
ぶくろ **P** saco plástico）

❺❾ □ 段ボール （**F** carton **S** cartón **P** papelão）
だん

▷ 段ボール箱 （**F** boîte en carton **S** cajas de cartón **P** caixa de papelão）
ばこ

★「ダンボール」とも書く。／**F** S'écrit aussi「ダンボール」／**S** También se escribe "ダ
ンボール".／**P** Também escrito como "ダンボール".

❻❿ □ ほうき （**F** balai **S** escoba **P** vassoura）

かご

ポリ袋
ぶくろ

❻❶ ☐ ロッカー （**F** casier **S** taquilla **P** armário）

▷ ロッカールーム（**F** vestiaire **S** vestuario **P** vestiário）

❻❷ ☐ コインロッカー（**F** consigne automatique **S** taquilla de pago con monedas **P** um armário que funciona com moedas）

❻❸ ☐ ボール （**F** balle **S** pelota **P** bola）

❻❹ ☐ デジカメ／デジタルカメラ （**F** appareil photo numérique **S** cámara digital **P** câmera digital）

❻❺ ☐ 修理（する） （**F** réparer **S** reparación **P** conserto）
しゅう り

▷ 修理に出す（**F** faire réparer **S** mandar a reparar **P** enviar para conserto）
だ

❻❻ ☐ ヘルメット （**F** casque **S** casco **P** capacete）

❻❼ ☐ 切れる （**F** couper **S** cortar **P** cortar）
き

▶ この包丁、よく切れるね。
ほうちょう
（**F** Ce couteau coupe bien. **S** Este cuchillo corta bien. **P** Esta faca corta bem, não é?）

❻❽ ☐ ピストル （**F** pistolet **S** pistola **P** pistola）

❻❾ ☐ 銃（**F** pistolet **S** pistola **P** arma de fogo）
じゅう

❼❿ ☐ 撃つ（**F** tirer **S** disparar **P** atirar）
う

❼❶ ☐ カセットテープ （**F** cassette **S** casete **P** fita cassete）

33

UNIT 27

動物・植物・人間
どうぶつ しょくぶつ　にんげん

(**F** Animaux, plantes et humains **S** Animales, plantas, humanos **P** Animais, plantas, seres humanos)

地球・自然 21
事務用品 22
仕事・作業 23
技術・産業 24
原料・材料 25
道具・器具・機械 26
動物・植物・人間 27
学校・教育 28
大学・研究 29
対象・範囲 30

❶ □ **生き物** (**F** organisme vivant **S** ser vivo **P** ser vivo)
　　い　　もの

▶ 地球の自然は、ここに住むすべての生き物たちのものです。
　ちきゅう　しぜん　　　　　　　す
(**F** La nature de la Terre appartient à toutes les créatures qui y vivent. **S** La naturaleza de la Tierra pertenece a todos los seres vivos que habitan en ella. **P** A natureza da Terra pertence a todos os seres que a habitam)

❷ □ **生物** (**F** être vivant **S** ser vivo **P** ser vivo)
　　せいぶつ

▶ 海には、私たちの知らない生物がたくさんいます。
　うみ　　わたし　　し
(**F** Il y a beaucoup de créatures dans les océans que nous ne connaissons pas. **S** Hay muchos seres vivos en los océanos que desconocemos. **P** Nos oceanos, existem muitos seres vivos que não conhecemos.)

❸ □ **命** (**F** vie **S** vida **P** vida)
　　いのち

▶ 子供たちに命の大切さを教えなければならない。
　こども　　　　たいせつ　　おし
(**F** Nous devons enseigner à nos enfants la valeur de la vie. **S** Debemos enseñarles a los niños el valor de la vida. **P** Devemos ensinar às crianças a importância da vida.)

❹ □ **生命** (**F** vie **S** vida **P** vida)
　　せいめい

❺ □ **誕生(する)** (**F** naître **S** nacimiento **P** nascimento)
　　たんじょう

▷ 地球の誕生、誕生祝い
　ちきゅう　　　　いわ
(**F** naissance de la Terre, célébration de naissance **S** el nacimiento de la Tierra; celebración de un nacimiento **P** o nascimento da Terra, celebração de um nascimento)

❻ □ **育つ** (**F** croître, grandir **S** criarse **P** criar)
　　そだ

❼ □ 生える (**F** pousser **S** crecer, salir **P** brotar)

▶ 草がたくさん生えていて、歩きにくい。
(**F** Il y a beaucoup d'herbe qui a poussé, il est difficile de marcher. **S** Ha crecido mucha hierba y es difícil caminar. **P** Cresceu muita grama e está difícil de andar.)

▷ 歯が生える、毛が生える (**F** les dents poussent, les poils poussent **S** salirle los dientes; salirle pelo **P** nascer os dentes, crescer os pelos)

❽ □ 成長(する) (**F** croître, grandir **S** crecer **P** crescer)

▶ この草は高さ1メートルくらいまで成長します。
(**F** Cette herbe atteint environ un mètre de haut. **S** Esta hierba crece hasta un metro de altura. **P** Esta erva cresce até cerca de 1 metro de altura.)

❾ □ 芽 (**F** bourgeonner **S** brote **P** broto)

▶ バラを育てているんですか。 ―ええ。最近、やっと芽が出てきたんです。
(**F** Tu fais pousser des roses ? — Oui. Récemment, des bourgeons sont enfin apparus. **S** ¿Cultivan rosas? —Sí. Por fin han brotado hace poco. **P** — Você cultiva rosas? — Sim, finalmente os brotos começaram a aparecer recentemente.)

❿ □ 咲く (**F** fleurir **S** florecer **P** florescer)

⓫ □ 実 (**F** fruit **S** fruto **P** fruto)

▶ 実がなるのは10月ごろです。
(**F** Ils porteront des fruits vers le mois d'octobre. **S** Darán fruto hacia octubre. **P** Dará frutos por volta de outubro.)

⓬ □ 散る (**F** se disperser, tomber **S** desparramarse, caerse **P** cair)

▶ 桜はもうすっかり散ってしまいましたね。
(**F** Les fleurs de cerisier sont déjà complètement tombées. **S** Las flores de los cerezos ya se han caído todas. **P** As flores das cerejeiras já caíram completamente, não é?)

⓮ □ 種 (たね) (**F** graine **S** semilla **P** semente)

▷ 種を植える (う) (**F** planter des graines **S** plantar semillas **P** Plantar sementes)

⓯ □ 枯れる (か) (**F** flétrir, faner **S** marchitarse **P** murchar, secar)

▷ 枯れ葉 (は) (**F** feuilles mortes **S** hoja seca **P** folhas secas)

⓰ □ 森林 (しんりん) (**F** forêt **S** bosque **P** floresta)

⓱ □ 枝 (えだ) (**F** branche **S** rama **P** galho)

⓲ □ 巣 (す) (**F** nid **S** nido **P** ninho)

⓳ □ 竹 (たけ) (**F** bambou **S** bambú **P** bambu)

⓴ □ スズメ (**F** moineau **S** gorrión **P** pardal)

⓴ □ カラス (**F** corbeau **S** cuervo **P** corvo)

㉑ □ ハト (**F** pigeon **S** paloma **P** pombo)

㉒ □ ハチ (**F** abeille **S** abeja **P** abelha)

㉓ □ マグロ (**F** thon **S** atún **P** atum)

地球・自然 21
事務用品 22
仕事・作業 23
技術・産業 24
原料・材料 25
道具・器具・機械 26
動物・植物・人間 27
学校・教育 28
大学・研究 29
対象・範囲 30

㉔ ☐ 吠える (**F** aboyer **S** ladrar **P** latir)
ほ

㉕ ☐ しっぽ (**F** queue **S** cola **P** cauda, rabo)

▷ しっぽを振る (**F** remuer la queue **S** mover la cola **P** balançar o rabo)
ふ

㉖ ☐ 皮 (**F** peau **S** piel, corteza **P** pele)
かわ

▷ 魚の皮、木の皮 (**F** peau de poisson, écorce d'arbre **S** piel de pescado; corteza
さかな き
de un árbol **P** pele do peixe, casca da árvore)

㉗ ☐ 羽／羽根 (**F** plumes / ailes **S** ala, pluma **P** pena, asa)
はね は ね

㉘ ☐ 人間 (**F** être humain **S** persona, humano **P** ser humano)
にんげん

▶ 人間と動物の違いは何ですか。
どうぶつ ちが なん
(**F** Quelle est la différence entre les humains et les animaux ? **S** ¿Cuál son las
diferencias entre los humanos y los animales? **P** Qual é a diferença entre humanos e
animais?)

▶ 私のような音楽を知らない人間でも、十分楽しめました。
わたし おんがく し じゅうぶんたの
(**F** Même pour quelqu'un comme moi, qui ne connaît pas la musique, j'ai beaucoup
apprécié. **S** Incluso las personas que no sabemos de música, como yo, disfrutamos
mucho. **P** Mesmo alguém que não conhece nada de música, como eu, conseguiu se
divertir bastante.)

㉙ ☐ 人類 (**F** l'espèce humaine **S** la humanidad **P** espécie humana)
じんるい
▷ 人類の歴史 (**F** histoire de l'humanité **S** historia de la humanidad **P** A história da
れき し
humanidade)

㉚ ☐ 餌 (**F** nourriture **S** comida (de animal) **P** ração)
えさ

▶ 餌は何をあげていますか。
なに
(**F** Que leur donnez-vous à manger ? **S** ¿Qué le das de comer? **P** O que você está
dando de ração?)

㉛ ☐ ペットフード (**F** nourriture pour animaux **S** comida para mascotas
P ração para animais de estimação)

地球・自然 21

事務用品 22

仕事・作業 23

技術・産業 24

原料・材料 25

道具・器具・機械 26

動物・植物・人間 27

学校・教育 28

大学・研究 29

対象・範囲 30

学校・教育
がっこう きょういく
(Ｆ École, éducation
Ｓ Escuela, educación
Ｐ Escola, educação)

❶ □ 学習(する)
がくしゅう
(Ｆ apprendre Ｓ aprender Ｐ aprendizagem, estudo)

▶ この本は漢字の学習にも役立ちますよ。
ほん　かんじ　　　　　やくだ
(Ｆ Ce livre vous aidera également à apprendre les kanjis. Ｓ Este libro también te ayudará a aprender caracteres kanji. Ｐ Este livro também é útil para aprender kanji.)

❷ □ 学ぶ 同 (Ｆ apprendre Ｓ aprender Ｐ aprender)
まな

▶ 先生から多くのことを学びました。
せんせい　おお
(Ｆ J'ai beaucoup appris de mon professeur. Ｓ He aprendido mucho de mis profesores. Ｐ Aprendi muitas coisas com o professor.)

❸ □ 習う 同 (Ｆ apprendre Ｓ tomar clases Ｐ estudar, aprender)
なら

▶ 子供の時からピアノを習っています。
こども　とき
(Ｆ J'apprends le piano depuis mon enfance. Ｓ Llevo tomando clases de piano desde que era niño. Ｐ Aprendo piano desde criança.)

❹ □ 指導(する)
しどう
(Ｆ enseigner Ｓ enseñar, instruir, guiar Ｐ orientação)

▶ 一度、プロに指導してもらいたい。
いちど
(Ｆ J'aimerais qu'un professionnel me donne des cours une fois. Ｓ Me gustaría que alguna vez me enseñara un profesional. Ｐ Eu gostaria de receber orientação de um profissional alguma vez.)

❺ □ 教わる (Ｆ apprendre Ｓ aprender de Ｐ receber instrução)
おそ

▶ 先輩から教わった方法でやってみたら、うまくできた。
せんぱい　　　　おそ　　　　ほうほう
(Ｆ J'ai essayé de le faire comme mes aînés me l'ont appris et j'ai bien réussi. Ｓ Intenté hacerlo como me enseñaron los de cursos superiores y lo pude hacer bien. Ｐ Tentei fazer seguindo o método ensinado pelo meu colega veterano e deu certo.)

❻ □ 教える 対 (Ｆ enseigner Ｓ enseñar Ｐ ensinar)
おし

❼ □ 知識 (Ｆ connaissance Ｓ conocimiento Ｐ conhecimento)
ちしき

❽ ☐ 通学（する）(**F** aller à l'école **S** ir a la escuela
　　つうがく　　　　**P** ir para a escola)

❾ ☐ 進学（する）(**F** faire des études supérieures **S** cursar estudios
　　しんがく　　　　superiores **P** ingresso na escola superior)

❿ ☐ 受験（する）(**F** passer des examens **S** presentarse a examen
　　じゅけん　　　　**P** fazer um exame)

⓫ ☐ 科目 (**F** matière **S** asignatura **P** disciplina, matéria)
　　か もく

⓬ ☐ 国語 (**F** japonais (langue) **S** lengua (japonesa)
　　こく ご　　**P** língua japonesa)

⓭ ☐ 算数 (**F** arithmétique **S** aritmética **P** aritmética)
　　さんすう

⓮ ☐ 理科 (**F** sciences **S** ciencias (naturales) **P** ciências naturais)
　　り か

⓯ ☐ 社会 (**F** études sociales **S** ciencias sociales **P** estudos sociais)
　　しゃかい

⓰ ☐ 物理 (**F** physique **S** física **P** física)
　　ぶつ り

　　▷ 物理学 (**F** physique **S** física **P** física)
　　　ぶつりがく

⓱ ☐ 化学 (**F** chimie **S** química **P** química)
　　か がく

⓲ ☐ 体育 (**F** éducation physique **S** educación física
　　たいいく　　**P** educação física)

⓳ ☐ 体育館 (**F** gymnase **S** gimnasio **P** ginásio)
　　たいいくかん

地球・自然 21

事務用品 22

仕事・作業 23

技術・産業 24

原料・材料 25

道具・器具・機械 26

動物・植物・人間 27

学校・教育 28

大学・研究 29

対象・範囲 30

❷⓿ ☐ **校舎**
こうしゃ
(**F** bâtiment scolaire **S** edificio escolar **P** edifício escolar)

㉑ ☐ **時間割**
じかんわり
(**F** horaire, planning **S** horario **P** horário das aulas)

▶新学期の時間割が発表されました。
しんがっき　　じかんわり　　はっぴょう
(**F** Les horaires du nouveau trimestre ont été annoncés. **S** Se ha anunciado el horario del nuevo semestre. **P** O horário do novo período escolar foi divulgado.)

㉒ ☐ **～時間目**
じかんめ
(**F** ～ heure de cours **S** período (hora) **P** ... aula)

▷２時間目の授業 (**F** deuxième heure de cours **S** segundo período de clases
じゅぎょう
P a segunda aula do dia)

㉓ ☐ **実験(する)**
じっけん
(**F** faire une expérience **S** experimento
P experimento)

㉔ ☐ **自習(する)**
じしゅう
(**F** apprendre soi-même **S** estudiar solo
P estudo por conta própria)

▶次の授業まで時間があったので、図書室で自習していました。
つぎ　じゅぎょう　　じかん　　　　　としょしつ
(**F** J'avais un peu de temps avant mon prochain cours, alors j'ai étudié seul(e) à la bibliothèque. **S** Tenía tiempo antes de la siguiente clase, así que he estudiado solo en la biblioteca. **P** Como havia tempo até a próxima aula, fiquei estudando sozinho na biblioteca.)

㉕ ☐ **学科**
がっか
(**F** département, section **S** departamento **P** departamento)

▷教育学科、デザイン学科
きょういく
(**F** département de l'éducation, département du design **S** Departamento de Educación; Departamento de Diseño **P** departamento de pedagogia, departamento de design)

㉖ ☐ **学年**
がくねん
(**F** année académique, niveau de classe **S** año académico, curso **P** ano letivo)

▶この学校には、一学年に何人生徒がいるんですか。
がっこう　　いち　がくねん　なんにんせいと
(**F** Dans cette école, combien d'élèves y a-t-il par niveau (année) ? **S** ¿Cuántos alumnos hay por año académico en esta escuela? **P** Há quantos alunos em cada ano letivo nesta escola?)

㉗ ☐ **専門学校**
せんもんがっこう
(**F** école professionnelle **S** escuela de formación profesional **P** escola técnica)

35

UNIT 29

大学・研究
だいがく　けんきゅう

(**F** Université, recherche **S** Universidad, investigación **P** Universidade, pesquisa)

---

❶ □ **大学** (**F** université **S** universidad **P** universidade)
　　だいがく

---

❷ □ **学問** (**F** apprentissage **S** estudios **P** estudos)
　　がくもん

---

❸ □ **分野** (**F** domaines d'études **S** campo de estudio **P** campo de estudo)
　　ぶんや

▶ この賞は、学問や芸術の分野で活躍した人に与えられるものです。
　　しょう　　がくもん　げいじゅつ　ぶんや　かつやく　ひと　あた
(**F** Ce prix est décerné à ceux qui se sont distingués dans les domaines académiques et artistiques. **S** Este premio se concede a quienes se han distinguido en los ámbitos académico y artístico. **P** Este prêmio é concedido a pessoas que se destacaram nos campos acadêmico e artístico.)

---

❹ □ **法律** (**F** droit **S** derecho **P** Direito)
　　ほうりつ

---

❺ □ **経済** (**F** économie **S** economía **P** Economia)
　　けいざい

---

❻ □ **文学** (**F** littérature **S** literatura **P** Letras)
　　ぶんがく

---

❼ □ **医学** (**F** médecine **S** medicina **P** Medicina)
　　いがく

---

❽ □ **専攻(する)** (**F** se spécialiser **S** especialidad **P** especialização)
　　せんこう

▶ 大学で法律を専攻しています。
　　だいがく　ほうりつ　せんこう
(**F** Je me spécialise en droit à l'université. **S** Me he especializado en Derecho en la universidad. **P** Estou me especializando em Direito na universidade.)

地球・自然 21
事務用品 22
仕事・作業 23
技術・産業 24
原料・材料 25
道具・器具・機械 26
動物・植物・人間 27
学校・教育 28
大学・研究 29
対象・範囲 30

❾ □ **学部** (F faculté S facultad P faculdade)
がくぶ

▷ 法学部、文学部、医学部
ほう　ぶん　い
(F faculté de droit, faculté de littérature, faculté de médecine S Facultad de Derecho; Facultad de Letras; Facultad de Medicina P faculdade de Direito, faculdade de Letras, faculdade de Medicina)

❿ □ **学科** (F programme d'études S departamento P departamento)
がっか

⓫ □ **キャンパス** (F campus S campus P campus)

▶ 経済学部はこっちじゃなく、ふじキャンパスの方です。
けいざいがくぶ　　　　　　　　　　　　　　　　　　ほう
(F La faculté d'économie n'est pas ici, mais sur le campus de Fuji. S La Facultad de Económicas no está aquí, sino en el Campus Fuji. P A Faculdade de Economia não fica aqui, mas sim no campus Fuji.)

⓬ □ **講義** (F cours S conferencia, clase P conferência, aula)
こうぎ

▷ 講義を受ける (F assister à un cours S asistir a una conferencia P assistir a uma
う
conferência, aula)

⓭ □ **休講（する）** (F annuler un cours S cancelación de una clase P aula cancelada)
きゅうこう

⓮ □ **ゼミ** (F séminaire S seminario P seminário)

⓯ □ **単位** (F crédits, points S crédito P crédito acadêmico)
たんい

▶ 文学部では、卒業するのに140単位をとらなければなりません。
ぶんがくぶ　　　　そつぎょう
(F En faculté de littérature, il faut 140 crédits pour obtenir son diplôme. S En la Facultad de Letras tengo que cursar 140 créditos para graduarme. P Na Faculdade de Letras, é necessário obter 140 créditos para se formar.)

▶ 今回の試験で頑張らないと、経済学の単位を落とすかもしれない。
こんかい　しけん　がんば　　　　　けいざいがく　　　　　お
(F Si je ne fais pas de mon mieux à cet examen, je vais perdre des crédits en économie. S Si no me esfuerzo mucho para este examen, podría perder los créditos de Economía. P Se não me sair bem neste exame, posso acabar perdendo os créditos em Economia.)

⓰ □ **前期** (F premier semestre S primer semestre P primeiro semestre)
ぜんき

⓱ □ **後期** (F deuxième semestre S segundo semestre P segundo semestre)
こうき

❽ □ 休学（する） (🄵 s'absenter, prendre une année sabbatique
きゅうがく　　　　　 🅂 dejar temporalmente los estudios 🄿 interrupção dos estudos)

▶ 悩んだ末、1年間休学して、アメリカに行くことにしました。
　なや　　すえ　　ねんかん　　　　　　　　　　　　　　　　　　　　い
(🄵 Après mûre réflexion, j'ai décidé de prendre une année sabbatique et de partir aux
États-Unis. 🅂 Después de mucho pensarlo, he decidido dejar los estudios por un año e
irme a Estados Unidos. 🄿 Depois de pensar muito, decidi trancar matrícula e ir para os
Estados Unidos.)

❾ □ 退学（する） (🄵 arrêter l'école 🅂 abandonar los estudios 🄿 abandono dos estudos)
たいがく

❿ □ 留学（する） (🄵 faire des études à l'étranger 🅂 estudiar en el
りゅうがく　　　　　 extranjero 🄿 intercâmbio)

㉑ □ 留学生 (🄵 étudiant étranger 🅂 estudiante extranjero 🄿 intercambista)
せい

㉒ □ 研究（する） (🄵 faire des recherches 🅂 investigación
けんきゅう　　　　　 🄿 pesquisa)

▷ 植物の研究、研究室
　しょくぶつ　　　　　しつ
(🄵 recherche sur les plantes, laboratoire 🅂 investigación sobre plantas; laboratorio
🄿 pesquisa de plantas, laboratório de pesquisas)

㉓ □ 論文 (🄵 thèse 🅂 artículo, tesis 🄿 tese)
ろんぶん

㉔ □ 発表（する） (🄵 publier, présenter 🅂 publicación, presentación
はっぴょう　　　　　 🄿 apresentação, publicação)

▶ 今回の調査結果は、3月の研究会で発表する予定です。
　こんかい　ちょうさ　けっか　　　　がつ　けんきゅうかい　　　　　　　よてい
(🄵 Les résultats de cette étude seront présentés à la conférence de recherche en mars.
🅂 Los resultados de este estudio se presentarán en la conferencia de investigación de
marzo. 🄿 Os resultados desta pesquisa serão apresentados na conferência de março.)

㉕ □ 学費 (🄵 frais de scolarité 🅂 matrícula, gastos de
がくひ　　　　　 estudios 🄿 despesas educacionais)

㉖ □ 授業料 (🄵 frais de cours 🅂 matrícula de un curso 🄿 custo dos estudos)
じゅぎょうりょう

㉗ □ 奨学金 (🄵 bourse d'études 🅂 beca 🄿 bolsa de estudo)
しょうがくきん

㉘ □ 大学院 (🄵 école doctorale 🅂 escuela de posgrado
だいがくいん　 🄿 pós-graduação)

36

UNIT 30

対象・範囲
たいしょう　はん　い

(**F** Sujet, portée　**S** Objetivos, ámbitos
P Objeto, alcance)

地球・自然 21

事務用品 22

仕事・作業 23

技術・産業 24

原料・材料 25

道具・器具・機械 26

動物・植物・人間 27

学校・教育 28

大学・研究 29

対象・範囲 30

---

❶ □ あらゆる (**F** toutes sortes de　**S** todo tipo de　**P** todo tipo de)

▶ ストレスは、あらゆる病気の原因になります。
（**F** Le stress peut provoquer toutes sortes de maladies. **S** El estrés puede causar todo tipo de enfermedades. **P** O estresse pode se tornar a causa de todo o tipo de doenças.）

---

❷ □ 一部 (**F** une partie　**S** alguna parte　**P** uma parte)
　　いち　ぶ

▶ 建物の一部は、もうすでに完成しています。
　たてもの　　　　　　　　　　かんせい
（**F** Une partie du bâtiment a déjà été achevée. **S** Algunas partes del edificio ya están terminadas. **P** Uma parte do edifício já está concluída.）

---

❸ □ 限る (**F** être limité(e)　**S** estar limitado a　**P** limitar)
　　かぎ

▶ ご利用はお一人様、一日一回に限ります。
　　りよう　　ひとりさま　いちにちいっかい
（**F** L'utilisation est limitée à une personne, une fois par jour. **S** El uso está limitado a una persona, una vez al día. **P** O uso é limitado a uma pessoa por dia.）

---

❹ □ 限界 (**F** limite　**S** límite　**P** limite)
　　げんかい

▶ もう限界。これ以上走れない。
　　　　　　　　い　じょうはし
（**F** J'ai atteint ma limite. Je ne peux plus courir. **S** He llegado a mi límite. No puedo correr más. **P** Estou no meu limite. Não consigo correr mais.）

---

❺ □ すべて (**F** tout　**S** todos　**P** tudo)

▶ ふじホテルでは、すべての部屋から海が見えるそうです。
　　　　　　　　　　　　　へ　や　　うみ　み
（**F** Au Fuji Hotel, toutes les chambres ont une vue sur la mer. **S** En el Hotel Fuji todas las habitaciones tienen vistas al mar. **P** Ouvi dizer que no Hotel Fuji todos os quartos têm vista para o mar.）

▶ ここにある商品は、すべて半額です。

(**F** Tous les produits ici sont à moitié prix. **S** Aquí todos los productos están a mitad de precio. **P** Todos os produtos aqui estão pela metade do preço.)

---

❻ □ 全～ ぜん (**F** tout ～ / tous ～ **S** todos... **P** todos...)

▷ 全社員、全品 しゃいん ひん (**F** tous les employés, tous les produits **S** todos los empleados; todos los productos **P** todos os funcionários, todos os produtos)

---

❼ □ 全部 ぜん ぶ (**F** tout **S** todo **P** tudo)

▶ これを全部運んでください。
はこ

(**F** Portez tout cela, s'il vous plaît. **S** Lleven todo esto, por favor. **P** Por favor, carregue tudo isto.)

---

❽ □ 全体 ぜんたい (**F** tout **S** todo, entero **P** todo, geral)

▶ 昨日は街全体がお祭り騒ぎでした。
きのう まち まつ さわ

(**F** Toute la ville était en fête hier. **S** Toda la ciudad estaba de fiesta ayer. **P** Ontem toda a cidade estava em festa.)

---

❾ □ 全員 ぜんいん (**F** tous **S** todos (personas) **P** todos os membros)

▶ 説明会には、クラス全員が参加しました。
せつめいかい さん か

(**F** Toute la classe a assisté à la réunion d'information. **S** Toda la clase asistió a la sesión informativa. **P** Todos os alunos da classe participaram da reunião de orientação.)

---

❿ □ 前後 ぜん ご (**F** vers, aux alentours de **S** alrededor de **P** aproximadamente)

▷ ３時前後 じ (**F** vers trois heures **S** alrededor de las tres **P** por volta das 3 horas)

⓫ □ 前半 ぜんはん (**F** première moitié **S** primera mitad **P** primeira metade)

⓬ □ 後半 こうはん (**F** deuxième moitié **S** segunda mitad **P** segunda metade)

37

⑬ □ それぞれ (**F** chaque **S** cada uno **P** cada um)

▶ それぞれの国に、それぞれの言葉や文化がある。
(**F** Chaque pays a sa propre langue et sa propre culture. **S** Cada país tiene su propia lengua y cultura. **P** Em cada país há sua própria língua e cultura.)

⑭ □ 他 (**F** autre **S** otro **P** outro)
た

▷ その他、他社 (**F** autres, autres entreprises **S** otros, otra empresa **P** outros,
しゃ
outras empresas)

⑮ □ ほか (**F** autre **S** otros **P** outro)

▶ ほかにどういうものがありますか。
(**F** Quels sont les autres types de choses qui existent ? **S** ¿Qué otras cosas hay?
P Que outros tipos de coisas existem?)

⑯ □ 対象 (**F** sujet **S** objetivo, objeto de estudio **P** objeto, alvo)
たいしょう

▶ 20代の女性を対象にアンケートを行った。
だい じょせい　　　　　　　　　　おこな
(**F** Nous avons mené une enquête par questionnaire auprès de femmes dans la vingtaine.
S Se realizó una encuesta que tuvo por objeto de estudio a mujeres de entre 20 y 29
años. **P** Realizou-se uma pesquisa direcionada a mulheres na faixa dos 20 anos.)

⑰ □ 互い (**F** l'un l'autre, mutuellement **S** ambos, mutuo **P** mútuo)
たが

▶ 互いの立場を理解し、協力することが大切です。
たちば　　りかい　　きょうりょく　　　　たいせつ
(**F** Il est important de comprendre la position de chacun et de coopérer. **S** Es importante
comprender la posición de ambos y cooperar. **P** É importante entender a posição de cada
um e colaborar.)

▶ お互い、頑張ろう。
がんば
(**F** Faisons tous deux de notre mieux. **S** Esforcémonos al máximo los dos. **P** Vamos
ambos nos esforçar.)

⑱ □ ～ばかり (**F** venir de ～ **S** venir de ～ **P** acabar de...)

▶ 今、起きたばかりで、これから着替えるところです。
いま　お　　　　　　　　　　　　　きが
(**F** Je viens de me réveiller et je suis sur le point de m'habiller. **S** Ahora acabo de
despertarme y me voy a cambiar de ropa. **P** Acabei de acordar e estou prestes a me
trocar.)

⑲ ☐ **範囲** (**F** portée **S** ámbito, alcance **P** alcance)
はんい

⑳ ☐ **部分** (**F** partie **S** parte **P** parte)
ぶぶん

▶ この写真の黒い部分は海です。
しゃしん　くろ　　　　　うみ
(**F** La zone noire sur cette photo est la mer. **S** La parte negra de esta foto es el mar.
P A parte preta desta foto é o mar.)

㉑ ☐ **分** (**F** part **S** parte **P** parte)
ぶん

▶ ケーキ、私の分も残しといてね。
わたし　　　のこ
(**F** S'il te plaît, laisse-moi une part de gâteau. **S** Deja mi parte del pastel. **P** Deixe um
pedaço de bolo para mim também, por favor.)

▷ ３日分の食料 (**F** de la nourriture pour trois jours **S** comida para tres días
か　　しょくりょう
P alimentos para três dias)

㉒ ☐ **皆／みんな** (**F** tout le monde **S** todos, todo el mundo
みな　　　　　　　　　　　　　　　　　　**P** todos)

▶ 皆、疲れていて、誰も動こうとしなかった。
つか　　　　　だれ　うご
(**F** Tout le monde était fatigué, personne ne voulait bouger. **S** Todos estaban cansados y
nadie quería moverse. **P** Todos estavam cansados e ninguém estava disposto a se mexer.)

▶ 皆さん、こちらにどうぞ。
(**F** Tout le monde, par ici, s'il vous plaît. **S** Todos, por aquí, por favor. **P** Todos, por aqui,
por favor.)

★会話では「みんな」が一般的。／**F** Dans la conversation,「みんな」est courant.／**S** En la
かいわ　　　　　　　　　いっぱんてき
conversación, es más común "みんな".／**P** A forma「みんな」é mais comum na
conversação.

㉓ ☐ **両～** (**F** les deux ～ **S** ambos... **P** ambos...)
りょう

▷ 両手、両親 (**F** les deux mains, les parents **S** ambas manos; padres **P** ambas as mãos, ambos os pais)
て　　しん

㉔ ☐ **両方** (**F** les deux **S** ambos **P** ambos)
りょうほう

▶ ワインは赤と白、どっち買った？ ―両方買ってきたよ。
あか　しろ　　　　か　　　　りょうほう　か
(**F** Tu as acheté du vin rouge ou du vin blanc ? — J'ai acheté les deux. **S** ¿Qué vino
compraste, el rojo o el blanco? —Compré ambos. **P** — Você comprou vinho tinto ou
branco? — Eu comprei ambos.)

134

38

UNIT ③1

社会・国・ルール
しゃかい　くに
(F Société, pays, règles S Sociedad, estado, normas P Sociedade, país, regras)

❶ □ 王/国王 (F roi S rey P rei)
おう　こくおう

❷ □ 女王 (F reine S reina P rainha)
じょおう

❸ □ 王様 (F Roi S rey P rei (forma honorífica))
おうさま

❹ □ 王子 (F prince S príncipe P príncipe)
おうじ

❺ □ 王女 (F princesse S princesa P princesa)
おうじょ

❻ □ 国民 (F citoyen S pueblo, nación P povo, nação)
こくみん

❼ □ 国籍 (F nationalité S nacionalidad P nacionalidade)
こくせき

❽ □ 法 (F loi S ley P lei)
ほう

❾ □ 法律 (F loi S ley P lei)
ほうりつ
▷ 法律を守る (F respecter la loi S cumplir la ley P cumprir as leis)
　　　まも

❿ □ ルール (F règle S norma P regra)

▷ 会社のルール (F règles de l'entreprise S normas de la empresa P regras da empresa)
　かいしゃ

⓫ ☐ 制度（せいど） （**F** système **S** sistema **P** sistema）

▶ この問題を解決するには、今の制度を変えるしかない。
　　もんだい　かいけつ　　　　　　いま　　せいど　　か
（**F** La seule façon de résoudre ce problème est de modifier le système actuel. **S** La única forma de resolver este problema es cambiar el sistema actual. **P** Para resolver este problema, é necessário mudar o sistema atual.）

⓬ ☐ 税金/税（ぜいきん・ぜい） （**F** impôts / taxes **S** impuesto **P** imposto）

▷ 消費税（しょうひぜい） （**F** taxe à la consommation **S** impuesto sobre el consumo (IVA) **P** imposto sobre o consumo）

⓭ ☐ 税関（ぜいかん） （**F** douane **S** aduana **P** alfândega）

⓮ ☐ 成人（する）（せいじん） （**F** être majeur **S** adulto **P** adulto, maioridade）

▶ このイベントに、今年成人する約千人の若者が集まりました。
　　　　　　　　ことし　　　　やくせんにん　わかもの　あつ
（**F** Un millier de jeunes atteignant l'âge de la majorité cette année se sont rassemblés lors de cet événement. **S** Alrededor de mil jóvenes que alcanzan la mayoría de edad este año se han reunido en este evento. **P** Cerca de mil jovens que atingiram a maioridade este ano se reuniram neste evento.）

⓯ ☐ 権利（けんり） （**F** droit **S** derecho **P** direito）

▶ ルールを守らない人に、他人を批判する権利はない。
　　　　　　まも　　　ひと　たにん　ひはん
（**F** Les personnes qui ne respectent pas les règles n'ont pas le droit de critiquer les autres. **S** Las personas que no respetan las normas no tienen derecho a criticar a los demás. **P** Aqueles que não seguem as regras não têm o direito de criticar os outros.）

⓰ ☐ 義務（ぎむ） （**F** obligation **S** obligación **P** obrigação）

▶ この研修は自由参加です。義務とかではないです。
　　けんしゅう　じゆうさんか
（**F** La participation à cette formation est libre. Elle n'est pas obligatoire ou autre. **S** Este curso de formación es de asistencia libre. No es obligatorio. **P** A participação neste treinamento é voluntária. Não é uma obrigação.）

⓱ ☐ 選挙（する）（せんきょ） （**F** élire **S** elección **P** eleição）

職業・身分 32

立場・役割 33

グループ・組織 34

行事・イベント 35

手続き 36

場所・位置・方向 37

商品・サービス 38

知識・能力 39

評価・成績 40

⓲ □ 投票(する) (**F** voter **S** votar **P** voto)
とうひょう

⓳ □ 議員 (**F** membre du Parlement **S** concejal, diputado, parlamentario
ぎ いん **P** membro (da Dieta))

⓴ □ 議会 (**F** Parlement **S** asamblea, concejo **P** a Dieta)
ぎ かい

㉑ □ 国会 (**F** Parlement **S** asamblea nacional, parlamento
こっかい **P** congresso nacional, a Dieta)

▷ 国会議員 (**F** député **S** parlamentario, diputado **P** membro da Dieta, deputado)
ぎ いん

㉒ □ 首相 (**F** premier ministre **S** primer ministro **P** primeiro-ministro)
しゅしょう

㉓ □ 大臣 (**F** ministre **S** ministro **P** ministro)
だいじん

㉔ □ 大統領 (**F** président **S** presidente **P** presidente)
だいとうりょう

㉕ □ 政府 (**F** gouvernement **S** gobierno **P** governo)
せい ふ

▶今回の政府の対応に、多くの国民が疑問を持っています。
こんかい　　　せい ふ　　たいおう　　　　おお　　　こくみん　 ぎもん　　も
(**F** De nombreuses personnes remettent en question la manière dont le gouvernement a
traité cette affaire. **S** Mucha gente está cuestionando la respuesta del gobierno a este
evento. **P** Muitos cidadãos estão questionando a resposta do governo a essa questão.)

㉖ □ 世の中 (**F** le monde **S** el mundo **P** o mundo)
よ　なか

▶彼女はもう少し世の中のことを勉強したほうがいい。
かのじょ　　　　すこ　よ　なか　　　　　　　べんきょう
(**F** Elle devrait en apprendre un peu plus sur le monde. **S** Debería aprender un poco más
sobre el mundo. **P** Ela deveria estudar um pouco mais sobre o mundo.)

❷❼ □ **世間** (**F** la société, le monde **S** el mundo, los demás
せ けん **P** a sociedade, o mundo)

▶うちの親はすぐ、世間にどう見られるか、心配します。
おや み しんぱい
(**F** Mes parents s'inquiètent tout de suite de la façon dont la société les perçoit.
S Mis padres enseguida se preocupan por la mirada de la gente. **P** Meus pais se
preocupam facilmente em como serão vistos pela sociedade.)

❷❽ □ **公共** (**F** public **S** público **P** público)
こうきょう

▶水道や電気のような公共料金は値上げしてほしくない。
すいどう でんき りょうきん ね あ
(**F** Nous ne voulons pas que les factures des services publics comme l'eau et l'électricité
augmentent. **S** No queremos que aumenten las facturas de servicios como el agua y la
electricidad. **P** Não queremos que as contas de serviços públicos, como água e
eletricidade, sejam aumentadas.)

❷❾ □ **公衆** (**F** public **S** público **P** público)
こうしゅう

▷公衆便所 (**F** toilettes publiques **S** baño público **P** banheiro público)
べんじょ

❸⓿ □ **マナー** (**F** manières, bienséance **S** modales
P comportamento, modos)

▶こういう場所では、ケータイの電源を切っておくのがマナーだ
ばしょ でんげん き
よ。
(**F** La bienséance veut qu'on éteigne son téléphone portable dans ce genre de lieu.
S Es de buena educación mantener el teléfono móvil apagado en estos lugares.
P Em lugares assim, é de bom tom desligar o celular.)

❸❶ □ **禁止(する)** (**F** interdire **S** prohibición **P** proibição)
きん し

▷駐車禁止 (**F** interdiction de stationner **S** prohibido aparcar/estacionar
ちゅうしゃ
P proibido estacionar)

❸❷ □ **罰** (**F** sanction **S** castigo **P** punição)
ばつ

▷罰を与える (**F** punir **S** castigar **P** aplicar uma punição)
あた

社会・国・ルール 31
職業・身分 32
立場・役割 33
グループ・組織 34
行事・イベント 35
手続き 36
場所・位置・方向 37
商品・サービス 38
知識・能力 39
評価・成績 40

㉝ □ 裁判 さいばん (**F** procès **S** juicio **P** julgamento)

㉞ □ 首都 しゅと (**F** capitale **S** capital **P** capital)

㉟ □ 県 けん (**F** préfecture **S** prefectura **P** província)

▷ 広島県 (**F** préfecture de Hiroshima **S** prefectura de Hiroshima **P** província de Hiroshima)

★別の呼び方として、都（東京都）、道（北海道）府（大阪府、京都府）がある。
べつ よ かた と とうきょうと どう ほっかいどう ふ おおさか きょうと
(**F** Une autre façon de les appeler est "to" (Tokyō-to), "dō" (Hokkaidō) et "fu" (Ōsaka-fu, Kyōto-fu)．／**S** Otros términos son "to" (Tokyō-to), "dō" (Hokkaidō) y "fu" (Ōsaka-fu, Kyōto-fu)．／**P** Outra forma de dizer é "to" (Tokyō-to), "dō" (Hokkaidō) e "fu" (Ōsaka-fu, Kyōto-fu)．)

㊱ □ 市 し (**F** ville **S** ciudad **P** cidade)

▷ 市長、市民 (**F** maire, citoyen **S** alcalde; ciudadanos **P** prefeito, cidadão)

▷ 区 (**F** quartier, arrondissement **S** distrito **P** distrito)

㊲ □ 町 まち (**F** ville **S** ciudad, pueblo **P** cidade, vila)

▶ この店、私の町にもある。
みせ わたし
(**F** Ce magasin se trouve aussi dans ma ville. **S** Esta tienda también está en mi pueblo. **P** Esta loja também tem em minha cidade.)

㊳ □ 村 むら (**F** village **S** pueblo, aldea **P** aldeia)

▶ 村の人が全員出迎えてくれた。
ひと ぜんいん でむか
(**F** Tous les habitants du village m'ont accueilli. **S** Toda la gente del pueblo me dio la bienvenida. **P** Todos os moradores da aldeia nos deram as boas-vindas.)

39

UNIT 32

職業・身分
しょくぎょう　みぶん

(**F** Profession, statut **S** Profesiones, posición social **P** Profissão, status)

❶ □ **職業** (**F** profession **S** profesión, ocupación **P** profissão)
しょくぎょう

❷ □ **身分** (**F** statut, identité **S** condición social, identidad **P** status)
み ぶん

▶ 学生の身分で、そんな高級車に乗ってるんですか！
がくせい　　　　　　　　　　　こうきゅうしゃ　の
(**F** Vous conduisez une telle voiture de luxe alors que vous êtes seulement étudiant ?
S ¿Cómo puedes conducir un coche tan lujoso aun siendo estudiante? **P** Você está
dirigindo um carro tão caro sendo estudante?)

❸ □ **身分証明書** (**F** pièce d'identité **S** documento de identidad **P** documento de identidade)
しょうめいしょ

❹ □ **画家** (**F** peintre **S** pintor **P** pintor)
が か

❺ □ **作家** (**F** auteur **S** escritor, autor **P** escritor, artista)
さっ か

★本や芸術作品の作者。
げいじゅつさくひん さくしゃ
(**F** auteur de livres et d'œuvres d'art (écrivain, peintre)／**S** Autor de libros y obras de
arte／**P** Usado para autor de livros e obras de arte.

❻ □ **小説家** (**F** romancier **S** novelista, escritor **P** romancista)
しょうせつ か

❼ □ **医師** (**F** médecin **S** doctor **P** médico)
い し

★「医師」は正式な職業の名前、「医者」は一般的な呼び名。
い し せいしきしょくぎょう なまえ　いしゃ いっぱんてき よ な
(**F** "ishi" est le nom officiel de la profession, "isha" est le nom commun.／**S** "ishi" es el
nombre oficial de la profesión; "isha" es el nombre común.／**P** "ishi" é o nome oficial da
profissão, "isha" é um termo mais comum.)

❽ □ **教授** (**F** professeur **S** profesor **P** professor titular de uma
きょうじゅ universidade)

社会・国・ルール 31

職業・身分 32

立場・役割 33

グループ・組織 34

行事・イベント 35

手続き 36

場所・位置・方向 37

商品・サービス 38

知識・能力 39

評価・成績 40

❾ □ 講師
こうし
(F professeur S profesor, conferenciante P professor (em escolas secundárias ou cursos))

▷ 英会話学校の講師
えいかいわ がっこう
(F professeur d'anglais à l'école de conversation S profesor de una escuela de conversación en inglés P professor de uma escola de inglês)

❿ □ 校長
こうちょう
(F directeur d'école S director de escuela P diretor da escola)

⓫ □ 記者
きしゃ
(F journaliste S reportero, periodista P jornalista)

⓬ □ アナウンサー
(F présentateur S locutor P locutor)

⓭ □ 大工
だいく
(F charpentier S carpintero P carpinteiro)

⓮ □ 漁師
りょうし
(F pêcheur S pescador P pescador)

⓯ □ 車掌
しゃしょう
(F conducteur S inspector de boletos, revisor P cobrador)

▶ バスの車掌さんに聞いてみよう。
き
(F Demandons au chauffeur de bus. S Preguntémosle al inspector del autobús. P Vamos perguntar ao cobrador do ônibus.)

⓰ □ ウェイター
(F serveur S camarero, mesero P garçom)

⓱ □ ウェイトレス
(F serveuse S camarera, mesera P garçonete)

⓲ □ 俳優
はいゆう
(F acteur S actor P ator)

▷ 映画俳優 (F acteur de cinéma S actor de cine P ator de cinema)
えいが

⓳ □ 女優
じょゆう
(F actrice S actriz P atriz)

⑳ ☐ 役者 (**F** acteur **S** actor (de teatro tradicional)
やくしゃ **P** ator/atriz (termo genérico))

▶ いい役者になるには、まず、人をよく観察することです。
ひと かんさつ

(**F** Pour être un bon acteur, il faut d'abord bien observer les gens. **S** Para ser un buen
actor, primero hay que observar atentamente a la gente. **P** Para se tornar um bom ator,
primeiro você precisa observar as pessoas cuidadosamente.)

㉑ ☐ タレント (**F** personnalité télé **S** personalidad televisiva **P**
personalidade da mídia)

▶ この人、よくテレビで見るね。 ——うん。最近人気のお笑い
み さいきんにんき わら
タレントでしょ。

(**F** Je vois souvent cette personne à la télévision. — Oui. C'est un comique très populaire
en ce moment, n'est-ce pas ? **S** Veo mucho a esta persona en la tele. —Sí. Es un
comediante que se ha hecho muy popular últimamente. **P** Vejo essa pessoa com
frequência na televisão. — Sim, ele é um comediante muito popular atualmente, não é?)

㉒ ☐ プロ (**F** professionnel **S** profesional **P** profissional)

▶ できればプロになりたい。

(**F** Si possible, je veux devenir professionnel. **S** Ojalá pueda convertirme en profesional.
P Se possível, gostaria de me tornar um profissional.)

㉓ ☐ 素人 (**F** amateur **S** aficionado, amateur **P** amador)
しろうと
▶ あの人、うまいね。とても素人とは思えない。
ひと おも
(**F** Il est très bon. Je ne peux pas croire qu'il soit amateur. **S** Es muy bueno. No puedo
creer que sea aficionado. **P** Aquela pessoa é talentosa, nem parece ser amador.)

㉔ ☐ 公務員 (**F** fonctionnaire **S** funcionario **P** funcionário público)
こうむいん

㉕ ☐ 役人 (**F** fonctionnaire du gouvernement **S** funcionario
やくにん **P** burocrata, funcionário público)

▶ 国の役人が来て説明してくれたけど、難しくてよくわからな
くに き せつめい むずか
かった。

(**F** Un représentant du gouvernement est venu nous expliquer tout, mais c'était vraiment
difficile et je n'ai pas compris. **S** Un funcionario estatal vino y nos dio una explicación,
pero fue demasiado difícil de entender. **P** Um funcionário público do governo veio e
explicou, mas era difícil e não consegui entender bem.)

❷⑥ □ 兵／兵隊 （**F** soldat **S** soldado **P** soldado）
へい　　たい

❷⑦ □ ～員 （**F** membre de ～ **S** miembro de...
いん **P** membro de…）

▷ 係員、店員、船員、会社員
かかりいん　てんいん　せんいん　かいしゃいん
（**F** membre du personnel, commerçant, marin, employé d'entreprise **S** encargado;
comerciante; marino; empleado de una empresa **P** encarregado, empregado, marinheiro,
funcionário de uma empresa）

❷⑧ □ 就職（する） （**F** être embauché(e) **S** conseguir trabajo
しゅうしょく **P** emprego）

▷ 旅行会社に就職する
りょこうかいしゃ
（**F** obtenir un emploi dans une agence de voyage **S** conseguir trabajo en una agencia de
viajes **P** Conseguir emprego em uma agência de viagens）

▷ 就職活動 （**F** recherche d'emploi **S** búsqueda de empleo **P** busca de emprego）
かつどう

❷⑨ □ 就く （**F** être employé(e) **S** conseguir trabajo **P** ocupar um cargo）
つ

▶ 希望していた仕事に就くことができた。
きぼう　　　　しごと
（**F** J'ai obtenu le travail que je voulais. **S** Pude conseguir el trabajo que quería.
P Consegui o trabalho que queria.）

❸⓪ □ 入社（する） （**F** rejoindre une entreprise **S** entrar en una
にゅうしゃ empresa **P** entrar em uma empresa）

❸① □ 雇う （**F** employer **S** emplear, contratar **P** contratar）
やと

▶ うちの会社は、今、新しい社員を雇う余裕はないと思う。
かいしゃ　いま　あたら　　しゃいん　　よゆう　　　　おも
（**F** Je ne pense pas que notre entreprise puisse se permettre d'embaucher de nouveaux
employés maintenant. **S** No creo que nuestra empresa pueda permitirse contratar nuevos
empleados ahora. **P** Acho que nossa empresa não tem recursos para contratar novos
funcionários agora.）

❸② □ 退職（する） （**F** prendre sa retraite **S** jubilación, dimisión
たいしょく **P** aposentar-se）

▷ 会社を退職する （**F** quitter l'entreprise **S** dejar la empresa **P** demitir-se da empresa）

社会・国・ルール 31
職業・身分 32
立場・役割 33
グループ・組織 34
行事・イベント 35
手続き 36
場所・位置・方向 37
商品・サービス 38
知識・能力 39
評価・成績 40

㉝ ☐ パート （**F** temps partiel **S** trabajo a tiempo parcial
P trabalho de meio período）

▶ 私の知り合いも、ここのスーパーでパートをしています。
わたし　し　あ
（**F** Je connais quelqu'un qui travaille aussi à temps partiel dans ce supermarché.
S Tengo un conocido que también trabaja a tiempo parcial en el supermercado.
P Um conhecido meu também trabalha meio período neste supermercado.）

㉞ ☐ 従業員 （**F** employé(e) **S** empleado **P** empregado）
じゅうぎょういん

▶ この企画コンテストは、パートやアルバイトを含む全従業員が
き かく　　　　　　　　　　　　　　　　ふく　ぜん
対象です。
たいしょう
（**F** Ce concours s'adresse à tous les salariés, y compris les travailleurs à temps partiel.
S Este concurso de planificación está abierto a todos los empleados, incluidos los que
trabajan a tiempo parcial. **P** Este concurso de projeto é aberto a todos os funcionários,
incluindo meio período e temporários.）

㉟ ☐ 転職（する） （**F** changer d'emploi **S** cambio de empleo
てんしょく　　　　　　　　　　**P** mudança de emprego）

▶ 今の仕事はあまり面白くないから、転職したいと思っています。
いま　し ごと　　　　　　おもしろ　　　　　　　　　　　　　　　おも
（**F** Mon travail actuel n'est pas très intéressant et j'aimerais en changer.
S Mi trabajo actual no es muy interesante; por eso, me gustaría cambiar de empleo.
P Estou pensando em mudar de emprego porque meu trabalho atual não é muito
interessante.）

㊱ ☐ 失業（する） （**F** être chômeur **S** desempleo **P** desemprego）
しつぎょう

㊲ ☐ フリーター （**F** travailleur indépendant **S** freeter
P freeter）

★フリーター：学校を出ても決まった職業に就かないで、アルバイトをして生活している
がっこう　で　　き　　　　しょくぎょう　つ　　　　　　　　　　　　　　　　せいかつ
人。
（**F**「フリーター」une personne qui a fini ses études mais qui n'a pas d'emploi fixe et
travaille à temps partiel pour gagner sa vie.／**S** Persona que aun habiendo terminado los
estudios no tiene trabajo fijo, sino que subsiste mediante empleos a tiempo parcial.／
P "Freeter": uma pessoa que, após terminar seus estudos, não tem emprego efetivo e
trabalha em empregos temporários para se sustentar.）

UNIT 33

立場・役割
たちば　やくわり

(**F** Position, rôle **S** Puestos, roles
P Posição, função)

社会・国・ルール 31

職業・身分 32

立場・役割 33

グループ・組織 34

行事・イベント 35

手続き 36

場所・位置・方向 37

商品・サービス 38

知識・能力 39

評価・成績 40

❶ □ **委員**
いいん
(**F** membre du comité **S** miembro de un comité
P membro de um comitê ou conselho)

▶ 会のホームページを作るなら、誰か委員を決めましょう。
かい　　　　　　　　　　　つく　　　　　　だれ　　　　　　き

(**F** Si vous voulez créer un site web pour votre association, décidez qui doit faire partie du comité. **S** Si quieres crear una página web para tu asociación, decide quién debe formar parte del comité. **P** Se vamos criar um site da associação, devemos escolher quem deve fazer parte do comitê.)

❷ □ **会員**
かいいん
(**F** membre **S** miembro
P membro de uma organização ou clube)

▷ スポーツクラブの会員

(**F** membre de club de sport **S** miembros de un club deportivo **P** membro de um clube esportivo)

❸ □ **監督(する)**
かんとく
(**F** superviseur **S** supervisión, supervisor
P direção, controle)

❹ □ **コーチ** (**F** entraîneur **S** entrenador **P** treinador)

▶ 一度、プロにコーチをしてもらいたい。
いちど

(**F** J'aimerais être entraîné une fois par un professionnel. **S** Me gustaría que alguna vez me entrenara un profesional. **P** Gostaria de receber treinamento de um profissional pelo menos uma vez.)

❺ □ **司会員** (**F** animateur **S** presentador **P** mestre de cerimônias)
しかい

❻ □ **指示(する)** (**F** diriger **S** instrucción **P** instrução)
しじ

▶ 何か問題が起きたときは、上司の指示に従ってください。
なに　もんだい　お　　　　　　　じょうし　　　　　したが

(**F** En cas de problème, suivez les instructions de votre supérieur. **S** Si surge algún problema, siga las instrucciones de su supervisor. **P** Quando ocorrer algum problema, siga as instruções do seu chefe.)

❼ ☐ 指導(する) （**F** conseiller **S** instrucción, guía
しどう　　　　　　　　　　**P** orientação, liderança）

▶先生の指導のおかげで、合格することができました。
せんせい　　しどう　　　　　　　こうかく
（**F** Grâce aux conseils de mon professeur, j'ai pu réussir l'examen. **S** Gracias a sus
enseñanzas pude aprobar el examen. **P** Graças à orientação do professor, consegui
passar.）

❽ ☐ 審判 （**F** arbitre **S** árbitro **P** juiz, árbitro）
しんばん

❾ ☐ 責任 （**F** responsabilité **S** responsabilidad **P** responsabilidade）
せきにん

▶今回の事故は誰に責任があると思いますか。
こんかい　じこ　だれ　　　　　　　　おも
（**F** Qui, selon vous, est responsable de l'accident ? **S** ¿Quién cree que es el responsable
del accidente? **P** Quem você acha que é responsável por este acidente?）

▷責任者、無責任な態度
しゃ　む　　　たいど
（**F** responsable, attitude irresponsable **S** responsable; actitud irresponsable **P** pessoa
responsável, atitude irresponsável）

❿ ☐ 代表(する) （**F** représenter **S** representación **P** representante）
だいひょう

▶チームを代表して、感謝の気持ちを述べたいと思います。
だいひょう　　かんしゃ　きも　　の　　　　　おも
（**F** Au nom de l'équipe, je vous remercie. **S** En representación del equipo, quisiera darle
las gracias. **P** Gostaria de expressar nossos agradecimentos em nome da equipe.）

⓫ ☐ 立場 （**F** position **S** cargo **P** posição）
たちば

▶専門家の立場から、少し意見を言わせていただきます。
せんもんか　たちば　　すこ　いけん　い
（**F** De mon point de vue d'expert, je voudrais faire quelques commentaires.
S Me gustaría hacer algunos comentarios desde el punto de vista de un especialista.
P Do ponto de vista de um especialista, gostaria de fazer algumas observações.）

⓬ ☐ 担当(する) （**F** être en charge de **S** encargado de
たんとう　　　　　　　　**P** responsável, encarregado）

▶アルバイトですが、レジを担当することもあります。
（**F** Je travaille à temps partiel, mais parfois je suis aussi responsable de la caisse.
S Es solo un trabajo a tiempo parcial, pero hay veces en las que estoy a cargo de la caja
registradora. **P** Sou um trabalhador temporário, mas também sou responsável pelo
caixa.）

社会・国・ルール 31

職業・身分 32

立場・役割 33

グループ・組織 34

行事・イベント 35

手続き 36

場所・位置・方向 37

商品・サービス 38

知識・能力 39

評価・成績 40

⑬ □ 務める (**F** remplir le rôle de **S** hacer (trabajar) de **P** desempenhar, cumprir)
つと

▶ その日、司会を務めてくれたのは、大学時代の友人です。
ひ　　しかい　　　　　　　　　　　　　　だいがくじだい　　ゆうじん
(**F** La personne qui a rempli le rôle de maître de cérémonie ce jour-là était un de mes vieux amis d'université. **S** La persona que hizo de presentadora ese día era una amiga mía de mi época universitaria. **P** Nesse dia, a pessoa que atuou como mestre de cerimônias foi um amigo da época de faculdade.)

⑭ □ 役割 (**F** rôle **S** función **P** função)
やくわり

⑮ □ ～長 (**F** chef de ～ **S** jefe de... **P** chefe de…)
ちょう

▷ 市長、委員長 (**F** maire, président de la commission **S** alcalde; presidente de un
し　　いいん
comité **P** prefeito, presidente do comitê)

⑯ □ 副～ (**F** vice- ～ **S** sub- **P** vice- …)
ふく

▷ 副社長 (**F** vice-président **S** vicepresidente de una empresa **P** vice-presidente)
しゃちょう

⑰ □ 同僚 (**F** collègue **S** compañero (de trabajo) **P** colega de trabalho)
どうりょう

▷ 会社の同僚 (**F** collègue de travail **S** compañero del trabajo **P** colega de trabalho)
かいしゃ

⑱ □ 部下 (**F** subordonné **S** subordinado **P** subordinado)
ぶ　か

⑲ □ 上司 (**F** supérieur **S** superior **P** superior)
じょうし

⑳ □ 新入社員 (**F** nouvel employé **S** nuevo empleado
しんにゅうしゃいん **P** novo funcionário)

㉑ □ メンバー (**F** membre **S** miembro **P** membro)

㉒ □ リーダー (**F** leader **S** líder **P** líder)

41

UNIT 34

グループ・組織
そしき

(F Groupes, organisations
S Grupos, organizaciones
P Grupo, organização)

❶ □ グループ (F groupe S grupo P grupo)

❷ □ 会 (F groupe S reunión, asamblea P encontro, reunião)
かい

▶ それはどんな会なんですか。 ——料理の勉強会です。
りょうり べんきょうかい

(F De quel type de groupe s'agit-il ? — Il s'agit d'un groupe qui apprend la cuisine.
S ¿Qué clase de grupo es? —Es un grupo de cocina. P — Que tipo de reunião é essa?
— É um grupo de estudo de culinária.)

❸ □ 会員 (F membre S miembro P membro de uma organização ou clube)
かいいん

▶ 一般だと 1000 円、会員だと 800 円です。
いっぱん えん えん

(F Cela coûte 1 000 yens pour le grand public et 800 yens pour les membres. S Cuesta
1000 yenes para el público general y 800 yenes para los miembros. P Para o público em
geral, é 1000 ienes, para os membros, é 800 ienes.)

❹ □ 入会（する） (F devenir membre S ingreso o admisión a una asociación o
にゅうかい
grupo P ingresso em uma associação)

❺ □ 集合（する） (F se rassembler S reunirse P reunião)
しゅうごう

❻ □ 解散（する） (F se séparer S separarse, disolverse
かいさん P dissolução)

▶ じゃ、一度解散します。2時半にまたここに集合してください。
いちど じはん しゅうごう

(F Alors, nous allons nous séparer une fois et nous nous retrouverons ici à 14h30.
S Entonces, nos separamos por un momento. Luego nos reunimos aquí a las dos y media.
P Bem, vamos interromper a reunião por um momento e nos reunimos aqui novamente às 2:30.)

❼ □ 組織 (F organisation S organización P organização)
そしき

▶ 組織にいる以上、自分勝手な行動は許されない。
いじょう じぶんかって こうどう ゆる

(F En tant que membre d'une organisation, vous n'avez pas le droit d'être égoïste.
S Si uno pertenece a una organización, no puede ser egoísta. P Quando fazemos parte
de uma organização, um comportamento egoísta não é tolerado.)

社会・国・ルール 31

職業・身分 32

立場・役割 33

グループ・組織 34

行事・イベント 35

手続き 36

場所・位置・方向 37

商品・サービス 38

知識・能力 39

評価・成績 40

❽ □ 団体 (**F** groupe **S** grupo **P** grupo, entidade)
だんたい

▶ 20人以上の団体の場合、料金が2割引きになります。
にん いじょう だんたい ばあい りょうきん わりび
(**F** Pour les groupes de 20 personnes ou plus, il y a une réduction de 20 % sur le prix.
S Para grupos de veinte personas o más hay un 20 % de descuento en la tarifa.
P Para grupos com 20 ou mais pessoas, há um desconto de 20% no preço.)

❾ □ 個人 (**F** individuel **S** individuo, individual **P** indivíduo, pessoa)
こじん

❿ □ 部 (**F** département **S** departamento **P** departamento)
ぶ

▷ 営業部、管理部
えいぎょう かんり
(**F** département des ventes, département de l'administration **S** departamento de ventas;
departamento de administración **P** departamento de vendas, departamento de
administração.)

⓫ □ 課 (**F** section **S** sección **P** seção)
か

▷ 企画課、〈大学〉学生課
きかく だいがく がくせい
(**F** section de planification, section des affaires étudiantes (de l'université) **S** sección de
planificación; oficina de asuntos estudiantiles (de una universidad) **P** seção de
planejamento, seção de assuntos estudantis (de uma universidade).)

⓬ □ チーム (**F** équipe **S** equipo **P** time, equipe)

⓭ □ サークル (**F** club **S** círculo, club **P** clube, grupo social)

▶ 田中さんとは、大学のサークルで知り合いました。
たなか だいがく し あ
(**F** J'ai rencontré M. Tanaka dans un club universitaire. **S** Conocí a Tanaka en un círculo
universitario. **P** Conheci o senhor Tanaka em um clube de estudantes da universidade.)

⓮ □ クラブ (**F** club **S** club **P** clube)

▶ 高校生の時は、何かクラブ活動をしていましたか。 ——テニ
こうこうせい とき なに かつどう
ス部に入っていました。
ぶ はい
(**F** Participiez-vous à des activités de club lorsque vous étiez au lycée ? — Je faisais
partie du club de tennis. **S** ¿Formabas parte de algún club cuando estabas en el
bachillerato? —Estaba en el club de tenis. **P** — Quando você estava no ensino médio,
participava de algum clube? — Sim, eu era membro do clube de tênis.)

42

UNIT 35

行事・イベント
ぎょうじ

(F Événements
S Ocasiones, eventos
P Festividades, eventos)

❶ □ 行事 (F événement S acto, acontecimiento P festividades)
ぎょうじ

❷ □ イベント (F événement S evento P evento)

▶ 7月はイベントが多くて忙しくなりそうです。
がつ　　　　　　　　　　　おお　　　いそが

(F Le mois de juillet sera riche en événements et je serai très occupé. S Julio será un mes ajetreado con muchos eventos. P Parece que o mês de julho será muito movimentado com muitos eventos.)

❸ □ 会 (F association S reunión, asamblea P encontro, reunião)
かい

▷ 勉強会、運動会、飲み会
べんきょう　うんどう　　の

(F réunion d'étude, événement sportif, soirée arrosée S reunión de estudio; evento deportivo; fiesta o reunión para beber P grupo de estudo, gincana esportiva, encontro social)

❹ □ 開く (F organiser S organizar, inaugurar P realizar)
ひら

▶ 友だちの就職が決まったから、お祝いの会を開くことにしました。
とも　　しゅうしょく　き　　　　　　　いわ　　　　ひら

(F Un de mes amis a trouvé un emploi, j'ai donc décidé d'organiser une fête pour le célébrer. S Un amigo mío ha conseguido trabajo, así que he decidido organizar una fiesta para celebrarlo. P Como meu amigo conseguiu um emprego, decidimos realizar uma festa de celebração.)

❺ □ 講演(する) (F donner une conférence S discurso P palestra)
こうえん

▶ 多くの人にこの問題を知ってもらいたいと思い、全国を講演して回っています。
おお　ひと　　　もんだい　し　　　　　　　　おも　ぜんこく　　　こうえん　　まわ

(F Je parcours le pays pour donner des conférences afin de sensibiliser le plus grand nombre à cette question. S Voy a recorrer el país dando discursos para que mucha gente se entere de este problema. P Percorro o país dando palestras afim de que muitas pessoas se concientizem desse problema.)

▷ 講演会 (F conférence S conferencia P conferência)
こうえんかい

❻ □ **開会**(する) (**F** ouvrir **S** inauguración **P** abertura do evento)
かいかい

▷ 開会式 (**F** cérémonie d'ouverture **S** ceremonia de inauguración **P** cerimônia de abertura)
しき

❼ □ **閉会**(する) (**F** fermer **S** cierre **P** encerramento)
へいかい

❽ □ **大会** (**F** convention, rassemblement **S** gran evento, convención, certamen **P** grande evento, convenção, campeonato)
たいかい

▷ 花火大会、マラソン大会
はなび
(**F** feu d'artifice, marathon **S** evento de fuegos artificiales; maratón **P** festival de fogos de artifício, maratona)

❾ □ **出場**(する) (**F** participer **S** participar **P** participação)
しゅつじょう

▶ 来年の北京の国際大会に出場することが決まりました。
らいねん べきん こくさい
(**F** Nous avons décidé de participer à une convention internationale à Pékin l'année prochaine. **S** He decidido participar en una convención internacional en Pekín el año que viene. **P** Foi decidido que participaremos da convenção internacional de Pequim no próximo ano.)

❿ □ **出る**(〜に) (**F** participer **S** participar **P** participar)
で

⓫ □ **コンテスト** (**F** concours **S** concurso **P** concurso)

▷ スピーチコンテストに出る
で
(**F** Je vais participer à un concours de discours. **S** participar en un concurso de oratoria **P** Participar de um concurso de oratória)

⓬ □ **コンクール** (**F** concours **S** concurso **P** competição, concurso)

▶ 写真コンクールに初めて応募しました。
しゃしん はじ おうぼ
(**F** J'ai participé pour la première fois à un concours de photographie. **S** Es la primera vez que participo en un concurso de fotografía. **P** Inscrevi-me pela primeira vez em um concurso de fotografia.)

⓭ □ **予選** (**F** épreuve de qualification **S** eliminatoria **P** eliminatória)
よせん

▶ たくさんの人が参加するので、予選を通るだけでも大変なんです。
ひと さんか とお たいへん
(**F** Il y a beaucoup de participants et c'est déjà très difficile de passer les épreuves de qualification. **S** Participa mucha gente, así que es muy difícil pasar la eliminatoria. **P** Como há muitos participantes, mesmo para passar pelas eliminatórias é muito difícil.)

❶❹ ☐ **遠足** (**F** excursion **S** excursión **P** excursão)
えんそく

▶ さくら公園には、学校の遠足で行きました。
こうえん　　　　　　　　　　がっこう　　　えんそく　　い
(**F** Je suis allé au parc Sakura lors d'une excursion scolaire. **S** Fui al parque Sakura en una excursión escolar. **P** Fomos ao parque Sakura em uma excursão escolar.)

❶❺ ☐ **式** (**F** cérémonie **S** ceremonia **P** cerimônia)
しき

▶ 式は何時からですか。　──そろそろ始まると思いますよ。
　　なんじ　　　　　　　　　　　　　　　　　　はじ　　　　おも
(**F** À quelle heure commence la cérémonie ? — Je pense qu'elle va commencer très bientôt. **S** ¿A qué hora empieza la ceremonia? —Creo que está a punto de empezar.
P — A que horas começa a cerimônia? — Acho que está prestes a começar.)

▷ 入学式、結婚式
にゅうがく　けっこん
(**F** cérémonie d'entrée à l'école, cérémonie de mariage **S** ceremonia de entrada (a una escuela o universidad); boda **P** cerimônia de ingresso (em uma escola ou universidade), cerimônia de casamento)

▷ 式場 (**F** lieu de la cérémonie **S** salón de ceremonias **P** salão de cerimônias)
しきじょう

❶❻ ☐ **葬式** (**F** funérailles **S** funeral **P** funeral)
そうしき

❶❼ ☐ **儀式** (**F** cérémonie **S** ceremonias, ritos **P** rito, cerimônia)
ぎしき

▶ 毎年ここで、お米の収穫を祝う儀式が行われてきた。
まいとし　　　　　こめ　しゅうかく　いわ　　　　　おこな
(**F** Des cérémonies sont organisées ici chaque année pour célébrer la récolte du riz.
S Aquí todos los años hay ceremonias para festejar la cosecha de arroz.
P Uma cerimônia para celebrar a colheita de arroz é realizada aqui todos os anos.)

❶❽ ☐ **会場** (**F** lieu de la cérémonie **S** salón **P** local do evento)
かいじょう

▷ 結婚式の会場 (**F** lieu de cérémonie de mariage **S** salón de bodas **P** local da cerimônia de casamento)
けっこんしき

❶❾ ☐ **観客** (**F** public **S** espectadores, público **P** plateia, público)
かんきゃく

❷⓪ ☐ **年賀状** (**F** carte de vœux (de début d'année) **S** tarjeta de Año
ねん　が　じょう　　　Nuevo **P** cartão de Ano Novo)

社会・国・ルール 31

職業・身分 32

立場・役割 33

グループ・組織 34

行事・イベント 35

手続き 36

場所・位置・方向 37

商品・サービス 38

知識・能力 39

評価・成績 40

43 **UNIT 36**

手続き
て つづ

(**F** Procédures **S** Trámites
P Procedimento)

❶ □ 窓口 (**F** guichet **S** ventanilla **P** balcão de atendimento)
　　まどぐち

▶〈銀行で〉すみません、両替はどこですか。 ——5番の窓口
　　　ぎんこう　　　　　　りょうがえ　　　　　　　　　　　　　　　ばん
になります。

(**F** (A la banque) Excusez-moi, où puis-je changer de l'argent ? — Veuillez vous rendre
au guichet n°5. **S** (En el banco) Disculpe, ¿dónde puedo cambiar dinero? —En la
ventanilla número 5. **P** (No banco) — Desculpe, onde posso trocar dinheiro? — No
guichê 5.)

❷ □ 申し込む (**F** postuler, demander **S** solicitar **P** inscrever-se)
　　もう　こ

▷ パソコン講座に申し込む
　　　　　　こうざ
(**F** s'inscrire à un cours d'informatique **S** apuntarse a un curso de informática
P inscrever-se em um curso de informática)

▷ 参加を申し込む、結婚を申し込む
　　さんか　　　　　　けっこん
(**F** demande d'adhésion, demande de mariage **S** solicitar una participación; proponer
matrimonio **P** solicitar a participação, pedido de casamento)

❸ □ 申し込み (**F** candidature, demande **S** solicitud, inscripción **P** solicitação, inscrição)

▷ 申込者 (**F** candidat **S** solicitante **P** solicitante, requerente)
　　しゃ

❹ □ 資格 (**F** qualification **S** cualificación, licencia, título **P** qualificação)
　　しかく

❺ □ 提出(する) (**F** soumettre **S** entrega **P** entrega)
　　ていしゅつ

▷ レポートを提出する (**F** soumettre un rapport **S** presentar un informe
P entregar um relatório)

❻ □ 登録(する) (**F** s'inscrire **S** registro **P** registro)
　　とうろく

▶ ボランティアに興味があったので、登録しました。
　　　　　　　　きょうみ
(**F** Je me suis inscrit(e) parce que j'étais intéressé(e) par le bénévolat. **S** Me registré
porque me interesaba el voluntariado. **P** Eu me inscrevi porque estava interessado em ser
voluntário.)

❼ ☐ 手続き（する）
てつづ
（**F** faire une procédure **S** trámite, procedimiento **P** processo）

▶ 入会の手続きは思ったより簡単だった。
にゅうかい　　　　　おも　　　　　　かんたん

（**F** La procédure d'inscription a été plus facile que je ne le pensais. **S** El proceso de inscripción fue más fácil de lo que esperaba. **P** O processo de inscrição foi mais fácil do que eu pensava.）

❽ ☐ 受け付ける （**F** accepter **S** aceptar, recibir **P** receber）
う　つ

▷ 申し込みを受け付ける （**F** accepter une demande **S** aceptar una solicitud
もう　こ
P aceitar inscrições）

❾ ☐ 許可（する）
きょ か
（**F** permettre, autorisation **S** permiso **P** autorização）

▶ 許可がないと、ここでは撮影できません。
さつえい

（**F** Sans autorisation, vous ne pouvez pas filmer ici. **S** No se puede filmar aquí sin permiso. **P** Sem autorização, não se pode filmar aq）

❿ ☐ 募集（する） （**F** recruter **S** reclutar, convocar **P** recrutamento）
ぼ しゅう

▷ 参加者を募集する （**F** recruter des participants **S** convocar o reclutar
さん か しゃ
participantes **P** recrutar participantes）

⓫ ☐ 応募（する） （**F** postuler, poser une candidature **S** enviar una solicitud,
おう ぼ
presentarse, postularse **P** inscrição）

⓬ ☐ 定員
てい いん
（**F** capacité (nombre) **S** capacidad, plazas **P** limite de vagas）

▷ 募集定員 （**F** nombre de personnes désirées **S** número de plazas o vacantes
ぼ しゅう
P Número limitado de vagas disponíveis para recrutamento.）

⓭ ☐ 期限 （**F** délai **S** plazo, fecha límite **P** prazo）
き げん

▷ 提出期限、支払い期限
ていしゅつ　　　しはら

（**F** date limite de soumission, date limite de paiement **S** fecha límite de entrega; plazo de pago **P** prazo de entrega, prazo de pagamento.）

⓮ ☐ 締め切る （**F** clore **S** acabarse un plazo **P** encerrar）
し き

▶ 募集は今日で締め切られました。
ぼしゅう　きょう

（**F** Le recrutement se termine aujourd'hui. **S** La convocatoria se ha cerrado hoy.
P O recrutamento foi encerrado hoje.）

⓯ ☐ 締め切り （**F** date limite **S** plazo, fecha límite **P** prazo final）

UNIT 37

場所・位置・方向
ば しょ　い ち　ほうこう

（**F** Emplacement, position, direction　**S** Lugares, posiciones, direcciones　**P** Lugar, posição, direção）

社会・国・ルール 31
職業・身分 32
立場・役割 33
グループ・組織 34
行事・イベント 35
手続き 36
場所・位置・方向 37
商品・サービス 38
知識・能力 39
評価・成績 40

---

❶ □ 位置 （**F** position　**S** posición　**P** posição）
　　　い ち

▶ テーブルの位置はここでいい？

（**F** La table est-elle à la bonne place ici ?　**S** ¿Está la mesa en la posición correcta aquí?
P A posição da mesa está boa aqui?）

---

❷ □ 方向 （**F** direction　**S** dirección　**P** direção）
　　　ほうこう

▶ 方向はこっちで合ってる？

（**F** La direction est-elle la bonne ?　**S** ¿Es esta la dirección correcta?　**P** É esta a direção
correta?）

❸ □ 向き （**F** orientation　**S** orientación　**P** apropriado）
　　　む
　▷ 南向きの部屋 （**F** pièce orientée vers le sud　**S** habitación orientada al sur
　　みなみ　　　へ や 　**P** apartamento voltado para o sul）

---

❹ □ 逆 （**F** inverse　**S** contrario, al revés　**P** inverso, contrário）
　　　ぎゃく

▶ 向きが逆になってる。

（**F** L'orientation est à l'envers.　**S** La orientación está invertida.　**P** A orientação está
invertida.）

---

❺ □ 上下 （**F** de haut en bas　**S** arriba y abajo　**P** cima e baixo）
　　　じょう げ

▶ 画面を上下に動かしてみてください。
　がめん　　う ご
（**F** Essayez de déplacer l'écran de haut en bas.　**S** Prueba a mover la pantalla arriba y
abajo.　**P** Tente mover a tela para cima e para baixo.）

---

❻ □ 左右 （**F** gauche et droite　**S** izquierda y derecha　**P** esquerda e
　　　さ ゆう 　direita）

▶ 道路を渡るときは、左右をよく見てください。
　どうろ　わた
（**F** En traversant la route, regardez attentivement à gauche et à droite.　**S** Al cruzar la
calle, mire con cuidado a izquierda y derecha.　**P** Ao atravessar a rua, olhe para a
esquerda e para a direita.）

❼ ☐ **中心** (**F** centre **S** centro **P** centro)
ちゅうしん

▶ 彼女を中心に準備を進めています。
かのじょ　　ちゅうしん　じゅんび　すす
(**F** Nous nous préparons autour d'elle. **S** Estamos haciendo los preparativos centrándonos en ella. **P** Estamos fazendo os preparativos centrados nela.)

❽ ☐ **奥** (**F** au fond **S** fondo **P** fundo)
おく

▶ 先生の研究室は5階の一番奥です。
せんせい　けんきゅうしつ　かい　いちばん　おく
(**F** Le laboratoire du professeur se trouve au fond du cinquième étage. **S** El laboratorio del doctor está en la quinta planta, al fondo del todo. **P** O escritório do professor fica no quinto andar, ao fundo.)

❾ ☐ **手前** (**F** avant **S** delante, antes **P** em frente, pouco antes de)
てまえ

▶ 〈タクシーで〉次の信号の手前で止めてください。
つぎ　しんごう　と
(**F** (Dans le taxi) Arrêtez-vous avant le prochain feu de signalisation. **S** (En un taxi) Pare antes del siguiente semáforo. **P** (No táxi) Por favor, pare um pouco antes do próximo semáforo.)

❿ ☐ **端** (**F** bord **S** borde **P** extremidade)
はし

▶ 電車が来るから、ホームの端を歩かないで。
でんしゃ　く　　　　　ある
(**F** Le train arrive, ne marchez pas sur le bord du quai. **S** Viene el tren, así que no camines por el borde del andén. **P** O trem está chegando, não ande na borda da plataforma.)

⓫ ☐ **隅** (**F** coin **S** esquina **P** canto)
すみ

▶ これ、じゃまだから、隅のほうに置いといて。
お
(**F** Ça gêne, alors mets-le dans un coin. **S** Esto obstruye el camino, así que ponlo en la esquina. **P** Isto está atrapalhando, por isso coloque no canto.)

⓬ ☐ **コーナー** (**F** coin, rayon **S** rincón, área **P** canto, seção)

▷ 絵本のコーナー (**F** rayon des livres pour enfants **S** área de libros ilustrados
えほん

P seção de livros ilustrados)

社会・国・ルール 31

職業・身分 32

立場・役割 33

グループ・組織 34

行事・イベント 35

手続き 36

場所・位置・方向 37

商品・サービス 38

知識・能力 39

評価・成績 40

⓭ □ 周囲 (**F** périmètre **S** perímetro **P** perímetro)
しゅうい

▶ 研修所は、周囲を山に囲まれた、静かなところでした。
けんしゅうじょ　　　やま　かこ　　　しず
(**F** Le centre de formation était un endroit calme, entouré de montagnes. **S** El centro de formación profesional era un lugar tranquilo rodeado de montañas. **P** O centro de treinamento era um lugar tranquilo, cercado por montanhas.)

⓮ □ 周辺 (**F** autour **S** alrededor, área **P** arredor)
しゅうへん

▶ 駅の周辺に少しお店があります。
えき　　すこ　みせ
(**F** Il y a quelques magasins autour de la gare. **S** Hay algunas tiendas alrededor de la estación. **P** Há algumas lojas ao redor da estação.)

⓯ □ 正面 (**F** devant, en face **S** frente, enfrente **P** em frente)
しょうめん

▶ 学校の正面にコンビニができました。
がっこう
(**F** Il y a maintenant une supérette en face de l'école. **S** Han abierto un minimercado enfrente de la escuela. **P** Uma loja de conveniência abriu em frente à escola.)

⓰ □ 向かい (**F** en face **S** enfrente **P** em frente)
む

▷ 向かいのビル (**F** bâtiment en face **S** edificio de enfrente **P** o prédio em frente)

⓱ □ あちこち (**F** ici et là **S** aquí y allá **P** aqui e ali)

▶ あちこち探したけど、結局、見つからなかった。
さが　　　　けっきょく　み
(**F** J'ai cherché partout, mais finalement je ne l'ai pas trouvé(e). **S** Busqué por todas partes, pero al final no lo encontré. **P** Procurei em vários lugares, mas no final não encontrei.)

⓲ □ 先 (**F** devant, au bout **S** delante, punta, parte anterior
さき　　　**P** ponta, extremidade)

▶ この靴、先の部分が汚れてる。
くつ　　ぶぶん　よご
(**F** Ces chaussures sont sales au bout. **S** Estos zapatos tienen la punta sucia.
P Estes sapatos estão sujos na ponta.)

⓳ □ 表面 (**F** en surface **S** superficie **P** superfície)
ひょうめん

▶ このバッグは表面がビニールなので、汚れても簡単に拭きとれます。
よご　　　　かんたん　ふ
(**F** Ce sac a une surface en vinyle, donc même s'il est sale, on peut l'essuyer facilement.
S La superficie de esta bolsa es de vinilo; por eso, puede limpiarse fácilmente aunque se ensucie. **P** Esta bolsa é revestida de vinil na superfície, por isso é fácil de limpar, mesmo se sujar.)

❷⓪ ☐ **辺り** （F autour S alrededor, zona P proximidade）
あた

▶ この辺りは昔、田んぼだったそうです。
　　　　　 むかし　 た
（F Cette zone était autrefois des champs. S Parece que esta zona solía ser de arrozales.
P Parece que esta área era de arrozais no passado.）

❷① ☐ **〜側** （F côté 〜 S lado... P lado…）
がわ

▷ 外側・内側、反対側
　そと　 うち　　 はんたい
（F côté extérieur, côté intérieur, côté opposé S exterior; interior; lado opuesto
P lado de fora, lado de dentro, lado oposto）

❷② ☐ **〜口** （F entrée 〜 S entrada/salida... P saída ）
ぐち

▷ 北口、正面口、裏口
　きた　 しょうめん　 うら
（F entrée nord, entrée principale, entrée arrière S entrada norte; entrada principal;
entrada trasera P saída norte, saída principal, saída dos fundos）

❷③ ☐ **行き止まり** （F cul-de-sac S callejón sin salida P sem saída）
い　 ど

❷④ ☐ **突き当たり** （F au bout S fondo, extremo P fim do caminho）
つ　 あ

❷⑤ ☐ **方面** （F direction S dirección P direção）
ほうめん

▷ 京都方面の電車
　きょうと　　　 でんしゃ
（F train en direction de Kyoto S tren en dirección a Kioto P trem com destino a Quioto）

❷⑥ ☐ **経由** （F via S vía P via）
けい ゆ

▷ シンガポール経由バンコク行き
　　　　　　　　　　　　 い
（F pour Bangkok via Singapour S a Bangkok vía Singapur P com destino a Bangkok e
com escala em Singapura）

社会・国・ルール 31

職業・身分 32

立場・役割 33

グループ・組織 34

行事・イベント 35

手続き 36

場所・位置・方向 37

商品・サービス 38

知識・能力 39

評価・成績 40

㉗ ☐ **坂**（さか）（**F** pente **S** pendiente **P** ladeira）

㉘ ☐ **上り**（のぼ）（**F** monter **S** subida **P** subida）

㉙ ☐ **下り**（くだ）（**F** descendre **S** bajada **P** descida）

▷下りは楽ですね。
（**F** C'est facile de descendre. **S** La bajada es fácil. **P** A descida é fácil.）

㉚ ☐ **頂上**（ちょうじょう）（**F** sommet **S** cima **P** cume, topo）

㉛ ☐ **地下**（ちか）（**F** sous-terre **S** subterráneo **P** subsolo）

㉜ ☐ **都市**（とし）（**F** ville **S** ciudad **P** cidade）

㉝ ☐ **都心**（としん）（**F** centre ville **S** centro de la ciudad **P** centro da cidade）

45

㉞ ☐ **郊外**（こうがい）（**F** banlieue **S** suburbios **P** subúrbio, periferia）

▶当然、都心より郊外のほうが家賃が安い。
（とうぜん、としん、やちん、やす）
（**F** Naturellement, les loyers sont moins chers en banlieue qu'en centre ville.
S Evidentemente, el alquiler es más barato en los suburbios que en el centro de la ciudad.
P Obviamente, os aluguéis no subúrbio são mais baratos do que no centro da cidade.）

㉟ ☐ **都会**（とかい）（**F** ville **S** ciudad **P** cidade）

▶昔は都会の生活に憧れていました。
（むかし、せいかつ、あこが）
（**F** Il y a longtemps, j'aspirais à la vie en ville. **S** Antes deseaba vivir en la ciudad.
P Antigamente eu desejava viver na cidade）

㊱ ☐ **田舎**（いなか）（**F** campagne **S** zona rural **P** campo, zona rural）

㊲ ☐ **地方**（ちほう）（**F** province, région **S** región **P** região）

▶同じ料理でも、地方によって違いますね。
（おな、りょうり、ちほう、ちが）
（**F** Même le même plat est différent d'une région à l'autre. **S** Incluso la misma comida
varía según la región. **P** Até o mesmo prato varia de região para região.）

㊳ □ 地域 （**F** région **S** zona **P** área）
ちいき

▶ 無料配達ができる地域とできない地域があるんだって。──
むりょうはいたつ
えっ、そうなの!?

（**F** J'ai entendu dire qu'il y a des régions où la livraison est gratuite et d'autres où elle ne l'est pas. — Ah bon ? **S** He oído que hay zonas en las que hay servicio de envío gratuito y zonas en las que no. —¡Oh! ¿De veras? **P** — Disseram que há áreas onde a entrega gratuita está disponível e outras que não. — É mesmo?）

㊴ □ 地区 （**F** district **S** distrito, sección **P** distrito, bairro）
ちく

▶ 出場チームを東地区と西地区の二つに分け、それぞれで予選
しゅつじょう　　　　　ひがし　　　にし　　　ふた　わ　　　　　　　　　　　よせん
を行います。
おこな
（**F** Les équipes du tournoi sont divisées en deux districts, est et ouest, chacun avec ses propres séries éliminatoires. **S** Los equipos que compiten se dividen en dos secciones, la Este y la Oeste, y cada una tiene su propia ronda clasificatoria. **P** Os times participantes serão divididos em dois distritos, leste e oeste, e cada um realizará sua própria rodada eliminatória.）

㊵ □ 地名 （**F** nom de lieu **S** topónimo **P** nome da localidade）
ちめい

㊶ □ 地元 （**F** local **S** localidad **P** local de origem）
じもと

▶ ここは地元では有名なお店なんです。
ゆうめい　　みせ
（**F** Ce restaurant est bien connu dans le secteur. **S** Este es un restaurante famoso a nivel local. **P** Este é um restaurante famoso a nível local.）

㊷ □ 現場 （**F** site, lieu **S** lugar **P** local de ocorrência）
げんば

▷ 工事現場、撮影現場
こうじ　　　さつえい
（**F** site de construction, lieu de tournage **S** lugar de construcción; lugar de filmación **P** local de construção, local de filmagem）

㊸ □ 越える （**F** franchir **S** cruzar, pasar **P** cruzar）
こ

▶ 〈スポーツ〉この線を越えると反則になります。
せん　　　　　　はんそく
（**F** (En sport) Si vous franchissez cette ligne, c'est une faute. **S** (Deportes) Cruzar esta línea es una falta. **P** (No esporte) Se cruzar esta linha, será uma falta.）

㊹ □ 超える （**F** dépasser **S** superar **P** ultrapassar）
こ
▶ 応募者が 1,000 人を超えた。
おうぼしゃ　　　　　にん
（**F** Le nombre de candidats a dépassé les 1 000. **S** El número de solicitantes superó los 1000. **P** O número de candidatos inscritos superou os 1.000.）

❹❺ □ **近づく**　(**F** s'approcher　**S** acercarse　**P** aproximar-se)
ちか

▶ 危ないから火に近づかないで。
あぶ　　　　　ひ
(**F** Ne vous approchez pas du feu, c'est dangereux.　**S** Aléjate del fuego, es peligroso.
P Não se aproxime do fogo porque é perigoso.)

❹❻ □ **近づける**　(**F** rapprocher　**S** acercar　**P** aproximar algo)

▶ 見えないから、もうちょっとこっちに近づけて。
み
(**F** Je ne le vois pas, alors rapprochez-le un peu de moi.　**S** No puedo verlo, así que
acércalo un poco más.　**P** Não consigo ver, por isso aproxime-o um pouco mais de mim.)

❹❼ □ **通り過ぎる**　(**F** dépasser　**S** pasar　**P** passar direto)
とお　　す

▶ 新宿で降りるはずでしたが、通り過ぎてしまいました。
しんじゅく　お
(**F** J'avais prévu de descendre à Shinjuku, mais je l'ai dépassé.　**S** Debía bajar en
Shinjuku, pero me pasé de parada.　**P** Deveria ter descido em Shinjuku, mas acabei
passando direto.)

❹❽ □ **〜場**　(**F** lieu de 〜　**S** lugar de...　**P** local de...)
じょう

▷ 練習場、会場　(**F** lieu d'entraînement, lieu de rencontre　**S** zona de prácticas; lugar
れんしゅう　かい
de un evento　**P** local de treinamento, local do evento)

❹❾ □ **座席**　(**F** siège　**S** asiento　**P** assento)
ざせき

❺⓪ □ **指定席**　(**F** siège réservé　**S** asiento reservado
してい せき　**P** assento reservado)

❺❶ □ **自由席**　(**F** siège non réservé　**S** asiento no reservado
じ ゆうせき　**P** assento livre)

❺❷ □ **海外**　(**F** outre-mer　**S** el extranjero, ultramar　**P** exterior)
かいがい

❺❸ □ **西洋**　(**F** occidental(e)　**S** Occidente　**P** ocidente)
せいよう

❺❹ □ **東洋**　(**F** oriental(e)　**S** Oriente　**P** oriente)
とう

商品・サービス
しょうひん

(F Produits, services
S Productos, servicios
P Produtos, serviços)

❶ □ **商品** (F produits S producto P produtos)
しょうひん

▶ その店は食料品だけじゃなく、いろいろな商品を扱っていま
みせ しょくりょうひん　　　　　　　　　　　　　　　　　　　　あつか
した。

(F Le magasin proposait une variété de produits, pas seulement des produits d'épicerie.
S La tienda tenía una gran variedad de productos, no solo comestibles. P A loja vendia
uma grande variedade de produtos, não apenas gêneros alimentícios.)

❷ □ **品物** (F biens, produits S producto, mercancía, mercadería
しなもの
P mercadoria)

▶ 品物を見ていないので、買うかどうか、まだ決めていません。
　　　み　　　　　　　　　　か
(F Je n'ai pas vu les produits donc je n'ai pas encore décidé si je vais les acheter ou non.
S No he visto los productos, así que aún no he decidido si compraré o no. P Ainda não
decidi se vou comprar ou não, pois não vi os produtos.)

❸ □ **〜品** (F article 〜 S artículo de... P item, produto)
ひん

▷ セール品、高級品、ブランド品
こうきゅう
(F article soldé, article de luxe, article de marque S artículo de rebajas; artículo de lujo;
artículo de marca P itens em promoção, produtos de luxo, produtos de marca)

❹ □ **新品** (F nouveau produit S producto nuevo P produto novo)
しんぴん

▶ そのギター、新品？　うん。先週買った。
　　　　　　　　　　　　　　せんしゅうか
(F Cette guitare est-elle neuve ? — Oui, elle est neuve. Je l'ai achetée la semaine
dernière. S ¿Es nueva esa guitarra? —Sí, la compré la semana pasada. P — Essa
guitarra é nova? — Sim, comprei na semana passada.)

社会・ルール・31

職業・身分・32

立場・役割・33

グループ・組織・34

行事・イベント・35

手続き・36

場所・位置・方向・37

商品・サービス・38

知識・能力・39

評価・成績・40

❺ □ パック (**F** emballage carton, barquette **S** paquete **P** pacote)

▶ 牛乳の紙パックはリサイクルごみです。
　ぎゅうにゅう　かみ
(**F** Les briques de lait se mettent dans la poubelle de recyclage. **S** Los cartones de leche son basura reciclable. **P** As embalagens de leite são lixo reciclável.)

▶ このイチゴ、1 パック 500 円？　安いね。
　　　　　　　　えん　　　　　　やす
(**F** Ces fraises coûtent 500 yens par barquette? Ce n'est pas cher. **S** ¿Estas fresas cuestan 500 yenes el paquete? Qué baratas. **P** — Estes morangos custam, 500 ienes por pacote? Muito barato!)

❻ □ 販売(する) (**F** vendre **S** venta **P** venda)
　　はんばい

▶ チケットは、ネットでも販売しています。
(**F** Les billets sont vendus également en ligne. **S** Las entradas también las vendemos por Internet. **P** Os ingressos também estão sendo vendidos online.)

❼ □ 発売(する) (**F** mettre en vente **S** poner a la venta
　　はつばい　　　　　　 **P** lançamento)

▶ その本はいつ発売ですか。
　　　ほん
(**F** Quand le livre sera-t-il mis en vente ? **S** ¿Cuándo estará a la venta el libro? **P** Quando será lançado esse livro?)

❽ □ 問い合わせる (**F** se renseigner **S** preguntar, consultar
　　と　あ　　　　　　 **P** perguntar, pedir informações)

▶ 席、まだあるかなあ。　──電話で問い合わせてみよう。
　せき　　　　　　　　　　　　でんわ
(**F** Je me demande s'il y a encore des places disponibles. — Appelons-les pour demander. **S** ¿Quedarán asientos? —Consultémoslo por teléfono. **P** — Será que ainda há assentos disponíveis? — Vamos ligar e perguntar.)

❾ □ 問い合わせ (**F** renseignement **S** preguntas, consultas **P** pergunta, consulta)

❿ □ ヒット(する) (**F** se vendre avec succès **S** éxito **P** sucesso)

▶ これは、90 年代にヒットした曲を集めた CD です。
　　　　　　ねんだい　　　　　　きょく　あつ
(**F** Ce CD est une compilation de chansons à succès des années 90. **S** Este es un CD de canciones que fueron éxitos en los 90. **P** Isto é um CD com músicas que foram hits nos anos 90.)

⑪ ☐ 売り切れる （**F** être en rupture de stock **S** agotarse **P** esgotar）

▶そのチーズケーキを買いに行ったんだけど、もう売り切れていた。

（**F** Je suis allé(e) acheter ce gâteau au fromage, mais il était déjà en rupture de stock. **S** Fui a comprar esa tarta de queso, pero estaba agotada. **P** Fui comprar esse bolo de queijo, mas já estava esgotado.）

⑫ ☐ 売り切れ （**F** rupture de stock **S** agotado **P** esgotado）

⑬ ☐ 価格 （**F** prix de vente **S** precio **P** preço）

▶今、野菜の価格が上がっているそうです。

（**F** Le prix des légumes est en train d'augmenter. **S** Parece ser que el precio de las verduras ha subido. **P** Parece que os preços dos legumes estão subindo agora.）

⑭ ☐ 定価 （**F** prix normal **S** precio de lista, precio fijo **P** preço de tabela）

▶定価2,000円だけど、1,500円で買えました。

（**F** Le prix normal est de 2 000 yens, mais je l'ai acheté pour 1 500 yens. **S** El precio de lista es de 2000 yenes, pero yo lo compré por 1500 yenes. **P** O preço de tabela era de 2.000 ienes, mas consegui comprar por 1.500 ienes.）

⑮ ☐ バーゲン （**F** affaire **S** ofertas, rebajas **P** promoção）

⑯ ☐ セール （**F** soldes **S** ofertas, rebajas **P** liquidação）

⑰ ☐ 割引（する） （**F** remise **S** descuento **P** desconto）

▶セール品はすべて2割引きです。

（**F** Tous les articles en vente bénéficient d'une remise de 20 %. **S** Todos los artículos en oferta tienen un 20 % de descuento. **P** Todos os itens em liquidação têm 20% de desconto.）

⑱ ☐ 半額 （**F** moitié-prix **S** mitad de precio **P** metade do preço）

⑲ ☐ 送料 （**F** frais de port **S** gastos de envío **P** frete）

社会・国・ルール 31

職業・身分 32

立場・役割 33

グループ・組織 34

行事・イベント 35

手続き 36

場所・位置・方向 37

商品・サービス 38

知識・能力 39

評価・成績 40

❷⓿ □ **営業(する)** (**F** être ouvert (commerce) **S** operar, estar abierto
えいぎょう 　　　　**P** negócio, funcionamento)

▶〈店〉年内は休まず、営業します。
　　　 みせ　ねんない　やす
（**F** (Commerce) Nous sommes ouverts toute l'année. **S** (En tiendas) Abrimos todo el
año. **P** (Na loja) Estaremos funcionando durante todo o ano.）

❷❶ □ やる同 (**F** être ouvert **S** atender, trabajar, estar abierto **P** funcionar, estar aberto)

▶駅前のスーパーは遅くまでやってるよ。
　えきまえ　　　　　　 おそ
（**F** Le supermarché en face de la gare est ouvert jusqu'à tard. **S** El supermercado frente
a la estación está abierto hasta tarde. **P** O supermercado em frente à estação fica aberto
até tarde.）

❷❷ □ **休業(する)** (**F** être fermé **S** estar cerrado **P** fechado)
きゅう

❷❸ □ **貸し出す** (**F** prêter / emprunter **S** prestar **P** emprestar)
か　だ

❷❹ □ **貸し出し** (**F** prêt / emprunt **S** préstamo **P** empréstimo)

▶本の貸し出しはできますか。 ──はい。お一人5冊までです。
ほん　　　　　　　　　　　　　　　　　　　　　　 ひとり　 さつ
（**F** Puis-je emprunter des livres ? — On peut emprunter jusqu'à cinq livres par personne.
S ¿Se prestan libros? —Sí, cada persona puede tomar prestados hasta cinco libros.
P — Vocês emprestam livros? — Sim, até cinco livros por pessoa.）

❷❺ □ **レンタル(する)** (**F** louer **S** alquilar **P** alugar)

▶お金がもったいないから、レンタルしよう。
　かね
（**F** Ce serait une perte d'argent de l'acheter, alors louons-le. **S** Es un desperdicio de
dinero, así que alquilémoslo. **P** Para não ser um desperdício de dinheiro, vamos alugar.）

❷❻ □ **書留** (**F** courrier recommandé **S** correo certificado
かきとめ 　　**P** correspondência registrada)

❷❼ □ **小包** (**F** colis **S** paquete **P** pacote)
こづつみ

❷❽ □ **クリーニング(する)** (**F** nettoyer (pressing) **S** limpiar (en
la tintorería) **P** lavanderia)

▷シャツをクリーニングに出す
（**F** apporter une chemise au pressing **S** llevar las camisas a la tintorería **P** mandar a
camisa para a lavanderia）

知識・能力
ちしき　のうりょく

(F Connaissances, compétences
S Conocimientos, habilidades
P Conhecimento, capacidade)

---

❶ ☐ 能力 (F compétence S habilidad P habilidade, capacidade)
のうりょく

▶ 彼は能力はあるんですが、やる気があまり見られないんですよ。
かれ　　　　　　　　　　　　　　　　き
(F Il en a les capacités, mais je ne le sens pas motivé. S Tiene la habilidad, pero no se le
ve mucha motivación. P Ele tem competência, mas não parece estar muito motivado.)

---

❷ ☐ 才能 (F talent S talento P talento)
さいのう

▶ あの子には絵の才能があるかもしれない。
こ　　え
(F Cet enfant a peut-être un talent pour la peinture. S Ese niño puede que tenga talento
para el dibujo. P Aquela criança talvez tenha talento para desenhar.)

---

❸ ☐ 知識 (F connaissance S conocimiento P conhecimento)
ちしき

▶ 鈴木教授は知識が豊富で話がおもしろい。
すずききょうじゅ　　　　　ほうふ　はなし
(F C'est intéressant d'entendre le professeur Suzuki parler parce qu'il connaît beaucoup
de choses. S El profesor Suzuki es muy sabio, así que es interesante hablar con él.
P O Professor Suzuki tem conhecimento abundante e é interessante conversar com ele.)

---

❹ ☐ 経験 (F expérience S experiencia P experiência)
けいけん

▶ 半年ほど、英語を教えた経験があります。
はんとし　　　えいご　おし
(F J'ai environ six mois d'expérience dans l'enseignement de l'anglais. S Tengo unos
seis meses de experiencia enseñando inglés. P Tenho cerca de seis meses de
experiência em ensino de inglês.)

---

❺ ☐ 資格 (F qualification S cualificación, licencia
しかく　　　P qualificação, certificação)

▶ 看護師になるには、どのような資格が必要ですか。
かんごし　　　　　　　　　　　　　　ひつよう
(F Quelles sont les qualifications requises pour devenir infirmière ? S ¿Qué
cualificaciones se necesitan para ser enfermero? P Que tipo de certificação é necessária
para se tornar uma enfermeira?)

社会・国・ルール

職業・身分 32

立場・役割 33

グループ・組織 34

行事・イベント 35

手続き 36

場所・位置・方向 37

商品・サービス 38

知識・能力 39

評価・成績 40

❻ □ 身につける (**F** acquérir **S** adquirir, aprender **P** adquirir)

▶ 最初の２年間で基本的な知識を身につけます。
（**F** Au cours des deux premières années, on acquiert des connaissances de base.
S En los dos primeros años adquirimos los conocimientos básicos. **P** Nos primeiros dois anos, você adquire conhecimentos básicos.）

❼ □ 身につく (**F** acquérir **S** aprenderse **P** adquirir, aprender)

❽ □ 実力 (**F** réelle capacité **S** capacidad, habilidad real **P** habilidade real, competência)

▶ ペーパーテストだけでは、実力はわからない。
（**F** Les capacités réelles ne peuvent pas être évaluées par un simple test écrit.
S Un examen en papel no basta para probar qué tan bueno es. **P** Não podemos avaliar a habilidade real apenas com testes escritos.）

❾ □ ベテラン (**F** vétéran **S** veterano, experimentado **P** veterano)

▷ ベテラン記者 (**F** journaliste expérimenté **S** periodista con experiencia **P** repórter veterano)

❿ □ 暗記（する） (**F** apprendre (par cœur) **S** memorización **P** memorização)

⓫ □ 記憶（する） (**F** mémoriser **S** memoria **P** lembrança, memória)

▷ 記憶力 (**F** mémoire **S** memoria **P** memória)

⓬ □ 訓練（する） (**F** s'exercer **S** entrenamiento **P** treinamento)

▶ 地震が起きたときのため、避難訓練をしておきましょう。
（**F** C'est une bonne idée de s'exercer afin d'être prêt en cas de tremblement de terre.
S Hagamos un simulacro de evacuación en caso de terremoto. **P** Vamos fazer um treinamento de evacuação para o caso de ocorrer um terremoto.）

⓭ □ トレーニング（する） (**F** s'entraîner **S** entrenamiento **P** treinamento)

▶ 雨の日は、室内練習場でトレーニングします。
（**F** Les jours de pluie, je m'entraîne à l'intérieur. **S** Los días de lluvia entrena en el campo de prácticas cubierto. **P** Em dias de chuva, treinamos em instalações cobertas.）

⓮ □ 上達（する） (F progresser S mejorar P progresso)
じょうたつ

▶ もうそんなに話せるの？　子供は上達が早いなあ。
はな　　　　　　　　　こども　　　　　はや
(F Ils peuvent déjà parler aussi bien ? Les enfants progressent si vite, n'est-ce pas ?
S ¿Ya sabe hablar tan bien? Los niños progresan muy rápido. P Já pode sabe falar tão bem assim? As crianças progridem rapidamente, não é?)

⓯ □ 進歩（する） (F progresser S progreso P progresso, avanço)
しん ぽ

▷ 技術の進歩、医学の進歩
ぎじゅつ　　　いがく
(F progrès de la technologie, progrès de la médecine S avances en tecnología; avances en la medicina P avanço tecnológico, avanço na medicina.)

⓰ □ 研修（する） (F faire une formation S formación, capacitación P treinamento)
けんしゅう

▶ 新しく入った人は、まず最初に２週間の研修を受けます。
あたら　　はい　ひと　　　　　さいしょ　　しゅうかん　　　　　　　う
(F Les nouvelles recrues suivent d'abord une formation de deux semaines.
S Los nuevos empleados reciben primero dos semanas de formación.
P Os novos funcionários passam primeiro por duas semanas de treinamento.)

⓱ □ 見学（する） (F observer S visita (educativa) P visita de estudo)
けんがく

⓲ □ 実習（する） (F se former (en pratique) S formación práctica P estágio, prática)
じっしゅう

▶ 実習は思っていたより大変で、怒られてばかりだった。
　　　　おも　　　　　　たいへん　　　おこ
(F La formation pratique était plus difficile que ce à quoi je m'attendais et j'étais constamment grondé(e). S La formación práctica fue más dura de lo que esperaba, y me regañaban constantemente. P O treinamento prático foi mais difícil do que eu esperava e era constantemente repreendido.)

⓳ □ 初級 (F niveau élémentaire S nivel básico, elemental P nível básico)
しょきゅう

⓴ □ 中級 (F niveau intermédiaire S nivel medio P nível intermediário)
ちゅうきゅう

㉑ □ 上級 (F niveau avancé S nivel avanzado P nível avançado)
じょうきゅう

㉒ □ 級 (F niveau S nivel P nível)
きゅう

▶ 級によって受験料が違います。
　　　　　　じゅけんりょう　ちが
(F Les frais d'examen varient en fonction du niveau. S Las tasas del examen varían según el nivel. P A taxa de inscrição varia de acordo com o nível.)

社会・国・ルール 31
職業・身分 32
立場・役割 33
グループ・組織 34
行事・イベント 35
手続き 36
場所・位置・方向 37
商品・サービス 38
知識・能力 39
評価・成績 40

48

UNIT 40

評価・成績
ひょうか　せいせき

(**F** Évaluation, notes, examens
S Evaluaciones, resultados, exámenes
P Avaliação, nota, exame)

❶ ☐ **優れる** (**F** être excellent(e) **S** destacar **P** sobressair, destacar)
　　すぐ

▶ ここの商品がほかより優れているのはデザインだと思う。
　　しょうひん　　　　　　　　　　　　　　　　　　　　　　　おも
(**F** Ce qui rend les produits ici meilleurs que les autres, c'est le design. **S** Creo que lo que hace que este producto sea mejor que otros es el diseño. **P** Acho que o que torna este produto melhor do que os outros é o design.)

❷ ☐ **賢い** (**F** intelligent(e) **S** inteligente, astuto **P** inteligente)
　　かしこ

▷ 賢い犬、賢いやり方
　　　いぬ　　　　　かた
(**F** chien intelligent, manière intelligente **S** perro inteligente; método inteligente **P** cachorro inteligente, método inteligente)

❸ ☐ **利口(な)** (**F** intelligent(e) **S** inteligente, hábil, bueno **P** esperto)
　　り こう

▶ 彼女は利口だから、そんなことはしないはずです。
　　かのじょ
(**F** Elle est intelligente, elle ne ferait pas ça. **S** Ella es buena, así que no haría eso. **P** Ela é esperta, então não faria isso.)

❹ ☐ **ばか(な)** (**F** idiot(e) **S** tonto **P** estúpido)

▶ えっ、プレゼント、置いてきちゃったの!?　ばかだなあ。
　　　　　　　　　　　お
(**F** Quoi, tu as oublié le cadeau ? Que c'est idiot ! **S** ¿Cómo? ¡¿Te dejaste el regalo?! Qué tonto. **P** O quê? Você esqueceu o presente!? Que estúpido.)

❺ ☐ **器用(な)** (**F** habile **S** hábil **P** hábil)
　　き よう

▶ このバッグ、自分で作ったんですか!?　器用ですね。
　　　　　　　じ ぶん　つく
(**F** Tu as fait ce sac toi-même ? Tu es très habile. **S** ¿Hiciste este bolso tú mismo? Eres muy hábil. **P** Você mesma fez essa bolsa? Você é habilidosa.)

❻ ☐ **優秀(な)** (**F** excellent(e) **S** excelente **P** excelente)
ゆうしゅう

▷ 優秀な成績 (**F** excellent résultat **S** resultados o calificaciones excelentes
せいせき
P excelente resultado)

❼ ☐ **見事(な)** (**F** brillant(e) **S** brillante, admirable **P** magnífico)
み ごと

▶ これは見事な作品ですね！　驚きました。
さくひん　　　　　おどろ
(**F** C'est un travail brillant ! Je suis stupéfait(e). **S** ¡Es una obra brillante! Estoy
asombrado. **P** Esta é uma obra magnífica! Estou impressionado.)

❽ ☐ **拍手(する)** (**F** applaudir **S** aplauso **P** aplauso)
はくしゅ

❾ ☐ **偉い** (**F** personne importante / bien agir **S** genial, admirable
えら **P** admirável)

▶〈人の行動をほめるとき〉じゃ、そのおばあさんの荷物、ホー
こうどう　　　　　　　　　　　　　　　　　　　　にもつ
ムまで持ってあげたの？　偉い！
も
(**F** Alors tu as porté les affaires de la vieille dame jusqu'au quai ? C'est merveilleux de ta
part ! **S** (Al elogiar las acciones de alguien) ¿Así que llevaste el equipaje de esa anciana
al andén? Eres admirable. **P** (Ao elogiar as ações de alguém) Você levou a bagagem
daquela senhora até a plataforma? Que admirável!)

❿ ☐ **素敵(な)** (**F** beau / belle, adorable **S** bonito, encantador
すてき **P** maravilhoso, admirável)

▶ 素敵なお宅ですね。　—— いえいえ、そんなことないです。
たく
(**F** Quelle belle maison vous avez. — Oh non, pas du tout. **S** Tienes una casa encantadora.
—No, no tanto, qué va. **P** — Sua casa é encantadora. — Não, nem tanto. Imagina!)

⓫ ☐ **高級(な)** (**F** haut de gamme **S** de lujo **P** luxuoso)
こうきゅう

▷ 高級レストラン、高級時計
と けい
(**F** restaurant haut de gamme, montre de luxe **S** restaurante de lujo; reloj de lujo
P restaurante luxuoso, relógio de luxo)

⓬ ☐ **一流** (**F** de première classe **S** de primera categoría
いちりゅう **P** de primeira classe)

▷ 一流企業、一流大学
きぎょう　　だいがく
(**F** des entreprises de premier plan, des universités de premier plan **S** corporación de
primera; universidad de primera **P** empresa de primeira categoria, universidade de
primeira categoria)

⓭ □ さすが (**F** impressionnant **S** como esperaba **P** como era de se esperar)

▶さすが先生！ 動きが全然違う。
せんせい うご ぜんぜんちが
(**F** Vous n'êtes pas professeur pour rien ! Votre mouvement est complètement différent du mien. **S** ¡Tal como esperaba del profesor! Sus movimientos son totalmente diferentes. **P** Professor, você é realmente notável! Seus movimentos são totalmente diferentes.)

⓮ □ まあまあ (**F** pas mauvais(e) **S** más o menos **P** mais ou menos, razoável)

▶〈料理の紹介〉見た目は悪いけど、味はまあまあでした。
りょうり しょうかい み め わる あじ
(**F** (En présentant un plat) Ça n'avait pas l'air bon mais ce n'était pas mauvais. **S** (Cocina) Tenía mal aspecto, pero sabía más o menos bien. **P** (Apresentação de um prato) A aparência pode não ser boa, mas o sabor é razoável.)

⓯ □ ただ(の〜) (**F** juste 〜 **S** tan solo **P** apenas)

▷ただの友だち、ただの冗談(**F** juste un(e) ami(e), juste une blague **S** tan solo
とも じょうだん
un amigo; tan solo un chiste **P** apenas amigos comuns, apenas uma piada)

⓰ □ 貴重(な) (**F** précieux / précieuse **S** valioso **P** valioso)
き ちょう

▶貴重なお話を聞かせていただき、ありがとうございました。
はなし き
(**F** Merci d'avoir partagé vos précieuses histoires avec nous. **S** Gracias por compartir sus valiosas historias con nosotros. **P** Obrigado por compartilhar essa história valiosa conosco.)

⓱ □ くだらない (**F** insignifiant(e) **S** trivial **P** sem valor)

▶そんなくだらないことでけんかしてたの？
(**F** Vous vous êtes disputé(e)s pour une chose aussi insignifiante ? **S** ¿Se pelearon por algo tan trivial? **P** Vocês estavam brigando por uma coisa tão tola?)

⓲ □ 容易(な) (**F** facile **S** fácil **P** fácil)
よう い

▶これを使えば、比較的容易に作業できます。
つか ひかくてき さぎょう
(**F** C'est facile de travailler si tu utilises ça. **S** Esto hace que el trabajo sea relativamente fácil. **P** Se usar isto, o trabalho fica relativamente fácil.)

⑲ ☐ 得（な） (**F** avantageux / avantageuse **S** económico, ventajoso
とく **P** vantajoso, econômico)

▶ セットで注文したほうがだいぶお得ですね。
ちゅうもん
(**F** C'est beaucoup plus avantageux de commander le menu. **S** Es mucho más
económico pedir el menú completo. **P** É muito mais barato pedir o combo.)

⑳ ☐ 損 （な） (**F** perte **S** pérdida **P** perda)
そん

▶ あの映画は見なきゃ損だよ。
えいが み
(**F** Tu vas vraiment manquer quelque chose si tu ne vois pas ce film **S** Si no ves esa
película… tú te lo pierdes. **P** Você precisa assistir aquele filme, é imperdível.)

㉑ ☐ 不利（な） (**F** désavantageux / désavantageuse **S** desventajoso
ふ り **P** desvantagem)

▶ このルールだと、日本の選手にちょっと不利になる。
にほん せんしゅ
(**F** Cette règle désavantage un peu les joueurs japonais. **S** Esta regla pone un poco en
desventaja a los jugadores japoneses. **P** Com estas regras, os jogadores japoneses
estão um pouco em desvantagem.)

㉒ ☐ もっとも（な） (**F** compréhensible **S** razonable
P razoável, justo)

▶ まずいなんて言ったの？ 彼女が怒るのはもっともだよ。
い かのじょ おこ
(**F** Tu lui as dit que c'était mauvais ? C'est normal qu'elle soit en colère. **S** ¿Dijo que
estaba malo? Es razonable que esté enfadada. **P** Você disse que estava ruim? É justo
que ela esteja com raiva.)

㉓ ☐ 積極的（な） (**F** actif / active **S** positivo, activo **P** ativo, proativo)
せっきょくてき

▶ 言われたことだけするんじゃなくて、もっと積極的に動いて。
い うご
(**F** Ne vous contentez pas de faire ce qu'on vous dit, soyez plus actif. **S** No te limites a
hacer lo que te dicen, sé más activo. **P** Não só siga as ordens, seja mais proativo.)

㉔ ☐ 価値 (**F** valeur **S** valor **P** valor)
か ち

▶ この絵はどれくらいの価値があるんだろう。
え
(**F** Combien vaut ce tableau? **S** Me pregunto cuánto vale esta pintura. **P** Qual será o
valor desta pintura?)

社会・国・ルール 31

職業・身分 32

立場・役割 33

グループ・組織 34

行事・イベント 35

手続き 36

場所・位置・方向 37

商品・サービス 38

知識・能力 39

評価・成績 40

49

㉕ □ 評価(する) (**F** évaluer, apprécier **S** evaluar **P** avaliação)
ひょう か

▶ 長年続けた研究がやっと評価された。
なが ねん つづ　　けん きゅう
(**F** Les recherches que j'ai effectuées pendant des années sont enfin appréciées.
S Por fin se me valora la investigación que llevo años haciendo. **P** Finalmente, meu longo
trabalho de pesquisa foi reconhecido.)

㉖ □ 批判(する) (**F** critiquer **S** criticar **P** crítica)
ひ はん

▶ 今回の政府の対応について、マスコミ各社は厳しく批判しています。
こんかい　せい ふ　たいおう　　　　　　　　　　　かくしゃ　きび
(**F** Les médias ont sévèrement critiqué la réponse du gouvernement. **S** Todos los medios
de comunicación critican duramente la respuesta del gobierno. **P** A mídia está criticando
duramente a resposta do governo desta vez.)

㉗ □ 長所 (**F** point fort, qualité **S** punto fuerte, virtud **P** ponto forte)
ちょうしょ

▶ 私の長所は、新しいことに積極的なところです。
わたし　　　　　　あたら　　　　　せっきょくてき
(**F** Mon point fort, c'est que je m'engage activement à l'égard des nouvelles choses.
S Mi virtud es que soy activo ante las cosas nuevas. **P** Meu ponto forte é sempre estar
disposto a abraçar coisas novas.)

㉘ □ 短所 (**F** point faible **S** punto débil, defecto **P** ponto fraco)
たんしょ

㉙ □ 欠点 (**F** défaut **S** defecto **P** defeito)
けってん

㉚ □ 魅力 (**F** charme, attrait **S** encanto, atractivo **P** atrativo)
み りょく

▶ 就職率の高さが、この学校の大きな魅力になっています。
しゅうしょくりつ　たか　　　　　　　　がっこう　おお
(**F** Le taux d'emploi élevé est un attrait majeur de cette école. **S** La alta tasa de
contratación es el gran atractivo de esta escuela. **P** A alta taxa de empregabilidade é um
grande atrativo desta escola.)

㉛ □ 魅力的(な) (**F** charmant(e) **S** encantador **P** atraente)
てき

㉜ □ もったいない (**F** gâchis **S** desperdicio **P** desperdício)

▶ これ、捨てるの? もったいない。まだ使えるじゃない。
す　　　　　　　　　　　　　　　　　　　つか
(**F** Tu vas jeter ça ? C'est du gâchis. On peut encore l'utiliser. **S** ¿Vas a tirar esto? Qué
desperdicio. Todavía se puede utilizar. **P** Você vai jogar isso fora? Que desperdício. Ainda
está em boas condições.)

㉝ ☐ **勧める** (　F　recommander 　S　recomendar 　P　recomendar)
　すす

▶ そんなに勧めるんなら、私もそれ、飲んでみようかな。
　　　　　　　　　　　　　　わたし　　　　　　の
(　F　Eh bien, si vous insistez, je vais boire ça aussi. 　S　Si lo recomiendas tanto, yo también
lo pruebo. 　P　Se você recomenda tanto assim, talvez eu deva experimentar também.)

㉞ ☐ **おすすめ** (　F　recommandation 　S　recomendación 　P　sugestão)

▶ 〈レストランで〉おすすめの料理は何ですか。
　　　　　　　　　　　　　　　　りょうり　なん
(　F　(Au restaurant) Qu'est-ce que vous recommandez ? 　S　(En un restaurante) ¿Qué me
recomienda para comer? 　P　(No restaurante) O que você recomenda para comer?)

㉟ ☐ **推薦(する)** (　F　recommander 　S　recomendación
　すいせん　　　　　　　　　　P　recomendação)

▶ 先生が、今の会社の社長に私を推薦してくれたんです。
　せんせい　いま　かいしゃ　しゃちょう わたし
(　F　Le professeur m'a recommandé au président de mon entreprise actuelle.
　S　Mi profesor me recomendó al presidente de mi empresa actual. 　P　Meu professor me
recomendou para o presidente da minha empresa atual.)

▷ 推薦状 (　F　lettre de recommandation 　S　carta de recomendación 　P　carta de recomendação)
　　じょう

㊱ ☐ **評判** (　F　réputation 　S　reputación 　P　reputação)
　ひょうばん

▶ ここは、安くておいしいって評判だよ。
　　　　　やす
(　F　Cet endroit a la réputation d'être bon et pas cher. 　S　Este sitio tiene fama de ser barato
y bueno. 　P　Esse lugar tem a fama de ser bom e barato.)

㊲ ☐ **賞** (　F　prix 　S　premio 　P　prêmio)
　しょう

▷ 賞金、賞品
　しょうきん しょうひん
(　F　prix, récompense 　S　premio en metálico; premio 　P　prêmio em dinheiro, prêmio)

㊳ ☐ **勝ち** (　F　victoire, gagner 　S　victoria 　P　vitória)
　か

㊴ ☐ **負け** (　F　défaite 　S　derrota 　P　derrota)
　ま

174

社会・国ルール 31

職業・身分 32

立場・役割 33

グループ・組織 34

行事・イベント 35

手続き 36

場所・位置・方向 37

商品サービス 38

知識・能力 39

評価・成績 40

❹⓪ □ 優勝(する)　(**F** gagner **S** ganar **P** vitória)
　　ゆうしょう

❹❶ □ 〜位　(**F** être classé(e) 〜 **S** puesto… **P** colocação, posição)
　　い

▶ 6位までに入れたら、賞がもらえるんだって。
　　い　　　　　　　　しょう
(**F** Si j'arrive dans les six premiers, je recevrai un prix. **S** Dicen que si quedas entre los seis primeros puestos, te dan un premio. **P** Se você conseguir chegar entre os seis primeiros, receberá um prêmio.)

❹❷ □ 順位　(**F** rang **S** rango **P** classificação)
　　じゅんい

❹❸ □ 受かる　(**F** être accepté(e) **S** aprobar (un examen) **P** passar (em um exame))
　　う

▷ 試験に受かる / 落ちる
　　しけん　　う　　　お
(**F** réussite/échec à un examen **S** aprobar/suspender un examen **P** passar/reprovar no exame)

❹❹ □ 解答(する)　(**F** répondre **S** respuesta **P** resposta)
　　かいとう

▶ 問題が多くて、全部解答できなかった。
　　もんだい　おお　　　ぜんぶ
(**F** Il y avait tellement de questions que je n'ai pas pu répondre à toutes. **S** Había tantas preguntas que no pude contestarlas todas. **P** Havia tantas perguntas que eu não consegui responder a todas.)

▶ 解答は後ろのページに載ってます。
　　かいとう　うし　　　　　　の
(**F** Les réponses se trouvent sur la dernière page. **S** Las respuestas están en la última página. **P** As respostas estão no verso da página.)

❹❺ □ 点数　(**F** point **S** puntuación **P** pontuação)
　　てんすう

❹❻ □ カンニング(する)　(**F** tricher **S** hacer trampas **P** cola)

❹❼ □ ずるい　(**F** roublard(e), injuste **S** astuto, tramposo, injusto **P** desonesto, injusto)

UNIT 41

経済・ビジネス
けいざい

(**F** Économie, affaires
S Economía, negocios
P Economia, negócios)

❶ □ **経済** (**F** économie **S** economía **P** economia)
けいざい

❷ □ **経済的(な)** (**F** économique **S** económico **P** econômico)
てき
▶ 高い金を出して買うより借りたほうがずっと経済的だよ。
たか かね だ か か
(**F** Il est beaucoup plus économique d'emprunter que de payer beaucoup d'argent pour
acheter. **S** Es mucho más económico alquilar que gastar tanto dinero en comprar.
P É muito mais econômico pegar emprestado do que gastar muito dinheiro para comprar.)

❸ □ **景気** (**F** économie **S** economía **P** economia)
けい き
▶ 最近、景気がよくないですね。
さいきん
(**F** L'économie n'a pas été bonne ces derniers temps. **S** La economía no va bien
últimamente. **P** Recentemente, a economia não está indo bem, não é?)

❹ □ **株** (**F** bourse **S** acciones **P** ações)
かぶ

❺ □ **市場** (**F** marché **S** mercado **P** mercado)
し じょう
▶ 健康食品の市場はさらに大きくなるでしょう。
けんこうしょくひん おお
(**F** Le marché des produits diététiques sera encore plus important. **S** El mercado de
alimentos saludables crecerá aún más. **P** O mercado de alimentos saudáveis crescerá
ainda mais.)

❻ □ **金融** (**F** finance **S** finanzas **P** finanças)
きんゆう

❼ □ **物価** (**F** prix **S** precio **P** preço)
ぶっ か
▶ 東京に比べると、この辺は物価が安い。
とうきょう くら へん やす
(**F** Les prix sont moins élevés ici qu'à Tokyo. **S** En comparación con Tokio, los precios
son más baratos por aquí. **P** Comparado a Tóquio, o custo de vida por aqui é mais baixo.)

文学・音楽・芸術 42

精神・宗教 43

気持ち①・心の状態 44

気持ち②・心の状態 45

方法・形式・スタイル 46

本 47

言葉 48

性格・態度 49

単位・数え方 50

❽ □ 消費(する) (**F** consommer **S** consumo **P** consumo)
しょうひ

▶ 日本人のお米の消費量は徐々に減っている。
にほんじん こめ りょう じょじょ へ
(**F** La consommation de riz des Japonais diminue progressivement. **S** El consumo de arroz por parte de los japoneses está disminuyendo gradualmente. **P** O consumo de arroz pelos japoneses está diminuindo gradualmente.)

▷ 消費者 (**F** consommateur **S** consumidor **P** consumidor)
しゃ

❾ □ インフレ(ーション) (**F** inflation **S** inflación **P** inflação)

❿ □ デフレ(ーション) (**F** déflation **S** deflación **P** deflação)

⓫ □ 企業 (**F** entreprise **S** corporación, empresa **P** empresa)
き ぎょう

▷ 企業の社会的責任
しゃかいてきせきにん
(**F** responsabilité sociale de l'entreprise **S** responsabilidad social empresarial **P** responsabilidade social das empresas)

⓬ □ 経営(する) (**F** gérer **S** gestión, administración **P** administração, gestão)
けいえい

▷ 経営者 (**F** gestionnaire de l'entreprise **S** administrador, gerente **P** administrador, gestor)
しゃ

⓭ □ 売り上げ／売上 (**F** chiffre d'affaires **S** ventas **P** venda)
う あ うりあげ

▷ 売上が伸びる (**F** augmentation du chiffre d'affaires **S** aumentar las ventas **P** Aumentar as vendas, o faturamento)
の

⓮ □ 利益 (**F** bénéfice **S** beneficios, ganancias **P** lucro)
りえき

▷ 利益を得る (**F** obtenir des bénéfices **S** obtener beneficios **P** obter lucro)
え

⓯ □ 倒産(する) (**F** faire faillite **S** quiebra **P** falência)
とうさん

文学・音楽・芸術
ぶんがく　おんがく　げいじゅつ

(**F** Littérature, musique, art **S** Literatura, música, arte **P** Literatura, música, arte)

---

❶ □ **芸術** (**F** art **S** arte **P** arte)
げいじゅつ

▷ 芸術家 (**F** artiste **S** artista **P** artista)
　　か

---

❷ □ **作品** (**F** œuvre **S** obra **P** obra)
さくひん

❸ □ **展示(する)** (**F** exposer **S** exposición **P** exposição)
てんじ

▶ 今回の展示には、有名な作品がいくつもありました。
こんかい　　　　　　　　ゆうめい

(**F** Cette exposition présentait un certain nombre d'œuvres célèbres.
S En esta exposición había muchas obras famosas. **P** Nesta exposição havia várias obras famosas.)

---

❹ □ **作者** (**F** auteur / autrice **S** autor **P** autor)
さくしゃ

---

❺ □ **小説** (**F** roman **S** novela **P** romance)
しょうせつ

▷ 小説家 (**F** romancier / romancière **S** novelista, escritor **P** romancista)
　　か

---

❻ □ **詩** (**F** poème **S** poema **P** poema)
し

▷ 詩人 (**F** poète **S** poeta **P** poeta)
しじん

---

❼ □ **劇** (**F** pièce de théâtre **S** teatro, obra teatral **P** teatro, peça teatral)
げき

---

❽ □ **曲** (**F** chanson, morceau de musique **S** pieza musical, canción
きょく **P** música)

❾ □ 作曲(する) （**F** composer **S** componer **P** composição）
さっきょく

▶ この曲は誰が作曲したんですか。
だれ
（**F** Qui a composé ce morceau ? **S** ¿Quién compuso esta pieza musical?
P Quem compôs esta música?）

❿ □ 演奏(する) **F** jouer (dans un concert) **S** interpretar, tocar
えんそう **P** execução）

⓫ □ バイオリン （**F** violon **S** violín **P** violino）

⓬ □ オーケストラ （**F** orchestre **S** orquesta **P** orquestra）

⓭ □ リズム （**F** rythme **S** ritmo **P** ritmo）

▶ リズムに合わせて手を叩いてください。
あ て たた
（**F** Frappez des mains en rythme. **S** Aplaudan siguiendo el ritmo. **P** Por favor, bata
palmas de acordo com o ritmo.）

経済・ビジネス 41

文学・音楽・芸術 42

精神・宗教 43

気持ち・心の状態① 44

気持ち・心の状態② 45

方法・形式・スタイル 46

本 47

言葉 48

性格・態度 49

単位・数え方 50

精神・宗教
せいしん しゅうきょう

(**F** Spiritualité, religion **S** Espiritualidad, religión **P** Espiritualidade, religião)

---

❶ ☐ **精神** (**F** spiritualité, psychologie **S** espíritu, mente
せいしん **P** espírito, mente)

▶ 私の場合、親が常に精神的な支えになってくれました。
わたし ばあい おや つね てき ささ
(**F** Dans mon cas, mes parents ont toujours été mon soutien psychologique.
S En mi caso, mis padres siempre fueron mi apoyo emocional. **P** No meu caso, meus
pais foram uma fonte constante de apoio emocional.)

---

❷ ☐ **宗教** (**F** religion **S** religión **P** religião)
しゅうきょう

---

❸ ☐ **神** (**F** dieu **S** dios **P** Deus)
かみ

❹ ☐ **神様** (**F** Dieu **S** dios **P** Deus)
かみさま

---

❺ ☐ **キリスト教** (**F** christianisme **S** cristianismo **P** cristianismo)
きょう

---

❻ ☐ **イスラム教** (**F** islam **S** islam **P** islã)
きょう

---

❼ ☐ **仏教** (**F** bouddhisme **S** budismo **P** budismo)
ぶっきょう

---

❽ ☐ **仏** (**F** Bouddha **S** Buda **P** Buda)
ほとけ

❾ ☐ **仏様** (**F** Bouddha **S** Buda **P** Buda)
ほとけさま

気持ち・心の状態①
きも こころ じょうたい

(**F** Sentiments, état d'esprit **S** Sentimientos, estados de ánimo **P** Sentimentos, estados mentais)

❶ □ **希望(する)** (**F** espérer **S** esperanza, deseo, preferencia
きぼう **P** desejo, esperança)

▶ 希望する大学に入ることができました。
きぼう だいがく はい

(**F** J'ai pu entrer dans l'université que j'espérais. **S** Conseguí ingresar a la universidad que quería. **P** Consegui entrar na universidade que eu desejava.)

❷ □ **期待(する)** (**F** espérer, s'attendre à quelque chose
きたい **S** expectativas **P** expectativa)

▶ 期待していたほど、おいしくなかった。
きたい

(**F** Ce n'était pas aussi bon que je l'espérais. **S** No estaba tan rico como esperaba. **P** Não estava tão saboroso quanto eu esperava.)

❸ □ **感動(する)** (**F** être ému(e) **S** emocionarse, impresionarse
かんどう **P** emoção)

▶ 彼女の歌を聴いて、とても感動しました。
かのじょ うた かんどう

(**F** J'ai été très ému(e) de l'entendre chanter. **S** Me emocioné mucho cuando la oí cantar. **P** Fiquei muito emocionado ao ouvi-la cantar.)

❹ □ **興奮(する)** (**F** être excité(e) **S** excitarse, entusiasmarse
こうふん **P** empolgação)

▶ 今日の試合はすごかったね。久しぶりに興奮した。
きょう しあい ひさ こうふん

(**F** Le match d'aujourd'hui était incroyable. J'étais excité(e) pour la première fois depuis longtemps. **S** El partido de hoy fue increíble. Hacía mucho tiempo que no me entusiasmaba así. **P** O jogo de hoje foi incrível, não é? Há muito tempo que eu não me empolgava assim.)

❺ □ **(お)めでたい** (**F** être heureux / heureuse (évènement heureux)
S dichoso, digno de felicitación **P** ditoso, digno de felicitação)

▶ 村田さんが結婚？ それはおめでたい。
むらた けっこん

(**F** Murata-san s'est marié(e) ? Quel évènement heureux ! **S** ¿Te casas, Murata? ¡Felicidades! **P** A senhorita Murata se casou? Isso é uma ótima notícia.)

❻ □ ありがたい (**F** être reconnaissant(e) **S** estar agradecido **P** agradecido)

▶ 原さんは困ったときにいつも助けてくれて、本当にありがたいと思っています。
はら こま たす ほんとう おも

(**F** Hara-san m'a toujours aidé(e) quand j'ai eu des problèmes et je lui en suis très reconnaissant(e), **S** Hara, usted siempre me ha ayudado cuando he tenido problemas, y le estoy muy agradecido. **P** O senhor Hara sempre me ajuda quando estou em apuros, sou realmente grato por isso.)

❼ □ 緊張(する) (**F** être nerveux / nerveuse **S** ponerse nervioso **P** tensão, nervosismo)
きんちょう

▶ 人前で話すのは苦手で、いつも緊張します。
ひとまえ はな にがて

(**F** Je ne suis pas doué(e) pour parler en public et je suis toujours nerveux. **S** No se me da bien hablar en público y siempre me pongo nerviosa. **P** Não tenho jeito para falar em público e fico sempre nervoso.)

❽ □ 落ち着く (**F** être apaisé(e), calme **S** calmarse **P** acalmar-se)
お つ

▶ 落ち着いてゆっくり話してください。
お つ はな

(**F** S'il vous plaît, parlez calmement et lentement. **S** Cálmese y hable despacio. **P** Fique calmo e fale devagar, por favor.)

❾ □ 気楽(な) (**F** sans souci, doucement **S** despreocupado **P** despreocupação)
きらく

▶ 私はアルバイトだから気楽にやってるけど、社員の人は大変そうです。
わたし しゃいん たいへん

(**F** Je ne travaille qu'à temps partiel, donc sans-souci, mais les employés ont l'air d'avoir du mal. **S** Trabajo a tiempo parcial, así que no me preocupo, pero creo que los trabajadores a tiempo completo lo pasan mal. **P** É mais fácil para mim porque trabalho meio período, mas parece ser difícil para os funcionários efetivos.)

❿ □ 自慢(する) (**F** se vanter **S** alardear, presumir **P** orgulho)
じまん

▶ 森さんはいつも子どもの自慢をするんですよ。別に聞きたくないのに。
もり こ べつ き

(**F** Mme Mori se vante toujours de ses enfants. Mais ça ne m'intéresse même pas. **S** Mori siempre está presumiendo de sus hijos. No quiero ni oír hablar de ellos. **P** A senhora Mori sempre se gaba dos filhos. Mesmo que eu não esteja disposta a ouvir.)

経済・ビジネス 31

文学・音楽・芸術 32

精神・宗教 43

気持ち・心の状態 ① 44

気持ち・心の状態 ② 45

方法・形式・スタイル 46

本 47

言葉 48

性格・態度 49

単位・数え方 50

⓫ □ 自信 (じしん) (**F** être confiant(e) **S** confianza en uno mismo **P** confiança)

▶ いろいろ研究もしましたので、味には自信があります。
けんきゅう あじ

(**F** J'ai fait beaucoup de recherches, donc j'ai confiance dans le goût. **S** He investigado mucho, así que confío en que tenga buen sabor. **P** Fizemos muitas pesquisas e estamos confiantes quanto ao sabor.)

⓬ □ 勇気 (ゆうき) (**F** courage **S** coraje **P** coragem)

▶ 私には、知らない人に注意する勇気はないなあ。
わたし し ひと ちゅうい ゆうき

(**F** Je n'ai pas le courage de faire des remarques aux gens que je ne connais pas.
S No tengo el valor de llamarles la atención a las personas que no conozco.
P Eu não tenho coragem de chamar a atenção de estranhos.)

⓭ □ 気 (き) (**F** intention, sentiment **S** energía **P** intenção, sentimento)

▶ ねえ、買う気がないなら、帰ろうよ。もう７時だよ。
か き かえ じ

(**F** Si tu n'as pas l'intention d'acheter, rentrons à la maison. Il est déjà 19 heures.
S Oye, si no quieres comprar, vámonos a casa. Ya son las siete. **P** Ei, se você não tem intenção de comprar, vamos embora. Já são sete horas!)

⓮ □ 気がする (きがする) (**F** avoir l'impression **S** tener la sensación de **P** ter a sensação/impressão)

▶ こっちのほうがお得な気がする。
とく き

(**F** J'ai l'impression que celui-ci est une meilleure affaire. **S** Tengo la sensación de que este es más conveniente. **P** Tenho a impressão de que este é mais vantajoso.)

⓯ □ 夢中(な) (むちゅう) (**F** être fou / folle de **S** entusiasmado, enganchado **P** obsessão)

▶ うちの子は今、サッカーに夢中なんです。
こ いま むちゅう

(**F** Notre enfant est fou de football maintenant. **S** Nuestro hijo ahora está muy enganchado al fútbol. **P** Meu filho está totalmente obcecado por futebol agora.)

⓰ □ 熱中(する) (ねっちゅう) (**F** être absorbé(e) par **S** estar absorto **P** concentração)

▶ ごめん。ゲームに熱中して、メールに気づかなかった。
ねっちゅう き

(**F** Je suis désolé(e). J'étais tellement absorbé(e) par le jeu que je n'ai pas remarqué ton e-mail. **S** Lo siento. Estaba tan absorto jugando que no me di cuenta del correo electrónico. **P** Desculpe. Eu estava tão concentrado no videogame que não percebi sua mensagem.)

❶⓻ ☐ **必死（な）** (**F** faire quelque chose désespérément, de toutes ses forces **S** desesperado, a más no poder **P** desespero)
ひっし

▶ 一年間必死に勉強したら、受かるかもしれない。
いちねんかん　　　　べんきょう　　　　　　う
(**F** Si vous étudiez dur pendant un an, vous serez peut-être reçu(e). **S** Si estudias a más no poder durante un año, es posible que apruebes. **P** Se você estudar arduamente por um ano, talvez consiga passar.)

❶⓼ ☐ **感情** (**F** émotion **S** emoción **P** emoção)
かんじょう

▶ 動物にも感情があります。うれしいときはうれしいし、悲しいときは悲しいんです。
どうぶつ　　　　　　　　　　　　　　　　　　　　　　　　　かな
(**F** Les animaux aussi ont des émotions. Quand ils sont heureux, ils sont heureux, et quand ils sont tristes, ils sont tristes. **S** Los animales también tienen sentimientos. A veces están contentos y otras veces, tristes. **P** Os animais também têm emoções. Eles ficam felizes quando estão felizes e tristes quando estão tristes.)

❶⓽ ☐ **懐かしい** (**F** être nostalgique de **S** nostálgico **P** nostálgico)
なつ

▶ この曲、懐かしい。昔よく聴いた。
きょく　　　　　　　　むかし　　き
(**F** Cette chanson me rappelle des souvenirs. Je l'écoutais tout le temps quand j'étais plus jeune. **S** Qué nostalgia me da esta canción... Solía escucharla mucho. **P** Esta música me dá nostalgia. Costumava ouvir muito no passado.)

❷⓪ ☐ **ホームシック** (**F** mal du pays **S** nostalgia por su hogar **P** saudade de casa)

❷❶ ☐ **泣く** (**F** pleurer **S** llorar **P** chorar)
な

▶ 日本に来た最初の頃は、ホームシックでよく泣いていました。
にほん　き　さいしょ　ころ
(**F** Quand je suis arrivé(e) au Japon, je pleurais souvent parce que j'avais le mal du pays. **S** Cuando llegué a Japón, solía llorar mucho porque extrañaba mi casa. **P** Quando vim ao Japão pela primeira vez, costumava chorar muito devido à saudade de casa.)

❷❷ ☐ **かわいそう（な）** (**F** le / la pauvre **S** penoso, lastimoso **P** sentimento de pena / lástima)

▶ こんな小さい子が手術するの？　かわいそう。
ちい　こ　しゅじゅつ
(**F** Ce petit va se faire opérer ? Oh pauvre enfant. **S** ¿Van a operar a esta niña? Pobrecita. **P** Uma criança tão pequena será operada? Coitadinha!)

経済・ビジネス 41

文学・音楽・芸術 42

精神・宗教 43

気持ち・心の状態 ① 44

気持ち・心の状態 ②

方法・形式・スタイル 46

本 47

言葉 48

性格・態度 49

単位・数え方 50

54

㉓ □ 憎い（にく）（**F** haïr **S** odioso **P** odioso）

▶子どものころは、酒を飲んで暴れる父親を憎いと思ったことも
ありました。
（**F** Quand j'étais enfant, je détestais parfois mon père à cause de ses colères ivres.
S Cuando era niño, había momentos en que odiaba a mi padre porque bebía y se volvía
violento. **P** Quando eu era criança, havia momentos em que odiava meu pai porque ele
bebia e se tornava violento.）

㉔ □ 反省（する）（はんせい）（**F** regretter **S** reflexionar **P** arrependimento）

▶説明が足りなかったと反省しています。
（**F** Je regrette de ne pas m'être assez bien expliqué(e). **S** He reflexionado y creo que no
me expliqué lo suficientemente bien. **P** Eu me arrependo de não ter explicado
suficientemente bem.）

㉕ □ 申し訳ない（もう わけ）（**F** être désolé(e) **S** lamentarlo, no tener excusas
P desculpe）

▶お返事が遅くなって、申し訳ありませんでした。
（**F** Je suis désolé(e) d'avoir mis autant de temps à vous répondre. **S** Lamento haberme
demorado en mi respuesta. **P** Peço desculpas pela resposta tardia.）

㉖ □ 悩む（なや）（**F** être désemparé(e), hésiter **S** preocuparse, pensar mucho
(algo) **P** preocupar-se）

▶いろいろ悩みましたが、会社をやめることにしました。
（**F** Après avoir hésité longtemps j'ai finalement décidé de quitter mon emploi.
S Después de pensarlo mucho, decidí dejar mi trabajo. **P** Depois de hesitar por um longo
tempo, finalmente decidi sair da empresa.）

㉗ □ 悩み（なや）（**F** souci **S** preocupación **P** preocupação）

㉘ □ しょうがない（**F** il n'y a rien à faire **S** no haber remedio, ser
inevitable **P** sem solução）

㉙ □ しかた（が）ない（**F** il n'y a rien à faire **S** no haber remedio, ser inevitable
P sem alternativa）

㉚ □ あきらめる（**F** renoncer **S** abandonar, rendirse **P** desistir）

▶最後まであきらめないで、よく頑張ったよ。
（**F** Tu as vraiment fait de gros efforts, sans jamais renoncer. **S** Hicieron todo lo que
pudieron, sin rendirse nunca. **P** Você não desistiu e se esforçou muito até o final!）

㉛ ☐ **焦る**（あせ） （🇫 avoir un coup de stress 🇸 estar ansioso, impacientarse 🇵 precipitar-se）

▶ 起きたら9時過ぎてたから、焦った。
（🇫 J'ai eu un coup de stress parce que quand je me suis réveillé(e), il était plus de 9 heures du matin. 🇸 Cuando me desperté, eran más de las nueve, así que me apresuré. 🇵 Quando acordei, já passava das nove horas, então me apressei.）

㉜ ☐ **慌てる**（あわ） （🇫 être pressé(e), en panique 🇸 precipitarse 🇵 atrapalhar-se, perder a calma）

▶ 時間はあるから、慌てなくていいよ。
（🇫 On a le temps, ne panique pas. 🇸 Tienes tiempo, así que no te precipites. 🇵 Você tem tempo, então não precisa se apressar.）

㉝ ☐ **恐ろしい**（おそ） （🇫 terrifiant(e) 🇸 aterrador 🇵 assustador）

▶ この病気は感染するとほぼ100パーセント死ぬんだって。
——えっ、死ぬの!?　……恐ろしい。
（🇫 J'ai entendu dire que cette maladie tue presque 100 % de ceux qui la contractent. — Quoi ? C'est mortel ? C'est terrifiant. 🇸 He oído que esta enfermedad mata a casi el 100 % de quienes la contraen. —¿Cómo? Suena aterrador. 🇵 — Dizem que esta doença mata quase 100% das pessoas que a contraem. — Nossa, é mortal? Isso é assustador.）

㉞ ☐ **怖い**（こわ） （🇫 effrayant(e), qui fait peur 🇸 dar miedo 🇵 assustador）

▷ 怖い映画（えいが） （🇫 un film qui fait peur 🇸 película de terror 🇵 filme assustador）

㉟ ☐ **恐怖**（きょうふ） （🇫 peur 🇸 miedo 🇵 terror, medo）

▶ その時は本当に恐怖を感じました。
（🇫 J'ai eu très peur à l'époque. 🇸 Estaba realmente asustado en ese momento. 🇵 Naquele momento, senti verdadeiro terror.）

㊱ ☐ **不思議（な）**（ふしぎ） （🇫 étrange 🇸 misterioso, sorprendente 🇵 misterioso）

▶ どうして鳥が自分の巣に戻れるのか、ほんと、不思議だよね。
（🇫 C'est vraiment étrange que les oiseaux puissent retrouver leur nid. 🇸 Es sorprendente cómo los pájaros pueden regresar a sus nidos. 🇵 É realmente surpreendente como os pássaros conseguem voltar aos seus ninhos.）

経済・ビジネス 41

文学・音楽・芸術 42

精神・宗教 43

気持ち・心の状態 ① 44

気持ち・心の状態 ②45

方法・形式・スタイル 46

本 47

言葉 48

性格・態度 49

単位・数え方 50

㊲ ☐ **意外(な)** (**F** surprenant(e) , inattendu **S** inesperado
　　　　 P inesperado, imprevisto)
　　　　 いがい

▶青木さんがそんなことを言うなんて、意外だなあ。
　あおき　　　　　　　　　　　　　い
(**F** C'est inattendu qu'Aoki-san dise une telle chose. **S** Que Aoki dijera tal cosa fue algo inesperado. **P** É surpreendente que o senhor Aoki tenha dito algo assim.)

㊳ ☐ **感心(する)** (**F** admirer, etre impressionné(e) **S** admiración
　　　　 かんしん　　 **P** admiração)

▶リカちゃんはまだ8歳なのに、一人で何でもできて、感心しま
　　　　　　　　　さい　　　　　ひとり　なん
した。
(**F** Rika n'a que huit ans, mais elle est capable de tout faire toute seule, je suis impressionné(e). **S** Es admirable que Rika pueda hacer todo por sí misma con solo ocho años. **P** A Rika, que tem apenas 8 anos, consegue fazer tudo sozinha, fiquei admirado.)

㊴ ☐ **関心** (**F** être intéressé(e) **S** interés **P** interesse)
　　　　 かんしん

▶彼女はスポーツにはあまり関心がないようです。
　かのじょ
(**F** Elle ne semble pas très intéressée par le sport. **S** No parece estar muy interesada en los deportes. **P** Ela não parece estar muito interessada em esportes.)

㊵ ☐ **無関心（な）** (**F** être desintéressé(e) **S** indiferente, sin interés **P** indiferença)
　　　　 むかんしん

▶このままでは政治に無関心な若者がますます増えてしまう。
　　　　　　せいじ　　　　　　わかもの　　　　　ふ
(**F** Si cela continue, de plus en plus de jeunes se désintéresseront de la politique.
S Si esto sigue así, seguirá aumentando el número de jóvenes que no están interesados en la política. **P** Se as coisas continuarem assim, o número de jovens desinteressados por política continuará a aumentar.)

㊶ ☐ **笑顔** (**F** sourire **S** sonrisa **P** sorriso)
　　　　 えがお

㊷ ☐ **機嫌** (**F** humeur **S** humor **P** humor, estado de espírito)
　　　　 きげん

▶今日は社長は機嫌がいいみたいです。
　きょう　しゃちょう
(**F** Le président semble être de bonne humeur aujourd'hui. **S** El presidente parece estar hoy de buen humor. **P** Hoje o chefe parece estar de bom humor.)

55

UNIT 45

気持ち・心の状態②
きも　　　こころ　じょうたい

(**F** Sentiments, émotions **S** Sentimientos, estados de ánimo **P** Sentimentos, estados mentais)

❶ □ 嫌い（な）（**F** ne pas aimer **S** odioso, detestable **P** aversão）
きら

▷ 嫌いな食べ物、大嫌い
た　もの　だい
(**F** nourriture que l'on n'aime pas, détester **S** comida que uno odia; detestable
P comida que não gosta, detestável)

❷ □ 嫌う（**F** détester **S** odiar **P** odiar）
きら

▶ 別に彼を嫌ってるわけじゃありません。よく知らないだけなん
べつ　かれ　　　　　　　　　　　　　　　　　　　　し
です。

(**F** Ce n'est pas que je le déteste. Je ne le connais tout simplement pas bien. **S** No es
que lo odie, es que no lo conozco bien. **P** Não é que eu o odeie ou algo assim. Só não o
conheço bem.)

❸ □ 嫌（な）（**F** détestable, désagréable **S** desagradable
いや　　　　**P** desagradável）

▶ また雨が降ってきた。嫌な天気だね。
あめ　ふ　　　　　　　　てんき
(**F** Il pleut à nouveau. Le temps est désagréable, n'est-ce pas ? **S** Está lloviendo otra vez.
Qué tiempo más desagradable. **P** Está chovendo de novo. O tempo está desagradável,
não é?)

❹ □ 嫌がる（**F** être réticent(e) **S** odiar **P** não gostar de…, ter aversão）
いや

▶ 妹はいつも、歯医者に行くのを嫌がってました。
いもうと　　　　はいしゃ　い　　　　いや
(**F** Ma sœur a toujours détesté aller chez le dentiste. **S** Mi hermana siempre odiaba ir al
dentista. **P** Minha irmã sempre odiou em ir ao dentista.)

❺ □ うらやましい（**F** envieux / envieuse **S** envidiable
P invejável）

▶ 10日も休みがとれるの？　うらやましいなあ。
か　やす
(**F** Tu as 10 jours de congé ? Je t'envie. **S** ¿Puedes tomarte diez días libres? Qué
envidia. **P** Você vai poder tirar 10 dias de folga? Que inveja!)

経済・ビジネス

文学・音楽・芸術

精神・宗教

気持ち・心の状態 ①

気持ち・心の状態 ②

方法・形式・スタイル・

本

言葉

性格・態度

単位・数え方

41

42

43

44

45

46

47

48

49

50

❻ □ 惜しい (**F** être dommage **S** lamentable **P** lamentável)
お

▶〈スポーツ〉惜しい！　あともうちょっとだったね。

(**F** (Dans le sport) Dommage ! Tu étais pourtant si proche du but. **S** (Deportes) ¡Qué rabia! Estuvimos tan cerca. **P** (No esporte) Que pena! Foi por pouco!)

❼ □ 悔しい (**F** décevant, frustrant **S** lamentable **P** frustrante)
くや

▶あんなチームに負けるなんて、悔しいなあ。
ま

(**F** Perdre contre une équipe pareille, c'est frustrant. **S** Es tan lamentable perder contra un equipo así. **P** É frustrante perder para um time como aquele.)

❽ □ 悔やむ (**F** regretter **S** arrepentirse **P** lamentar)
く

▶悔やんでもしかたないよ。あの時はそう思ったんだから。
とき　　　　おも

(**F** Il n'y a rien à regretter. C'est ce que tu as jugé bon à ce moment-là. **S** No hay nada de lo que arrepentirse. Eso pensé en ese momento. **P** Não adianta se lamentar. Foi o que você achou adequado fazer naquele momento.)

❾ □ 後悔(する) (**F** regretter **S** arrepentirse **P** arrependimento)
こうかい

▶あんなことを言わなければよかったと後悔しています。
い

(**F** Je regrette d'avoir dit cela. **S** Me arrepiento. Ojalá no lo hubiera dicho. **P** Eu me arrependo de ter dito aquilo.)

❿ □ 辛い (**F** dur, difficile (situation) **S** duro, difícil **P** difícil, doloroso)
つら

▶そんなに辛かったら、仕事やめたら？
しごと

(**F** Si c'est si dur, pourquoi ne pas quitter ton travail ? **S** Si es tan duro, ¿por qué no dejas tu trabajo? **P** Se está sendo tão duro, por que você não larga o emprego?)

⓫ □ 不満(な) (**F** être mécontent(e) **S** insatisfecho **P** insatisfação)
ふまん

▶不満があるなら、はっきり言ってください。
い

(**F** Si tu es mécontent(e), dis-le clairement ! **S** Si no estás satisfecho, dilo claro. **P** Se você está insatisfeito, por favor, seja claro.)

⑫ □ **飽きる** (F se lasser　S hartarse　P enjoar)

▶ 毎日同じメニューで飽きない？
まいにちおな
(F Tu ne te lasses pas de manger le même menu tous les jours ？ S ¿No te hartas del mismo menú todos los días? P Você não enjoa do mesmo cardápio todos os dias?)

⑬ □ **うんざり(する)** (F en avoir marre　S estar harto　P farto)

▶ 課長の自慢話にはうんざりだよ。
か ちょう　じ まんばなし
(F J'en ai marre des vantardises du chef de section. S Estoy harto de los alardes del jefe de sección. P Estou farto de ouvir o chefe do departamento se gabar.)

⑭ □ **落ち込む** (F être triste, perdre le moral　S deprimirse
お こ 　 P ficar deprimido)

▶ そんなに落ち込まないで。次、頑張ろう。
つぎ がんば
(F Ne sois pas triste. On fera mieux la prochaine fois. S No te deprimas. Hagámoslo lo mejor que podamos la próxima vez. P Não fique tão deprimido. Vamos dar o nosso melhor na próxima vez.)

⑮ □ **がっかり(する)** (F être déçu(e)　S decepcionarse
　 P desapontado)

▶ 〈映画について〉期待してたのに、がっかりした。全然面白く
えい が　　　　き たい　　　　　　　　　　　　　　　　　　　　ぜんぜんおもしろ
なかった。
(F (Après un film) J'attendais beaucoup de ce film, mais j'ai été très déçu(e). Ce n'était pas du tout intéressant. S (Sobre una película) Tenía muchas expectativas sobre esta película, pero me decepcionó. No fue interesante en absoluto. P (Sobre o filme) Eu tinha expectativas, mas fiquei desapontado. Não foi nada interessante.)

⑯ □ **ショック** (F être choqué(e)　S golpe emocional, conmoción
　 P choque)

▷ ショックを受ける、ショックを与える、ショックな出来事
で きごと
(F recevoir un choc, causer un choc, un événement choquant S recibir un golpe emocional; conmocionar; acontecimiento impactante P ficar chocado, chocar alguém, evento chocante)

⑰ □ **ため息** (F soupir　S suspiro　P suspiro)
いき

▷ ため息をつく (F soupirer　S suspirar　P suspirar)

56

UNIT 46

方法・形式・スタイル
ほうほう　けいしき

(**F** Méthodes, systèmes, styles **S** Métodos, formatos, estilos **P** Método, formato, estilo)

❶ □ **手段** (**F** moyen **S** medio **P** meio)
　　しゅだん

▶ ああいう人は、目的のためなら、どんな手段を使ってもいいと
　思っているんだよ。
　ひと　もくてき　　　　　　　　　　つか
　おも

(**F** Les personnes de ce genre sont prêtes à utiliser n'importe quel moyen pour atteindre leurs objectifs. **S** Una persona así está dispuesta a utilizar cualquier medio para lograr sus objetivos. **P** Pessoas assim pensam que podem usar qualquer meio para alcançar seus objetivos.)

▷ **交通手段** (**F** mode / moyen de transport **S** medio de transporte **P** meios de
　こうつう
transporte)

❷ □ **方法** (**F** méthode **S** método, manera **P** método)
　　ほうほう

❸ □ **アンケート** (**F** sondage **S** encuesta, cuestionario **P** pesquisa)

❹ □ **くじ** (**F** tirage au sort **S** lotería **P** sorteio)

▷ **くじを引く、宝くじ** (**F** tirage au sort, loterie **S** echar a suertes, sortear; lotería
　　　ひ　　たから
P sortear, bilhete de loteria)

❺ □ **じゃんけん** (**F** pierre-papier-ciseaux **S** piedra-papel-tijeras
　　　　　　　　　P jogo de pedra, papel e tesoura)

❻ □ **型** (**F** forme **S** tipo, en forma de **P** forma)
　　かた

▷ **ハート型のチョコ、体型**
　　　　がた　　　　たいけい
(**F** chocolats en forme de cœur, silhouette **S** chocolate en forma de corazón; figura corporal **P** chocolate em forma de coração, forma do corpo)

❼ ☐ モデル (**F** modèle **S** modelo **P** modelo)

▶ 彼女が作品のモデルだそうです。
かのじょ　さくひん
(**F** Il semble qu'elle soit le modèle de l'œuvre. **S** Ella es la modelo de la obra.
P Parece que ela é a modelo da obra.)

❽ ☐ 最新のモデル (**F** le dernier modèle **S** último modelo **P** último modelo)
さいしん

❾ ☐ 形式 (**F** format **S** formato **P** formato)
けいしき

▶ 今までの形式にこだわらないで、自由にやってください。
いま　　　　　　　　　　　　　　　　　じゆう
(**F** N'hésitez pas à faire les choses à votre manière, sans vous attacher à l'ancien format.
S No te ciñas al formato utilizado hasta ahora. Siéntete libre de hacer lo que quieras.
P Não se atenha aos formatos anteriores. Sinta-se livre para fazer como quiser.)

❿ ☐ スタイル (**F** style **S** estilo **P** estilo)

▶ 彼女は顔もいいし、スタイルもいいし。ほんと、うらやましい。
かお
(**F** Elle a un joli visage et du style. J'en suis jalouse ! **S** Tanto su cara como su estilo son
buenos. Me da mucha envidia. **P** Ela tem um rosto e um estilo bonito. Tenho muita
inveja!)

⓫ ☐ 図 (**F** image, dessin **S** dibujo, diagrama, figura **P** gráfico)
ず

⓬ ☐ 表 (**F** tableau **S** tabla **P** tabela)
ひょう

⓭ ☐ グラフ (**F** graphique **S** gráfico **P** gráfico)

▷ 円グラフ、棒グラフ、折れ線グラフ
えん　　　ぼう　　　お　せん
(**F** diagramme circulaire, histogramme, graphique linéaire **S** gráfico circular; gráfico de
barras; gráfico de líneas **P** gráfico de pizza, gráfico de barras, gráfico linear)

⓮ ☐ 記号 (**F** symbole **S** símbolo **P** símbolo)
き ごう

▶ 地図に書いてあるこの記号はどういう意味？
ち ず　か　　　　　　　　　　　　　　　　い み
(**F** Que signifie ce symbole sur la carte ? **S** ¿Qué significan estos símbolos en el mapa?
P O que significa este símbolo no mapa?)

経済・国形・予算

文学・音楽・芸術 31

精神・宗教 32

気持ち・心の状態① 43

気持ち・心の状態② 44

45

方法・形式・スタイル・ 46

本 47

言葉 48

性格・態度 49

単位・数え方 50

⑮ □ **下線** (**F** souligné(e) **S** subrayado **P** sublinhado)
　　　かせん

⑯ □ **省略(する)** (**F** omettre, résumer **S** omitir **P** abreviação,
　　　しょうりゃく　　　　　　　　　　　　　　　　　　omissão)

▶以下は省略します。
　い　か
(**F** Le reste est omis. **S** Lo siguiente se omite. **P** O seguinte é omitido.)

⑰ □ **題名／題** (**F** titre **S** título **P** título)
　　　だいめい

▶題名を忘れちゃったんだけど、おすすめの映画がある。
　　　　　わす　　　　　　　　　　　　　　　　　　　　　えい　が
(**F** J'ai oublié le titre, mais j'ai une recommandation de film. **S** Olvidé el título, pero hay
una película que te quiero recomendar. **P** Esqueci o título, mas há uma filme que queria
lhe recomendar.)

⑱ □ **タイトル** (**F** titre **S** título **P** título)

⑲ □ **日記** (**F** journal (intime) **S** diario **P** diário)
　　　にっ　き

⑳ □ **履歴書** (**F** curriculum vitae **S** currículum **P** currículo)
　　　り れきしょ

㉑ □ **シリーズ** (**F** série **S** serie **P** série)

▷シリーズ最初の作品
　　　　　さいしょ　さくひん
(**F** le premier opus d'une série **S** primera obra de una serie **P** primeira obra da série)

㉒ □ **印** (**F** tampon, marque **S** marca **P** marca)
　　　しるし

▶わからない言葉に印を付けてください。
　　　　　　　ことば　　　つ
(**F** Marquez les mots que vous ne comprenez pas. **S** Marca las palabras que no
entiendas. **P** Por favor, marque as palavras que você não entende.)

㉓ □ **サイン(する)** (**F** signer, signature **S** firma **P** assinatura)

㉔ □ **券** (**F** billet, ticket **S** billete, boleto **P** bilhete)
けん

▷ 入場券、券売機
にゅうじょう　けんばいき
(**F** billet d'entrée, distributeur de tickets **S** billete de entrada; máquina expendedora de billetes **P** ingresso, máquina de venda de bilhetes)

㉕ □ **カード** (**F** carte **S** tarjeta **P** cartão)

▷ カードで払う、図書館カード
はら　　　としょかん
(**F** payer par carte, carte de bibliothèque **S** pagar con tarjeta; carné de biblioteca **P** pagar com cartão, carteirinha da biblioteca)

㉖ □ **クレジットカード** (**F** carte de crédit **S** tarjeta de crédito **P** cartão de crédito)

㉗ □ **署名(する)** (**F** signer, signature **S** firmar **P** assinatura)
しょめい

▶ 内容がOKなら、ここに署名するんですね。
ないよう
(**F** Si le contenu est OK, on signe ici, c'est ça ? **S** Entonces firmo aquí si el contenido me parece correcto, ¿verdad? **P** Se o conteúdo estiver correto, assino aqui, certo?)

㉘ □ **印鑑** (**F** sceau **S** sello **P** carimbo)
いんかん

▷ 印鑑を押す (**F** apposer un sceau **S** sellar, estampar un sello **P** carimbar)
お

㉙ □ **暗証番号** (**F** code confidentiel **S** contraseña, número PIN **P** senha)
あんしょうばんごう

㉚ □ **パスワード** (**F** mot de passe **S** contraseña **P** senha)

㉛ □ **順** (**F** ordre **S** orden **P** ordem)
じゅん

▶ これはどういう順で並んでいるんですか。　——人気のある順です。
なら　　　　　　　　　　　　　にんき
(**F** Dans quel ordre sont-ils disposés ? — Par ordre de popularité. **S** ¿En qué orden están puestos? —En orden de popularidad. **P** —Isto está em que ordem? — Em ordem de popularidade.)

▷ 道順 (**F** itinéraire **S** itinerario, ruta **P** itinerário, rota)
みち

㉜ ☐ **順番** (**F** ordre **S** orden **P** ordem)
じゅんばん

▶ 〈病院など〉順番にお呼びします。
びょういん

(**F** [Hôpital, etc.] Nous vous appellerons dans l'ordre. **S** (En hospitales, etc.) Les llamaremos por orden. **P** (Em um hospital, etc.) Vamos chamar as pessoas por ordem.)

㉝ ☐ **アルファベット** (**F** alphabet **S** alfabeto **P** alfabeto)

㉞ ☐ **宛て先／宛先** (**F** (adresse du) destinataire **S** dirección, destino **P** endereço)
あ さき あてさき

㉟ ☐ **宛て名/宛名** (**F** nom du destinataire **S** destinatario **P** nome do destinatário)
あ な あて な

㊱ ☐ **添付**(する) (**F** pièce jointe (joindre) **S** adjuntar **P** anexo)
てん ぷ

▷ 申込書に写真を添付する
もうしこみしょ しゃしん

(**F** joindre une photo au formulaire de demande **S** adjuntar una fotografía a la solicitud **P** anexar uma foto ao formulário de inscrição)

㊲ ☐ **手書き** (**F** écrit à la main **S** escrito a mano **P** escrita à mão)
て が

㊳ ☐ **手作り** (**F** fait maison **S** hecho a mano **P** feito à mão)
て づく

㊴ ☐ **和〜** (**F** 〜 japonais **S** (de estilo) japonés **P** estilo japonês)
わ

▷ 和室、和食、和服
しつ しょく ふく

(**F** pièce japonaise, cuisine japonaise, vêtements japonais **S** habitación japonesa; comida japonesa; ropa japonesa **P** sala de estilo japonês, comida japonesa, roupas japonesas)

㊵ ☐ **バイキング** (**F** buffet **S** bufé libre (autoservicio) **P** bufê)

経済・ビジネス 41

文学・音楽・芸術 42

精神・宗教 43

気持ち・心の状態① 44

気持ち・心の状態② 45

方法・形式・スタイル 46

本 47

言葉 48

性格・態度 49

単位・数え方 50

UNIT 47

本
ほん
(**F** Livres **S** Libros **P** Livro)

❶ ☐ **出版（する）** (**F** publier **S** publicar **P** publicação)
しゅっぱん

▷ 出版社 (**F** maison d'édition **S** editorial, casa editora **P** editora)
しゃ

❷ ☐ **書籍** (**F** livre **S** libro **P** livro)
しょせき

❸ ☐ **雑誌** (**F** magazine **S** revista **P** revista)
ざっし

❹ ☐ **辞典** (**F** dictionnaire **S** diccionario **P** dicionário)
じてん

❺ ☐ **百科事典** (**F** encyclopédie **S** enciclopedia **P** enciclopédia)
ひゃっかじてん

❻ ☐ **表紙** (**F** couverture **S** portada **P** capa)
ひょうし

❼ ☐ **目次** (**F** table des matières **S** índice **P** índice)
もくじ

❽ ☐ **著者** (**F** auteur **S** autor **P** autor)
ちょしゃ

❾ ☐ **筆者** (**F** écrivain **S** escritor, autor **P** escritor, autor)
ひっしゃ

❿ ☐ **原稿** (**F** manuscrit **S** manuscrito, borrador **P** manuscrito)
げんこう

⓫ ☐ **引用（する）** (**F** citer **S** citar **P** citação)
いんよう

▶ これは新聞の記事から引用したものです。
しんぶん きじ
(**F** C'est une citation tirée d'un article de journal. **S** Esto está tomado de un artículo de periódico. **P** Isso foi citado de um artigo de jornal.)

言葉
こ と ば

(**F** Mots **S** Palabras **P** Palavras)

経済・ビジネス 41

文学・音楽・芸術 42

精神・宗教 43

気持ち・心の状態 ① 44

気持ち・心の状態 ② 45

方法・形式・スタイル 46

本 47

言葉 48

性格・態度 49

単位・数え方 50

❶ □ 語 (**F** mot **S** palabra **P** idioma, palavra)

▶次のa～dの語の中から正しいものを一つ選んでください。
(**F** Choisissez un mot parmi les suivants de a à d. **S** Elija una de las palabras siguientes, de "a" a "d". **P** Escolha a palavra correta entre as seguintes alternativas de "a" a "d".)

❷ □ 句 (**F** phrase **S** frase **P** frase)
く

❸ □ 主語 (**F** sujet **S** sujeto **P** sujeito)
しゅ ご

❹ □ 名詞 (**F** nom **S** sustantivo **P** substantivo)
めい し

❺ □ 動詞 (**F** verbe **S** verbo **P** verbo)
どう し

❻ □ 形容詞 (**F** adjectif **S** adjetivo **P** adjetivo)
けい よう し

❼ □ 副詞 (**F** adverbe **S** adverbio **P** advérbio)
ふく し

❽ □ ことわざ (**F** proverbe **S** proverbio **P** provérbio)

❾ □ 方言 (**F** dialecte **S** dialecto **P** dialeto)
ほう げん

UNIT 49

性格・態度
せいかく　たいど

(F Personnalité, attitude
S Carácter, actitud
P Personalidade, atitude)

---

❶ □ **性格** (F personnalité, caractère S personalidad, carácter
せいかく　　　P personalidade, caráter)

▶ 母はちょっと変わった性格をしています。
はは　　　　　　　か
(F Ma mère a un caractère un peu spécial. S Mi madre tiene un carácter un poco
peculiar. P Minha mãe tem uma personalidade um pouco incomum.)

❷ □ **態度** (F comportement, attitude S actitud P atitude)
たいど

▶ 店員の態度が悪くて、気分が悪くなった。
てんいん　　わる　　　　きぶん　　わる
(F Le comportement du vendeur était désagréable, ce qui m'a mis(e) de mauvaise
humeur. S La actitud del dependiente me hizo sentir mal. P A atitude do funcionário me
fez sentir mal.)

---

❸ □ **明るい** (F enjoué, positif, lumineux S alegre, jovial P alegre)
あか

▶ 彼女は明るい性格なので、友だちは多いと思います。
かのじょ　あか　せいかく　　　とも　　　おお　　おも
(F Elle a une personnalité lumineuse, donc je pense qu'elle a beaucoup d'amis.
S Es alegre de carácter, así que creo que tiene muchos amigos. P Ela tem uma
personalidade alegre, então acredito que ela tenha muitos amigos.)

---

❹ □ **素直(な)** (F honnête, sincère S sincero P sincero, obediente)
すなお

▶ 行きたいか行きたくないか、素直に言えばいいんだよ。
い　　　　　い　　　　　　　　　　い
(F Il suffit de dire si tu veux y aller ou non, en toute sincérité. S Solo tienes que ser
sincero con ella y decirle si quieres ir o no. P Apenas diga sinceramente se quer ir ou
não.)

---

❺ □ **おとなしい** (F calme S tranquilo P quieto)

▶ 今の彼と違って、おとなしくて目立たない男の子でした。
いま　かれ　ちが　　　　　　　　　めだ　　　　おとこ　こ
(F Contrairement à ce qu'il est devenu, c'était un garçon calme et discret.
S A diferencia de ahora, él era un chico tranquilo y discreto. P Ao contrário de agora, ele
era um menino quieto e discreto.)

経済・ビジネス 41

文学・音楽・芸術 42

精神・宗教 43

①気持ち・心の状態 44

②気持ち・心の状態 45

方法・形式・スタイル 46

本 47

言葉 48

性格・態度 49

単位・数え方 50

❻ □ わがまま（な）　(**F** capricieux / capricieuse　**S** egoísta
P egoísta)

▶ また、そんなことを言ってるの？　わがまな な人だなあ。
(**F** Tu dis encore ce genre de choses ? Tu es vraiment capricieux. **S** ¿Ya estás diciendo
eso otra vez? Qué tipo más egoísta. **P** Você está dizendo isso de novo? Você é uma
pessoa egoísta.)

❼ □ 勝手（な）　(**F** égoïste　**S** por cuenta propia　**P** egoísta)

▶ 勝手なことばかりしてると、みんなに嫌われるよ。
(**F** Si tu agis égoïstement tout le temps, tout le monde te détestera. **S** Si sigues haciendo
cosas por tu cuenta, todo el mundo te odiará. **P** Se você fizer apenas o que quiser, todos
vão te detestar.)

▷ 自分勝手 （な）　(**F** égoïste, égocentrique　**S** egoísta　**P** egoísta)

❽ □ 無責任（な）　(**F** irresponsable　**S** irresponsable　**P** irresponsável)

▶ 今ごろそんなことを言うのは無責任だと思う。
(**F** Je pense qu'il est irresponsable de dire ça à ce stade. **S** Creo que es irresponsable
decir algo así hoy en día. **P** Acho irresponsável dizer algo assim agora.)

❾ □ 不まじめ（な）　(**F** pas sérieux　**S** poco serio　**P** pouco sério)

▶ こんな日に１時間も遅刻するなんて、不真面目だよ！
(**F** Arriver une heure en retard un jour comme celui-ci, c'est vraiment pas sérieux !
S ¿Cómo puedes llegar una hora tarde en un día como este? ¡Qué poca seriedad!
P Chegar uma hora atrasado em um dia como este? Que falta de seriedade!)

❿ □ 意地悪（な）　(**F** méchant(e)　**S** malo, malvado　**P** maldoso)

▶ そんなこと、人前で言わなくてもいいじゃない。意地悪ね。
(**F** Tu n'as pas besoin de dire ça en public, c'est méchant. **S** Qué malo. Mejor no decir
cosas así en público. **P** Não precisava dizer isso em público. Isso é maldoso.)

▷ 意地が悪い　(**F** méchant(e)　**S** malvado　**P** malicioso, mal-intencionado)

⓫ □ ずるい (🇫 rusé(e), sournois(e) 🇪🇸 injusto, listillo 🇵🇹 desonesto, astucioso)

▶ 自分だけ先に帰るなんて、ずるい。
じぶん さき かえ

(🇫 C'est sournois de rentrer chez soi en laissant tout le monde derrière. 🇪🇸 No es justo que seas el único que se vaya a casa antes. 🇵🇹 Não é justo que você seja o único a voltar para casa primeiro.)

⓬ □ けち(な) (🇫 avare 🇪🇸 tacaño 🇵🇹 mesquinho)

▶ 一つくらいくれたっていいじゃない。けちだなあ。
ひと

(🇫 Tu pourrais au moins m'en donner un(e), radin(e) ! 🇪🇸 Podrías haberme dado al menos uno. Eres un tacaño. 🇵🇹 Não faria mal se você desse pelo menos um. Você é mesquinho.)

⓭ □ 正直(な) (🇫 honnête, franc(he) 🇪🇸 honesto 🇵🇹 honesto)
しょうじき

▶ 正直に言うと、本当はあまり好きじゃないんです。
い ほんとう す

(🇫 Pour être honnête, en fait je ne l'aime pas trop. 🇪🇸 Para ser honesto, no me gusta mucho. 🇵🇹 Para ser honesto, eu realmente não gosto muito.)

⓮ □ 礼儀正しい (🇫 poli(e) 🇪🇸 educado, cortés 🇵🇹 polido, educado)
れい ぎ ただ

▶ ここの生徒はみんな礼儀正しくて、気持ちがいいですね。
せいと き も

(🇫 Tous les étudiants ici sont polis, c'est très agréable. 🇪🇸 Todos los estudiantes aquí son educados y te hacen sentir cómodo. 🇵🇹 Todos os alunos aqui são educados e fazem-nos sentir confortáveis.)

⓯ □ 上品(な) (🇫 élégant(e) 🇪🇸 con clase 🇵🇹 elegante)
じょうひん

▷ 上品な女性、上品な話し方
じょせい はな かた

(🇫 femme élégante, manière élégante de parler 🇪🇸 mujer con clase; forma de hablar con clase 🇵🇹 uma mulher elegante, uma forma de falar com classe)

⓰ □ 下品（な） (🇫 vulgaire 🇪🇸 vulgar 🇵🇹 vulgar)
げ ひん

▶ あの人は酔うと下品なことを言うから嫌いです。
ひと よ い きら

(🇫 Je n'aime pas cette personne, elle dit des choses vulgaires quand elle est ivre. 🇪🇸 No me gusta esa persona porque dice cosas vulgares cuando está borracha. 🇵🇹 Eu não gosto dele porque quando ele está bêbado ele diz coisas vulgares.)

UNIT 50

単位・数え方
たん　い　　かぞ　　かた

(**F** Unités de mesure, comptes
S Unidades, maneras de contar
P Unidade, forma de contar)

経済・ビジネス 41

文学・音楽・芸術 42

精神・宗教 43

気持ち・心の状態① 44

気持ち・心の状態② 45

方法・形式・スタイル 46

本 47

言葉 48

性格・態度 49

単位・数え方 50

❶ □ **単位**
たん い　(**F** unité **S** unidad **P** unidade)

❷ □ **トン [t]** (**F** tonne **S** tonelada **P** tonelada[t])

❸ □ **リットル [l]** (**F** litre **S** litro **P** litro[l])

❹ □ **パーセント [%]** (**F** pourcent **S** porcentaje **P** por cento)

▶ 普通は、半年か一年単位で契約します。
ふつう　　はんとし　いちねん　　　けいやく
(**F** Généralement, les contrats sont signés pour une durée de six mois à un an.
S Normalmente los contratos se firman por unidades de seis meses o un año.
P Normalmente, os contratos são feitos com base de seis meses ou um ano.)

❺ □ **軒**
けん　(**F** nombre de bâtiments **S** edificio **P** unidade para contar o número de edifícios)

▶ ラーメン屋なら、駅前に２、３軒あります。
や　　　　えきまえ
(**F** Si vous cherchez un restaurant de ramen, il y en a deux ou trois près de la gare.
S Hay dos o tres tiendas de ramen delante de la estación. **P** Se procura por um restaurante de lámen, há dois ou três em frente à estação.)

❻ □ **倍**
ばい　(**F** x fois (multiplicateur) **S** doble, veces **P** dobro, vezes (indicando multiplicação))

▶ 来年は売上を倍（＝２倍）にしたい。
らいねん　うりあげ
(**F** L'objectif pour l'année prochaine est de doubler le chiffre d'affaires. **S** Quiero duplicar mis ventas el año que viene. **P** No próximo ano, quero dobrar as minhas vendas.)

❼ □ **回数**
かいすう　(**F** nombre de (fréquence) **S** número de veces **P** número de vezes, frequência)

▶ 最近、彼からのメールや電話の回数が減った。
さいきん　かれ　　　　　　でんわ
(**F** Récemment, le nombre d'appels et de messages de sa part a diminué.
S Últimamente me escribe y me llama con menos frecuencia. **P** Ultimamente, ele tem escrito e-mails e telefonado para mim com menos frequência.)

UNIT 51

物の状態
もの　　じょうたい

(**F** État des choses **S** Estados de cosas
P Estado das coisas)

❶ □ 氷 (**F** glace **S** hielo **P** gelo)
こおり

❷ □ 粉 (**F** poudre **S** polvo **P** pó, farinha)
こな

▷ 小麦粉 (**F** farine de blé **S** harina **P** farinha de trigo)
こむぎこ

❸ □ 泡 (**F** mousse **S** espuma **P** espuma)
あわ

❹ □ 泥 (**F** boue **S** barro **P** lama)
どろ

❺ □ 煙 (**F** fumée **S** humo **P** fumaça)
けむり

❻ □ 灰 (**F** cendre **S** ceniza **P** cinza)
はい

▷ 灰色 (**F** gris(e) **S** gris **P** cor cinza)
いろ

❼ □ 固まる (**F** durcir, se solidifier **S** endurecerse, cuajar
かた　　　　**P** solidificar, endurecer)

▶ プリン、もうできた？　——まだ固まってない。

(**F** Le flan est-il prêt ? — Il ne s'est pas encore solidifié. **S** ¿Ya está listo el flan? —No,
aún no ha cuajado. **P** — O pudim já está pronto? — Ainda não endureceu.)

❽ □ 固める (**F** durcir, solidifier **S** endurecer **P** solidificar, endurecer)

▷ 基礎を固める (**F** consolider les bases **S** endurecer las bases **P** consolidar a base)
きそ

❾ ☐ 溶ける (**F** fondre **S** disolverse **P** dissolver(-se))

▶ 砂糖が溶けるまでよく混ぜて。
(**F** Mélangez bien jusqu'à ce que le sucre soit complètement dissous. **S** Remuévelo bien hasta que el azúcar se disuelva. **P** Mexa bem até o açúcar dissolver.)

❿ ☐ 溶かす (**F** faire fondre **S** disolver **P** dissolver)

⓫ ☐ 燃える (**F** brûler **S** arder **P** queimar)

▶ 湿ってるから、あまりよく燃えない。
(**F** Parce que c'est humide, ça ne brûle pas très bien. **S** Está húmedo, así que no arde mucho. **P** Por estar úmido, não queima muito bem.)

⓬ ☐ 燃やす (**F** faire brûler **S** quemar **P** queimar)

▶ あそこから煙が出てる。何か燃やしてるのかなあ。
(**F** De là-bas, il y a de la fumée qui s'élève. Est-ce qu'ils font brûler quelque chose ? **S** Está saliendo humo de allí. Me pregunto si alguien está quemando algo. **P** Há fumaça saindo dali. Será que estão queimando alguma coisa?)

⓭ ☐ 爆発(する) (**F** exploser **S** explotar **P** explodir)

UNIT 52

パソコン・ネット

(**F** Ordinateurs, internet **S** Ordenadores, Internet
P Computador, internet)

❶ □ コンピューター (**F** ordinateur **S** ordenador **P** computador)

❷ □ ノートパソコン (**F** ordinateur portable **S** ordenador portátil **P** Laptop)

❸ □ キーボード (**F** clavier **S** teclado **P** teclado)

❹ □ キー (**F** touche **S** tecla **P** tecla)

▶ どのキーを押せばいいんですか。

(**F** Sur quelle touche dois-je appuyer ? **S** ¿Qué tecla debería pulsar? **P** Que tecla devo pressionar?)

❺ □ マウス (**F** souris **S** ratón **P** mouse)

❻ □ ワープロ (**F** traitement de texte **S** procesador de texto **P** processador de texto)

❼ □ 入力(する) (**F** saisir **S** escribir, introducir texto **P** entrada (de にゅうりょく dados))

▶ パスワードを入力してください。

(**F** Veuillez entrer le mot de passe. **S** Por favor, introduzca su contraseña. **P** Digite a sua senha, por favor.)

❽ □ クリック(する) (**F** cliquer **S** hacer clic **P** clique)

▶ ここをクリックすると、ページが開くはずです。

(**F** Cliquez ici, la page devrait s'ouvrir. **S** Al hacer clic aquí se debe de abrir la página. **P** Clique aqui e a página deve se abrir.)

▷ ダブルクリック (する) (**F** double-cliquer **S** hacer doble clic **P** duplo clique)

❾ ☐ **インストール**（する） （**F** installer **S** instalar **P** instalação）

▷ ソフトをインストールする

（**F** installer un logiciel **S** instalar un programa **P** instalar um software/programa）

❿ ☐ **フリーズ**（する） （**F** se figer **S** congelarse **P** travar）

▶ 何も動かないんですか。 ——ええ。突然、フリーズしちゃったんです。
なに うご　　　　　　　　　　　　　　　とつぜん

（**F** Rien ne se passe ? — Oui, il s'est figé soudainement. **S** ¿No funciona nada? —No, se ha congelado de repente. **P** — Nada está funcionando? — Sim, de repente travou.）

⓫ ☐ **再起動**（する） （**F** redémarrer **S** reiniciar **P** reinício）
さい き どう

▶ 一度再起動してみたらどうですか。
いち ど

（**F** Pourquoi n'essayez-vous pas de redémarrer une fois ? **S** ¿Por qué no intentas reiniciarlo? **P** Que tal tentar reiniciar uma vez?）

⓬ ☐ **ペースト**（する） （**F** coller **S** pegar **P** cola）

▷ コピー＆ペースト（する）／コピペ（する）

（**F** copier & coller **S** copiar y pegar **P** copiar e colar）

⓭ ☐ **上書き**（する） （**F** remplacer, sauvegarder **S** sobrescribir **P** sobrescrito）
うわ が

▶ どうしよう。間違って上書き保存しちゃった。
まちが　　　　　 ほ ぞん

（**F** Que faire ? J'ai accidentellement sauvegardé par-dessus. **S** ¿Y ahora qué hago? He guardado accidentalmente encima. **P** E agora o que eu faço? Acabei de substituir um arquivo acidentalmente.）

⓮ ☐ **検索**（する） （**F** rechercher **S** buscar **P** pesquisa）
けんさく

▶ お店の名前で検索してみたけど、見つからなかった。
みせ なま え　　　　　　　　　　　 み

（**F** J'ai essayé de faire une recherche avec le nom du magasin, mais je ne l'ai pas trouvé. **S** He intentado buscar el nombre de la tienda, pero no lo he encontrado. **P** Tentei pesquisar pelo nome da loja, mas não encontrei.）

⓯ □ サイト （**F** site **S** sitio web **P** site）

⓰ □ アクセス（する） （**F** accéder **S** acceder, visitar **P** acesso）

▷ アクセス数の多いサイト
（**F** sites les plus consultés **S** sitio web muy visitado **P** sites muito visitados）

⓱ □ ダウンロード（する） （**F** télécharger **S** descargar **P** baixado）

▶ この写真も、どこかのサイトからダウンロードしたものなんです。
（**F** Cette photo aussi je l'ai téléchargée d'un site quelque part. **S** Estas fotos también han sido descargadas de algún sitio web. **P** Esta foto também foi baixada de algum site.）

⓲ □ アドレス （**F** adresse **S** dirección **P** endereço）

▷ メールアドレス （**F** adresse e-mail **S** dirección de correo electrónico **P** endereço de e-mail）

⓳ □ ブログ （**F** blog **S** blog **P** blog）

▶ この写真、ブログに載せてもいいですか。
（**F** Puis-je publier cette photo sur mon blog ? **S** ¿Puedo subir esta foto a mi blog? **P** Posso postar esta foto no meu blog?）

⓴ □ 送信（する） （**F** envoyer **S** enviar **P** envio）
そうしん

㉑ □ 受信（する） （**F** recevoir **S** recibir **P** receber）
じゅしん

㉒ □ 転送（する） （**F** transférer **S** reenviar **P** encaminhamento）
てんそう

▶ そのメール、私にも転送してもらえますか。
わたし
（**F** Pouvez-vous me transférer ce mail ? **S** ¿Puedes reenviarme ese correo electrónico a mí también? **P** Você poderia encaminhar esse e-mail para mim também?）

問題・トラブル・事故
もんだい じこ

(F Problèmes, accidents S Problemas, accidentes P Problemas, dificuldades, acidentes)

❶ □ **汚染(する)** (F polluer S contaminación P poluição)
おせん

▷ 汚染された川 (F rivière polluée S río contaminado P rio poluído)
かわ

❷ □ **騒音** (F bruit S ruido P ruído)
そうおん

❸ □ **害** (F préjudice S daño P prejuízo)
がい

▷ 体に害のある食べ物
からだ た もの
(F nourriture nocive pour le corps S alimentos nocivos para el organismo
P comida prejudicial ao organismo)

❹ □ **被害** (F dommage S daño P dano)
ひ がい

▶ 汚染による被害が拡大している。
おせん かくだい
(F Les dommages dus à la pollution s'aggravent. S Cada vez hay más daños causados
por la contaminación. P Os danos devido à poluição estão se expandindo.)

❺ □ **公害** (F pollution S contaminación P poluição ambiental)
こうがい

❻ □ **苦情** (F plainte S queja P reclamação)
く じょう

▶ お客さんから苦情が来ることはありますか。
きゃく く
(F Recevez-vous des plaintes de clients ? S ¿Reciben alguna vez quejas de los
clientes? P Houve alguma reclamação de clientes?)

▷ 苦情を言う (F exprimer une plainte S presentar una queja P expressar uma queixa)
い

❼ □ **クレーム** (F plainte, réclamation S reclamación P reclamação)

▷ クレームに対応する (F gérer les réclamations S responder a una reclamación
たいおう
P lidar com reclamações)

❽ □ トラブル (**F** problème **S** problema **P** problema)

▷ トラブルを解決する (**F** résoudre un problème **S** resolver un problema
P resolver um problema)

❾ □ 酔っ払い (**F** ivrogne **S** borrachera, borracho **P** bêbado)
よ ぱら

❿ □ 暴力 (**F** violence **S** violencia **P** violência)
ぼうりょく

⓫ □ 暴れる (**F** agir violemment, se déchaîner **S** actuar violentamente
あば
P agir com violência)

▶ あそこで酔っ払いが暴れてる！ ——ほんとだ。迷惑だなあ。
めいわく
(**F** Il y a un ivrogne qui se déchaîne là-bas ! — C'est vrai. C'est gênant. **S** ¡Hay un
borracho armando jaleo por ahí! —Es verdad, qué molesto. **P** — Ali tem um bêbado que
está causando tumulto! — É verdade. Que transtorno!)

⓬ □ 事故 (**F** accident **S** accidente **P** acidente)
じ こ

▶ これは、旅行中に事故やトラブルにあったときの連絡先です。
りょこうちゅう れんらくさき
(**F** Ceci est un contact en cas d'accident ou de problème lors du voyage. **S** Esta es la
información de contacto en caso de accidente o de cualquier otro problema que tuviera
durante su viaje. **P** Este é o contato em caso de acidentes ou problemas durante a
viagem.)

▷ 交通事故 (**F** accident de la route **S** accidente de tráfico **P** acidente de trânsito)
こうつう

⓭ □ 迷子 (**F** égaré(e) **S** niño perdido **P** criança perdida)
まい ご

▷ 迷子になる、迷子を探す
さが
(**F** se perdre, chercher quelqu'un de perdu **S** perderse; buscar a un niño perdido
P ficar perdido, procurar por uma criança perdida)

⓮ □ 起こる (**F** se produire **S** suceder **P** acontecer)
お

▷ 事故／問題／トラブルが起こる
もんだい
(**F** un accident/un problème/un trouble se produit **S** ocurrir un accidente/problema
P ocorrer um acidente/problema)

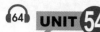
事件・犯罪
じけん　はんざい

(F Incidents, délits S Incidentes, delitos
P Incidente, crime)

---

❶ □ **事件**
じけん
(F incident, crime S incidente P incidente)

▶ 事件と事故、両方の可能性がある。
じこ　りょうほう　かのうせい
(F Cela peut être aussi bien un crime qu'un accident. S Puede que sea tanto un incidente como un accidente. P Há a possibilidade de ser tanto um incidente quanto um acidente.)

---

❷ □ **犯罪** (F délit, crime S delito P crime)
はんざい

---

❸ □ **罪** (F faute, crime S delito, crimen P culpa)
つみ

▷ 罪を犯す、罪と罰
おか　　　　ばつ
(F commettre un crime, crime et châtiment S cometer un delito; crimen y castigo
P cometer um crime, crime e castigo)

---

❹ □ **違反（する）** (F infraction S violación P violação)
いはん

▷ ルール違反 (F infraction aux règles S incumplimiento de una norma P violação de regras)

---

❺ □ **泥棒** (F voleur S ladrón P ladrão)
どろぼう

▶ 部屋に泥棒が入ったそうです。
へや　　　はい
(F Il semble qu'un voleur soit entré chez moi. S Han entrado ladrones en la habitación.
P Parece que um ladrão entrou no apartamento.)

▷ すり (F voleur, pickpocket S carterista P batedor de carteiras)

---

❻ □ **殺す** (F tuer S asesinar P matar)
ころ

▷ 殺人 (F meurtre, meurtrier S asesinato P assassinato)
さつじん

❼ ☐ テロ （🄵 terrorisme 🄢 terrorismo 🄟 terrorismo）

❽ ☐ 犯人 （🄵 criminel 🄢 delincuente, culpable 🄟 criminoso）
はんにん

❾ ☐ 捕まえる （🄵 arrêter, attraper 🄢 atrapar 🄟 capturar）
つか
　▶ 絶対、犯人を捕まえてほしい。
　　ぜったい
　　（🄵 Je souhaite vraiment que le coupable soit arrêté. 🄢 Quiero que atrapen al culpable a
　　toda costa. 🄟 Eu definitivamente quero que o criminoso seja capturado.）

　▷ 魚 / 虫を捕まえる、タクシーを捕まえる
　　さかな　むし
　　（🄵 attraper un poisson/un insecte, attraper un taxi 🄢 atrapar un pez/insecto, atrapar un
　　taxi 🄟 pegar peixes/insetos, pegar um táxi.）

❿ ☐ 捕まる （🄵 se faire arrêter 🄢 ser atrapado 🄟 ser capturado）
つか

　▶ 犯人が捕まったみたいです。
　　はんにん
　　（🄵 Il semble que le coupable ait été arrêté. 🄢 Parece que los criminales han sido
　　atrapados. 🄟 Parece que o criminoso foi capturado.）

　▶ 困ったなあ。タクシーが捕まらない。
　　こま
　　（🄵 Je suis dans l'embarras. Je n'arrive pas à attraper un taxi. 🄢 Qué mal, no consigo
　　atrapar ningún taxi. 🄟 Que problema. Não consigo pegar nenhum táxi.）

⓫ ☐ 逮捕（する） （🄵 arrêter 🄢 arrestar 🄟 captura）
たい ほ

PART 2

コツコツ覚えよう、基本の言葉

き　ほん　　　　こと　ば

Vocabulaire basique : apprendre progressivement
Vocabulario básico: aprendizaje constante
Vocabulário básico: aprendizagem progressiva

1 こそあ （F Ko-So-A　S Ko-So-A　P Ko-So-A）

これら
（F ceux (celles-ci)　S estos　P estes）
▶ これらは何でできているんですか。 ―鉄です。
（F De quoi sont-ils faits ? — Ils sont en fer.　S ¿De qué están hechos estos? —De hierro.　P — De que são feitas estas coisas? — São de ferro.）

それら、あれら
（F ceux-là, ceux-là (là-bas)　S esos; aquellos　P esses, aqueles）

こんなに
（F autant, aussi　S tanto, tan　P tão, tanto, assim）
▶ こんなにおいしいピザは食べたことがない。
（F Je n'ai jamais mangé de pizza aussi délicieuse.　S Nunca había comido una pizza tan buena.　P Eu nunca tinha comido uma pizza tão deliciosa assim.）

そんなに
（F autant, aussi　S tanto, tan　P tão, tanto, assim）
▶ まじめにやってるんだから、そんなに笑わないでよ。
（F Je fais de mon mieux, alors ne ris pas autant.　S Va en serio, no te rías tanto.　P Estou trabalhando duro, então não ria tanto assim.）

あんなに
（F autant, aussi　S tanto, tan　P tão, tanto, assim）
▶ 原さんはいつもあんなに親切なんですか。
（F M. Hara est-il toujours aussi gentil ?　S ¿Hara es siempre tan amable?　P O senhor Hara é sempre tão gentil assim?）

この頃
（F à ce moment　S (por) aquella época　P esta época）
▶ この頃はまだ学生でした。
（F À ce moment, j'étais encore étudiant.　S Por aquella época todavía era estudiante.　P Naquela época, eu ainda era um estudante.）

その頃
（F à ce moment-là　S (por) aquella época　P essa época）
▶ その頃はどこに住んでいたんですか。
（F Où habitiez-vous à ce moment-là ?　S ¿Dónde vivías por aquella época?　P Onde você morava naquela época?）

★「そのころ」と「このころ」は同じ意味になる場合が多い。
F «そのころ» et «このころ» ont souvent le même sens.／S En muchos casos, "そのころ" y "このころ" significan lo mismo.／P Em muitos casos, 「そのころ」e「このころ」têm o mesmo significado.

あの頃
（F à cette époque　S (por) aquella época　P aquele época）
▶ あの頃が懐かしいですね。
（F Je suis nostalgique de cette époque.　S ¡Qué nostalgia de aquella época!　P Dá saudade daquela época, né?）

この頃
（F en ce moment　S hoy en día　P hoje em dia, ultimamente）
▶ のら猫ですか？　この頃は見なくなりました。
（F Le chat errant ? Je ne le vois plus en ce moment.　S ¿Gatos callejeros? Hoy en día ya no se ven.　P Um gato de rua? Hoje em dia já não se vê mais.）

こそあ 1

「何」を含む表現 2

否定表現 3

前に付く語 4

後ろに付く語 5

いろいろな意味を持つ動詞 6

動詞＋動詞 7

言葉のいろいろな形 8

会話で使う一言 9

短い句・表現 10

□ このまま ▶ このままだと、負けてしまう。

（F ainsi, comme ça
S así, tal como está
P deste jeito, assim
como está)

（F Si cela continue ainsi, nous allons perdre. S Si seguimos así, vamos a
perder. P Se continuar assim, nós vamos perder.)

□ そのまま ▶ 食器はそのままにしておいてください。
しょっき

（F tel(le) quel(le), comme
ça S así, tal como está
P desse jeito, assim
como está)

（F Laissez la vaisselle telle quelle. S Deje los platos y cubiertos como
están. P Por favor, deixe a louça assim como está.)

🎧66

2 「何」を含む表現
なに ふく ひょうげん

（F Expressions contenant "nan(i)"
S Expresiones con nan/nani ("何")
P Expressões que utilizam 「nan (i)」)

□ 何か ▶ 何か欲しいもの、ある？
なに なに ほ

（F quelque chose S algo
P alguma coisa)

（F Y a-t-il quelque chose que tu désires ? S ¿Hay algo que quieras en
especial? P Você quer alguma coisa?)

□ 何も～ない ▶ まだ何も買ってない。
なに なに か

（F pas ～ de, rien
S nada P nada de ...)

（F Je n'ai encore rien acheté. S Todavía no he comprado nada.
P Ainda não comprei nada.)

□ 何で ▶ 昨日は何で来なかったの？。
なん きのう なん こ

（F pourquoi S por qué
P Por quê? De que
forma?)

（F Pourquoi n'es-tu pas venu(e) hier ? S ¿Por qué no viniste ayer?
P Por que você não veio ontem?)

□ 何でも ▶ わからないことがあったら、何でも聞いてくだ
なん なん き
さい。

（F quoi que ce soit,
n'importe quoi
S cualquier cosa
P qualquer coisa)

（F Si tu as des questions, n'hésite pas à demander quoi que ce soit.
S Si hay algo que no entiendes, pregúntame lo que quieras.
P Se houver algo que você não entenda, pergunte Pode perguntar
qualquer coisa.)

□ 何とか ▶ だめかと思ったけど、何とか間に合った。
なん おも なん ま あ

（F tant bien que mal
S de alguna manera
P de alguma forma)

（F Je pensais que ce ne serait pas possible, mais j'ai réussi tant bien que
mal. S Pensé que sería imposible, pero de alguna manera llegué a
tiempo. P Pensei que seria impossível, mas de alguma forma consegui
chegar a tempo.)

□ 何となく ▶ 何でこれにしたの？ ——特に理由はないけど、
なん なん とく りゆう
何となく。
なん

（F comme ça, sans
raison précise
S sin razón particular
P sem razão especial)

（F Pourquoi as-tu choisi cela ? — Sans raison particulière, juste comme
ça. S ¿Por qué elegiste esto? —No hay ninguna razón especial; algo me
hizo elegirlo. P — Por que você escolheu isso? — Não há nenhuma
razão especial, simplesmente escolhi.)

③ 否定表現
ひ てい ひょうげん

(**F** Négations **S** Expresiones de negación
P Expressões de negação)

☐ **決して〜ない**
けっ

▶ 皆さんのことは決して忘れません。
みな　　　　　　けっ　　わす

(**F** jamais **S** nunca
P nunca)

(**F** Je ne vous oublierai jamais. **S** Nunca me olvidaré de ninguno de
ustedes. **P** Nunca vou me esquecer de vocês.)

☐ **少しも〜ない**
すこ

▶ 久しぶりに彼女と会ったけど、少しも変わって
ひさ　　　　　かのじょ　あ　　　　　　すこ　　　か
なかった。

(**F** pas du tout **S** ni un
poco, ni un ápice **P** nem
um pouco)

(**F** J'ai revu mon amie après une longue période, mais elle n'a pas du tout
changé. **S** Hacía mucho que no la veía, pero no ha cambiado ni un poco.
P Encontrei-a depois de muito tempo, mas ela não mudou nem um
pouco.)

☐ **全然〜ない**
ぜんぜん

▶ 私もその映画見たけど、全然面白くなかった。
わたし　　　　　えいが　み　　　　ぜんぜんおもしろ

(**F** pas du tout **S** nada
P de modo algum, nada)

(**F** J'ai aussi vu ce film, mais il ne m'a pas du tout intéressé. **S** Yo también
vi esa película, pero no me pareció nada interesante. **P** Eu também vi o
filme, mas não foi nada interessante.)

☐ **特に〜ない**
とく

▶ 何か聞きたいことはありますか。　― いえ、
なに　き　　　　　　　　　　　　　　　　　　　
特にありません。
とく

(**F** pas / rien en particulier
S (nada) en particular
P nada em particular)

(**F** Y a-t-il quelque chose que vous aimeriez demander ? — Non, rien en
particulier. **S** ¿Tiene alguna pregunta? —No, ninguna en particular.
P — Há algo que gostaria de me perguntar — Não, nada em particular.)

☐ **とても〜ない**

▶ あと２日じゃ、とても間に合わない。
ふつか　　　　　　　　　ま　あ

(**F** vraiment pas
S de ninguna manera
P de forma alguma)

(**F** Il ne reste que deux jours, ce n'est vraiment pas suffisant. **S** Con solo
dos días no llegamos de ninguna manera. **P** Em dois dias, não será
possível de forma alguma.)

☐ **二度と〜ない**
に　ど

▶ 彼の顔なんか、二度と見たくない。
かれ　かお　　　　　に　ど　み

(**F** jamais plus **S** nunca
más **P** nunca mais)

(**F** Je ne veux plus jamais voir son visage. **S** No quiero ver su cara nunca
más. **P** Eu nunca mais quero ver cara dele.)

☐ **別に〜ない**
べつ

▶ 赤ワインのほうがよかったけど、白でも別にか
あか　　　　　　　　　　　　　しろ　　べつ
まいません。

(**F** pas vraiment
S (nada) en particular
P nada em especial)

(**F** J'aurais préféré du vin rouge, mais le blanc ne me dérange pas
vraiment non plus. **S** Hubiera preferido vino tinto, pero no hay ningún
problema en particular con que sea blanco. **P** Preferia vinho tinto, mas
não há nenhum problema em especial com o branco.)

こそあ

「何」を含む表現

否定表現

前に付く語

後ろに付く語

いろいろな意味を持つ動詞

動詞＋動詞

背景のいろいろな形

会話で使う一言

短い句・表現

☐ **全く〜ない** まった (🇫 pas du tout 🇪 en absoluto 🇵 de forma alguma)	▶ どこに置いたか、全く覚えていないんです。 お　　　　まった　おぼ (🇫 Je ne me souviens vraiment pas du tout de l'endroit où je l'ai mis. 🇪 No recuerdo en absoluto dónde lo puse. 🇵 Não me lembro de forma alguma onde coloquei.)
☐ **めったに〜ない** (🇫 que très rarement (quasi jamais) 🇪 rara vez 🇵 raramente)	▶ 運がいいですね。こんなきれいな景色はめったに見られませんよ。 うん　　　　　　　　　　　　けしき み (🇫 Vous avez de la chance. On ne voit presque jamais un paysage aussi beau. 🇪 Tenemos mucha suerte. Rara vez se puede ver un paisaje tan hermoso. 🇵 Você tem sorte. Raramente se vê uma paisagem tão bonita assim.)
☐ **もう〜ない** (🇫 ne plus 🇪 ya no 🇵 não mais)	▶ お腹いっぱいで、もう食べられない。 なか　　　　　　　た (🇫 Je suis rassasié(e), je ne peux plus manger. 🇪 Estoy tan lleno que ya no puedo comer más. 🇵 Estou cheio, não consigo mais comer.)

🎧68

④ 前に付く語 (🇫 Préfixes 🇪 Prefijos 🇵 Prefixos)
まえ つ ご

☐ **あと〜**	▶ あと一つください。 ひと (🇫 Encore un, s'il vous plaît. 🇪 Deme uno más. 🇵 Mais um, por favor.)
☐ **ある〜**	▶ ある日、一人で映画を見に行ったんです。 ひ　ひとり　えいが　み　い (🇫 Un certain jour, je suis allé voir un film tout seul. 🇪 Un día fui sola al cine. 🇵 Um dia eu fui sozinho ao cinema.) ▶ この店は、ある人に紹介されて知ったんです。 みせ　　　　ひと　しょうかい　　　し (🇫 J'ai découvert ce magasin grâce à la recommandation d'une certaine personne. 🇪 Alguien me presentó este restaurante. 🇵 Conheci este restaurante porque alguém me recomendou.)
☐ **大〜** おお	▷ 大雨、大地震 おおあめ　おおじしん (🇫 grosse pluie, gros tremblement de terre 🇪 lluvia fuerte; gran terremoto 🇵 chuva forte, grande terremoto)
☐ **再〜** さい	▷ 再配達を頼む、再放送 さいはいたつ　たの　さいほうそう (🇫 demander une nouvelle livraison, rediffusion 🇪 solicitar un reenvío; reemisión 🇵 pedir para entregar novamente, reprise, retransmissão)

□ 最〜
さい

▷ 最高、最低、最大、最小
さいこう　さいてい　さいだい　さいしょう

(**F** le meilleur, le pire, le plus grand, le plus petit **S** el más alto; el más bajo; el más grande; el más pequeño **P** máximo, mínimo, maior, menor)

□ 新〜
しん

▷ 新商品、新曲、新品
しんしょうひん　しんきょく　しんぴん

(**F** nouveau produit, nouvelle chanson, article neuf **S** producto nuevo; nueva música; artículo nuevo **P** novo produto, nova música, novo item)

★新品…まだ一度も使ってなくて、買ったときのきれいな状態のもの。
しんぴん　　　いちど　つか　　　　　　　　か　　　　　　　　　じょうたい
F Article neuf : en parfait état, n'ayant jamais été utilisé depuis l'achat／**S** Algo que nunca se ha usado y está reluciente tras su compra.／**P** 新品: refere-se a algo novo, que está em perfeito estado, nunca foi usado.

□ 前〜
ぜん

▷ 前日、前回、前半、前首相
ぜんじつ　ぜんかい　ぜんはん　ぜんしゅしょう

(**F** la veille, la dernière fois, la première moitié, l'ancien Premier Ministre **S** día anterior; vez anterior; primera mitad; primer ministro anterior **P** no dia anterior, na última vez, na primeira metade, anterior primeiro-ministro)

□ 大〜
だい

▷ 大成功、大問題
だいせいこう　だいもんだい

(**F** grand succès, grand problème **S** gran éxito; gran problema **P** grande sucesso, grande problema)

□ 第〜
だい

▷ 第一の目的、第二の都市
だいいち　もくてき　だいに　　とし

(**F** le premier objectif, la deuxième ville **S** primer objetivo; segunda ciudad **P** primeiro objetivo, segunda maior cidade)

□ 長〜
なが／ちょう

▷ 長靴、長いす、長電話
ながぐつ　なが　　　ながでんわ

(**F** bottes, chaise longue, appel téléphonique long **S** botas; banco; llamada larga **P** botas, banco, cadeira longa, telefonema longo.)

▷ 長期、長距離、長時間
ちょうき　ちょうきょり　ちょうじかん

(**F** long terme, longue distance, longtemps **S** período largo; larga distancia; mucho tiempo **P** longo prazo, longa distância, longo período de tempo)

□ 不〜
ふ／ぶ

▶ これでは不十分です。もう少し詳しくレポート
ふじゅうぶん　　　　　　すこ　くわ
してください。

(**F** Ce n'est pas suffisant. Veuillez fournir un rapport plus détaillé. **S** Esto no es suficiente. Haga el informe con más detalle. **P** Isso não é suficiente. Por favor, faça um relatório mais detalhado.)

▷ 不健康、不安定
ふけんこう　ふあんてい

(**F** malsain, instable **S** insalubre; inestable **P** não saudável, instável.)

こそあ 1

「何」をきむ表現 2

否定表現 3

前に付く語 4

後ろに付く語 5

いろいろな意味を持つ動詞 6

動詞＋動詞 7

言葉のいろいろな形 8

会話で使う一言 9

短い句・表現 10

□ 本～
ほん

▷ 本人が直接、申し込まなければならない。
ほんにん ちょくせつ もう こ

(**F** La personne concernée doit faire la demande elle-même.
S El interesado debe solicitarlo personalmente.
P A pessoa interessada deverá se inscrever pessoalmente.)

▷ 本社、本物のダイヤ、本日休業
ほんしゃ ほんもの ほんじつきゅうぎょう

(**F** siège social, vrai diamant, fermé aujourd'hui **S** oficina central;
diamante verdadero; hoy cerrado **P** matriz, diamante verdadeiro, hoje
está fechado.)

□ 真～
ま

▷ 真夜中、真ん中、真っ赤
ま よ なか ま なか ま か

(**F** minuit, au milieu, tout rouge **S** medianoche; en medio, el centro; todo
rojo **P** meia-noite, meio, vermelho vivo)

□ 満～
まん

▶ 帰りのバスも満員でした。
かえ まんいん

(**F** Le bus de retour était également complet. **S** El autobús de vuelta
también iba lleno. **P** O ônibus de volta também estava lotado.)

▷ 満席、満点
まんせき まんてん

(**F** complet, score parfait **S** asientos llenos; máxima puntuación
P assentos esgotados, nota máxima)

69

⑤ 後ろに付く語
うし つ ご

(**F** Suffixes **S** Sufijos
P Sufixos)

☐ **〜一**
いち

▶ 富士山は日本一高い山です。
ふ じ さん に ほんいちたか やま

(**F** Le mont Fuji est la plus haute montagne du Japon. **S** El monte Fuji es la montaña más alta de Japón. **P** O monte Fuji é a montanha mais alta do Japão.)

☐ **〜おき**

▶ 髪は一日おきに洗う。
かみ いちにち あら

(**F** Je me lave les cheveux tous les deux jours. **S** Lávate el pelo cada dos días. **P** Lavo o cabelo a cada dois dias.)

☐ **〜家**
か

▷ 政治家、小説家、画家、作家
せい じ か しょうせつ か が か さっ か

(**F** politicien, romancier, peintre, écrivain **S** político; novelista; pintor; escritor **P** político, romancista, pintor, escritor)

☐ **〜階建て**
かい だ

▷ 10階建てのビル
かい だ

(**F** un immeuble de 10 étages **S** edificio de diez plantas **P** prédio de 10 andares)

☐ **〜か所**
しょ

▶ トイレは3か所あります。
しょ

(**F** Il y a trois endroits où se trouvent des toilettes. **S** Hay tres baños. **P** Tem três banheiros.)

★「〜カ所」「〜ヶ所」など、いくつかの書き方がある。
かしょ かしょ か
F Il existe plusieurs façons de l'écrire comme encore "〜カ所" ou "〜ヶ所". **S** Hay varias maneras de escribirlo, como "〜カ所" y "〜ヶ所". **P** Existem várias formas de escrever como "〜カ所" e "〜ヶ所".

☐ **〜気味**
ぎ み

▷ 太り気味、風邪気味
ふと ぎ み か ぜ ぎ み

(**F** un peu en surpoids, un peu enrhumé **S** rellenito; algo resfriado **P** um pouco acima do peso, um pouco resfriado)

☐ **〜きる**

▶ 量が多くて食べきれない。
りょう おお た

(**F** Il y a trop de nourriture, je ne peux pas tout manger. **S** Hay demasiada cantidad, no puedo comérmelo todo. **P** Há tanta comida que não consigo comer tudo.)

▷ 最後まで使いきる
さい ご つか

(**F** utiliser jusqu'à la fin **S** agotar lo que queda **P** usar tudo até o final)

☐ **〜号**
ごう

▷ 東京行きひかり480号、（雑誌の）7月号
とうきょう い ごう ざっ し がつごう

(**F** Hikari n°480 à destination de Tokyo, numéro de juillet d'un magazine **S** Hikari n.° 480 con destino a Tokio; (revista) n.° de julio **P** trem-bala Hikari 480 com destino a Tóquio, (de uma revista) edição de julho)

□ ～ごと　　　▶ 一年ごとに契約しています。
　　　　　　　　　　いちねん　　　けいやく

（**F** Nous avons un contrat annuel. **S** El contrato se firma cada año.
P O contrato se firma contrato a cada ano.）

□ ～中　　　　▶ 昨日は一日中、雨でした。
　　じゅう　　　　　きのう　　いちにちじゅう　あめ

（**F** Il a plu toute la journée hier. **S** Ayer llovió todo el día.
P Ontem choveu o dia todo.）

▷ 世界中の国
　せかいじゅう　くに

（**F** les pays du monde entier **S** países de todo el mundo **P** países de
todo o mundo）

□ ～過ぎ　　　▷ 働き過ぎ、太り過ぎ
　　す　　　　　　はたら　す　　ふと　す

（**F** travailler trop, trop grossir **S** trabajar demasiado; engordar demasiado
P trabalhar demais, engordar demais）

□ （～の）せい　▶ 私のせいで負けた。
　　　　　　　　　　わたし　　　　ま

（**F** C'est de ma faute si nous avons perdu. **S** Perdimos por mi culpa.
P Perdemos por minha culpa.）

□ ～製　　　　▷ 鉄製のフライパン、日本製の車
　　せい　　　　　てつせい　　　　　　にほんせい　くるま

（**F** une poêle en fer, une voiture japonaise **S** sartén de hierro; coche
fabricado en Japón **P** frigideira de ferro, carro japonês）

□ ～性　　　　▷ 可能性、重要性
　　せい　　　　　かのうせい　じゅうようせい

（**F** possibilité, importance **S** posibilidad; importancia **P** possibilidade,
importância）

□ ～足　　　　▶ 新しい靴を1足買った。
　　そく　　　　　あたら　　くつ　　そく　か

（**F** J'ai acheté une nouvelle paire de chaussures. **S** Compré un par de
zapatos nuevos. **P** Comprei um par de sapatos novos.）

□ ～代　　　　▷ 電気代、本代、食事代
　　だい　　　　　でんきだい　ほんだい　しょくじだい

（**F** facture d'électricité, coût des livres, dépenses alimentaires **S** tarifa de
la electricidad; precio de un libro; costo de una comida **P** conta de luz,
custos de livros, despesas de alimentação）

□ （～の）ため　▷ 健康のために運動をする
　　　　　　　　　　けんこう　　　　うんどう

（**F** faire de l'exercice pour la santé **S** hacer ejercicio para la salud
P fazer exercícios para a saúde）

□ ～中　　　　▶ 電話をしましたが、話し中でした。
　　ちゅう　　　　でんわ　　　　　　　　はな　ちゅう

（**F** J'ai appelé, mais la ligne était occupée. **S** Te llamé, pero la línea
estaba ocupada. **P** Liguei, mas estava ocupado.）

▶ 食事中にメールをしないで。
　しょくじちゅう

（**F** N'envoyez pas de messages pendant les repas. **S** No envíes
mensajes mientras comemos. **P** Não envie mensagens durante as
refeições.）

□ ～的
てき

▷ 世界的な企業、女性的
せ かいてき き ぎょう じょせいてき

(**F** une entreprise mondiale, féminine **S** empresa multinacional; femenino
P empresa global, feminino)

□ ～通り
とお

▶ 申込方法は次の通りです。
もうしこみほうほう つぎ とお

(**F** Voici la méthode pour faire la demande. **S** Las solicitudes deben
hacerse de la siguiente manera. **P** O método de inscrição é o seguinte.)

▷ 予定通り
よ ていどお

(**F** comme prévu **S** según lo planeado **P** como previsto)

□ ～内
ない

▷ 国内、社内、年内
こくない しゃない ねんない

(**F** intérieur (pays), interne à l'entreprise, dans l'année **S** a nivel nacional;
dentro de la empresa; durante el año **P** doméstico, dentro da empresa,
neste ano)

□ ～のうち

▶ a～dのうち、正しいものを一つ選びなさい。
ただ ひと えら

(**F** Choisissez la réponse correcte entre a et d. **S** Elija la opción correcta
de la "a" a la "d". **P** Escolha a opção correta entre A e D.)

▶ 父は数日のうちに退院する予定です。
ちち すうじつ たいいん よてい

(**F** Mon père devrait sortir de l'hôpital d'ici quelques jours. **S** Mi padre
recibirá el alta del hospital dentro de unos días. **P** Meu pai receberá alta
do hospital dentro de alguns dias.)

□ ～泊
はく

▶ 2泊3日で京都に旅行に行きます。
に はくみっか きょうと りょこう い

(**F** Je vais voyager à Kyoto pendant trois jours et deux nuits.
S Viajaremos a Kioto por tres días y dos noches. **P** Vou viajar para
Quioto por três dias e duas noites.)

□ ～発
はつ

▷ 東京発新大阪行き、3時15分発
とうきょうはつしんおおさかい じ ふんはつ

(**F** au départ de Tokyo, départ à 15h15 **S** salida de Tokio a Shin-Osaka a
las 15:15 **P** saída de Tóquio com destino a Shin-Osaka, partida às
15h15)

□ ～番目
ばん め

▷ 前から3番目
まえ ばん め

(**F** le troisième à partir de l'avant **S** el tercero empezando por delante
P o terceiro a partir da frente)

□ ～費
ひ

▷ 交通費、食費
こうつう ひ しょく ひ

(**F** frais de port, frais de repas **S** gastos de transporte; gastos por comida
P despesas de transporte, despesas de alimentação)

こそあ 1

「何」を含む表現 2

否定表現 3

前に付く語 4

後ろに付く語 5

いろいろな意味を持つ動詞 6

動詞＋動詞 7

high class いろいろな形 8

会話で使う一言 9

短い句・表現 10

□ ～袋
　ふくろ

▷ 紙袋、ビニール袋
　かみぶくろ　　　　ぶくろ

(**F** sac en papier, sac en plastique **S** bolsa de papel; bolsa de plástico
P sacola de papel, sacola de plástico)

□ ～名
　めい

▷ 会社名、商品名、地名
　かいしゃめい　しょうひんめい　ちめい

(**F** nom de l'entreprise, nom du produit, nom de l'endroit **S** nombre de
una empresa; nombre de un producto; topónimo **P** nome da empresa,
nome do produto, nome da localidade)

▶ 100 名の方にプレゼントをご用意しています。
　　　めい　かた　　　　　　　　　　　　　　　　よう い

(**F** Nous avons préparé des cadeaux pour 100 personnes. **S** Hemos
preparado regalos para 100 personas. **P** Temos presentes para 100
pessoas.)

□ ～問
　もん

▶ 全部で 50 問あります。
　ぜん ぶ　　　　もん

(**F** Il y a un total de 50 questions. **S** Hay 50 preguntas en total.
P Há um total de 50 perguntas.)

□ ～料
　りょう

▷ 入場料、受験料、キャンセル料
　にゅうじょうりょう　じゅけんりょう　　　　　　　　りょう

(**F** frais d'entrée, frais d'inscription, frais d'annulation **S** precio de la
entrada; tasas de examen; tasas de cancelación **P** preço da entrada,
taxa de inscrição, taxa de cancelamento.)

□ ～割
　わり

▶ 客の 7 割は女性でした。
　きゃく　　わり　じょせい

(**F** 70% de la clientèle était des femmes. **S** El 70 % de los invitados eran
mujeres. **P** Setenta por cento dos clientes eram mulheres.)

⑥ いろいろな意味を持つ動詞
いみ　も　どうし

(**F** Verbes qui ont plusieurs sens **S** Verbos con múltiples significados **P** Verbos com vários significados)

☐ **出る**
で

▷ 授業に出る、電話に出る、大通りに出る、大学を出る
じゅぎょう　で　でんわ　で　おおどお　で　だいがく　で

(**F** assister au cours, répondre au téléphone, sortir sur l'avenue, finir (quitter) l'université **S** ir a clase; contestar el teléfono; llegar a la avenida; graduarse de la universidad **P** assistir à aula, atender o telefone, sair para a rua principal, formar-se na universidade)

☐ **かける**

▷ かぎをかける、掃除機をかける、電話をかける、音楽をかける
そうじき　でんわ　おんがく

(**F** verrouiller la porte, passer l'aspirateur, passer un appel téléphonique, mettre de la musique **S** cerrar con llave; pasar la aspiradora; llamar por teléfono; poner música **P** trancar a porta, passar aspirador de pó, telefonar, tocar música)

▷ しょうゆをかける、カバーをかける、めがねをかける、ハンガーにコートをかける、いすにかける、声をかける、心配をかける
こえ　しんぱい

(**F** verser de la sauce soja, couvrir, porter des lunettes, accrocher un manteau sur un cintre, s'asseoir, adresser la parole **S** añadir salsa de soja; tapar; ponerse las gafas; colgar el abrigo en la percha; sentarse en una silla; llamar **P** pôr molho de soja, cobrir com uma capa, pôr os óculos, pendurar o casaco no cabide, sentar-se na cadeira, dirigir-se a alguém)

☐ **取る**
と

▷ メモをとる、連絡をとる、睡眠をとる、年をとる
れんらく　すいみん　とし

(**F** prendre des notes, prendre contact, dormir, prendre de l'âge **S** tomar notas; contactar; dormir; envejecer **P** fazer anotações, entrar em contato, dormir, envelhecer)

☐ **乗る**
の

▷ 相談に乗る、リズムに乗る
そうだん　の　の

(**F** donner des conseils, suivre le rythme **S** aconsejar o responder a consultas; seguir el ritmo **P** dar conselhos, entrar no ritmo)

☐ **見る**
み

▷ 様子を見る、味を見る、面倒を見る、夢を見る
ようす　み　あじ　み　めんどう　み　ゆめ　み

(**F** observer, goûter, prendre soin, rêver **S** contemplar la situación; probar el sabor; cuidar (a alguien); soñar **P** observar a situação, provar o sabor, cuidar de algo ou alguém, sonhar)

☐ **引く**
ひ

▷ 風邪を引く、辞書を引く、線を引く、油を引く、子供の手を引く、注意を引く
かぜ　ひ　じしょ　ひ　せん　ひ　あぶら　ひ　こ　ども　て　ひ　ちゅうい　ひ

(**F** attraper un rhume, consulter un dictionnaire, tracer une ligne, huiler, tenir la main d'un enfant, attirer l'attention **S** resfriarse; buscar en un diccionario; trazar una línea; añadir aceite; llevar a un niño de la mano; llamar la atención **P** pegar um resfriado, consultar o dicionário, traçar uma linha, untar com óleo, segurar a mão de uma criança, chamar a atenção)

☐ **する**

▷ 指輪をする、10万円する、無理をする、音がする
ゆびわ　まんえん　むり　おと

(**F** mettre une bague, coûter 100 000 yens, forcer, produire un son **S** ponerse un anillo; costar 100 mil yenes; excederse, intentar lo imposible; sonar **P** colocar um anel, custar 100.000 ienes, fazer um esforço excessivo, emitir som)

70

7 動詞＋動詞
どうし　どうし

(F Verbes composés S Verbos compuestos P Verbos compostos)

□ ～合う
あ

▶ みんなでよく話し合って決めてください。
はな　あ　き

(F Prenez une décision en discutant bien avec tout le monde.
S Debátanlo entre todos y decídanlo. P Tomem uma decisão depois de discuti-la bem com todos.)

▷ 知り合う、連絡し合う、話し合い
し　あ　れんらく　あ　はな　あ

(F faire connaissance, rester en contact, discuter S conocerse; contactar el uno con el otro; conversación o negociación P conhecer-se, entrar em contato, conversar)

□ ～終わる
お

▶ 食べ終わったら、お皿を持って来てください。
た　お　さら　も　き

(F Après avoir fini de manger, apportez-moi les assiettes.
S Cuando termines de comer, tráeme el plato. P Depois de terminar de comer, traga os pratos.)

□ ～かえる

▷ 車を買い換える、電車を乗り換える、言葉を言い換える
くるま　か　か　でんしゃ　の　か　ことば　い　か

(F changer de voiture, changer de train, reformuler des mots
S comprar un coche nuevo; cambiar de tren; decir algo en otras palabras
P trocar de carro, trocar de trem, dizer algo em outras palavras)

▷ くつを履き替える、選手を入れ替える。
は　か　せんしゅ　い　か

(F changer de chaussures, changer de joueur S cambiarse de zapatos; cambiar de jugadores P trocar de sapatos, substituir um jogador)

□ ～かける

▶ 知らない人が話しかけてきた。
し　ひと　はな

(F Un inconnu est venu me parler. S Un desconocido se ha acercado a hablarme. P Um estranho veio falar comigo.)

▷ 犯人を追いかける
はんにん　お

(F poursuivre un criminel S perseguir a un delincuente P perseguir o criminoso)

□ ～出す
だ

▶ 先輩が急にカラオケに行こうと言い出したんです。
せんぱい　きゅう　い　い　だ

(F Soudain, un collègue a proposé d'aller au karaoké. S Uno de un curso superior me ha propuesto de repente ir al karaoke. P De repente, meu colega veterano propôs que fôssemos ao karaokê.)

▷ 走り出す、笑い出す
はし　だ　わら　だ

(F commencer à courir, commencer à rire S empezar a correr; echarse a reír P começar a correr, começar a rir.)

こそあ 1

「何」を含む表現 2

否定表現 3

前に付く語 4

後ろに付く語 5

いろいろな意味を持つ動詞 6

動詞＋動詞 7

言葉のいろいろな形 8

会話で使う一言 9

短い句・表現 10

□ 〜続ける
つづ

▶ もう２時間も歩き続けています。
じかん　ある　つづ

(🇫 Je marche déjà depuis deux heures. 🇪 Llevo ya dos horas caminando.
🇵 Já estou caminhando há duas horas.)

▷ 売れ続ける、探し続ける
う　つづ　　さが　つづ

(🇫 continuer à bien se vendre, continuer à chercher
🇪 seguir vendiéndose; seguir buscando 🇵 continuar vendendo, continuar
procurando)

□ 〜直す
なお

▶ 間違いがないか、もう一度見直してください。
まちが　　　　　　　いちどみなお

(🇫 Revérifiez s'il n'y a pas d'erreur. 🇪 Revisa de nuevo para ver si hay
errores. 🇵 Revise novamente para ver se não há erros.)

▷ 書き直す、作り直す、やり直す
か　なお　　つく　なお　　　　なお

(🇫 réécrire, refaire, recommencer 🇪 reescribir; volver a hacer o
confeccionar; rehacer o volver a empezar 🇵 reescrever, refazer,
consertar)

□ 〜始める
はじ

▶ 先週から絵を習い始めました。
せんしゅう　え　なら　はじ

(🇫 J'ai commencé à apprendre à dessiner la semaine dernière.
🇪 Empecé a tomar clases de dibujo la semana pasada. 🇵 Comecei a
aprender a desenhar na semana passada.)

▷ 読み始める、食べ始める
よ　はじ　　た　はじ

(🇫 commencer à lire, commencer à manger 🇪 empezar a leer; empezar a
comer 🇵 começar a ler, começar a comer)

□ 見〜
み

▷ 空を見上げる、海を見下ろす
そら　みあ　　うみ　みお

(🇫 regarder vers le ciel, surplomber la mer 🇪 mirar al cielo; mirar al mar
🇵 olhar para o céu, olhar de cima o mar)

▷ 先輩を見習う、原稿を見直す
せんぱい　みなら　　げんこう　みなお

(🇫 suivre l'exemple de ses aînés, relire le manuscrit 🇪 aprender de los
más experimentados; revisar un manuscrito 🇵 aprender com o colega
veterano, revisar o manuscrito)

□ 取り上げる
と　あ

(🇫 aborder, soulever un
problème 🇪 mencionar
🇵 retirar)

▷ 環境の問題を取り上げる
かんきょう　もんだい　と　あ

(🇫 aborder les problèmes environnementaux 🇪 mencionar los problemas
medioambientales 🇵 abordar as questões ambientais)

□ 取り消す
と　け

(🇫 annuler 🇪 cancelar
🇵 cancelar)

▷ 予約を取り消す、取り消しボタン
よやく　と　け　　と　け

(🇫 annuler une réservation, bouton d'annulation 🇪 cancelar una reserva;
botón de cancelar 🇵 cancelar a reserva, botão de cancelamento)

□ 取り出す
と　だ

(🇫 sortir de 🇪 sacar
🇵 retirar)

▷ 箱から商品を取り出す
はこ　しょうひん　と　だ

(🇫 sortir un produit de sa boîte 🇪 sacar un artículo de una caja
🇵 tirar um produto da caixa)

こそあ 1

「何」を含む表現 2

否定表現 3

前に付く語 4

後ろに付く語 5

いろいろな意味を持つ動詞 6

動詞＋動詞 7

言葉のいろいろな形 8

会話で使う一言 9

短い句・表現 10

□ **取り付ける**
と　　つ

(**F** installer **S** instalar
P instalar)

▷ エアコンを取り付ける
　　　　　　　　と　　つ

(**F** installer la climatisation **S** instalar el aire acondicionado **P** instalar o
ar-condicionado)

□ **引き受ける**
ひ　　う

(**F** accepter
S encargarse de
P aceitar)

▷ 仕事を引き受ける
　しごと　ひ　　う

(**F** accepter un travail **S** encargarse de un trabajo **P** aceitar um trabalho)

□ **持ち上げる**
も　　あ

(**F** soulever **S** levantar
P levantar)

▷ 箱を持ち上げる
　はこ　も　　あ

(**F** soulever une boîte **S** levantar una caja **P** levantar uma caixa)

□ **呼び出す**
よ　　だ

(**F** appeler **S** llamar
P chamar)

▶ 着いたら、受付で呼び出してください。すぐ行きま
　つ　　　　　うけつけ　よ　　だ　　　　　　　　　　　　　　　　い
すので。

(**F** Quand vous arrivez, appelez-moi à la réception. Je viendrai tout de
suite. **S** Cuando llegue, llámenos en recepción. Le atenderemos
enseguida. **P** Quando chegar, chame por mim da recepção. Eu irei
imediatamente.)

8 言葉のいろいろな形

ことば　　　　　　　　　かたち

(🇫 Différentes formes des mots
🇸 Clases de palabras
🇵 Diferentes formas de palavras)

N←V

□ 遊び（の道具）　　←遊ぶ
　あそ　　　どうぐ　　　あそ

□ 集まり　　　　　←集まる
　あつ　　　　　　　あつ

□ 怒り　　　　　　←怒る
　いか　　　　　　　いか

□ 行き（の電車）　　←行く
　い　　　でんしゃ　　　い

□ 急ぎ（の用事）　　←急ぐ
　いそ　　　ようじ　　　いそ

□ 祈り　　　　　　←祈る
　いの　　　　　　　いの

□ 受け取り　　　　←受け取る
　う　と　　　　　　　う　と

□ 動き（手の～）　　←動く
　うご　　て　　　　　うご

□ 生まれ（東京～）　←生まれる
　う　　　とうきょう　　う

□ 遅れ（10分の～）←遅れる
　おく　　　ふん　　　おく

□ 思い（みんなの～）←思う
　おも　　　　　　　おも

□ お届け（の時間）←届ける
　とど　　　じかん　　とど

□ 踊り　　　　　　←踊る
　おど　　　　　　　おど

□ 驚き　　　　　　←驚く
　おどろ　　　　　　おどろ

□ 終わり　　　　　←終わる
　お　　　　　　　　お

□ 帰り（の電車）　←帰る
　かえ　　　でんしゃ　　かえ

□ 飾り　　　　　　←飾る
　かざ　　　　　　　かざ

□ 片づけ（の係）　←片づける
　かた　　　かかり　　かた

□ 悲しみ　　　　　←悲しむ
　かな　　　　　　　かな

□ 考え　　　　　　←考える
　かんが　　　　　　かんが

□ 着替え（を用意←着替える
　き　が　　ようい　　き　が
する/のとき）

□ 決まり（を守る）←決まる
　き　　　まも　　　き

□ 子育て　　　　　←子供を育てる
　こ　そだ　　　　こども　そだ

□ 叫び　　　　　　←叫ぶ
　さけ　　　　　　　さけ

□ 騒ぎ　　　　　　←騒ぐ
　さわ　　　　　　　さわ

□ 知らせ（を聞く）←知らせる
　し　　　　き　　　し

□ 楽しみ　　　　　←楽しむ
　たの　　　　　　　たの

□ 頼み（を断る）　←頼む
　たの　　　ことわ　　たの

□ 違い　　　　　　←違う
　ちが　　　　　　　ちが

□ 疲れ（旅行の～）←疲れる
　つか　　　りょこう　　つか

□ 続き（がある）　←続く
　つづ　　　　　　　つづ

□ 包み（プレゼントの～）←包む
　つつ　　　　　　　　つつ

□ 手伝い（を頼む）←手伝う
　て　つだ　　　たの　て　つだ

□ 流れ　　　　　　←流れる
　なが　　　　　　　なが

□ 働き（脳の～）　←働く
　はたら　　のう　　　はたら

□ まとめ（の問題）←まとめる
　　　　　　もんだい

こそあ

1

「何」を含む表現

2

否定表現

3

前に付く語

4

後ろに付く語

5

いろいろな意味を
持つ動詞

6

動詞＋動詞

7

言葉のいろいろな形

8

会話で使う一言

9

短い句・表現

10

□ 迎え（の車）　←迎える
　むか　　　くるま　　　むか

□ 揺れ（を感じる）←揺れる
　ゆ　　　かん　　　　ゆ

□ 汚れ（をとる）　←汚れる
　よご　　　　　　　よご

□ 喜び　　　　　←喜ぶ
　よろこ　　　　　　よろこ

□ 別れ（のとき）　←別れる
　わか　　　　　　　わか

□ 笑い　　　　　←笑う
　わら　　　　　　わら

| V←A |

□ 暖まる(部屋が) ←暖かい
　あたた　へや　　　あたた

□ 暖める(部屋を) ←暖かい
　あたた　へや　　　あたた

□ 温まる（体が）　←温かい
　あたた　からだ　　あたた

□ 温める（体を）　←温かい
　あたた　からだ　　あたた

□ 痛む（足が）　←痛い
　いた　あし　　　いた

□ 悲しむ（親が）←悲しい
　かな　　おや　　かな

□ 苦しむ（熱で）←苦しい
　くる　　ねつ　　くる

| N←A |

□ 明るさ　　←明るい
　あか　　　　あか

□ 厚さ　　　←厚い
　あつ　　　　あつ

□ 暑さ　　　←暑い
　あつ　　　　あつ

□ 甘さ　　　←甘い
　あま　　　　あま

□ 薄さ　　　←薄い
　うす　　　　うす

□ 美しさ　　←美しい
　うつく　　　うつく

□ うれしさ　←うれしい

□ おいしさ　←おいしい

□ 大きさ　　←大きい
　おお　　　　おお

□ 重さ　　　←重い
　おも　　　　おも

□ 面白さ　　←面白い
　おもしろ　　おもしろ

□ 悲しさ　　←悲しい
　かな　　　　かな

□ 辛さ　　　←辛い
　から　　　　から

□ 軽さ　　　←軽い
　かる　　　　かる

□ 厳しさ　　←厳しい
　きび　　　　きび

□ 悔しさ　　←悔しい
　くや　　　　くや

□ 濃さ　　　←濃い
　こ　　　　　こ

□ 怖さ　　　←怖い
　こわ　　　　こわ

□ 寒さ　　　←寒い
　さむ　　　　さむ

□ 真剣さ　　←真剣な
　しんけん　　しんけん

□ 新鮮さ　　←新鮮な
　しんせん　　しんせん

□ 正確さ　　←正確な
　せいかく　　せいかく

□ 高さ　　　←高い
　たか　　　　たか

□ 強さ　　　←強い
　つよ　　　　つよ

□ 辛さ　　　←辛い
　つら　　　　つら

- □ 長さ（なが） ←長い（なが）
- □ 激しさ（はげ） ←激しい（はげ）
- □ 速さ（はや） ←速い（はや）
- □ 広さ（ひろ） ←広い（ひろ）
- □ 深さ（ふか） ←深い（ふか）
- □ 太さ（ふと） ←太い（ふと）
- □ 優しさ（やさ） ←優しい（やさ）
- □ 安さ（やす） ←安い（やす）
- □ 豊かさ（ゆた） ←豊かな（ゆた）
- □ 良さ（よ） ←良い（よ）

他動詞と自動詞（たどうし　じどうし）

- □ 移す（奥に〜）（うつ　おく） ── 移る（奥に〜）（うつ　おく）
- □ 片づける（荷物を〜）（かた　にもつ） ── 片づく（荷物が〜）（かた　にもつ）
- □ 貯める（お金を〜）（た　かね） ── 貯まる（お金が〜）（た　かね）
- □ 伝える（気持ちを〜）（つた　きも） ── 伝わる（気持ちが〜）（つた　きも）
- □ どける（いすを〜） ── どく（横に〜）（よこ）
- □ はずす（ボタンを〜） ── はずれる（ボタンが〜）

⑨ 会話で使う一言
かいわ　つか　ひとこと

(F Expressions courtes de conversation S Interjecciones P Expressões usadas em conversas)

□ **あら(?)**

▶ あら、スミスさん。久しぶりですね。
ひさ

(F Ah / Oh S vaya, caramba P Oh! (expressão de surpresa ou choque))

(F Oh, M. Smith. Ça fait longtemps, n'est-ce pas ? S ¡Vaya, eres tú, Smith! ¡Cuánto tiempo! P Oh, senhor Smith! Há quanto tempo não nos vemos, não é?)

> ★主に女性が使う。
> おも　じょせい　つか
> F Principalement utilisé par les femmes. / S Principalmente usado por mujeres. / P Usado principalmente por mulheres.

□ **あれ(?)**

▶ あれ？ おかしいなあ。ここに置いたんだけど
お
なあ。

(F Hein? Quoi? S ¿eh?, ¿cómo es posible? P Hã? (uma expressão de confusão ou surpresa))

(F Hein? C'est étrange. Je l'ai laissé ici, non ? S ¿Eh? Qué extraño. Lo había puesto aquí. P Hum? Que estranho. Eu jurava que tinha colocado aqui.)

□ **えっ(?)**

▶ えっ？ 今、何て言ったの？
いま　なん　い

(F Hein? Quoi? S ¿eh?, ¿qué? P Hein?(uma expressão de surpresa ou incredulidade))

(F Quoi? Qu'est-ce que vous avez dit ? S ¿Eh? ¿Qué acabas de decir? P Quê? O que você acabou de dizer?)

□ **ねえ／ね**

▶ ねえ、ちょっとこれ、持ってくれない？
も

(F Dis... / Dites... S oye P Hey! (expressão usada para chamar a atenção de alguém ou fazer uma pergunta))

(F Dis, tu pourrais me tenir ça un instant ? S Oye, ¿puedes sostenerme esto un momento? P Ei, você pode segurar isso por um momento?)

□ **いえ**

▶ すみません、田中さんですか。 ── いえ、違い
たなか　ちが
ます。

(F Non S no P não)

(F Excusez-moi, êtes-vous M. Tanaka ? — Non, ce n'est pas moi. S Disculpe, ¿es usted Tanaka? —No, se ha confundido. P — Desculpe, você é o senhor Tanaka? — Não, não sou.)

□ **いや**

▶〈心配そうに〉どうしたんですか。 ── いや、何
しんぱい　　　　　　　　　　　　　　　　　なん
でもないです。

(F Non S no, nada P não)

(F Qu'est-ce qui ne va pas ? — Non, ce n'est rien. S (Con preocupación) ¿Qué pasa? —Nada, no es nada. P 〈Parecendo estar preocupado〉 — O que aconteceu? — Ah, não é nada.)

□ **しまった**

▶ しまった！ 財布、忘れてきた。
さいふ　わす

(F Mince, zut S ¡ay, no!, maldita sea P droga!)

(F Mince ! J'ai oublié mon portefeuille. S ¡Maldita sea! Olvidé mi billetera. P Droga! Esqueci minha carteira.)

⑩ 短い句・表現
みじか く ひょうげん

(**F** Phrases courtes, expressions
S Frases cortas, expresiones
P Frases curtas, expressões)

☐ **相変わらず**
あい か

(**F** comme d'habitude
S como siempre
P como sempre, do mesmo jeito)

▶ お父さんはお元気ですか。 ── ええ。相変わらず
とう げんき あい か
元気ですよ。毎朝、走ってます。
げんき まいあさ はし

(**F** Ton père va bien ? — Oui, il va bien comme d'habitude. Il court tous les matins. **S** ¿Tu padre está bien? —Sí, bien como siempre. Corre todas las mañanas. **P** — Como está seu pai? — Ele está bem. E como sempre cheio de energia. Ele corre todas as manhãs.)

☐ **いつでも**

(**F** à tout moment
S en cualquier momento
P sempre, a qualquer hora)

▶ 今日はだめですが、明日ならいつでもいいです。
きょう あした

(**F** Aujourd'hui ça ne me convient pas, mais demain ça ira n'importe quand. **S** Hoy no puedo, pero mañana, a la hora que quieras. **P** Hoje não vai dar, mas amanhã estou disponível a qualquer hora.)

☐ **いつの間にか**
ま

(**F** sans qu'on s'en rende compte **S** en algún momento, al darse cuenta **P** em algum momento, sem se dar conta)

▶ ここにケーキがあったのに、いつの間にか、な
ま
くなってる。

(**F** Il y avait un gâteau ici, mais il a disparu sans qu'on s'en rende compte. **S** Había un pastel aquí, pero cuando me he dado cuenta, ha desaparecido. **P** Havia um bolo aqui, mas, mas quando me dei conta, ele desapareceu.)

☐ **いつの間に**
ま

(**F** quand donc, avant qu'on s'en rende compte
S en qué momento
P de repente, sem perceber)

▶ あれ？ スーさん、いつの間に帰ったんだろう。
ま かえ

(**F** Hein ? Quand est-ce que Sue est rentrée ? **S** ¿Eh? ¿En qué momento se ha ido Su? **P** Ué? Quando Sue foi embora?)

☐ **お構いなく**
かま

(**F** ne vous en faites pas
S no se moleste (por mí)
P não se preocupe)

▶ 何かお飲みになりますか。 ── いえ。どうぞ
なに の
お構いなく。
かま

(**F** Voulez-vous boire quelque chose ? — Non, ne vous en faites pas. **S** ¿Quiere algo de beber? —No, no se moleste. **P** — Gostaria de algo para beber? — Não, obrigado, não se preocupe.)

☐ **お気に入り**
き い

(**F** favori **S** favorito
P favorito)

▶ 最近の私のお気に入りは、このチョコです。
さいきん わたし き い

(**F** Mon chocolat préféré en ce moment est celui-ci. **S** Mi favorito últimamente es este chocolate. **P** Ultimamente o meu chocolate favorito é este.)

▶ お気に入りのバッグ
き い

(**F** mon sac préféré **S** mi bolso favorito **P** minha bolsa favorita)

☐ **恐れ入ります**
おそ い

(**F** je vous en prie, vous m'en voyez confus(e)
S disculpe (la molestia)
P obrigado, desculpar-se)

▶ 荷物、ここに置いておきますね。 ── あ、恐れ入
にもつ お おそ い
ります。

(**F** Je vais laisser les bagages ici, d'accord ? — Oh, je vous en prie. **S** Dejaré su equipaje aquí. —Oh, disculpe la molestia. **P** — Deixarei sua bagagem aqui. — Ah, muito obrigado.)

こそあ 1

「何」を含む表現 2

否定表現 3

前に付く語 4

後ろに付く語 5

いろいろな意味を持つ動詞 6

動詞＋動詞 7

言葉のいろいろな形 8

会話で使う一言 9

短い句で表現 10

▷ 恐れ入りますが、お名前を伺ってもよろしいでしょうか。

（**F** Excusez-moi, puis-je avoir votre nom ? **S** Disculpe, ¿puedo preguntarle su nombre? **P** Peço desculpas, mas posso saber o seu nome?）

□ ～に代わって

（**F** à la place de **S** en nombre/lugar/reemplazo de **P** em lugar de...）

▶ 出張中の課長に代わって、会議に出席しました。

（**F** J'ai assisté à la réunion à la place du chef de service en voyage d'affaires. **S** Asistí a la reunión en lugar del jefe de sección, que estaba en viaje de negocios. **P** Participei da reunião no lugar do chefe de departamento que está em viagem de negócios.）

□ ～に関する

（**F** concernant **S** acerca de **P** sobre）

▶ 〈ニュース〉事故に関する新しい情報が入ってきました。

（**F** (Aux informations) Il y a de nouvelles informations concernant l'accident. **S** (Noticias) Hemos recibido nueva información acerca del accidente. **P** 〈Notícia〉Recebemos novas informações sobre o acidente.）

□ 失礼します

（**F** excusez-moi **S** con permiso **P** com licença）

▶ 〈外から中に入るとき・出るとき〉失礼します。

（**F** (En entrant / sortant de quelque part) - Excusez-moi. **S** (Al entrar y al salir) Con permiso. **P** 〈Ao entrar e ao sair〉Com licença.）

▶ 〈帰るとき〉じゃ、私はそろそろ失礼します。

（**F** (En partant) Bien, je vais bientôt m'excuser. **S** (Al salir del trabajo) Bueno, yo ya me voy. Con permiso. **P** 〈Ao partir〉Desculpe-me, mas já vou embora.）

□ 好き嫌い

（**F** préférences alimentaires **S** gusto, manía **P** preferências alimentares）

▶ 食べ物の好き嫌いは、あまりないほうです。

（**F** Je n'ai pas vraiment de préférences alimentaires. **S** No tengo muchas manías con la comida. **P** Eu não tenho muitas preferências alimentares.）

□ 電話をかける

（**F** passer un appel téléphonique **S** llamar por teléfono **P** fazer uma chamada telefônica）

▶ すみません、国際電話のかけ方を教えてもらえませんか。

（**F** Pouvez-vous me dire comment passer un appel international ? **S** Disculpe, ¿podría decirme cómo hacer una llamada internacional? **P** Desculpe, mas você poderia me ensinar como fazer uma chamada internacional?）

□ そう言えば

（**F** maintenant que j'y pense **S** a propósito, ya que lo mencionas **P** a propósito）

▶ 誰か中国語わかる人いないかなあ。 ── そう言えば、田中さんが昔、中国に留学してたよ。

（**F** Est-ce que quelqu'un parle chinois ici ? — Maintenant que j'y pense, M. Tanaka a étudié en Chine. **S** ¿Habrá alguien que sepa chino? —Ahora que lo mencionas, Tanaka estudió en China hace años. **P** — Alguém aqui sabe chinês? — A propósito, o senhor Tanaka estudou na China no passado.）

☐ 一人暮らし
ひとり ぐ
(🇫 vivre seul(e)
🇸 vivir solo
🇵 viver sozinho)

▶ 大学を出てから、一人暮らしを始めました。
だいがく で ひとり ぐ はじ

(🇫 J'ai commencé à vivre seul(e) après l'université. 🇸 Después de
terminar la universidad, empecé a vivir solo. 🇵 Comecei a viver sozinho
depois de me formar na universidade.)

☐ 一人一人
ひとり ひとり
(🇫 chacun(e) 🇸 todos y
cada uno 🇵 cada um)

▶ 彼女は、会場に来たファン一人一人と握手をした。
かのじょ かいじょう き ひとり ひとり あくしゅ

(🇫 Elle a serré la main de chaque fan venu(e) à l'événement
. 🇸 Estrechó la mano de todos y cada uno de los fanáticos que acudieron
al salón de eventos. 🇵 Ela cumprimentou um por um todos os fãs que
vieram ao local.)

11 敬語
けいご

(F Formules honorifiques S Lenguaje formal
P Linguagem respeitosa)

敬語 11

決まった言い方 12

動詞① 13

動詞②（〜する） 14

名詞 15

形容詞 16

副詞 17

接続詞 18

ぎおん語・ぎたい語 19

カタカナ語 20

□ 方
かた
(＝人)
ひと

▶ あちらにいらっしゃる方はどなたですか。
かた

(F Qui est la personne là-bas ? S ¿Quién es aquella persona que está allí? P Quem é a pessoa que está lá?)

□ 方々
かたがた
(＝人たち)
ひと

▷ お知り合いの方々
し　あ　かたがた

(F des personnes que vous connaissez S personas conocidas
P pessoas conhecidas)

□ ご〜／御〜
ご

▷ ご旅行、ご訪問、ご住所
りょこう　ほうもん　じゅうしょ

(F voyage, visite, adresse S viaje; visita; dirección P viagem, visita, endereço)

□ ございます
(＝ある)
(＝〜です)

▶ Lサイズはありますか。— はい、ございます。
今、お持ちいたします。
いま　も

(F Avez-vous une taille L ? — Oui, nous en avons. Je vous l'apporte maintenant. S ¿Tienen talla L? —Sí, se la traeré ahora mismo.
P — Vocês têm tamanho G ? — Sim, temos. Vou trazê-lo imediatamente.)

▷ こちらがLサイズでございます。

(F Voici la taille L. S Esta es la talla L. P Aqui está o tamanho G.)

□ おいで／お出で
い
(＝来る)
く

▶ 明日、田中社長がこちらにおいでになるそうです。
あした　たなかしゃちょう

(F On m'a dit que le président Tanaka viendrait ici demain.
S El presidente Tanaka vendrá aquí mañana. P Ouvi dizer que o Presidente Tanaka virá aqui amanhã.)

□ お越し
こ
(＝来る)
く

▶ お時間のあるときに、いつでもお越しください。
じかん

(F Venez quand vous le souhaitez, à tout moment. S Por favor, vengan cuando tengan tiempo. P Por favor, venha quando tiver tempo, a qualquer hora.)

□ ご覧
らん
(＝見る)
み

▶ 皆様、こちらをご覧ください。
みなさま　らん

(F Tout le monde, s'il vous plaît, regardez par ici. S Por favor, miren esto.
P Senhoras e senhores, por favor, olhem para isto.)

□ ご存知
ぞんじ
(＝知っている)
し

▶ いい店をご存知でしたら、教えていただけませんか。
みせ　ぞんじ　おし

(F Si vous connaissez un bon restaurant, pourriez-vous me l'indiquer ?
S Si conocen alguna buena tienda, ¿podrían darnos los datos?
P Se você conhece um bom restaurante, poderia me dizer onde fica?)

□ 存じる
ぞん

▶ また近いうちにお会いできればと存じます。
ちか　あ　ぞん

(F J'espère vous revoir bientôt. S Esperamos volver a verles pronto.
P Espero poder vê-lo novamente em breve.)

□ **いらっしゃる**

(=いること)
(=来る<ruby>く</ruby>こと)

▶ 先生<small>せんせい</small>はロビーにいらっしゃいます。

(**F** Le professeur est dans le hall d'entrée. **S** El profesor está en el vestíbulo. **P** O professor está na recepção.)

▶ 日本<small>にほん</small>へは、いついらっしゃるんですか。

(**F** Quand viendrez-vous au Japon ? **S** ¿Cuándo viene a Japón? **P** Quando você virá ao Japão?)

□ **おっしゃる**

(=言<small>い</small>うこと)

▶ 先生<small>せんせい</small>が昨日<small>きのう</small>おっしゃったことは本当<small>ほんとう</small>ですよ。

(**F** Ce que le professeur a dit hier est vrai. **S** Lo que dijo ayer el profesor es cierto. **P** O que o professor disse ontem é verdade.)

□ **召<small>め</small>し上<small>あ</small>がる**

(=食<small>た</small>べる/飲<small>の</small>むこと)

▶ 遠慮<small>えんりょ</small>なく、お召<small>め</small>し上<small>あ</small>がりください。

(**F** N'hésitez pas à le déguster. **S** Por favor, sírvase sin ningún tipo de reparo. **P** Por favor, sirva-se sem cerimônias.)

□ **お〜する**

▶ お待<small>ま</small>たせしました。こちらへどうぞ。

(**F** Désolé de vous avoir fait attendre. Veuillez venir par ici. **S** Gracias por esperar. Por aquí, por favor. **P** Peço desculpas pela espera. Por favor, venha por aqui.)

□ **参<small>まい</small>る**

(=行<small>い</small>く)

▶ 明日<small>あした</small>、そちらに参<small>まい</small>ります。

(**F** Je vous rendrai visite demain. **S** Estaré allí mañana. **P** Irei aí amanhã.)

□ **お目<small>め</small>にかかる**

(=会<small>あ</small>う)

▶ 明日<small>あした</small>、お目<small>め</small>にかかれるのを楽<small>たの</small>しみにしております。

(**F** J'attends de vous voir demain avec impatience. **S** Espero con ansias verle mañana. **P** Estou ansioso para vê-lo amanhã.)

□ **申<small>もう</small>し上<small>あ</small>げる**

(=言<small>い</small>う)

▶ 私<small>わたし</small>の意見<small>いけん</small>を申<small>もう</small>し上<small>あ</small>げてもよろしいでしょうか。

(**F** Puis-je vous donner mon avis ? **S** ¿Puedo darle mi opinión? **P** Será que poderia dar minha opinião?)

□ **拝見<small>はいけん</small>（する）**

(=見<small>み</small>る)

▶〈車掌<small>しゃしょう</small>〉乗車券<small>じょうしゃけん</small>を拝見<small>はいけん</small>します。

(**F** (Contrôleur) Je vais vérifier votre billet. **S** (Revisor o inspector del tren) Déjeme ver su billete. **P** (Cobrador) Vou verificar o seu bilhete de trem.)

□ **頂戴<small>ちょうだい</small>（する）**

(=もらう)

▶ いただいてもいいんですか。それでは、ありがたくちょうだいします。

(**F** Est-ce que je peux accepter ? Dans ce cas, je le fais avec plaisir. **S** ¿Me lo da? De acuerdo, muchas gracias. **P** Você vai me dar isso? Nesse caso, agradeço muito.)

12 決まった言い方
きまったいいかた

□ よく、いらっしゃいました ▶ 遠いところ、よくいらっしゃいましたね。お疲れでしょう。
とお / つか

(**F** Vous avez fait un long voyage, vous devez être fatigué(e).
S Gracias por venir desde tan lejos. Debe de estar cansado.
P Seja bem-vindo! Você fez uma longa viagem. Deve estar cansado.)

□ おじゃまします ▶ さあ、どうぞ、上がって。 — はい。では、おじゃまします。
あ

(**F** Entrez, s'il vous plaît. — D'accord. Merci de m'accueillir.
S Bueno, entra. —De acuerdo. Con permiso. **P** — Bem, entre, por favor.
— Sim, com licença.)

□ ご無沙汰しています ▶ ご無沙汰しています。お元気でしたか。 — ええ、元気でしたよ。
ぶさた / ぶさた / げんき / げんき

(**F** Ça fait longtemps. Comment ça va ? — Oui, très bien. **S** Ha pasado
mucho tiempo. ¿Cómo ha estado? —Es cierto. He estado bien. **P** — Há quanto tempo não nos vemos. Como você tem passado?
— Sim, estou bem, obrigado.)

□ いつもお世話になっております ▶ いつもお世話になっております。さくら食品の木村でございます。
せわ / せわ / しょくひん / きむら

(**F** Merci de votre constant soutien. Je suis Kimura de Sakura Foods.
S Gracias por su continuo apoyo. —Soy Kimura, de Alimentos Sakura.
P Obrigado por seu contínuo apoio. Eu sou o Kimura da Sakura Foods.)

□ お世話になりました ▶ 先生、長い間、お世話になりました。
せわ / せんせい / ながい あいだ / せわ

(**F** Professeur, merci de votre soutien pendant tout ce temps.
S Gracias por haberme dado su ayuda durante todo este tiempo,
profesor. **P** Professor, obrigado por ter me ajudado durante todo esse
tempo.)

□ お先に ▶ [上司] じゃ、お先に(失礼します)。
さき / じょうし / さき / しつれい
— [部下] お疲れさまでした/です。
ぶか / つか
[部下] すみません、お先に失礼します。
ぶか / さき / しつれい
— [上司] お疲れさまでした/です。
じょうし / つか

(**F** [Supérieur hiérarchique] Allez, je rentre. — [Subordonné] Merci (pour
votre travail). [Subordonné] Excusez-moi, je me permets de rentrer.
— [Supérieur hiérarchique] Merci (pour votre travail). **S** (Jefe) Bueno, yo
ya me voy. —(Subordinado) Gracias por su ayuda. (Subordinado) Ya me
voy. Con permiso. —(Jefe) Buen trabajo. **P** [Chefe]: Bem, eu vou indo
agora (com licença). [Subordinado]: Obrigado por hoje e bom descanso.
[Subordinado]: Com sua licença, vou voltar para casa. [Chefe]: Bom
trabalho.)

⑬ 動詞① （**F** Verbes① **S** Verbos ① **P** Verbos①）
どうし

☐ **空く**
あ

（**F** être vacant(e), disponible **S** estar vacío o libre **P** vagar）

▶ すみません、この席、空いていますか。
せき　あ

（**F** Excusez-moi, cette place est-elle libre ? **S** Disculpe, ¿está libre este asiento? **P** Com licença, este assento está vago?）

☐ **空き**
あ

（**F** vacant(e), libre **S** vacío o libre **P** vaga）

▷ 空き地、空き時間
あ　ち　あ　じ かん

（**F** terrain vacant, temps libre **S** terreno desocupado; tiempo libre **P** terreno vago, tempo livre）

☐ **揚げる**
あ

（**F** frire **S** freír **P** fritar）

▶ サケは、油で揚げてもおいしいですよ。
あぶら　あ

（**F** Le saumon est délicieux aussi frit dans de l'huile. **S** El salmón frito en aceite también es rico. **P** O salmão é delicioso mesmo frito em óleo.）

☐ **挙げる**
あ

（**F** lever, citer **S** levantar **P** levantar）

▶ 質問がある人は手を挙げてください。
しつもん　ひと　て　あ

（**F** Les personnes ayant des questions, levez la main s'il vous plaît. **S** Levanten la mano si tienen alguna pregunta. **P** Levante a mão quem tiver alguma pergunta.）

▶ いくつか例を挙げてみてください。
れい　あ

（**F** Donnez quelques exemples, s'il vous plaît. **S** Denme un par de ejemplos. **P** Por favor, dê alguns exemplos.）

☐ **上げる**
あ

（**F** lever, augmenter **S** subir **P** subir）

▷ 温度を上げる、値段を上げる
おん ど　あ　ね だん　あ

（**F** lever la température, augmenter le prix **S** aumentar la temperatura; subir el precio **P** aumentar a temperatura, aumentar o preço）

☐ **憧れる**
あこが

（**F** admirer, rêver de **S** anhelar, admirar **P** admirar）

▶ ずっと都会の生活に憧れていました。
と かい　せいかつ　あこが

（**F** J'ai toujours rêvé de la vie en ville. **S** Siempre había anhelado vivir en la ciudad. **P** Eu sempre admirei a vida na cidade.）

☐ **憧れ**
あこが

（**F** admiration, aspiration, modèle **S** admiración **P** admiração）

▶ 美人で勉強もスポーツもできる先輩は、私の憧れなんです。
び じん　べんきょう　せんぱい　わたし　あこが

（**F** Mon aînée, belle et douée en études et en sport, est mon modèle. **S** Admiro a mis compañeras de años superiores, que son guapas y buenas en el estudio y en el deporte. **P** Admiro minha colega veterana de escola, que é linda e talentosa tanto nos estudos quanto nos esportes.）

☐ **預かる**
あず

（**F** garder **S** guardar, recibir **P** receber (algo para guardar)）

▶ 〈店の人〉コートとお荷物はこちらでお預かりします。
みせ　ひと　に もつ　あず

（**F** (Vendeur) Nous garderons vos manteaux et bagages ici. **S** (En un restaurante) Puede dejar aquí su abrigo y su bolso. **P** 〈Empregado〉 Guardaremos seu casaco e sua bolsa aqui.）

□ **預ける**
あず
(🇫 confier, déposer
🇸 dejar, depositar
🇵 depositar (algo),
deixar)

▶ いつも子どもを保育園に預けてから、会社に行っています。
こ　　　　ほいくえん　あず　　　　　　かいしゃ　い

(🇫 Je confie habituellement mon enfant à la crèche avant d'aller au travail.
🇸 Siempre dejo a mi hijo en la guardería antes de ir a trabajar.
🇵 Sempre deixo meu filho na creche antes de ir para o trabalho.)

▶ 銀行にいくら預けてあるか、よく覚えていません。
ぎんこう　　　　あず　　　　　　　　おぼ

(🇫 Je ne me souviens pas très bien combien j'ai déposé à la banque.
🇸 No recuerdo cuánto dinero tengo en el banco. 🇵 Não me lembro bem
quanto dinheiro tenho depositado no banco.)

□ **与える**
あた
(🇫 donner 🇸 dar 🇵 dar)

▷ 〈注意書き〉動物にえさを与えないでください。
ちゅうい　が　　　どうぶつ　　　　あた

(🇫 (Mise en garde) Ne nourrissez pas les animaux, s'il vous plaît.
🇸 (Advertencia) No alimente a los animales. 🇵 〈Aviso〉 Por favor, não
alimente aos animais.)

□ **暖まる**
あたた
(🇫 se réchauffer
🇸 calentarse
🇵 aquecer, esquentar)

▶ 部屋が暖まるまで、もう少し時間がかかります。
へや　あたた　　　　　　　すこ　じかん

(🇫 Il faudra encore un peu de temps pour que la chambre se réchauffe.
🇸 La habitación tardará un rato más en calentarse. 🇵 Levará um pouco
mais de tempo para o quarto esquentar.)

□ **暖める**
あたた
(🇫 réchauffer 🇸 calentar 🇵 aquecer)

□ **温まる**
あたた
(🇫 devenir chaud
🇸 calentarse
🇵 aquecer-se)

▶ スープを飲んだら、体も少し温まるよ。
の　　　　からだ　すこ　あたた

(🇫 La soupe va vous réchauffer un peu. 🇸 El cuerpo entra en calor si uno
toma un poco de sopa. 🇵 Depois de tomar a sopa, o corpo também se
aquece um pouco.)

□ **温める**
あたた
(🇫 chauffer 🇸 calentar
🇵 aquecer)

▶ 〈コンビニで〉お弁当は温めますか。
べんとう　あたた

(🇫 (Au magasin de proximité) Voulez-vous faire réchauffer le bentô ?
🇸 (En la tienda) ¿Le calentamos la comida? 🇵 〈Na loja de
conveniência〉 Quer que aqueça a comida?)

□ **当たる**
あ
(🇫 toucher, gagner
🇸 chocar, acertar
🇵 acertar)

▶ 私が打ったボールが、審判の頭に当たってしまった。
わたし　う　　　　　　　　しんばん　あたま　あ

(🇫 La balle que j'ai frappée a touché la tête de l'arbitre. 🇸 Golpeé la
pelota y le dio en la cabeza al árbitro. 🇵 A bola que rebati acabou
atingindo a cabeça do árbitro.)

▷ くじが当たる、プレゼントが当たる
あ　　　　　　　　　あ

(🇫 gagner à la loterie, gagner un cadeau 🇸 ganar en una rifa; ganarse un
regalo 🇵 ganhar na loteria, ganhar um presente.)

□ **当たり**
あ
(🇫 gagnant(e) 🇸 acierto
🇵 acerto)

▶ 「当たり」が出たら、もう一つもらえるんだって。
あ　　　で　　　　　　ひと

(🇫 Si vous tirez un ticket gagnant, vous en recevrez un autre.
🇸 Si aciertas, te llevas otro. 🇵 Se você tirar um bilhete premiado,
receberá outro.)

□ **当てる**
あ
(🇫 gagner, trouver, cibler
🇸 acertar 🇵 acertar)

▷ 1等を当てる、答えを当てる、(〜に) 光を当てる
とう　あ　　　こた　あ　　　　　　ひかり　あ

(🇫 gagner le premier prix, trouver la bonne réponse, éclairer quelque
chose 🇸 ganar el primer premio; adivinar la respuesta; exponer a la luz
🇵 Acertar o 1° prêmio, acertar a resposta, expor a luz)

□ **扱う**
あつか

(🇫 manipuler 🇸 manejar, manipular, tratar 🇵 manusear)

▶ 割れやすいから、丁寧に扱ってください。
　　わ　　　　　　　ていねい　あつか

(🇫 Veuillez le manipuler avec précaution car il est fragile. 🇸 Manipúlelas con cuidado, ya que son frágiles. 🇵 Por favor, manuseie com cuidado, pois é frágil.)

▶ 当店では、こちらの商品は扱っていません。
　　とうてん　　　　　　　　しょうひん　あつか

(🇫 Nous n'avons pas ce produit dans notre magasin. 🇸 No vendemos este producto en nuestra tienda. 🇵 Não vendemos este produto em nosso loja.)

□ **編む**
あ

(🇫 tricoter 🇸 tejer 🇵 tricotar)

▷ マフラーを編む
　　　　　　あ

(🇫 tricoter une écharpe 🇸 tejer una bufanda 🇵 tricotar um cachecol)

□ **現れる**
あらわ

(🇫 apparaître 🇸 aparecer 🇵 aparecer)

▶ 突然、向こうから社長が現れたから、びっくりした。
　とつぜん　む　　　　しゃちょう　あらわ

(🇫 Soudain, le PDG est apparu de l'autre côté, j'ai été surpris(e). 🇸 Me sorprendí cuando, de repente, apareció por allí el presidente. 🇵 Fiquei surpreso quando o presidente apareceu de repente do outro lado.)

□ **表す**
あらわ

(🇫 exprimer, représenter 🇸 expresar, representar 🇵 expressar, representar)

▷ 意味を表す、大きさを表す
　い　み　あらわ　　おお　　　　あらわ

(🇫 représenter une signification, représenter une taille 🇸 expresar el significado; expresar la magnitud 🇵 expressar significado, medida tamanho)

□ **表れる**
あらわ

(🇫 être exprimé(e), refléter 🇸 manifestarse 🇵 aparecer, revelar-se)

▶ この手紙には彼女の気持ちがよく表れている。
　　てがみ　　かのじょ　きも　　　　あらわ

(🇫 Cette lettre reflète bien les sentiments de cette femme. 🇸 En esta carta se manifiestan claramente sus sentimientos. 🇵 Esta carta expressa bem os sentimentos dela.)

□ **合わせる**
あ

(🇫 ajuster, au total 🇸 unir, ajustar 🇵 ajustar, somar)

▶ この時計、だいぶ遅れてる。合わせないと。
　　とけい　　　　　おく　　　　あ

(🇫 Cette montre a un retard considérable. Elle doit être ajustée. 🇸 Este reloj está muy atrasado. Hay que ajustarlo. 🇵 Este relógio está muito atrasado. Preciso ajustá-lo.)

▶ 〈会計〉全部合わせていくらになる？
　かいけい　ぜんぶ　あ

(🇫 〈Total〉 Combien ça coûtera au total ? 🇸 (Haciendo cuentas) ¿Cuánto suma todo? 🇵 〈Conta〉 Qual é o valor total?)

□ **祝う**
いわ

(🇫 célébrer 🇸 celebrar, felicitar 🇵 celebrar)

▶ 友だちが誕生日を祝ってくれた。
　とも　　　たんじょうび　いわ

(🇫 Mes amis m'ont célébré mon anniversaire. 🇸 Mis amigos me felicitaron por mi cumpleaños. 🇵 Meus amigos celebraram meu aniversário.)

□ **浮かぶ**
う

(🇫 flotter, apparaître, imaginer 🇸 flotar 🇵 flutuar)

▶ 湖にはたくさんのボートが浮かんでいた。
　みずうみ　　　　　　　　　　　　う

(🇫 De nombreux bateaux flottent sur le lac. 🇸 Había muchos barcos flotando en el lago. 🇵 Havia muitos barcos flutuando no lago.)

敬語 11
決まった言い方 12
動詞① 13
動詞②(~する) 14
名詞 15
形容詞 16
副詞 17
接続詞 18
ぎおん語・ぎたい語 19
カタカナ語 20

▶ 子どもたちの喜ぶ顔が目に浮かびます。

(**F** Je peux imaginer les visages joyeux des enfants. **S** Me vienen a la mente las caras de felicidad de los niños. **P** Vem-me à lembrança a imagem da cara de felicidade das crianças.)

□ 浮かべる
う

(**F** imaginer **S** poner a flote, evocar, recordar **P** fazer flutuar)

□ 浮く
う

▶ プールで水に浮いているだけで気持ちいい。

(**F** flotter **S** flotar **P** flutuar)

(**F** Se prélasser dans l'eau de la piscine est si agréable. **S** Flotando en el agua de la piscina me siento bien. **P** É agradável apenas flutuar na água da piscina.)

□ 動かす
うご

▶ 机を向こうに動かすから、手伝ってくれない？

(**F** déplacer **S** mover **P** mover)

(**F** Tu peux m'aider à déplacer le bureau là-bas ? **S** ¿Me ayudas a mover la mesa hasta allí? **P** Você pode me ajudar a mover a mesa para lá?)

□ 失う
うしな

▶ 今回の負けで、彼はすっかり自信を失ったようです。

(**F** perdre **S** perder **P** perder)

(**F** Après cette défaite, il semble avoir complètement perdu confiance. **S** Parece haber perdido toda la confianza después de esta derrota. **P** Ele parece ter perdido toda a confiança depois dessa derrota.)

□ 失くす
な

(**F** perdre **S** perder **P** perder algo)

□ 薄める
うす

▶ うーん、ちょっと味が濃いかなあ。もうちょっと薄めよう。

(**F** diluer **S** diluir, suavizar **P** diluir)

(**F** Hmmm, le goût est un peu fort. Je vais le diluer un peu plus. **S** Hmm, creo que sabe un poco fuerte. Vamos a diluirlo un poco más. **P** Hum, acho que o sabor está um pouco forte. Vamos diluir um pouco mais.)

□ 疑う
うたが

▶ 嘘じゃないですよ。 —— わかってます。別に疑っているわけじゃありません。

(**F** douter, soupçonner **S** dudar **P** duvidar)

(**F** Ce n'est pas un mensonge. — Je sais, je ne te soupçonne pas du tout. **S** No miento. —Lo sé. No estoy dudando de ti. **P** — Não é mentira. — Eu sei. Não estou duvidando de você.)

□ 打つ
う

▷ ボールを打つ、メールを打つ

(**F** frapper, taper **S** golpear, escribir a máquina **P** bater)

(**F** frapper une balle, écrire un e-mail **S** golpear la pelota; escribir correos electrónicos **P** rebater uma bola, enviar um e-mail)

▶ あの選手は、倒れた時に頭を打ったみたいです。

(**F** Ce joueur semble s'être frappé la tête en tombant. **S** Parece que ese jugador se golpeó la cabeza al caer. **P** Aquele jogador parece ter batido a cabeça quando caiu.)

☐ **移す／うつす** ▷ 本社を大阪に移す、風邪を人にうつす
うつ　　　　　　　　　ほんしゃ　おおさか　うつ　　　　かぜ　ひと

(**F** déplacer, transférer,
transmettre **S** trasladar,
mudar, contagiar
P mover, passar)

(**F** transférer le siège social à Osaka, transmettre son rhume à quelqu'un
S mudar la sede central a Osaka; contagiar el resfriado a los demás
P mudar a sede para Osaka, passar um resfriado para alguém)

☐ **映す** ▶ 全身を鏡に映して見たほうがいいよ。
うつ　　　　ぜんしん　かがみ　うつ　　み

(**F** projeter **S** reflejar
P refletir)

(**F** Il est mieux de se regarder en entier dans le miroir. **S** Deberías verte
de cuerpo entero en el espejo. **P** É melhor você se olhar no espelho de
corpo inteiro.)

☐ **映る** ▶ 鏡に映った自分の顔を見てびっくりしました。
うつ　　　かがみ　うつ　　じぶん　かお　み

(**F** être reflété
S reflejarse
P ser refletido)

(**F** J'ai été choqué(e) quand j'ai vu mon visage dans le miroir.
S Me sorprendí al ver mi cara reflejada en el espejo. **P** Fiquei surpreso
quando vi meu rosto refletido no espelho.)

☐ **写る** ▶ この写真に写っている人は誰？
うつ　　　　しゃしん　うつ　　　ひと　だれ

(**F** apparaître, être
photographié
S proyectarse, reflejarse,
aparecer
P ser fotografado)

(**F** Qui sont les gens sur cette photo ? **S** ¿Quiénes son los que aparecen
en esta foto? **P** Quem é a pessoa que aparece na foto?)

☐ **産む** ▶ 元気な赤ちゃんを産めるよう、食事には気をつ
う　　　　げんき　あか　　　　う　　　　　しょくじ　　き
けています。

(**F** mettre au monde
S dar a luz **P** dar à luz)

(**F** Je fais attention à mon alimentation pour avoir un bébé en bonne santé.
S Cuido mi alimentación para poder tener un bebé sano.
P Estou cuidando da minha dieta para poder dar à luz um bebê
saudável.)

☐ **裏返す** ▶ 裏返して1分ほど焼けば、出来上がりです。
うらがえ　　　うらがえ　　ぶん　や　　　できあ

(**F** retourner **S** volverse
del revés **P** virar do
avesso)

(**F** Retournez-le et faites-le cuire pendant environ une minute. **S** Se le da
la vuelta, se cocina un minuto y ya está listo. **P** Vire e cozinhe por cerca
de um minuto, então está pronto.)

☐ **得る** ▷ 許可を得る、知識を得る、利益を得る
え　　　　きょか　え　　　ちしき　え　　　りえき　え

(**F** obtenir, acquérir
S obtener **P** obter)

(**F** obtenir une autorisation, acquérir des connaissances, réaliser des
bénéfices **S** obtener permiso; adquirir conocimiento; obtener beneficio
P obter permissão, adquirir conhecimento, obter lucro)

(77) ☐ **追う** ▶ すぐ彼女を追ったんですが、見失ってしまいました。
お　　　　　かのじょ　お　　　　　　みうしな

(**F** poursuivre
S perseguir
P perseguir, seguir)

(**F** Je l'ai immédiatement poursuivie, mais je l'ai perdue de vue.
S Enseguida fui tras ella, pero la perdí de vista. **P** Eu a segui
imediatamente, mas a perdi de vista.)

☐ **応じる** ▶ この店は客の注文に応じていろんな料理を作って
おう　　　　　みせ　きゃく　ちゅうもん　おう　　　　　　りょうり　つく
くれるんです。

(**F** obtempérer, s'adapter,
répondre **S** responder,
variar según...
P responder)

(**F** Ce restaurant prépare divers plats en fonction des commandes des
clients. **S** Este restaurante hace todo tipo de platos a pedido de los
comensales. **P** Este restaurante prepara uma variedade de pratos de
acordo com os pedidos dos clientes.)

▶ 人数に応じて料金も変わりますので、ご相談ください。
にんずう　おう　　りょうきん　か　　　　　　　　　　　そうだん

（**F** Le tarif varie en fonction du nombre de personnes, alors veuillez nous consulter. **S** El precio varía según el número de personas, por eso, consúltenos. **P** Os preços variam de acordo com o número de pessoas, por isso consulte-nos.)

□ 終える
お

（**F** terminer **S** terminar **P** concluir）

▶ 無事、発表を終えることができて、ほっとしました。
ぶじ　はっぴょう　お

（**F** J'étais soulagé(e) d'avoir terminé ma présentation sans problème. **S** Fue un alivio terminar la presentación sin problemas. **P** Foi um alívio conseguir concluir a apresentação sem problemas.)

□ 犯す
おか

（**F** commettre **S** cometer **P** cometer (um crime)）

▷ 犯罪を犯す、ミスを犯す
はんざい　おか

（**F** commettre un crime, commettre une erreur **S** cometer un delito; cometer un error **P** cometer um crime, cometer um erro)

□ 補う
おぎな

（**F** compenser **S** compensar **P** compensar）

▶ 野菜不足を補いたいとき、このジュースはいいですよ。
やさいぶそく　おぎな

（**F** Cette boisson est idéale lorsque vous avez besoin de compenser un manque de légumes. **S** Este jugo es bueno si quieres compensar el consumo insuficiente de verduras. **P** Este suco é bom quando se quer compensar a falta de verduras na alimentação.)

□ 起こす
お

（**F** causer, relever **S** levantar, despertar, iniciar, causar **P** causar）

▶ 林さんがまた問題を起こしたようです。
はやし　　　もんだい　お

（**F** Il semble que M. Hayashi ait encore causé des problèmes. **S** Parece que Hayashi ha vuelto a causar problemas. **P** Parece que o senhor Hayashi voltou a causar outro problema.)

▶ では、ゆっくり体を起こしてください。
からだ　お

（**F** Maintenant, veuillez doucement vous lever. **S** Bueno, levántese despacio. **P** Então, levante-se lentamente, por favor.)

□ 押さえる
お

（**F** retenir **S** sujetar **P** pressionar）

▶ 〈犬のシャンプー〉暴れないように押さえてて。
いぬ　　　　　　　　あば　　　　　　　　お

（**F** (Pour le shampooing d'un chien) Retenez-le pour qu'il ne se débatte pas. **S** (Bañando al perro) Sujétalo para que no se descontrole. **P** 〈Ao banhar um cachorro〉 Mantenha-o pressionado para que ele não se debata.)

□ 落とす
お

（**F** faire tomber, réduire, perdre **S** soltar, perder **P** cair）

▶ それ、落としたら割れるから、気をつけて持ってね。
お　　　　わ　　　　　き　　　　　も

（**F** Si vous le laissez tomber, il se cassera, alors faites attention en le tenant. **S** Si se te cae eso, se va a romper, así que sujétalo con cuidado. **P** Tenha cuidado ao segurar isso, pois pode quebrar se cair.)

▷ 財布を落とす、スピードを落とす
さいふ　お　　　　　　　　　　お

（**F** perdre son portefeuille, réduire la vitesse **S** perder la billetera; reducir la velocidad **P** perder a carteira, reduzir a velocidade)

敬語 11

決まった言い方 12

動詞① 13

動詞②（〜する） 14

名詞 15

形容詞 16

副詞 17

接続詞 18

ぎおん語・ぎたい語 19

カタカナ語 20

□ 驚かす
かす
おどろ

(F surprendre
S sorprender
P surpreender)

▶ 彼女、25日が誕生日？　じゃ、みんなで何かプ
かのじょ　　にち　たんじょうび
レゼント買って驚かそうよ。
か　　おどろ

(F Son anniversaire est le 25 ? Alors achetons un cadeau tous ensemble
pour la surprendre. S ¿Cumple años el 25? Entonces sorprendámosla
comprándole un regalo entre todos. P O aniversário dela é no dia 25?
Então, vamos comprar um presente juntos para surpreendê-la.)

□ かえる

(F changer S cambiar
P mudar)

▷ 〈違う内容にする〉髪型を変える、予定を変える
ちが　ないよう　　かみがた　か　　よてい　か

(F (Changer pour quelque chose de différent) changer de coiffure,
changer de plan S (modificar contenido o forma) cambiar de peinado;
cambiar de planes P 〈Mudando o conteúdo〉 mudar o penteado, alterar
os planos)

▷ 〈途中で別のものにする・交換する〉乗り換える、
とちゅう　べつ　　　　　こうかん　　　の　か
言い換える
い　か

(F (Changer en cours de route, échanger) changer de train, reformuler
S (mudar, substituir) hacer transbordo; decirlo en otras palabras
P 〈Alteração durante o percurso, substituir〉 baldear, reformular)

▷ 〈同じ価値の別の（新しい）ものにする〉円に替え
おな　かち　べつ　あたら　　　えん　か
る、シーツを替える
か

(F (Échanger contre quelque chose de différent ou de neuf de même
valeur) convertir en yens, changer les draps S (trocar por otra cosa igual
o similar) cambiar a yenes; cambiar las sábanas P (Trocar por algo
diferente ou algo novo de mesmo valor) trocar por ienes, trocar os
lençóis)

▷ 〈その役割を別なものにさせる〉命には代えられない
やくわり　べつ　　　　　いのち　か

(F (Déplacer une fonction vers une autre) rien ne peut remplacer la vie
S (poner algo en el lugar de otra cosa) La vida es irremplazable.
P (Trocar uma função por outra) a vida é insubstituível.)

★区別が難しいため、「変える」が使われることが多い。はっきりしない場合は、ひらがな書きがよい。
くべつ　むずか　　　　か　　　つか　　　　　　　　　　　ばあい　　　　　　　か
F Comme la distinction est difficile, "変える" est souvent utilisé. En cas de doute, l'écriture en hiragana est
préférable.／S Como es difícil distinguirlos, se suele utilizar "変える". Si no está claro de cuál se trata, puede
escribirse en hiragana.／P Devido à dificuldade de distinção, 「変える」 é frequentemente usado. Em caso de
dúvida, pode se escrever em hiragana.

---

78 □ 輝く
かがや

(F briller S brillar
P brilhar)

▶ 子どもたちの目が生き生きと輝いていた。
こ　　　　　め　い　い　　かがや

(F Les yeux des enfants brillaient d'enthousiasme. S Los ojos de los
niños brillaban llenos de vida. P Os olhos das crianças brilhavam de
vitalidade.)

□ 輝き
かがや

(F éclat S brillo P brilho)

□ 嗅ぐ
か

(F sentir S oler
P cheirar)

▶ においを嗅いだけど、臭くなかった。
か　　　　くさ

(F J'ai senti l'odeur, mais ça ne sentait pas mauvais. S Le sentí el olor y
no olía mal. P Eu cheirei, mas não cheirava mal.)

□ **隠す**
かく

▶ 別に隠してるわけじゃなく、本当に知らないん
べつ　　かく　　　　　　　　　　　　　　　ほんとう　し
ですよ。

(🇫 cacher 🇪🇸 ocultar
🇵🇹 esconder)

(🇫 Ce n'est pas que je cache quelque chose, je ne sais vraiment pas.
🇪🇸 No estoy ocultando nada, realmente no lo sé. 🇵🇹 Não estou
escondendo nada, eu realmente não sei.)

□ **隠れる**
かく

▷ 隠れた名曲、隠れた機能
かく　めいきょく　かく　きのう

(🇫 se cacher 🇪🇸 ocultarse
🇵🇹 esconder-se)

(🇫 œuvre musicale cachée, fonctionnalités cachées 🇪🇸 obras maestras
ocultas; funciones ocultas 🇵🇹 obra-prima de música desconhecida, função
oculta)

□ **囲む**
かこ

▶ 実家はどんなところですか。　　— 山に囲まれ
じっか　　　　　　　　　　　　　　　　やま　かこ
た静かな町です。
しず　まち

(🇫 entourer 🇪🇸 rodear
🇵🇹 cercar)

(🇫 Comment est ta ville d'origine ? — C'est une ville paisible entourée de
montagnes. 🇪🇸 ¿Cómo es el pueblo de donde vienes? —Es un pueblo
tranquilo rodeado de montañas. 🇵🇹 — Como é a sua cidade natal? — É
uma cidade tranquila cercada por montanhas.)

□ **重なる**
かさ

▷ 用事が重なる、色が重なる、文字が重なる
ようじ　かさ　　いろ　かさ　　もじ　かさ

(🇫 être superposé(e)
🇪🇸 superponerse,
coincidir 🇵🇹 sobrepor-se)

(🇫 plannning qui se chevauche, couleurs qui se superposent, lettres qui se
chevauchent 🇪🇸 coincidir dos o más compromisos; colores superpuestos;
letras superpuestas 🇵🇹 estar sobrecarregado de trabalho, cores
sobrepostas, letras sobrepostas)

□ **重ねる**
かさ

▷ 上に重ねる、重ねて着る、経験を重ねる
うえ　かさ　　かさ　　き　　けいけん　かさ

(🇫 superposer
🇪🇸 superponer, repetir
🇵🇹 empilhar)

(🇫 superposer, porter plusieurs couches, accumuler de l'expérience
🇪🇸 apilar; ponerse una prenda encima de otra; repetir la experiencia
🇵🇹 empilhar vestir-se em camadas, acumular experiência)

□ **傾く**
かたむ

▶ そこに飾ってる絵、ちょっと右に傾いてるよ。
かざ　　え　　　　　みぎ　かたむ

(🇫 être incliné(e)
🇪🇸 inclinarse 🇵🇹 inclinar)

(🇫 Le tableau accroché là-bas penche légèrement vers la droite.
🇪🇸 Esa foto está un poco inclinada a la derecha. 🇵🇹 O quadro pendurado
ali está um pouco inclinado para a direita.)

□ **刈る**
か

▶ だいぶ草が伸びたね。　　— うん。そろそろ刈ら
くさ　の　　　　　　　　　　　　　　　　　　か
ないと。

(🇫 tailler, couper
🇪🇸 cortar, segar
🇵🇹 cortar (grama,
capim…))

(🇫 L'herbe a bien poussé, hein ? — Oui, il est temps de la couper.
🇪🇸 La hierba ha crecido mucho. —Sí, tendré que cortarla pronto.
🇵🇹 — A grama cresceu bastante. — Sim, já está na hora de cortá-la.)

□ **乾かす**
かわ

▶ 〈電話で〉ごめん、今、髪を乾かしてるから、あ
でんわ　　　　　　　　いま　かみ　かわ
とでかけなおす。

(🇫 faire sécher 🇪🇸 secar
🇵🇹 secar)

(🇫 (au téléphone) Désolé(e), je suis en train de me sécher les cheveux, je
rappellerai plus tard. 🇪🇸 (Al teléfono) Lo siento, me estoy secando el
cabello ahora, te llamaré más tarde. 🇵🇹 〈Ao telefone〉 Desculpe, estou
secando o cabelo agora, então volto a ligar mais tarde.)

決まった言い方 12
動詞① 13
動詞②(〜する) 14
名詞 15
形容詞 16
副詞 17
接続詞 18
ぎおん語ぎたい語 19
カタカナ語 20

□ **感じる**
かん
(🇫 ressentir 🇸 sentir
🇵 sentir)

▷ 痛み / 魅力 / 疑問 / 自然を感じる
いた　みりょく　ぎもん　しぜん　かん
(🇫 sensation de douleur, d'attraction, de doute, ressentir le contact avec la nature 🇸 sentir dolor/atracción/dudas/la naturaleza 🇵 sentir dor/atração/dúvida/a natureza)

□ **感じ**
かん
(🇫 sensation
🇸 sensación
🇵 sensação)

▶ 誰かに見られているような感じがする。
だれ　み　かん
(🇫 J'ai la sensation que quelqu'un nous observe. 🇸 Da la sensación de que nos estuviera mirando alguien. 🇵 Tenho a sensação de que alguém está nos observando.)

□ **刻む**
きざ
(🇫 hacher, graver
🇸 picar, tallar 🇵 picar)

▶ 玉ねぎを細かく刻んで炒めてください。
たま　こま　きざ　いた
(🇫 Hachez finement les oignons et faites-les sauter. 🇸 Pica las cebollas en pedazos pequeños y fríelas. 🇵 Por favor, pique a cebola em pedaços pequenos e refogue.)

□ **気づく**
き
(🇫 se rendre compte
🇸 darse cuenta
🇵 perceber)

▶ 先生が後ろにいることに気づかなかった。
せんせい　うし　き
(🇫 Je n'ai pas remarqué que le professeur était derrière moi. 🇸 No me di cuenta de que el profesor estaba detrás de mí. 🇵 Eu não percebi que o professor estava atrás de mim.)

□ **切り取る**
き　と
(🇫 découper 🇸 recortar
🇵 recortar)

▶ 気になった記事は、切り取ってファイルしています。
き　きじ　き　と
(🇫 Je découpe et classe les articles qui m'intéressent. 🇸 Recorto y archivo los artículos que me llaman la atención. 🇵 Recorto e arquivo os artigos que me interessam.)

□ **崩す**
くず
(🇫 démolir 🇸 destruir, derrumbar, cambiar
🇵 destruir, trocar)

▷ 体調を崩す、お金を崩す
たいちょう　くず　　かね　くず
(🇫 s'abîmer la santé, faire de la monnaie 🇸 arruinar la salud; cambiar billetes/monedas por unidades pequeñas 🇵 sentir-se mal, trocar dinheiro por unidades menores)

□ **崩れる**
くず
(🇫 s'effondrer
🇸 derrumbarse
🇵 desmoronar)

▶ 大地震が起きたら、ここは崩れるだろうね。
おおじしん　お　　　　くず
(🇫 En cas de grand séisme, cet endroit risque de s'effondrer. 🇸 Si hubiera un gran terremoto, este lugar se derrumbaría. 🇵 Se houver um grande terremoto, este lugar provavelmente vai desmoronar.)

▶ 夜には天気が崩れ、強い雨が降るそうです。
よる　てんき　くず　つよ　あめ　ふ
(🇫 On prévoit que le temps se dégrade et des pluies torrentielles à la tombée de la nuit. 🇸 El tiempo se descompondrá por la noche y habrá fuertes lluvias. 🇵 À noite, o tempo piorará e haverá chuvas fortes.)

□ **くっつく**
(🇫 coller, attacher
🇸 estar pegado
🇵 grudar)

▶ ちょっと待って。服にシールがくっついてる。
ま　ふく
(🇫 Attends un instant. Il y a un autocollant collé sur tes vêtements. 🇸 Un momento. Hay una pegatina en tu ropa. 🇵 Espere um momento. Tem um adesivo grudado na sua roupa.)

□ **くっつける**
(🇫 coller, joindre 🇸 pegar
🇵 colar)

▷ のりでくっつける
(🇫 coller (avec de la colle), mettre deux personnes ensemble 🇸 pegar con pegamento; unir a dos personas de modo que formen pareja 🇵 colar com cola, duas pessoas muito próximas)

敬語 11

決まった言い方 12

動詞① 13

動詞②（〜する） 14

名詞 15

形容詞 16

副詞 17

接続詞 18

ぎおん語 ぎたい語 19

カタカナ語 20

□ 組み合わせる ▶ Ａの動詞とＢの名詞を組み合わせて、文を作ってください。

（🇫 combiner, associer
🇪 combinar
🇵 combinar）

（🇫 Associez un verbe de la colonne A avec un nom de la colonne B pour créer une phrase. 🇪 Combina el verbo A con el sustantivo B y úsalos para formar una frase. 🇵 Combine um verbo A com um substantivo B e forme uma frase.）

□ 組み合わせ ▶ いろいろな色の組み合わせが可能です。

（🇫 combinaison
🇪 combinación
🇵 combinar）

（🇫 Il existe de nombreuses combinaisons de couleurs possibles.
🇪 Se pueden hacer varias combinaciones de colores.
🇵 Há várias combinações de cores possíveis.）

□ 組む ▷ ペアを組む、バンドを組む

（🇫 former, assembler
🇪 formar 🇵 montar）

（🇫 former une paire, monter un groupe 🇪 formar una pareja; formar una banda 🇵 formar pares, formar uma banda）

□ 組み立てる ▷ 棚を組み立てる、組み立て工場

（🇫 assembler 🇪 montar, armar 🇵 montar (algo)）

（🇫 assembler une étagère, usine d'assemblage 🇪 montar estanterías; planta de montaje 🇵 montar uma estante, fábrica de montagem）

□ 繰り返す ▶ 繰り返し練習することが大切です。

（🇫 répéter, refaire
🇪 repetir 🇵 repetir）

（🇫 La répétition des exercices est essentielle. 🇪 Es importante practicar repitiendo. 🇵 Fazer exercícios de repetição é importante.）

▶ 同じミスを繰り返さないように。

（🇫 Éviter de répéter la même erreur. 🇪 No repitas los mismos errores.
🇵 Evitar repetir o mesmo erro.）

□ 狂う ▶ 突然、気が狂ったように怒り出した。

（🇫 devenir fou, être perturbé 🇪 volverse loco 🇵 enlouquecer）

（🇫 Il s'est soudainement mis en colère comme s'il était devenu fou.
🇪 De repente se volvió loco y se enfadó. 🇵 De repente, ele ficou furioso, como se estivesse enlouquecendo.）

▷ 予定が狂う、時間が狂っている

（🇫 plans perturbés, temps déréglé 🇪 desordenarse el horario o alterarse el plan; estar mal la hora 🇵 os planos foram alterados, o horário está incorreto）

□ 加える ▶ もう少し砂糖を加えてもいいと思う。

（🇫 ajouter 🇪 añadir
🇵 adicionar）

（🇫 Je pense qu'il serait bon d'ajouter un peu plus de sucre. 🇪 Creo que podría añadir un poco más de azúcar. 🇵 Acho que podemos adicionar um pouco mais de açúcar.）

□ 加わる ▶ 新しいメンバーがチームに加わった。

（🇫 rejoindre 🇪 añadirse
🇵 ser adicionado）

（🇫 Un nouveau membre a rejoint l'équipe. 🇪 Se ha añadido un nuevo miembro al equipo. 🇵 Um novo membro se juntou à equipe.）

□ 削る ▷ 木 / 山 / 歯を削る、予算を削る

（🇫 réduire, raser, tailler
🇪 afilar, tallar, recortar
🇵 desgastar, raspar）

（🇫 tailler le bois, raser la montagne, tailler une dent, réduire le budget
🇪 tallar la madera, excavar/allanar montañas, afilar los dientes; recortar el presupuesto 🇵 aplainar a madeira, escavar uma montanha, raspar os dentes, cortar o orçamento）

□ 蹴る
け
(F donner un coup de pied S patear P chutar)

79

□ 凍る
こお
▶ 道が凍っていて、すべる。
みち　こお

(F geler S helarse, congelarse P congelar)
(F La route est gelée et glissante. S Las carreteras están heladas y resbaladizas. P A estrada está congelada e escorregadia.)

□ こする
▶ 目に何か入ったの？　あんまりこすらないほうがいいよ。
め　なに　はい

(F frotter S frotar P esfregar)
(F As-tu quelque chose dans l'œil ? Il vaut mieux ne pas frotter trop fort. S ¿Se te ha metido algo en el ojo? No te lo frotes demasiado. P Entrou um cisco no olho? É melhor não esfregar com muita força.)

□ 異なる
こと
▶ 時期によって宿泊料金が異なります。
じき　しゅくはくりょうきん　こと

(F être différent(e), varier S diferir P variar, diferir)
(F Les tarifs d'hébergement varient en fonction de la saison. S Los precios del alojamiento difieren según la época del año. P As tarifas de hospedagem variam de acordo com a época do ano.)

□ 好む
この
▶ 彼はシンプルなものを好みます。
かれ　　　　　　　　　　この

(F aimer S preferir, gustarle P preferir)
(F Il aime les choses simples. S Prefiere las cosas sencillas. P Ele prefere coisas simples.)

□ 好み
この
▶ 暗い色より明るい色のほうが好みです。
くら　いろ　あか　いろ　　　この

(F préférence S gusto, preferencia P preferência, gosto)
(F Il préfère les couleurs claires aux couleurs sombres. S Prefiere los colores claros a los oscuros. P Prefiro cores claras a cores escuras.)

▷ 好みの男性、好みが変わる
この　だんせい　この　か

(F homme à son goût, changement de préférences S los hombres que me gustan; los gustos cambian P homem de preferência, mudança de preferências)

□ こぼす
▶ すみません、コーヒーをこぼしてしまいました。

(F renverser S derramar P derramar)
(F Excusez-moi, j'ai renversé le café. S Lo siento, derramé el café. P Desculpe, eu derramei o café.)

□ こぼれる
(F déborder S derramarse P escorrer)

□ 込める
こ
▶ これはみんなが心を込めて作ったプレゼントです。
こころ　こ　つく

(F mettre, s'investir S poner P pôr, incluir)
(F C'est un cadeau que tout le monde a fait avec amour. S Cada uno puso todo su cariño en este regalo. P Este é um presente que todos fizeram com carinho e dedicação.)

□ 転がす
ころ
▷ ボールを転がす
ころ

(F faire rouler S hacer rodar P rolar (algo))
(F faire rouler une balle S hacer rodar la pelota P fazer uma bola rolar)

□ 転がる
ころ
▶ 消しゴムがどこかに転がっちゃって、見つからない。
け　　　　　　　ころ　　　　　　み

(F rouler S rodar P rolar)
(F Le gomme a roulé quelque part et je ne peux pas la trouver. S La goma de borrar ha rodado por alguna parte y no la encuentro. P Minha borracha caiu algum lugar e não consigo encontrá-la.)

敬語 11

決まった言い方 12

動詞① 13

動詞②（〜する）14

名詞 15

形容詞 16

副詞 17

接続詞 18

ぎおん語・ぎたい語 19

カタカナ語 20

□ **転ぶ**
ころ

（**F** tomber **S** caerse
P cair, tropeçar）

▶ どうしたんですか。 ── ちょっと階段で転んで
しまって……。
かいだん ころ

（**F** Qu'est-ce qui ne va pas ? — Je suis tombé(e) dans les escaliers.
S ¿Qué pasa? —Me he caído en las escaleras...
P — O que aconteceu? — Eu caí na escada）

□ **叫ぶ**
さけ

（**F** crier **S** gritar
P gritar）

▶ こんな山奥じゃ、大声で叫んでも、誰にも聞こえ
やまおく おおごえ さけ だれ き
ないかもしれない。

（**F** Dans ces montagnes reculées, même crier à haute voix ne sera sans-
doute entendu de personne. **S** En un lugar recóndito como este, aunque
uno grite, nadie lo oye. **P** Numa área remota como esta, ninguém pode
nos ouvir mesmo se gritarmos alto.）

□ **避ける**
さ

（**F** éviter **S** evitar
P evitar）

▶ けんかは避けたいので、何も言いませんでした。
さ なに い

（**F** Je voulais éviter l'altercation donc je n'ai rien dit. **S** Quería evitar las
peleas, así que no dije nada. **P** Eu não disse nada porque queria evitar
uma briga.）

□ **刺す**
さ

（**F** piquer **S** picar
P picar）

▶ 蚊にいっぱい刺された。
か さ

（**F** Je me suis beaucoup fait piquer par les moustiques. **S** Nos picaron
mucho los mosquitos. **P** Fui picado por muitos mosquitos.）

□ **指す**
さ

（**F** indiquer, signifier
S indicar, apuntar
P apontar, referir-se）

▶ 頭の部分というのは、具体的にどこを指してい
あたま ぶぶん ぐたいてき さ
るんですか。

（**F** Quelle partie signifiez-vous précisément en parlant de "tête" ?
S ¿A qué te refieres exactamente con la zona de la cabeza?
P Quando você diz a parte da cabeça, a que exatamente você está se
referindo?）

□ **冷ます**
さ

（**F** faire refroidir
S enfriar, dejar que se
enfríe **P** esfriar）

▶ 熱いから、少し冷ましてから飲んでください。
あつ すこ さ の

（**F** C'est chaud, alors laissez-le refroidir un peu avant de le boire.
S Está caliente. Deja que se enfríe un poco antes de beberla.
P Está quente, então deixe esfriar um pouco antes de beber.）

□ **冷める**
さ

（**F** refroidir **S** enfriarse
P esfriar）

▶ 冷めないうちに召し上がってください。
さ め あ

（**F** Mangez-le avant qu'il refroidisse. **S** Tómela antes de que se enfríe.
P Por favor, beba antes que esfrie.）

□ **騒ぐ**
さわ

（**F** s'agiter, faire du bruit
S hacer ruido
P fazer barulho）

▷ 夜中に騒ぐ、電車の中で騒ぐ
よなか さわ でんしゃ なか さわ

（**F** faire du bruit en pleine nuit, faire du bruit dans le train
S hacer ruido en plena noche; hacer ruido en el tren
P fazer barulho no meio da noite, fazer barulho no trem）

□ **騒ぎ**
さわ

（**F** agitation **S** ruido,
alboroto **P** barulho）

▶ あそこに人がいっぱいいるね。何の騒ぎだろう。
ひと なん さわ
── どうせ酔っ払いのけんかでしょ。
よ ばら

（**F** Il y a beaucoup de gens là-bas. Je me demande quelle est cette
agitation. — Probablement une bagarre d'ivrognes. **S** Hay mucha gente
por allí. ¿Por qué tanto alboroto? —Debe ser una pelea de borrachos.
P — Há muitas pessoas ali. Por que tanto alvoroço? — Provavelmente uma
briga de bêbados.）

80

□ **敷く**
しく

(**F** étaler, étendre **S** tender, extender **P** colocar)

▶ リビングにはピンクのカーペットを敷いています。

(**F** Nous avons posé un tapis rose dans le salon. **S** He puesto una alfombra rosa en mi salón. **P** Pusemos um tapete cor-de-rosa na sala de estar.)

□ **沈む**
しず

(**F** couler **S** hundirse **P** afundar)

▶ 日が沈む前に帰ろう。
ひ　しず　まえ　かえ

(**F** Rentrons avant que le soleil ne se couche. **S** Vámonos antes de que se ponga el sol. **P** Vamos voltar antes do pôr do sol.)

□ **じっとする**

(**F** rester immobile **S** quedarse quieto **P** ficar parado sem se mover)

▶ 写真を撮るから、そのまま、じっとしてて。
しゃしん　と

(**F** Reste immobile, je vais prendre une photo. **S** Tomaré una foto. Quédate quieto así. **P** Mantenha-se imóvel enquanto tiro a foto.)

□ **しばる（縛る）**
しば

(**F** attacher **S** atar **P** amarrar)

▶ 〈ごみの捨て方〉新聞紙は、ひもでしばって出してください。
す　かた　しんぶんし　だ

(**F** (Pour le tri des déchets) Attachez les journaux avec une ficelle avant de les jeter. **S** 〈Cómo sacar la basura〉 Saque los periódicos atados con una cuerda. **P** 〈modo de jogar o lixo fora〉 Amarre os jornais com barbante e jogue fora.)

□ **しまう**

(**F** ranger **S** guardar **P** guardar)

▶ ドライバーは？ —ごめん、どこにしまったか忘れた。
わす

(**F** Où est le tournevis ? — Désolé, j'ai oublié où je l'ai rangé. **S** ¿Dónde está el destornillador? —Lo siento, olvidé dónde lo guardé. **P** — Onde está a chave de fenda? — Desculpe, esqueci onde guardei.)

□ **閉まる**
し

(**F** se fermer **S** cerrarse **P** fechar)

▶ だめだ、ふたが閉まらない。

(**F** Ça ne va pas, le couvercle ne se ferme pas. **S** Ay, la tapa no cierra. **P** Não adianta. A tampa não fecha.)

□ **閉める**
し

(**F** fermer **S** cerrar **P** fechar)

▶ 〈店の人〉すみません、そろそろお店を閉めますので。
みせ　ひと　みせ　し

(**F** (Vendeur) Excusez-moi, nous allons bientôt fermer. **S** (Un dependiente) Lo siento, estamos a punto de cerrar la tienda. **P** 〈Funcionário da loja〉 Desculpe, mas estamos prestes a fechar a loja.)

□ **示す**
しめ

(**F** indiquer, montrer **S** indicar, mostrar **P** mostrar)

▶ 私たちの研究に多くの人が興味を示してくれました。
わたし　けんきゅう　おお　ひと　きょうみ　しめ

(**F** Beaucoup de gens ont montré de l'intérêt pour nos recherches. **S** Mucha gente ha mostrado interés en nuestra investigación. **P** Muitas pessoas mostraram interesse em nossa pesquisa.)

□ **空く**
す

(**F** se vider **S** estar vacío o despejado **P** ficar vazio)

▶ 今日はいつもより道が空いてる。
きょう　みち　す

(**F** La route est plus dégagée aujourd'hui que d'habitude. **S** Hoy las carreteras están más despejadas que de costumbre. **P** Hoje as ruas estão mais vazias do que o normal. está mais vazia do que o normal.)

□ **救う**
すく

(**F** sauver **S** rescatar, salvar **P** salvar)

▶ 一人でも多くの命を救ってほしい。
ひとり　おお　いのち　すく

(**F** J'espère sauver autant de vies que possible. **S** Que salven tantas vidas como sea posible. **P** Espero que salvem o máximo de vidas possível.)

☐ **過ごす**
す

(**F** passer du temps
S pasar (tiempo)
P passar (o tempo))

▶ 休みは家族と一緒に過ごしたい。
やす　　かぞく　いっしょ　す

(**F** Je veux passer du temps en famille pendant les jours de repos.
S Quiero pasar los días libres con mi familia. **P** Eu quero passar os dias de folga com minha família.)

☐ **進める**
すす

(**F** faire avancer **S** hacer avanzar, llevar adelante
P avançar)

▶ 計画はどんどん進めてください。
けいかく　　　　　　すす

(**F** Continuez à avancer avec le projet. **S** Por favor, no deje de llevar adelante lo planeado. **P** Por favor, continue avançando com o plano.)

▷ 時計を5分進める
とけい　　ふんすす

(**F** avancer une montre de 5 minutes **S** adelantar el reloj cinco minutos
P adiantar o relógio em 5 minutos)

☐ **済ます**
す

(**F** faire (en vitesse)
S acabar, cumplir, hacer
P acabar, cumprir)

▶ 新年の挨拶も、相手によっては、メールで済ますようになりました。
しんねん　あいさつ　　あいて　　　　　　　　　　　　す

(**F** Pour les vœux du Nouvel An, selon le destinataire, un simple e-mail suffit de nos jours. **S** Según el destinatario, el envío de saludos de Año Nuevo también puede hacerse por correo electrónico. **P** Dependendo do destinatário, as felicitações de Ano Novo também podem ser enviadas por e-mail.)

☐ **済ませる**
す

(**F** faire (en vitesse)
S acabar, hacer
P concluir)

▶ 時間がなかったので、お昼は軽く済ませた。
じかん　　　　　　　　　ひる　かる　す

(**F** Je n'avais pas le temps, donc j'ai pris un repas léger à midi.
S No tenía tiempo, así que me arreglé con una comida ligera.
P Eu estava sem tempo, então comi algo leve no almoço.)

☐ **済む**
す

(**F** finir (en vitesse), se limiter à **S** acabar
P estar concluído)

▶ 1分で済む話だからちょっと聞いて。
ぶん　す　はなし　　　　　　　　き

(**F** Cela ne prendra même pas une minute, alors écoutez un peu.
S Escúchame, solo tomará un minuto. **P** É um assunto que só levará um minuto por isso me ouça.)

▶ これくらいのけがで済んでよかったです。
す

(**F** Je suis soulagé(e) que la blessure se soit limitée à ça. **S** Me alegro de que fuera solo esta herida y nada más. **P** Estou feliz que tenha sido apenas uma lesão leve.)

☐ **する**

(**F** faire **S** hacer
P fazer)

▶ 狭い家ですが、ゆっくりしていってください。
せま　いえ

(**F** Notre maison est petite, mais faites comme chez vous. **S** Es una casa pequeña, pero siéntanse a gusto. **P** Nossa casa é pequena, mas fique à vontade.)

▶ 〈訪問客や患者に対して〉どうぞ楽にしてください。
ほうもんきゃく　かんじゃ　たい　　　　　　らく

(**F** (Pour les visiteurs ou les patients) Mettez-vous à l'aise. **S** (Dicho a un visitante o paciente) Póngase cómodo. **P** 〈Para visitantes ou pacientes〉 Por favor, fique à vontade.)

☐ **注ぐ**
そそ

(**F** verser **S** verter
P servir, colocar (líquido))

▷ グラスにワインを注ぐ
そそ

(**F** verser du vin dans un verre **S** verter vino en una copa **P** colocar o vinho no copo)

☐ **そろう(揃う)**
そろ

(**F** être au complet
S completarse, juntarse
P estar completo, estar reunido/junto)

▶ 全員そろったら、始めましょう。
ぜんいん　　　　　　はじ

(**F** Commençons lorsque tout le monde sera là. **S** Cuando estemos todos, comencemos. **P** Quando todos estiverem presentes iremos começar.)

□ そろえる（揃える）▷ 高さを揃える、くつを揃える、種類を揃える

（**F** aligner, collectionner **S** igualar, ordenar, emparejar **P** dispor em ordem）

（**F** aligner les hauteurs, aligner les chaussures, collectionner différents types de ~ **S** igualar las alturas; colocar en orden los zapatos; ordenar por categoría **P** nivelar as alturas, alinhar os sapatos, coletar diferentes tipos de ~）

81 □ 耐える ▶ 新しい校舎はかなり大きな地震にも耐えられます。

（**F** endurer, résister **S** soportar **P** resisitir）

（**F** Le nouveau bâtiment scolaire peut résister à un tremblement de terre important. **S** El nuevo edificio de la escuela puede soportar terremotos bastante grandes. **P** A nova escola pode resistir a terremotos consideráveis.）

▶ 暑さに耐えられなくて、エアコンをつけました。

（**F** Nous avons allumé la climatisation car nous ne pouvions supporter la chaleur. **S** No podía soportar el calor, así que encendí el aire acondicionado. **P** Estava tão quente que não aguentei e liguei o ar-condicionado.）

□ 倒す ▷ グラスを倒す、相手を倒す

（**F** renverser **S** volcar, derribar **P** derrubar）

（**F** renverser un verre, renverser un adversaire **S** volcar un vaso; derribar al adversario **P** derrubar um copo, derrotar um oponente）

□ 抱く ▷ 赤ちゃんを抱く

（**F** prendre dans ses bras **S** llevar en brazos **P** abraçar）

（**F** prendre un bébé dans ses bras **S** llevar o tomar a un bebé en brazos **P** segurar o bebê nos braços）

□ 助かる ▶ 森さんが手伝ってくれて、助かったよ。

（**F** être sauvé(e) **S** salvar(se) **P** ser salvo）

（**F** M. Mori m'a aidé(e), cela m'a sauvé(e). **S** Con tu ayuda me he salvado, Mori. **P** A Mori me ajudou, estou muito agradecido. por isso.）

□ 戦う ▶ 日本は、次の試合に勝てば、アメリカと戦うことになる。

（**F** se battre, affronter **S** enfrentarse a **P** lutar, enfrentar）

（**F** Le Japon affrontera les États-Unis s'il gagne le prochain match. **S** Si Japón gana su próximo partido, jugará contra Estados Unidos. **P** O Japão enfrentará os Estados Unidos se ganhar o próximo jogo.）

□ 戦い （**F** combat **S** lucha **P** luta）

□ 叩く ▷ ドアを叩く、子どもを叩く

（**F** frapper, taper **S** golpear **P** bater）

（**F** frapper à la porte, frapper un enfant **S** golpear una puerta; dar una palmada a un niño **P** bater à porta, bater em uma criança）

□ たたむ ▷ 服をたたむ、傘をたたむ

（**F** plier **S** plegar, doblar **P** dobrar）

（**F** plier des vêtements, plier un parapluie **S** doblar la ropa; plegar el paraguas **P** dobrar as roupas, fechar o guarda-chuva）

□ 立ち上がる ▶ 急に立ち上がるからびっくりしたじゃない。どうしたの？

（**F** se lever **S** levantarse **P** levantar-se）

（**F** Tu t'es levé(e) soudainement, j'ai été surpris(e). Que se passe-t-il ? **S** Me has asustado al levantarte de repente. ¿Qué te ha pasado? **P** Você se levantou tão repentinamente que me assustou. O que aconteceu?）

敬語 11
決まった言い方 12
動詞① 13
動詞②（〜する） 14
名詞 15
形容詞 16
副詞 17
接続詞 18
ぎおん語・ぎたい語 19
カタカナ語 20

☐ **立ち止まる**
た　ど
(**F** s'arrêter **S** quedarse quieto **P** parar)

▶ どうしたの？　急に立ち止まって。
きゅう　た　ど
(**F** Qu'est-ce qui t'arrive ? De t'arrêter soudainement comme ça.
S ¿Qué te pasa que te has quedado quieto de repente?
P O que aconteceu? Você parou de repente.)

☐ **立てる**
た
(**F** dresser, établir
S levantar, poner
P colocar de pé)

▶ 傘はそこに立てておいて。
かさ　た
(**F** Laissez le parapluie debout là-bas. **S** Pon el paraguas ahí.
P Coloque o guarda-chuva ali.)

▷ 予定を立てる
よてい　た
(**F** planifier **S** hacer planes **P** fazer um plano)

☐ **例える**
たと
(**F** comparer, donner un exemple **S** comparar
P comparar)

▶ 彼女を花に例えるなら、ヒマワリです。
かのじょ　はな　たと
(**F** Si je devais la comparer à une fleur, ce serait un tournesol.
S Si tuviera que compararla con una flor, sería un girasol.
P Se eu a comparasse com uma flor, seria um girassol.)

☐ **例え**
たと
(**F** comparaison, exemple
S analogía **P** exemplo)

▶ いい例えが思いつかない。
たと　おも
(**F** Je ne trouve pas d'exemple approprié. **S** No se me ocurre una buena analogía. **P** Não consigo pensar em um bom exemplo.)

☐ **たまる**

(**F** s'accumuler
S acumular
P acumular)

▷ 洗濯物がたまる、ストレスがたまる
せんたくもの
(**F** le linge sale s'accumule, le stress s'accumule **S** acumular ropa para lavar; estar estresado **P** acumular as roupas sujas, acumular o estresse)

☐ **黙る**
だま
(**F** se taire **S** callarse
P ficar calado)

▶ どうして黙ってるの？　——ううん、何でもない。
だま　なん
(**F** Pourquoi es-tu silencieux ? — Oh, rien de grave. **S** ¿Por qué estás callado? —No, por nada. **P** — Por que você está tão calado? — Ah, não é nada.)

☐ **試す**
ため
(**F** essayer **S** probar, intentar **P** provar)

▶ いろいろな方法を試してみたけど、やっぱりこのやり方が一番いい。
ほうほう　ため　　　　かた　いちばん
(**F** J'ai essayé diverses méthodes, mais celle-ci reste la meilleure.
S He probado diferentes maneras de hacerlo, pero esta sigue siendo la mejor. **P** Eu tentei de várias maneiras, mas essa ainda parece a melhor.)

☐ **試し**
ため
(**F** essai **S** prueba, intento **P** prova, teste)

▶ 試しに一回使ってみよう。
ため　いっかいつか
(**F** Essayons-le une fois. **S** Usémosla una vez para probar.
P Vamos usá-lo uma vez para testar.)

☐ **誓う**
ちか
(**F** jurer **S** jurar **P** jurar)

▶ 誰にも言わないって誓う？　——もちろん。
だれ　い　　　　　ちか
(**F** Jures-tu de ne rien dire à personne ? — Bien sûr.
S ¿Juras que no se lo dirás a nadie? —Por supuesto.
P —Você promete não contar a ninguém? — Claro.)

☐ **縮む**
ちぢ
(**F** rétrécir **S** encoger
P encolher)

▶ 洗濯したら、セーターが縮んじゃった。
せんたく　　　　　　　　　ちぢ
(**F** Le pull a rétréci au lavage. **S** Mi suéter encogió cuando lo lavé.
P O suéter encolheu depois de lavar.)

□ 散らかす

▶ ここで食事をしてもかまいませんが、ごみを散らか
さないようにしてください。
しょくじ　　　　　　　　　　　　　　　　　　ち

(**F** mettre en désordre
S desparramar,
desordenar **P** bagunçar)

(**F** Vous pouvez manger ici, mais veuillez ne pas laisser de désordre.
S No hay problema con que comas aquí, pero por favor no dejes basura.
P Você pode fazer suas refeições aqui, mas não deixe lixo espalhado.)

□ 散らかる

▶ 散らかっていますが、どうぞ上がってください。
ち　　　　　　　　　　　　　　　　　あ

(**F** être en désordre
S estar desordenado
P ficar bagunçado)

(**F** C'est en désordre mais entrez ! **S** Está desordenado. Aun así, pase.
P Está bagunçado, mas entre, por favor.)

82 □ ついて行く
い

▶ 場所わかる？　——先生について行くから大丈夫。
ばしょ　　　　　　　　せんせい　　　　い　　　　だいじょうぶ

(**F** suivre **S** seguir a
alguien **P** seguir)

(**F** Sais-tu où c'est ? — Je vais suivre le professeur, alors ça ira.
S ¿Sabes dónde es? —Seguiré a la maestra, no te preocupes.
P — Você sabe onde é? — Vou seguir o professor, então não tem
problema.)

▶ この子一人だと心配なので、私もついて行くこと
こひとり　　　しんぱい　　　　　わたし　　　　　い
にしました。

(**F** Je m'inquiète que cet enfant soit seul, alors j'ai décidé de
l'accompagner. **S** Me preocupaba que fuera sola, así que decidí ir con
ella. **P** Eu estava preocupado com o fato da criança estar sozinha, então
decidi acompanhá-la.)

□ ついて来る
く

▶ あの猫、ずっと私の後をついて来る。
ねこ　　　　わたし　あと　　　く

(**F** suivre, venir avec
S seguir a alguien
P acompanhar)

(**F** Ce chat me suit toujours partout. **S** Ese gato me ha seguido todo el
rato. **P** Esse gato continua me seguindo.)

□ 通じる
つう

▷ 言葉が通じる、気持ちが通じる
ことば　つう　　きもち　つう

(**F** être compris, par
l'intermédiaire de
S entenderse, pasar
por… **P** conectar)

(**F** comprendre une langue, comprendre les sentiments **S** ser entendibles
las palabras; comprenderse los sentimientos **P** entender uma língua,
entender os sentimentos)

▶ 彼女とは、この仕事を通じて知り合いました。
かのじょ　　　　　しごと　つう　　し　あ

(**F** Nous nous sommes rencontrés grâce à ce travail. **S** La conocí a
través de este trabajo. **P** Eu a conheci através deste trabalho.)

□ つかむ

▷ 腕をつかむ、チャンスをつかむ
うで

(**F** saisir, attraper
S tomar, agarrar
P agarrar)

(**F** attraper le bras, saisir une occasion **S** tomar del brazo; aprovechar la
oportunidad **P** pegar o braço, agarrar a chance)

□ 付く
つ

▷ ごみがつく、傷がつく、ドリンク付き
きず

(**F** s'accrocher, avoir, être
inclus **S** tener
P acompanhar)

(**F** attrape-poussière, être blessé(e), boisson comprise **S** ensuciarse con
basura; dañarse, rayarse; con bebidas **P** pegar poeira, ficar com cicatriz,
acompanha uma bebida)

□ **付ける**（つ）
(F mettre, prendre S poner P anexar)

▷ 印をつける、名前をつける、点数をつける、力をつける（しるし／なまえ／てんすう／ちから）

(F marquer d'un cercle, donner un nom, donner une note, prendre de la force S poner una marca; poner nombre; poner puntaje; hacer fuerza P marcar, nomear, pontuar, fortalecer)

□ **つく（点く）**（つ）
(F s'allumer S encenderse P acender)

▷ 火 / 電気 / ガスがつく（ひ／でんき）

(F un feu/l'électricité/le gaz s'allume S encenderse el fuego/la luz eléctrica/el gas P acender o fogo/a luz, ligar o gás)

□ **つぐ（注ぐ）**（つ）
(F verser S servir (bebida, etc.) P servir)

▶ ビール、おつぎしましょうか。　― いいです、いいです。自分でつぎますから。（じぶん）

(F Voulez-vous que je vous verse de la bière ? — Non, merci, je le ferai moi-même. S ¿Le sirvo una cerveza? —No, está bien, me serviré yo mismo. P — Posso te servir a cerveja? — Não, obrigado. Eu mesmo me sirvo.)

□ **造る**（つく）
(F construire, créer S construir P criar)

▷ 船を造る、ダムを造る（ふね／つく／つく）

(F construire un navire, construire un barrage S construir barcos; construir una presa P construir um navio, construir uma barragem)

□ **つなぐ**
(F connecter, relier S conectar, unir P conectar)

▷ ネットにつなぐ、手をつなぐ（て）

(F se connecter au réseau, se tenir la main S conectarse a Internet; tomarse de las manos P conectar à internet, dar as mãos)

□ **つながる**
(F être connecté / relié S conectarse P estar conectado)

▶ 電話、つながらない？　― うん。ずっと話し中。（でんわ／はな／ちゅう）

(F Tu n'arrives pas à le joindre au téléphone ? — Non, c'est occupé depuis un moment. S ¿No puedes comunicar por teléfono? —No, siempre da ocupado. P — Não completa a ligação? — Pois é. Está dando sinal de ocupado o tempo todo.)

□ **つなげる**
(F connecter, relier S conectar P unir)

▶ 〈ゲームについて〉テレビにつなげて大画面で楽しんでいます。（だいがめん／たの）

(F (Pour des jeux) Nous nous amusons sur grand écran en reliant la télévision. S (Un videojuego) Lo conecto a la tele y lo disfruto en pantalla grande. P 〈joVideogame〉Conectamos na televisão jogamos em tela grande.)

□ **つぶす**
(F écraser, anéantir S aplastar P esmagar)

▶ 空き缶はつぶして捨ててください。（あ／かん／す）

(F Écrasez les canettes avant de les jeter. S Aplasta las latas vacías y tíralas. P Amasse as latas vazia e jogue-as fora.)

▶ 2時までどうやって時間をつぶす？（にじ／じかん）

(F Comment passer le temps jusqu'à 14 heures ? S ¿Cómo vas a matar el tiempo hasta las dos de la mañana? P Como vamos passar o tempo até as 2 horas?)

□ **つぶれる**
(F s'écraser, faire faillite S aplastarse, quebrar P ser esmagado)

▷ 箱がつぶれる、会社がつぶれる（はこ／かいしゃ）

(F boîte qui s'écrase, entreprise qui fait faillite S las cajas se aplastan; la empresa entra en bancarrota P a caixa se amassa, a empresa fale)

□ **詰まる**

▶ 慌てて食べたら、のどが詰まりそうになった。

(**F** se boucher, se coincer **S** atascarse, llenarse **P** entupir)

(**F** Je me suis presque étouffé(e) en mangeant précipitamment. **S** Comí deprisa y casi me atraganto. **P** Quando comi com pressa, quase engasguei.)

□ **詰める**

▶ うまく詰めれば、一箱に30個くらい入ると思う。

(**F** boucher, tasser **S** rellenar, empaquetar **P** encher)

(**F** Si vous les empilez bien, je pense que vous pouvez en mettre environ 30 par boîte. **S** Si las relleno bien, creo que caben unas 30 por caja. **P** Acredito que, se empacotar bem, dará para encher com 30 itens em cada caixa.)

▶ すみません、席を一つ詰めていただけませんか。

(**F** Excusez-moi, pourriez-vous vous décaler d'un siège ?. **S** Disculpe, ¿podría pasarse al asiento de al lado? **P** Desculpe, você poderia passar para o assento ao lado?)

□ **積む**

▶ これからトラックに荷物を積むので、みんな手伝ってください。

(**F** remplir, charger **S** cargar, amontonar **P** empilhar)

(**F** Nous allons charger les marchandises dans le camion, alors s'il vous plaît aidez-nous. **S** Ahora vamos a cargar el camión, así que ayúdennos todos. **P** Peço a ajuda de todos porque agora vamos carregar as mercadorias no caminhão.)

▶ 若いうちにいろいろ経験を積んだほうがいい。

(**F** Il est bon d'accumuler diverses expériences quand vous êtes jeune. **S** Te conviene adquirir mucha experiencia mientras seas joven. **P** É melhor acumular muita experiência enquanto se é jovem.)

□ **強まる**

▶ この計画は中止になる可能性が強まっている。

(**F** amplifier, augmenter **S** fortalecerse, aumentar **P** fortalecer, aumentar)

(**F** Les chances que ce projet soit annulé ont augmenté. **S** Han aumentado las probabilidades de que se cancele este plan. **P** As chances de que este projeto seja cancelado aumentaram.)

□ **強める**

▶ まだ暑いから、もうちょっとエアコンを強めてくれる？

(**F** renforcer, augmenter **S** fortalecer, aumentar, subir **P** fortalecer, aumentar)

(**F** Il fait encore chaud, pourriez-vous augmenter un peu la climatisation ? **S** Sigue haciendo calor, ¿puedes subir un poco más el aire acondicionado? **P** Como ainda está quente, você pode aumentar um pouco mais o ar condicionado?)

□ **連れていく**

▶ パーティーに友だちを連れて行ってもいいですか。

(**F** emmener **S** llevar a alguien **P** levar (alguém))

(**F** Puis-je emmener des amis avec moi à la fête ? **S** ¿Puedo llevar a un amigo a la fiesta? **P** Posso levar um amigo para a festa?)

敬語 11

決まった言い方 12

動詞① 13

動詞②（〜する） 14

名詞 15

形容詞 16

副詞 17

接続詞 18

ぎおん語・ぎたい語 19

カタカナ語 20

□ **適する**
てき

(**F** convenir **S** ser adecuado **P** adequar)

▶ 彼はリーダーに適した人だと思う。
かれ　　　　　　　てき　　ひと　　　おも

(**F** Je pense qu'il convient bien pour être leader. **S** Creo que es la persona adecuada como líder. **P** Eu acho que ele é uma pessoa adequada para ser líder.)

□ **出迎える**
で むか

(**F** aller (venir) accueillir **S** recibir, dar la bienvenida **P** receber)

▶ 空港まで、みんなが出迎えてくれました。
くうこう　　　　　　　　　で むか

(**F** Tout le monde est venu nous accueillir à l'aéroport. **S** Todos fueron al aeropuerto a recibirme. **P** Todos foram ao aeroporto para me recebe.)

□ **出迎え**
で むか

(**F** accueil **S** recibimiento, encuentro **P** receber (dar boas-vindas))

▶ わざわざ出迎えに来てくれなくていいですよ。
で むか　き

(**F** Pas besoin de venir spécialement nous accueillir. **S** No hace falta que vengas especialmente a vernos. **P** Não precisa se dar ao trabalho de me buscar no aeroporto.)

83 □ **問う**
と

(**F** questionner **S** preguntar, cuestionar **P** perguntar)

▶ 社長の責任を問うべきだという意見が多い。
しゃちょう　せきにん　と　　　　　　　　いけん　　おお

(**F** Beaucoup pensent que le président devrait être questionné sur sa responsabilité. **S** Muchas personas dicen que la responsabilidad del presidente es cuestionable. **P** Há muitas opiniões de que o presidente deve ser chamado para prestar contas.)

▷ 〈広告〉20歳以上のやる気のある方を募集。経
こうこく　　はたち　いじょう　　　き　　　　かた　ぼしゅう　けい
験は問いません。
けん　と

(**F** (Annonce publicitaire) Nous recrutons des personnes motivées de plus de 20 ans. Aucune expérience n'est requise. **S** (Anuncio) Buscamos personas motivadas mayores de 20 años. No se requiere experiencia. **P** 〈Anúncio〉 Estamos recrutando candidatos motivados com mais de 20 anos. Experiência não é necessária.)

□ **問い**
と

(**F** question **S** pregunta **P** pergunta)

▶ 〈試験問題〉次の文章を読んで、問いに答えなさい。
しけんもんだい　つぎ　ぶんしょう　よ　　　と　　こた

(**F** (Question de l'examen) Lisez le texte suivant et répondez aux questions. **S** (Enunciado de examen) Lea el siguiente pasaje y conteste a las preguntas. **P** 〈Enunciado de exame〉 Leia o seguinte texto e responda à pergunta.)

□ **通す**
とお

(**F** faire passer **S** pasar, dejar pasar **P** deixar passar)

▶ ここに紙を通してください。
かみ　とお

(**F** Passez le papier par ici, s'il vous plaît. **S** Pase los papeles por aquí. **P** Por favor, passe o papel por aqui.)

▶ 〈通路で〉すみません、ちょっと通してください。
つうろ　　　　　　　　　　　　とお

(**F** (Sur un chemin) Excusez-moi, laissez-moi passer. **S** (En el pasillo) Disculpe, déjeme pasar. **P** 〈No corredor〉 Com licença, deixe-me passar, por favor.)

□ **溶かす**
と

(**F** faire fondre, dissoudre **S** disolver **P** dissolver)

▶ お湯に溶かして飲んでください。
ゆ　と　　　の

(**F** Veuillez dissoudre dans de l'eau chaude et boire. **S** Tómelo tras haberlo disuelto en agua caliente. **P** Dissolva em água quente e beba.)

□ **どく（退く）**
ど

(**F** bouger (sortir de la voie) **S** apartarse **P** afastar-se)

▶ ごめん、机を運ぶから、ちょっとだけどいてくれない？
つくえ　はこ

(**F** Désolé(e), je déplace le bureau, tu peux bouger un peu ? **S** Perdona, voy a llevar el escritorio. ¿Te apartarías un momento? **P** Desculpe, vou mover a mesa. Você pode se afastar por um instante?)

□ 閉じる
(F fermer S cerrar
P fechar)

▶ 〈テスト〉では、教科書を閉じてください。
きょうかしょ と
(F (Pendant un examen) Alors, veuillez fermer vos manuels.
S (En un examen) Bueno, vayan cerrando los libros. P 〈Em um exame〉
Por fechem, feche o livro didático.)

□ 届ける
とど
(F livrer S entregar
P entregar)

▶ 商品は、ご注文から1週間以内にお届けします。
しょうひん ちゅうもん しゅうかん いない とど
(F Le produit sera livré dans un délai d'une semaine à partir de la
commande. S Su producto será entregado en una semana a partir de su
pedido. P O produto será entregue dentro de uma semana após o
pedido.)

□ 泊める
と
(F héberger S pasar la
noche P hospedar)

▶ 終電なくなったの？ じゃ、うちに泊めてあげるよ。
しゅうでん と
(F Tu as raté ton dernier train ? Alors, je peux t'héberger. S ¿Perdiste el
último tren? Entonces te dejaré pasar la noche en mi casa. P Perdeu o
último trem? Bem, você pode dormir em minha casa.)

□ 捕る
と
(F attraper S atrapar
P pegar)

▷ 魚を捕る、虫を捕る、ボールを捕る
さかな と むし と と
(F attraper un poisson, attraper des insectes, attraper une balle
S pescar o atrapar un pez; atrapar un bicho; atrapar una pelota
P pescar peixes, pegar insetos, pegar a bola)

□ 撮る
と
(F photographier, filmer
S tomar P tirar (uma
foto))

▷ レントゲン（写真）を撮る、ビデオを撮る
しゃしん と と
(F prendre des radiographies (photos), filmer une vidéo S tomar una
radiografía; hacer un video P tirar uma radiografia, gravar um vídeo)

□ 取れる
と
(F s'enlever
S desprenderse
P soltar)

▷ ボタンが取れる、汚れが取れる
と よご と
(F bouton qui s'enlève, taches qui s'enlèvent S desprenderse un botón;
quitarse la suciedad P botão que se solta, remover a sujeira)

□ 眺める
なが
(F contempler
S contemplar
P observar, olhar)

▶ 窓から景色を眺めているうちに、眠ってしまった。
まど けしき なが ねむ
(F Je me suis endormi(e) en contemplant le paysage par la fenêtre.
S Me quedé dormido contemplando el paisaje por la ventana.
P Acabei dormindo enquanto contemplava a paisagem pela janela.)

□ 眺め
なが
(F vue S vista P vista)

▶ ここからの眺めが最高だ。
なが さいこう
(F La vue depuis ici est incroyable. S La vista desde aquí es estupenda.
P A vista daqui é incrível.)

□ 流れる
なが
(F s'écouler S fluir,
correr P fluir, correr)

▶ その道に沿って、小さな川が流れていました。
みち そ ちい かわ なが
(F Une petite rivière coulait le long de ce chemin. S Había un arroyo que
corría a lo largo de la carretera. P Havia um pequeno rio correndo ao
longo da estrada.)

▶ トイレが流れないんです。ちょっと見てもらえませんか。
なが み
(F Les toilettes ne s'écoulent pas. Pourriez-vous jeter un coup d'œil ?
S No funciona la descarga del retrete. ¿Podría echarle un vistazo?
P O vaso sanitário não dá descarga. Você poderia dar uma olhada?)

□ 流れ
なが
(F flux, courant
S corriente P fluxo)

▶ この辺は流れが急だから、気をつけて。
へん なが きゅう き
(F Faites attention ici, le courant est fort. S La corriente es muy fuerte por
aquí, así que ten cuidado. P Tenha cuidado, a correnteza é forte por
aqui.)

敬語 11

決まった言い方 12

動詞① 13

動詞②(〜する) 14

名詞 15

形容詞 16

副詞 17

接続詞 18

ぎおん語・ぎたい語 19

カタカナ語 20

□ 流す
なが
(F faire s'écouler
S arrastrar, tirar
P escorrer)

▶ このティッシュは水に流せます。
みず なが

(F Vous pouvez jeter ce mouchoir en papier dans l'eau. S Estos pañuelos se pueden tirar por el retrete. P Você pode descartar este lenço na água.)

□ 無くなる
な
(F disparaître
S terminarse, agotarse
P desaparecer)

▶ あっという間に貯金がなくなってしまいました。
ま ちょきん

(F En un rien de temps, toutes mes économies ont disparu. S Mis ahorros se agotaron en un abrir y cerrar de ojos. P Minhas economias acabaram rapidamente.)

□ 投げる
な
(F lancer S lanzar
P lançar)

▷ ボールを投げる
な

(F lancer une balle S lanzar una pelota P arremessar a bola)

□ 鳴らす
な
(F faire sonner S hacer sonar P tocar)

▶ ご用のある方は、ベルを鳴らしてください。
よう かた な

(F Si vous avez besoin de quelque chose, sonnez. S Si me necesitas, por favor, toca el timbre. P Favor tocar a campainha se precisar falar com alguém.)

84

□ 似合う
に あ
(F aller bien S quedar bien P combinar)

▶ この帽子は、うちの母に似合いそう。
ぼうし はは にあ

(F Ce chapeau devrait bien aller à ma mère. S Este sombrero le quedaría bien a mi madre. P Este chapéu ficaria ótimo em minha mãe.)

□ におう
(F sentir S oler
P cheirar)

▶ 何かにおいませんか。 ── うん。ちょっと臭いね。
なに くさ

(F Tu ne sens rien d'étrange ? — Ouais, ça sent un peu mauvais. S ¿No hueles algo? —Sí, apesta. P — Você não sente cheiro estranho? — Sim, fede um pouco.)

□ 握る
にぎ
(F saisir, tenir S agarrar
P agarrar, segurar firme)

▶ 今日は風が強いから、ハンドルをしっかり握ったほうがいいよ。
きょう かぜ つよ にぎ

(F Aujourd'hui, il y a beaucoup de vent, alors tiens bien le volant. S Hoy hace viento, así que deberías agarrar bien el volante. P Hoje está ventando muito, então é melhor segurar firme o volante.)

□ 濡らす
ぬ
(F mouiller S mojar
P molhar)

▶ 携帯を水に濡らしてしまったんですが、大丈夫ですか。
けいたい みず ぬ だいじょうぶ

(F J'ai mouillé mon téléphone portable, ça ira ? S He mojado el teléfono sin querer. ¿Hay algún problema? P Acabei molhando meu celular, Será que vai ter alguma problema?)

□ 濡れる
ぬ
(F être mouillé(e) S mojarse P ficar molhado)

□ 願う
ねが
(F souhaiter, espérer
S desear P desejar)

▶ またいつか、みんなで会えることを願っています。
あ ねが

(F J'espère que nous pourrons tous nous retrouver un jour. S Espero que un día todos nos volvamos a encontrar. P Espero que algum dia nós todos possamos nos encontrar novamente.)

□ 願い
ねが
(F souhait S deseo
P desejo)

▶ この歌には私たちの願いが込められています。
うた わたし ねが こ

(F Ce chant contient notre souhait. S Esta canción contiene nuestros deseos. P Essa música contém nossos desejos.)

□ 残す
のこ
(**F** laisser **S** dejar
P deixar)

▷ 食事を残す、伝言を残す
しょく じ　のこ　　でんごん　のこ
(**F** laisser de la nourriture, laisser un message **S** dejar comida; dejar un mensaje **P** deixar comida no prato, deixar uma mensagem)

□ 残る
のこ
(**F** rester **S** quedar(se)
P permanecer)

▶ えっ、一個も残ってないの!?　— ごめん、もう全部食べちゃった。
いっ こ　のこ　　　　　　　　　　　　　　　　　　ぜん ぶ　た
(**F** Eh bien, il n'en reste plus du tout !? — Désolé(e), j'ai tout mangé.
S ¿Eh? ¡No queda ni un trozo! —Lo siento, me lo he comido todo.
P — O quê? Não sobrou nem um pedaço? — Desculpe, comi tudo.)

▶ 残ってるのは私たちと社長だけ?　— うん。もう、みんな帰った。
のこ　　　　　わたし　　　しゃちょう　　　　　　　　　　　　　　かえ
(**F** Il ne reste que nous et le PDG ? — Oui, tout le monde est déjà parti.
S ¿Así que solo nos quedamos nosotros y el presidente? —Sí, ya se han ido todos. **P** — Então, só restamos nós e o presidente? — Sim, todo mundo já foi embora.)

□ 残り
のこ
(**F** reste **S** resto
P restante)

▶ 残りはあとわずかです。
のこ
(**F** Il n'en reste que peu. **S** Solo queda un poco. **P** Restam poucos.)

□ 乗せる
の
(**F** charger, faire monter
S subir (a alguien), llevar
en coche **P** dar uma
carona)

▶ 私も駅まで乗せてもらえますか。
わたし　えき　　の
(**F** Pouvez-vous m'emmener aussi jusqu'à la gare ? **S** ¿Puedes llevarme a la estación a mí también? **P** Você poderia dar uma carona até a estação para mim também?)

□ 除く
のぞ
(**F** exclure **S** exceptuar
P excluir)

▶ 〈天気予報〉あすは一部の地域を除いて全国的に晴れでしょう。
てん き よ ほう　　　　　いち ぶ　　ち いき　のぞ　　ぜんこくてき　は
(**F** (Météo) Demain, à l'exception de certaines régions, il devrait faire beau partout. **S** (Previsión meteorológica) Mañana hará sol en todo el país, exceptuando algunas zonas. **P** 〈Previsão do Tempo〉Amanhã, exceto em algumas áreas, o tempo deve estar ensolarado em todo o país.)

□ 望む
のぞ
(**F** espérer, souhaiter
S desear, querer
P desejar)

▶ 親は一緒に住むことを望んでいますが、どうなるかわかりません。
おや　いっしょ　す　　　　　　　　のぞ
(**F** Mes parents souhaitent que nous vivions ensemble, mais je ne sais pas comment ça se passerait. **S** Mis padres quieren que vivamos juntos, pero no sé qué pasará. **P** Meus pais querem que moremos juntos, mas não sei o que pode acontecer.)

□ 望み
のぞ
(**F** espoir, souhait
S deseo, esperanza
P esperança)

▶ あと何試合かあるんでしょ。まだ望みはあるよ。
なん し あい　　　　　　　　　　　のぞ
(**F** Il y a encore quelques matchs à jouer. Il y a toujours de l'espoir.
S Aún quedan algunos partidos más, ¿no? Todavía hay esperanza.
P Ainda há alguns jogos pela frente. Ainda há esperança.)

敬語 11

決まった言い方 12

動詞① 13

動詞②(〜する) 14

名詞 15

形容詞 16

副詞 17

接続詞 18

ぎおん語・ぎたい語 19

カタカナ語 20

□ 伸ばす
の

(F développer, faire pousser S estirar, dejar crecer P esticar)

▷ ひげを伸ばす、才能を伸ばす
の　　　　　　さいのう　の

(F laisser pousser la barbe, développer un talent S dejarse crecer la barba; desarrollar un talento P deixar a barba crescer, desenvolver talento)

□ 伸びる
の

(F pousser, grandir S estirarse, crecer P crescer)

▷ 髪が伸びる、背が伸びる
かみ　の　　　　　せ　の

(F les cheveux poussent, grandir (en taille) S crecer el pelo; crecer en estatura P crescer o cabelo, aumentar de estatura)

□ 伸び
の

(F croissance S aumento P aumento)

▶ 売上は、昨年に比べ、20%の高い伸びを示した。
うりあげ　　さくねん　くら　　　　　　　たか　の　　しめ

(F Les ventes ont montré une croissance de 20 % par rapport à l'année dernière. S Las ventas han aumentado un 20 % con respecto al año pasado. P As vendas apresentaram um alto crescimento de 20% em comparação com o ano passado.)

□ 延ばす
の

(F reporter S posponer P adiar)

▶ 出発をもう1日延ばすことにした。
しゅっぱつ　　　　にち　の

(F Nous avons décidé de reporter le départ d'un jour. S Decidimos posponer nuestra salida un día más. P Decidimos adiar a partida por mais um dia.)

□ 延びる
の

(F être reporté(e) S posponerse, aplazarse P ser adiado)

▶ 雨で試合が来週に延びてしまいました。
あめ　しあい　らいしゅう　の

(F Le match est reporté à la semaine prochaine à cause de la pluie. S El partido se ha aplazado a la semana que viene debido a la lluvia. P O jogo foi adiado para a próxima semana por causa da chuva.)

□ 上る
のぼ

(F monter S subir, ascender P subir)

▷ 階段を上(昇)る、坂を上る、上り坂(←→下り坂)
かいだん　のぼ　のぼ　　さか　のぼ　　のぼ　ざか　　　くだ　ざか

(F monter des escaliers, monter une pente, montée (←→ descente). S subir escaleras; subir una cuesta; cuesta arriba (←→ cuesta abajo) P subir escadas, subir uma ladeira, subida (←→descida))

□ 下る
くだ

(F descendre S bajar, descender P descer)

85 □ 外す
はず

(F enlever, s'absenter S quitarse P tirar)

▶ お風呂に入るときは、眼鏡を外します。
ふろ　はい　　　　　　めがね　はず

(F Quand je prends un bain, j'enlève mes lunettes. S Cuando me baño, me quito las gafas. P Quando tomo banho, eu tiro os óculos.)

▶ 田中はちょっと席を外しておりますが……。戻
たなか　　　　　せき　はず　　　　　　　　　　もど
りましたらお電話させましょうか。
でんわ

(F M. Tanaka est brièvement absent... Puis-je lui dire de vous rappeler quand il reviendra ? S Tanaka ha salido un momento de la oficina. ¿Le digo que le llame cuando vuelva? P O senhor Tanaka não se encontra aqui no momento. Posso pedir que ele ligue para você quando voltar?)

□ **離す**
はな

▷ １メートル離す、手を離す
　はな　　て　　はな

(🇫 éloigner 🇸 separar
🇵 soltar)

(🇫 éloigner d'un mètre, lâcher la main 🇸 dejar un metro de distancia;
separar las manos 🇵 afastar-se 1 metro, soltar as mãos)

□ **離れる**
はな

▷ 家族と離れて暮らす、日本を離れる
　かぞく　はな　　　く　　　　にほん　はな

(🇫 s'éloigner
🇸 separarse, dejar
🇵 separar-se, afastar-se)

(🇫 vivre éloigné(e) de sa famille, quitter le Japon 🇸 vivir separado de la
familia; dejar Japón 🇵 viver separado da família, deixar do Japão)

□ **流行る**
はや

▶ 若い女性の間で、これを持ち歩くのが流行ってるみ
　わか　じょせい　あいだ　　　　　　　も　　ある　　　　　はや
たいです。

(🇫 être à la mode
🇸 estar de moda
🇵 estar na moda)

(🇫 Il semble que parmi les jeunes femmes, c'est à la mode de porter ça.
🇸 Parece que está de moda entre las jóvenes ponerse esto.
🇵 Parece que está na moda entre as jovens carregar isso.)

□ **流行り**
はや

▷ 最近流行りの髪型
　さいきん　はや　　かみがた

(🇫 tendance 🇸 moda
🇵 moda)

(🇫 les dernières tendances en matière de coiffure 🇸 peinado de última
moda 🇵 última tendência de corte de cabelo)

□ **流行(する)**
りゅうこう

▷ インフルエンザの流行、流行語
　　　　　　　　　りゅうこう　りゅうこうご

(🇫 courant(e) 🇸
propagación, moda
🇵 moda)

(🇫 épidémie de grippe, expressions courantes 🇸 propagación de la gripe;
palabra de moda 🇵 epidemia de influenza, palavras da moda)

□ **引く**
ひ

▶ 押したり引いたりしてみたけど、全然動かなかった。
　お　　　ひ　　　　　　　　　　　ぜんぜんうご

(🇫 tirer 🇸 tirar 🇵 puxar)

(🇫 J'ai essayé de pousser et de tirer, mais ça n'a pas bougé du tout.
🇸 Lo intenté empujando y tirando, pero ni se movió. 🇵 Tentei empurrar e
puxar, mas não se moveu de jeito nenhum.)

□ **引っ張る**
ひ　　ば

▶ この電気はどうやって消すの？　── そこのひ
　　でんき　　　　　　　　け
もを引っ張るんだよ。
　　ひ　ば

(🇫 tirer 🇸 tirar, dirigir
🇵 puxar)

(🇫 Comment éteindre cette lumière ? ── Il suffit de tirer sur ce cordon là-
bas. 🇸 ¿Cómo se apaga esta luz? ──Tira de esa cuerda.
🇵 ── Como apago esta luz? ── Você puxa esse cordão aí.)

▶ 彼にはリーダーとしてチームを引っ張ってほしい。
　かれ　　　　　　　　　　　　　　　　　ひ　ば

(🇫 J'aimerais qu'il prenne les rênes de l'équipe en tant que leader.
🇸 Quiero que como líder dirija el equipo. 🇵 Eu quero que ele conduza a
equipe como um líder.)

□ **広がる**
ひろ

▷ 砂漠が広がる、可能性が広がる、差が広がる
　さばく　ひろ　　かのうせい　ひろ　　さ　ひろ

(🇫 s'élargir, s'étendre
🇸 extenderse, ampliarse,
ensancharse 🇵 ampliar)

(🇫 désert qui s'étend, possibilités qui s'élargissent, écart qui se creuse
🇸 extenderse un desierto; ampliarse las posibilidades; ensanchar la
brecha 🇵 desertificar, ampliar as possibilidades, aumentar as diferenças)

□ 広げる
ひろ

▷ 道路を広げる、範囲を広げる、両手を広げる、机の
どうろ ひろ　はんい ひろ　りょうて ひろ　つくえ
上に広げる
うえ ひろ

(**F** élargir **S** extender, ampliar, ensanchar **P** expandir)

(**F** élargir une route, élargir la portée, écartez les bras, étaler sur une table **S** ensanchar el camino; ampliar el alcance; extender ambas manos; extender sobre la mesa **P** expandir uma estrada, expandir o alcance, estender ambas as mãos, espalhar na mesa)

□ 拭く
ふ

▶ テーブルが汚れているのでふいてください。
よご

(**F** essuyer **S** limpiar **P** limpar, passar o pano)

(**F** La table est sale, veuillez essuyer. **S** La mesa está sucia. Límpiala. **P** Por favor, limpe a mesa porque está suja.)

□ 含む
ふく

▶ この値段には、飲み物も含まれています。
ねだん　の もの ふく

(**F** inclure **S** incluir **P** incluir)

(**F** Ce prix comprend également les boissons. **S** El precio incluye las bebidas. **P** Este preço inclui bebidas também.)

□ 含める
ふく

▶ 参加者は、私も含めて15人です。
さんかしゃ　わたし ふく　にん

(**F** inclure **S** incluir **P** incorporar)

(**F** Il y a 15 participants, y compris moi. **S** Hay 15 participantes, incluido yo. **P** Há um total de 15 participantes, incluindo eu.)

□ ふざける

▶ ふざけないでください。今、まじめな話をして
いま　はなし
いるんです。

(**F** faire l'idiot(e) **S** bromear **P** brincar)

(**F** Ne plaisantez pas. Maintenant je parle sérieusement. **S** No bromees. Estamos teniendo una charla seria. **P** Não brinque. Estou falando sério agora.)

□ 防ぐ
ふせ

▶ 運転手の冷静な判断が事故を防いだ。
うんてんしゅ れいせい はんだん じこ ふせ

(**F** empêcher, éviter **S** prevenir, evitar **P** evitar)

(**F** Le calme du conducteur a permis d'éviter l'accident. **S** La serena decisión del conductor evitó el accidente. **P** A decisão calma do motorista evitou um acidente.)

□ ぶつかる

▶ 人にぶつかったら、謝るのが基本でしょ?
ひと　あやま　きほん

(**F** (se) cogner **S** chocarse **P** bater, esbarrar)

(**F** Si vous heurtez quelqu'un, s'excuser est la règle de base, n'est-ce pas ? **S** Cuando uno se choca con alguien, como mínimo hay que disculparse, ¿no? **P** Se você esbarrar em alguém, é básico pedir desculpas, certo?)

□ ぶつける

▶ どうしたの? ── 壁に頭をぶつけちゃった。
かべ あたま

(**F** (se) cogner **S** chocar, golpear **P** bater)

(**F** Que se passe-t-il ? — Je me suis cogné(e) la tête contre le mur. **S** ¿Qué ha pasado? —Me golpeé la cabeza contra la pared. **P** O que aconteceu? - Eu bati minha cabeça na parede.)

□ 増やす
ふ

▷ 量を増やす、人数を増やす
りょう ふ　にんずう ふ

(**F** augmenter **S** aumentar **P** aumentar)

(**F** augmenter la quantité, augmenter le nombre de personnes **S** aumentar la cantidad; aumentar el número de personas **P** aumentar a quantidade, aumentar o número de pessoas)

□ 振る
ふ

▶ 見て。こっちに向かって手を振ってる人がいる。
み　む て ふ ひと

(**F** secouer **S** agitar **P** acenar, agitar)

(**F** Regarde. Quelqu'un nous fait signe de la main. **S** Mira. Hay alguien mirándonos y agitando las manos. **P** Olhe, há alguém acenando na nossa direção.)

□ 震える <ruby>震<rt>ふる</rt></ruby>える ▶ だめだ、<ruby>緊張<rt>きんちょう</rt></ruby>して<ruby>手<rt>て</rt></ruby>が<ruby>震<rt>ふる</rt></ruby>える。

(🇫 trembler 🇪 temblar
🇵 tremer)

(🇫 C'est terrible, je suis tellement nerveux que mes mains tremblent.
🇪 Ay, me tiemblan las manos de los nervios. 🇵 É inútil. Minhas mãos
tremem de nervosismo.)

□ 干す <ruby>干<rt>ほ</rt></ruby>す ▷ <ruby>洗濯物<rt>せんたくもの</rt></ruby>を<ruby>干<rt>ほ</rt></ruby>す

(🇫 faire sécher
🇪 secar 🇵 secar)

(🇫 étendre le linge 🇪 tender la ropa 🇵 estender a roupa para secar)

□ 曲げる <ruby>曲<rt>ま</rt></ruby>げる ▷ ひざを<ruby>曲<rt>ま</rt></ruby>げる、<ruby>意志<rt>いし</rt></ruby>を<ruby>曲<rt>ま</rt></ruby>げる

(🇫 plier 🇪 doblar
🇵 dobrar)

(🇫 plier les genoux, faire plier sa volonté 🇪 doblar las rodillas; doblegar
🇵 dobrar os joelhos, desistir)

□ 曲がる <ruby>曲<rt>ま</rt></ruby>がる ▶ <ruby>風<rt>かぜ</rt></ruby>が<ruby>強<rt>つよ</rt></ruby>くて、<ruby>傘<rt>かさ</rt></ruby>が<ruby>曲<rt>ま</rt></ruby>がってしまった。

(🇫 se plier 🇪 doblarse
🇵 dobrar)

(🇫 Le vent est si fort que le parapluie s'est plié. 🇪 Mi paraguas se ha
doblado debido al fuerte viento. 🇵 O vento estava forte e o guarda-chuva
se dobrou.)

□ 混ざる <ruby>混<rt>ま</rt></ruby>ざる ▷ <ruby>青<rt>あお</rt></ruby>と<ruby>黄色<rt>きいろ</rt></ruby>が<ruby>混<rt>ま</rt></ruby>ざると<ruby>緑<rt>みどり</rt></ruby>になる。

(🇫 se mélanger
🇪 mezclarse
🇵 misturar)

(🇫 Le bleu et le jaune mélangés donnent du vert. 🇪 Cuando se mezclan
el azul y el amarillo, se convierten en verde. 🇵 Quando azul e amarelo se
misturam, tornam-se verde.)

□ 混ぜる <ruby>混<rt>ま</rt></ruby>ぜる ▷ バターに<ruby>砂糖<rt>さとう</rt></ruby>を<ruby>混<rt>ま</rt></ruby>ぜる

(🇫 mélanger 🇪 mezclar
🇵 mexer)

(🇫 mélanger le sucre avec le beurre 🇪 mezclar mantequilla con azúcar
🇵 misturar açúcar na manteiga)

□ 間違う <ruby>間違<rt>まちが</rt></ruby>う ▶ これ、<ruby>住所<rt>じゅうしょ</rt></ruby>が<ruby>間違<rt>まちが</rt></ruby>っています。

(🇫 être erroné(e) 🇪 estar
equivocado 🇵 errar)

(🇫 Ceci, l'adresse est erronée. 🇪 Esta dirección está equivocada.
🇵 Isto aqui está com o endereço errado.)

□ 間違える <ruby>間違<rt>まちが</rt></ruby>える ▶ しまった！ <ruby>降<rt>お</rt></ruby>りる<ruby>駅<rt>えき</rt></ruby>を<ruby>間違<rt>まちが</rt></ruby>えた！

(🇫 se tromper
🇪 equivocarse
🇵 cometer um erro)

(🇫 Oh non, je me suis trompé(e) de gare où descendre. 🇪 ¡Oh, no! ¡Me
he equivocado de estación! 🇵 Droga! Desci na estação errada!)

★この<ruby>二<rt>ふた</rt></ruby>つはほとんど<ruby>区別<rt>くべつ</rt></ruby>されずに<ruby>使<rt>つか</rt></ruby>われている。
🇫 Ces deux mots sont utilisés presque indifféremment. ／🇪 Los dos se usan casi indistintamente. ／
🇵 Esses dois são usados quase sem distinção.

□ まとめる ▷ <ruby>荷物<rt>にもつ</rt></ruby>をまとめる、まとめて<ruby>買<rt>か</rt></ruby>う、<ruby>皆<rt>みな</rt></ruby>の<ruby>意見<rt>いけん</rt></ruby>をまと
める、まとめの<ruby>問題<rt>もんだい</rt></ruby>

(🇫 résumer, regrouper
🇪 juntar, reunir
🇵 resumir)

(🇫 regrouper des affaires, acheter groupé, résumer les opinions de tous,
problème de synthèse 🇪 hacer las maletas; comprar en grandes
cantidades; reunir las opiniones de todos; ejercicios de síntesis 🇵 fazer a
mala, comprar em quantidade, reunir as opiniões de todos, coletânea de
questões)

□ 招く
まね
(**F** inviter **S** invitar
P convidar)

▷ 友人を自宅に招く、誤解を招く表現
ゆうじん　じたく　まね　　ごかい　まね　ひょうげん

(**F** inviter un ami chez soi, donner de fausses idées **S** invitar amigos a casa; expresión engañosa **P** convidar um amigo para casa, expressão que causa mal-entendidos)

□ 守る
まも
(**F** protéger, respecter
S proteger, cumplir
P proteger)

▷ 自然を守る、約束を守る、時間を守る
しぜん　まも　　やくそく　まも　　じかん　まも

(**F** protéger la nature, tenir ses promesses, respecter l'heure
S proteger la naturaleza; cumplir una promesa; ser puntual
P proteger a natureza, cumprir uma promessa, cumprir horários)

□ 回す
まわ
(**F** tourner **S** girar
P rodar, girar)

▶ ここを右に回すと音が大きくなります。
みぎ　まわ　　おと　おお

(**F** Tourner ici vers la droite pour augmenter le volume. **S** Al girar esto a la derecha, el volumen aumenta. **P** Se você girar isso para a direita, o som ficará mais alto.)

□ 〜回る
まわ
(**F** faire 〜 autour
S rodear **P** rodar)

▶ 時間があったので、あちこち見て回った。
じかん　　　　　　　　　　　み　まわ

(**F** J'ai eu du temps, alors j'ai regardé autour. **S** Tenía tiempo, así que me di una vuelta por los alrededores. **P** Como tinha tempo, dei uma volta pelos arredores.)

▷ 歩き回る
ある　まわ

(**F** se promener aux alentours **S** dar una vuelta **P** andar de um lado para outro, percorrer.)

□ 認める
みと
(**F** admettre, reconnaître
S comprobar
P reconhecer)

▷ 結婚を認める、才能を認める
けっこん　みと　　さいのう　みと

(**F** reconnaître un mariage, reconnaître du talent **S** reconocer el matrimonio; reconocer un talento **P** aprovar o casamento, reconhecer o talento)

□ 向く
む
(**F** faire face, convenir
S mirar a, dirigirse,
orientarse **P** virar,
adequar-se)

▶ ちゃんとこっちを向いて話して。
む　　はな

(**F** Regarde-moi en face quand tu parles. **S** Mírame bien al hablarme. **P** Olhe para mim e fale.)

▶ 私に向いている仕事がやっと見つかった。
わたし　む　　　　　しごと　　　　　み

(**F** J'ai finalement trouvé un travail qui me convient. **S** Por fin encontré un trabajo a mi medida. **P** Finalmente encontrei um trabalho que se adequa a mim.)

□ 向ける
む
(**F** orienter **S** orientar,
dirigirse **P** direcionar)

▷ カメラを向ける、政治に目を向ける、大会に向けて練習する
む　　　せいじ　め　む　　　たいかい　む
れんしゅう

(**F** diriger l'appareil photo, s'intéresser à la politique, s'entraîner pour la compétition **S** dirigir la cámara; prestar atención a la política; practicar en preparación para un concurso **P** direcionar a câmera, voltar a atenção para a política, treinar para um torneio.)

☐ **〜向け**
む

(F pour, en direction de
S para... P direcionar)

▷ 子ども向けの本
こ　む　ほん

(F livre destiné aux enfants S libros para niños P livro para crianças)

☐ **結ぶ**
むす

(F lier S unir, atar
P amarrar)

▷ ひもを結ぶ、契約を結ぶ
むす　けいやく　むす

(F attacher une ficelle, conclure un contrat S atar una cuerda; cerrar un
trato P amarrar um cordão, fechar um contrato)

☐ **目指す**
め　ざ

(F viser, dans le but de
S aspirar a P almejar)

▶ 優勝を目指して頑張ります。
ゆうしょう　め　ざ　　がんば

(F Je vais travailler dur pour la victoire. S Me esforzaré para ganar.
P Vou dar o meu melhor para conquistar a vitória.)

☐ **目立つ**
め　だ

(F se démarquer
S destacar, ser llamativo
P destacar, chamar a
atenção)

▶ その服目立つから、遠くからでもすぐわかったよ。
ふく め だ　　　とお

(F Elle portait une tenue tellement distinctive, on l'a immédiatement
reconnue de loin. S Ya de lejos te reconocí porque tu ropa es llamativa.
P Reconheci você de longe porque suas roupas são chamativas.)

☐ **戻す**
もど

(F remettre, rendre
S devolver P retornar)

▶ 使ったら、元の場所に戻しておいてください。
つか　　　もと　ばしょ　もど

(F Si vous l'utilisez, veuillez le remettre a sa place. S Por favor,
devuélvelo a su sitio original después de usarlo. P Por favor, coloque de
volta no lugar depois de usar.)

☐ **燃やす**
も

(F faire brûler S quemar P queimar)

---

87 ☐ **焼ける**
や

(F brûler, cuire
S quemarse, tostarse
P queimar)

▶ パン、もう焼けたんじゃない？

(F Le pain, n'est-il pas déjà cuit ? S ¿No estará ya tostado el pan?
P O pão já não está assado?)

☐ **破る**
やぶ

(F déchirer, ne pas
respecter S romper,
rasgar P rasgar)

▶ 彼女は約束を破るような人じゃありません。
かのじょ　やくそく　やぶ　　　　ひと

(F Elle n'est pas le genre de personne à rompre une promesse.
S Ella no es de las que rompen promesas. P Ela não é o tipo de pessoa
que quebra promessas.)

☐ **破れる**
やぶ

(F se déchirer
S romperse, rasgarse
P rasgar)

▶ いっぱい入れすぎて、袋が破れてしまった。
い　　　　　ふくろ　やぶ

(F J'en ai trop mis, le sac s'est déchiré. S He metido demasiado en la
bolsa y se ha roto. P Coloquei coisas demais e a sacola rasgou.)

☐ **止む**
や

(F cesser S cesar, parar
P parar)

▶ 雨がやんだら出かけよう。
あめ　　　で

(F Dès que la pluie cesse, sortons. S Salgamos cuando pare de llover.
P Vamos sair depois que a chuva parar.)

敬語 11

決まった言い方 12

動詞① 13

動詞②（〜する）14

名詞 15

形容詞 16

副詞 17

接続詞 18

ぎおん語・ぎたい語 19

カタカナ語 20

☐ 譲る
<ruby>譲<rt>ゆず</rt></ruby>る

（**F** céder **S** ceder
P ceder）

▶ 友だちにチケットを譲ってもらった。
<ruby>友<rt>とも</rt></ruby>だちにチケットを<ruby>譲<rt>ゆず</rt></ruby>ってもらった。

（**F** Un ami m'a cédé son billet. **S** Un amigo me dio su entrada.
P Um amigo me cedeu o ingresso dele.）

☐ 許す
<ruby>許<rt>ゆる</rt></ruby>す

（**F** pardonner, accepter
S permitir, perdonar
P perdoar, permitir）

▶ こんなものに税金を使うなんて、許せない。
こんなものに<ruby>税金<rt>ぜいきん</rt></ruby>を<ruby>使<rt>つか</rt></ruby>うなんて、<ruby>許<rt>ゆる</rt></ruby>せない。

（**F** Je ne peux pas pardonner l'utilisation de l'argent des impôts pour une telle chose. **S** Es imperdonable que se usen los impuestos para estas cosas. **P** Gastar o dinheiro dos contribuintes com essas coisas é imperdoável.）

▶ 私が海外で働くことを親が許すとは思えません。
<ruby>私<rt>わたし</rt></ruby>が<ruby>海外<rt>かいがい</rt></ruby>で<ruby>働<rt>はたら</rt></ruby>くことを<ruby>親<rt>おや</rt></ruby>が<ruby>許<rt>ゆる</rt></ruby>すとは<ruby>思<rt>おも</rt></ruby>えません。

（**F** Je doute que mes parents acceptent que je travaille à l'étranger.
S No creo que mis padres me permitan trabajar en el extranjero.
P Não acredito que meus pais permitiriam que eu trabalhasse no exterior.）

☐ 酔う
<ruby>酔<rt>よ</rt></ruby>う

（**F** s'enivrer
S emborracharse, marearse
P embriagar-se）

▶ 昨日は酒に酔って、変なことを言ったみたいです。
<ruby>昨日<rt>きのう</rt></ruby>は<ruby>酒<rt>さけ</rt></ruby>に<ruby>酔<rt>よ</rt></ruby>って、<ruby>変<rt>へん</rt></ruby>なことを<ruby>言<rt>い</rt></ruby>ったみたいです。

（**F** À ce qu'il paraît, j'ai dit des choses bizarres hier quand j'étais ivre. **S** Parece ser que ayer estaba borracho y dije cosas raras. **P** Ontem, parece que fiquei bêbado e disse coisas estranhas.）

☐ 酔っ払う
<ruby>酔<rt>よ</rt></ruby>っ<ruby>払<rt>ばら</rt></ruby>う

（**F** se soûler
S emborracharse
P embebedar-se）

▶ あんなに酔っ払った課長を見たのは初めてです。
あんなに<ruby>酔<rt>よ</rt></ruby>っ<ruby>払<rt>ばら</rt></ruby>った<ruby>課長<rt>かちょう</rt></ruby>を<ruby>見<rt>み</rt></ruby>たのは<ruby>初<rt>はじ</rt></ruby>めてです。

（**F** C'est la première fois que je vois le chef de service aussi ivre.
S Nunca había visto al jefe tan borracho. **P** Nunca tinha visto o chefe tão bêbado.）

☐ 酔っ払い
<ruby>酔<rt>よ</rt></ruby>っ<ruby>払<rt>ばら</rt></ruby>い

（**F** ivrogne **S** borracho **P** bêbado）

☐ 汚す
<ruby>汚<rt>よご</rt></ruby>す

（**F** salir **S** ensuciar **P** sujar）

☐ 弱まる
<ruby>弱<rt>よわ</rt></ruby>まる

（**F** faiblir **S** debilitarse, amainar **P** enfraquecer）

▶ 風が弱まったみたいですね。
<ruby>風<rt>かぜ</rt></ruby>が<ruby>弱<rt>よわ</rt></ruby>まったみたいですね。

（**F** Il semble que le vent ait faibli. **S** Parece que ha amainado el viento. **P** Parece que o vento está abrandando.）

☐ 弱める
<ruby>弱<rt>よわ</rt></ruby>める

（**F** baisser **S** atenuar, bajar **P** enfraquecer）

▶ 冷房をちょっと弱めたほうがいいんじゃないですか。
<ruby>冷房<rt>れいぼう</rt></ruby>をちょっと<ruby>弱<rt>よわ</rt></ruby>めたほうがいいんじゃないですか。

（**F** Ne devrions-nous pas baisser un peu la climatisation ? **S** ¿No sería mejor que bajaras un poco el aire acondicionado? **P** Não seria melhor diminuir um pouco o ar-condicionado?）

☐ 分ける
<ruby>分<rt>わ</rt></ruby>ける

（**F** diviser, partager
S dividir, separar
P separar, dividir）

▷ ケーキを5つに分ける、真ん中で分ける、分けて運ぶ
ケーキを5つに<ruby>分<rt>わ</rt></ruby>ける、<ruby>真<rt>ま</rt></ruby>ん<ruby>中<rt>なか</rt></ruby>で<ruby>分<rt>わ</rt></ruby>ける、<ruby>分<rt>わ</rt></ruby>けて<ruby>運<rt>はこ</rt></ruby>ぶ

（**F** diviser le gâteau en cinq parts, couper au milieu (en deux), partager pour transporter **S** dividir un pastel en cinco; dividir por la mitad; transportar por separado **P** dividir o bolo em cinco partes, dividir ao meio, transportar separadamente）

□ 分かれる ▷ 道が分かれる、３つのグループに分かれる
わ　　　　　　　　　　みち　わ　　　　　　　　　　　　　　　　　　わ

(**F** se séparer
S dividirse, separarse
P dividir)

(**F** chemin qui se sépare en deux, se diviser en trois groupes
S dividirse un camino; dividirse en tres grupos **P** o caminho se bifurca,
dividir em três grupos)

□ 割る ▶ 手が滑って、お皿を割ってしまった。
わ　　　　　　　　て　すべ　　　　　さら　わ

(**F** se briser **S** romper
P quebrar)

(**F** Mes mains ont glissé et j'ai cassé l'assiette. **S** Se me resbaló la mano
y rompí un plato. **P** O prato escorregou da minha mão e se quebrou.)

□ 割れる
わ

(**F** briser **S** romperse **P** quebrar)

⑭ 動詞②(〜する)
どうし

敬語 11

決まった言い方 12

動詞① 13

動詞②(〜する) 14

名詞 15

形容詞 16

副詞 17

接続詞 18

ぎおん語・ぎたい語 19

カタカナ語 20

☐ **安定(する)**
あんてい

▷ 安定した収入
あんてい　しゅうにゅう

(F être stable
S estabilizar
P estabilizar)

(F revenu stable S ingresos estables P renda estável)

☐ **いたずら(する)**

▶ だめよ、そんないたずらをしたら。

(F faire des bêtises
S hacer travesuras
P fazer travessuras)

(F Non, ne fais pas de telles bêtises. S No, no hagas esas travesuras.
P Não, não faça travessuras.)

☐ **うわさ(する)**

▶ うわさだけど、鈴木さん、結婚するらしいよ。
すずき　　　けっこん

(F propager des rumeurs
S rumorear P rumor,
boato)

(F J'ai entendu dire que M. Suzuki allait se marier. S Se rumorea que
Suzuki se va a casar. P Há rumores de que o senhor Suzuki vai se
casar.)

☐ **影響(する)**
えいきょう

▶ 私が動物が好きなのは、きっと母の影響です。
わたし　どうぶつ　す　　　　　　　　　はは　えいきょう

(F avoir un impact
S influir P influenciar)

(F Mon amour pour les animaux vient certainement de l'influence de ma
mère. S Estoy seguro de que mi gusto por los animales viene de mi
madre. P Meu amor pelos animais certamente vem da influência de
minha mãe.)

☐ **解決(する)**
かいけつ

▶ この問題が解決しないと、先に進めない。
もんだい　かいけつ　　　　さき　すす

(F résoudre S resolver
P resolver)

(F Nous ne pouvons pas avancer tant que ce problème n'est pas résolu.
S Si este problema no se resuelve, no podemos seguir adelante.
P Não podemos avançar sem resolver este problema.)

☐ **開始(する)**
かいし

▶ 来月から予約の受付を開始するそうです。
らいげつ　よやく　うけつけ　かいし

(F commencer
S empezar, iniciar
P iniciar)

(F Il semblerait que les réservations commencent le mois prochain.
S Dicen que van a empezar a aceptar reservas el mes que viene.
P Eles vão começar a aceitar reservas a partir do próximo mês.)

☐ **外出(する)**
がいしゅつ

▶ 二人とも外出していて、しばらく戻ってきません。
ふたり　　　がいしゅつ　　　　　　　もど

(F sortir S salir P sair)

(F Ils sont sortis tous les deux et ne sont pas revenus depuis un moment.
S Los dos han salido y no volverán por un rato. P Ambos saíram e ainda
não voltaram.)

☐ **回復(する)**
かいふく

▶ 体力が回復するまで練習は休んだほうがいい。
たいりょく　かいふく　　　　れんしゅう　やす

(F récupérer
S recuperarse
P recuperar)

(F Il vaut mieux prendre une pause dans l'entraînement jusqu'à ce que
vous récupériez votre énergie. S Deberías tomarte un descanso de las
prácticas hasta que recuperes la fuerza. P É melhor interromper o
treinamento até recuperar sua energia.)

□ 拡大(する)
かくだい

▷ 拡大コピー、市場の拡大
かくだい　　　　　　　しじょう　かくだい

(F élargir S expandirse, ampliarse P expandir)

(F copie agrandie, expansion du marché S copia ampliada; expansión del mercado P cópia ampliada, expansão de mercado)

□ 確認(する)
かくにん

▶ 正しく記入されているか、もう一度確認してください。
ただ　　きにゅう　　　　　　　　　　　　いちど　かくにん

(F vérifier S confirmar, comprobar P confirmar)

(F Veuillez vérifier à nouveau que tout est correctement rempli.
S Vuelva a comprobar que ha rellenado el formulario correctamente.
P Por favor, confirme se está preenchido corretamente)

□ 活動(する)
かつどう

▷ ボランティア活動、火山の活動
かつどう　かざん　かつどう

(F activité S realizar actividades P atividade)

(F activité bénévole, activité volcanique S voluntariado; actividad volcánica P atividades voluntárias, atividades vulcânicas)

□ 活躍(する)
かつやく

▶ この選手、最近、活躍してるね。
せんしゅ　さいきん　かつやく

(F être actif S estar activo P destacar-se)

(F Ce joueur est très actif ces derniers temps, n'est-ce pas ?
S Este jugador ha estado muy activo últimamente. P Esse jogador tem se destacado ultimamente.)

□ 我慢(する)
がまん

▶ もう一個食べたかったけど、我慢した。
いっこた　　　　　　　　　　がまん

(F endurer, résister S aguantar, contenerse P resistir)

(F J'aurais bien voulu en prendre un autre, mais j'ai résisté.
S Quería comerme otro, pero me contuve. P Eu queria comer mais um, mas resisti.)

□ 完成(する)
かんせい

▶ 来年の春には新しい駅ビルが完成する予定です。
らいねん　はる　　あたら　　えき　　　かんせい　　よてい

(F terminer S completarse P concluir)

(F Le nouveau bâtiment de la gare devrait être terminé au printemps prochain. S El nuevo edificio de la estación estará terminado en primavera del año que viene. P Está previsto que o novo edifício da estação seja concluído na primavera do próximo ano.)

□ 乾燥(する)
かんそう

▶ 空気が乾燥して、風邪をひきやすくなっています。
くうき　かんそう　　　　かぜ

(F sécher, être sec S secarse P secar)

(F L'air est sec en ce moment, ce qui rend plus facile d'attraper un rhume. S Con este aire tan seco es fácil resfriarse. P O ar está muito seco, o que facilita pegar um resfriado.)

□ 完了(する)
かんりょう

▶ インストールが完了するまで電源を切らないでください。
かんりょう　　てんげん　き

(F achever, terminer S terminar P terminar, concluir)

(F Ne coupez pas l'alimentation tant que l'installation n'est pas terminée. S No lo desenchufes hasta que la instalación no esté terminada. P Não desligue a energia até que a instalação esteja concluída.)

□ 帰国(する)
きこく

(F rentrer au pays S regresar a su país P regressar a seu país)

□ 記念(する)
きねん

▶ 卒業記念にみんなで写真を撮りました。
そつぎょうきねん　　　　しゃしん　と

(F commémorer S conmemorar P comemorar)

(F Nous avons pris des photos tous ensemble pour commémorer la remise des diplômes. S Nos tomamos una foto juntos para conmemorar nuestra graduación. P Tiramos uma foto juntos para comemorar a formatura.)

敬語 11

決まった言い方 12

動詞① 13

動詞②(〜する) 14

名詞 15

形容詞 16

副詞 17

接続詞 18

ぎおん語・ぎたい語 19

カタカナ語 20

□ **機能（する）**
きのう

(F fonctionner
S funcionar
P funcionar)

▶ ワンさんの携帯は機能がたくさん付いているんですね。
けいたい　きのう　つ

(F Le téléphone de M. Wan a beaucoup de fonctionnalités, n'est-ce pas ?
S Tu teléfono móvil tiene muchas funciones, Wan. P O telefone do senhor Wan tem muitas funções, não é?)

□ **共通（する）**
きょうつう

(F partager, être commun(e) à S tener en común P comum)

▶ この二つに共通するのは、お金があまりかからないことです。
ふた　きょうつう　かね

(F Ce qui est commun entre ces deux choses, c'est qu'elles ne coûtent pas beaucoup d'argent. S Lo único que tienen ambos en común es que no cuestan mucho dinero. P O que estas duas coisas têm em comum é o fato de não custarem muito dinheiro.)

89

□ **記録（する）**
きろく

(F enregistrer S registrar P registrar)

▶ 先月は、去年の倍の売上を記録しました。
せんげつ　きょねん　ばい　うりあげ　きろく

(F Le mois dernier, nous avons enregistré des ventes deux fois supérieures à l'année précédente. S El mes pasado registramos el doble de ventas que el año pasado. P No mês passado, registramos o dobro das vendas do ano anterior.)

□ **工夫（する）**
くふう

(F faire un effort S crear, ingeniárselas P usar a criatividade)

▶ 工夫すれば、もうちょっと部屋を広く使えると思う。
くふう　へや　ひろ　つか

(F Avec un peu d'ingéniosité (d'effort), je pense que nous pourrions utiliser la pièce de manière plus spacieuse. S Creo que si te las ingenias, puedes hacer un poco más de espacio en la habitación. P Com um pouco de engenhosidade, acho que o apartamento poderia ficar um pouco mais espaçoso.)

□ **区別（する）**
くべつ

(F distinguer S distinguir P distinguir)

▶ ほかのと区別ができるよう、何か印を付けておいてください。
くべつ　なに　しるし　つ

(F Veuillez marquer quelque chose pour les distinguer du reste. S Póngale alguna marca para distinguirlo de los demás. P Por favor, coloque alguma marca para distinguir dos outros.)

□ **決定（する）**
けってい

(F décider S decidir (definitivamente) P decidir)

▶ えっ、中止!? それは決定なんですか。
ちゅうし　けってい

(F Quoi, c'est annulé ? Est-ce une décision définitive ? S ¿Qué? ¿Cancelado? ¿Ya está decidido? P O quê? Foi cancelado!? É uma decisão definitiva?)

□ **検査（する）**
けんさ

(F inspecter S inspeccionar P examinar)

▷ 胃の検査、荷物検査
い　けんさ　にもつけんさ

(F examen d'estomac, contrôle des bagages S examen gástrico; inspección de equipaje P exame de estômago, inspeção de bagagem)

□ **見物（する）**
けんぶつ

(F visiter S ver, visitar P observar)

▷ 祭りを見物する、東京見物
まつ　けんぶつ　とうきょうけんぶつ

(F assister à un festival, visiter Tokyo S ver un festival; visitar Tokio P ver um festival, visitar Tóquio)

□ 行動（する）
こうどう

▶ よく考えてから行動してください。
かんが　　　　　　　　こうどう

(F agir S actuar P agir)

(F Veuillez réfléchir attentivement avant d'agir. S Piensa cuidadosamente antes de actuar. P Pense bem antes de agir.)

□ 混雑（する）
こんざつ

▶ この道は混雑してるから、別の道で行こう。
みち　　こんざつ　　　　　　　　　べつ　みち　い

(F être encombré
S estar abarrotado, aglomerarse
P congestionar)

(F Cette route est très encombrée, prenons un autre itinéraire.
S Esta carretera está abarrotada; tomemos otra. P Essa rua está congestionada, então vamos por outro caminho.)

□ 混乱（する）
こんらん

▶ 今、言われても混乱するから、後で言ってくれる？
いま　い　　　　　　こんらん　　　　　　あと　い

(F confusion, être embrouillé S confundirse
P confundir)

(F Si vous me dites ça maintenant ça va m'embrouiller donc pourriez-vous me le dire plus tard ? S Me confundo si me lo dices ahora. ¿Podrías decírmelo más tarde? P Se você me disser agora, vai me confundir, então pode me dizer depois?)

□ 撮影（する）
さつえい

▷ 映画 / 写真を撮影する
えいが　　しゃしん　さつえい

(F prendre des photos, filmer S tomar fotos, filmar P fotografar)

(F tourner un film / prendre des photos S filmar videos/tomar fotos
P tirar uma foto / fazer uma filmagem)

□ 刺激（する）
しげき

▶ 胃の調子が悪いから、コーラとか刺激のあるものはやめておきます。
い　ちょうし　わる　　　　　　　　　　　しげき

(F stimulant, irritant
S estimular
P estimular)

(F J'ai mal à l'estomac, alors je vais éviter le coca ou tout ce qui est irritant. S Tengo el estómago revuelto, así que no me voy a tomar cola ni ninguna otra bebida estimulante. P Como meu estômago não está bem, vou evitar coisas irritantes, como refrigerante.)

□ 自殺（する）
じさつ

(F se suicider S suicidarse P suicidar-se)

□ 支度（する）
したく

▶ 起きたばかりで、まだ何の仕度もしていません。
お　　　　　　　　　　なん　したく

(F se préparer
S preparar P preparar)

(F Je viens de me réveiller et je ne me suis pas encore préparé(e).
S Acabo de levantarme y aún no he preparado nada.
P Eu acabei de acordar e ainda não me preparei.)

□ 実行（する）
じっこう

▶ 言うのは簡単だけど、実行するのはかなり難しいよ。
い　　　　　かんたん　　　　　じっこう　　　　　　　むずか

(F exécuter S llevar a la práctica P executar)

(F Parler est facile, mais passer à l'acte est plus difficile.
S Es fácil decirlo, pero es bastante difícil llevarlo a la práctica.
P Falar é fácil, mas pôr em prática é bastante difícil.)

□ 指定（する）
してい

▶ 場所を指定してください。こちらから行きますので。
ばしょ　してい　　　　　　　　　　　　　い

(F désigner S indicar
P especificar)

(F Veuillez indiquer l'emplacement. Nous vous y retrouverons.
S Indíquenos el lugar e iremos. P Por favor, indique o local. que iremos até você.)

敬語 11

決まった言い方 12

動詞① 13

動詞②（〜する） 14

名詞 15

形容詞 16

副詞 17

接続詞 18

ぎおん語・ぎたい語 19

カタカナ語 20

☐ **死亡（する）**
しぼう

▶ 交通事故で死亡した人の数は、去年より減った。
こうつうじ こ　しぼう　ひと　かず　きょねん　へ

(🇫 décéder 🇪 morir
🇵 morrer)

(🇫 Le nombre de décès dûs à des accidents de la route a diminué par rapport à l'année précédente. 🇪 El número de muertos en accidentes de tráfico ha bajado respecto al año pasado. 🇵 O número de pessoas que morreram em acidentes de trânsito diminuiu em relação ao ano passado.)

☐ **終了（する）**
しゅうりょう

▶ 本日の営業時間は終了しました。
ほんじつ　えいぎょうじ かん　しゅうりょう

(🇫 terminer 🇪 terminarse
🇵 terminar)

(🇫 Les heures d'ouverture d'aujourd'hui sont terminées. 🇪 Hoy ha terminado el horario de oficina. 🇵 O horário de funcionamento de hoje terminou.)

☐ **主張（する）**
しゅちょう

▶ 彼は自分の意見ばかり主張する。
かれ　じぶん　いけん　　しゅちょう

(🇫 affirmer 🇪 enfatizar
🇵 insistir, afirmar)

(🇫 Il ne parle que de son propre point de vue. 🇪 Solo enfatiza su propia opinión. 🇵 Ele insiste apenas em sua própria opinião.)

☐ **準備（する）**
じゅんび

▶ 会議で配る資料を準備しておいてください。
かいぎ　くば　しりょう　じゅんび

(🇫 préparer 🇪 preparar
🇵 preparar)

(🇫 Veuillez préparer les documents à distribuer lors de la réunion. 🇪 Prepare los documentos que se entregarán en la reunión. 🇵 Por favor, prepare os materiais a serem distribuídos durante a reunião.)

☐ **使用（する）**
しよう

▶ コピー機は、故障のため、現在使用できません。
　　き　　こしょう　　げんざい しよう

(🇫 utiliser 🇪 usar
🇵 usar)

(🇫 La photocopieuse est actuellement hors service et ne peut être utilisée. 🇪 No se puede usar la fotocopiadora debido a una avería. 🇵 A máquina de cópias não poderá ser usada devido a uma falha.)

☐ **勝負（する）**
しょうぶ

▶ 勝負は最後までわからないよ。頑張って！
しょうぶ　さいご　　　　　　　　がんば

(🇫 rivaliser, être en compétition 🇪 competir, retar 🇵 competir)

(🇫 Vous ne connaîtrez le gagnant qu'à la fin. Bonne chance à tous ! 🇪 Hasta el final no se sabe quién gana. ¡Ánimo! 🇵 Só se sabe o resultado no final. Boa sorte!)

90 ☐ **証明（する）**
しょうめい

▶ 何か身分を証明するものが必要らしい。
なに　みぶん　しょうめい　　　　ひつよう

(🇫 prouver 🇪 demostrar
🇵 provar)

(🇫 Apparemment, il faut quelque chose pour prouver son identité. 🇪 Parece que necesito llevar algo que demuestre mi identidad. 🇵 Parece que preciso levar um documento que comprove minha identidade.)

☐ **制限（する）**
せいげん

▶ 会場はすごい混雑で、入場制限をしていました。
かいじょう　こんざつ　　にゅうじょうせいげん

(🇫 limiter 🇪 limitar, restringir 🇵 restringir)

(🇫 La salle était incroyablement bondée, avec des restrictions d'entrée. 🇪 El salón de eventos estaba increíblemente abarrotado y la entrada restringida. 🇵 O local estava muito lotado e eles restringiram a entrada.)

☐ **整理（する）**
せいり

▷ 机の上を整理する、整理券
つくえ うえ　せいり　　せいりけん

(🇫 organiser, ranger 🇪 organizar, ordenar 🇵 organizar)

(🇫 organiser le bureau, un ticket numéroté 🇪 ordenar la mesa; entradas numeradas 🇵 organizar a mesa, senha)

□ **選択(する)**
せんたく

(F choisir S seleccionar, elegir P escolher)

▶ この中から好きなものを一つ選択できます。
なか　　す　　　　　　　　　　ひと　せんたく

(F Vous pouvez choisir n'importe quoi parmi ceci. S Puede elegir uno de estos. P Você pode escolher um dentre estes.)

□ **宣伝(する)**
せんでん

(F promouvoir S promocionar P promover)

▶ この映画は宣伝に力を入れてるね。
えいが　　せんでん　ちから　い

(F Ce film est très bien promu. S Has puesto mucho esfuerzo en promocionar esta película. P Estão se esforçando muito para promover este filme.)

□ **想像(する)**
そうぞう

(F imaginer S imaginar(se) P imaginar)

▶ 音楽のない生活は想像できない。
おんがく　　　せいかつ　そうぞう

(F Je ne peux pas imaginer une vie sans musique. S No puedo imaginarme la vida sin música. P Eu não consigo imaginar a vida sem música.)

□ **対応(する)**
たいおう

(F s'occuper de S responder, atender P responder, atender)

▶ 対応してくれた店員さんがとても親切だった。
たいおう　　　　　てんいん　　　　　　　　しんせつ

(F Le personnel qui s'est occupé de nous était très serviable. S El empleado que me ayudó fue muy amable. P O empregado que nos atendeu foi muito atencioso.)

□ **注目(する)**
ちゅうもく

(F attirer l'attention S llamar la atención, centrarse en P prestar atención)

▶ 中国経済が今後どうなるか、大変注目しています。
ちゅうごくけいざい　こんご　　　　　　　たいへんちゅうもく

(F Nous sommes très attentifs à l'évolution de l'économie chinoise. S Me llama la atención lo que pueda pasar con la economía china en el futuro. P Estamos prestando muita atenção ao que acontecerá com a economia chinesa no futuro.)

□ **調査(する)**
ちょうさ

(F enquêter S investigar P pesquisar)

▷ アンケート調査、市場調査
ちょうさ　しじょうちょうさ

(F enquête par questionnaire, étude de marché S encuesta; estudio de mercado P realizar uma enquete, pesquisa de mercado)

□ **調整(する)**
ちょうせい

(F ajuster S ajustar P ajustar)

▷ スケジュールを調整する
ちょうせい

(F ajuster l'emploi du temps S ajustar el programa u horario P ajustar a agenda)

□ **調節(する)**
ちょうせつ

(F régler S regular P regular)

▷ 温度を調節する
おんど　　ちょうせつ

(F régler la température S regular la temperatura P regular a temperatura)

272

敬語 11

決まった言い方 12

動詞① 13

動詞②（〜する） 14

名詞 15

形容詞 16

副詞 17

接続詞 18

ぎおん語・ぎたい語 19

カタカナ語 20

☐ **挑戦（する）**
ちょうせん

▷ 新しいことに挑戦する
あたら　　　　　　　　ちょうせん

(**F** relever un défi
S desafiar, retar(se)
P desafiar)

(**F** relever de nouveaux défis **S** aceptar nuevos desafíos
P enfrentar um novo desafio)

☐ **追加（する）**
ついか

▶ すみません、野菜サラダを二つ追加してください。
やさい　　　　　　　　ふた　ついか

(**F** ajouter **S** añadir
P adicionar)

(**F** Pardon, veuillez ajouter deux salades de légumes. **S** Perdone, añada
dos ensaladas de verduras, por favor. **P** Desculpe, poderia adicionar
duas saladas de vegetais?)

☐ **提案（する）**
ていあん

▶ 別の方法を提案しました。
べつ　ほうほう　ていあん

(**F** proposer **S** sugerir
P sugerir)

(**F** J'ai proposé une autre méthode. **S** Han sugerido otro método.
P Eu sugeri um outro método.)

☐ **手入れ（する）**
て　い

▶ この庭はよく手入れされていますね。
にわ　　　　て　い

(**F** entretenir
S mantener, cuidar
P cuidar)

(**F** Ce jardin est bien entretenu, n'est-ce pas ? **S** Este jardín está bien
cuidado. **P** Este jardim está bem cuidado, não é?)

☐ **独立（する）**
どくりつ

▶ いつか会社を辞めて、独立するつもりです。
かいしゃ　や　　　　どくりつ

(**F** devenir indépendant(e)
S independizarse
P tornar-se
independente)

(**F** Un jour, j'ai l'intention de quitter l'entreprise et de devenir
indépendant(e). **S** Pienso dejar la empresa algún día y montar mi propio
negocio. **P** Estou planejando deixar a empresa e abrir meu próprio
negócio algum dia.)

☐ **納得（する）**
なっとく

▶ 今の説明では納得できない。
いま　せつめい　　なっとく

(**F** être satisfait(e) /
convaincu(e) **S** estar de
acuerdo **P** convencer)

(**F** Je ne suis pas convaincu(e) par l'explication actuelle. **S** No estoy de
acuerdo con esta explicación. **P** Não estou convencido com a explicação
atual.)

☐ **値上がり（する）**
ね　あ

▶ バス代が値上がりした。
だい　ね　あ

(**F** augmenter (prix)
S aumentar de precio
P aumentar (de preço))

(**F** Le tarif des bus a augmenté. **S** Los billetes de autobús han
aumentado de precio. **P** A passagem de ônibus aumentou de preço.)

☐ **発見（する）**
はっけん

▶ 新しい星が発見された。
あたら　　ほし　はっけん

(**F** découvrir **S** descubrir
P descobrir)

(**F** Une nouvelle étoile a été découverte. **S** Se han descubierto nuevas
estrellas. **P** Uma nova estrela foi descoberta.)

☐ **発達（する）**
はったつ

▷ 脳の発達、技術の発達
のう　はったつ　ぎじゅつ　はったつ

(**F** se développer
S desarrollarse
P desenvolver)

(**F** développement du cerveau, développement de la technologie
S desarrollo del cerebro; desarrollo tecnológico **P** desenvolvimento
cerebral, desenvolvimento tecnológico)

□ 判断(する)
はんだん
(**F** juger, prendre une décision **S** juzgar, considerar, tomar decisiones **P** julgar, tomar decisão)

▶ 自分一人で判断しないほうがいい。
じぶんひとり　　はんだん

(**F** Il vaut mieux ne pas prendre de décision tout seul. **S** No deberías tomar decisiones por tu cuenta. **P** Não é aconselhável tomar decisões por conta própria.)

□ 比較(する)
ひかく
(**F** comparer **S** comparar **P** comparar)

▶ 前回と比較すると、だいぶよくなっている。
ぜんかい　　ひかく

(**F** Comparé à la dernière fois, c'est beaucoup mieux maintenant. **S** Comparado con la última vez, ha mejorado mucho. **P** Comparado com a última vez, está consideravelmente melhor.)

□ 比較的
ひかくてき
(**F** comparativement **S** comparativo **P** relativamente)

▶ 銀行、混んでた？　　—— いえ、今日は比較的空
ぎんこう　こ　　　　　　　　　　　　きょう　ひかくてき す
いていました。

(**F** La banque était bondée ? — Non, relativement calme aujourd'hui. **S** ¿Estaba lleno el banco? —No, hoy estaba relativamente vacío. **P** — O banco estava lotado? — Não, estava relativamente vazio hoje.)

🎧91 □ 否定(する)
ひてい
(**F** nier **S** negar, rechazar **P** negar)

▶ 今までのやり方を否定するつもりはありません。
いま　　　かた　ひてい

(**F** Je n'ai pas l'intention de nier la façon dont les choses étaient faites jusqu'à present. **S** No es mi intención rechazar el modo en que se han hecho las cosas hasta ahora. **P** Não tenho a intenção de rejeitar a maneira como as coisas têm sido feitas até agora.)

□ 不足(する)
ふそく
(**F** insuffisance, manque **S** ser insuficiente, faltar **P** faltar)

▶ 確かに、私たちは経験が不足しています。
たし　　わたし　　　けいけん　ふそく

(**F** Certes, nous avons un manque d'expérience. **S** Sin duda, nos falta experiencia. **P** De fato, nos falta experiência.)

▷ 力不足、寝不足
ちからぶそく　ねぶそく

(**F** manque de force, manque de sommeil **S** falta de energía; falta de sueño **P** imperfeição, falta de sono)

□ 負担(する)
ふたん
(**F** charge **S** cargar, hacerse cargo de **P** assumir um ônus)

▶ 送料はこっちが負担するそうです。
そうりょう　　　　　ふたん

(**F** Il semble que les frais d'expédition soient à notre charge. **S** Dicen que tenemos que hacernos cargo de los gastos de envío. **P** Parece que nós teremos que pagar o frete.)

□ 変化(する)
へんか
(**F** changement **S** cambiar (transitivo) **P** mudar)

▷ 気温の変化、状況の変化
きおん　へんか　じょうきょう　へんか

(**F** changement de température, changement de situation **S** cambios de temperatura; cambio de circunstancias **P** mudança de temperatura, mudança de circunstâncias)

□ 変更(する)
へんこう
(**F** modification **S** cambiar (intransitivo) **P** modificar)

▶ 飛行機が遅れて、予定を変更しなければならな
ひこうき　おく　　　よてい　へんこう
くなった。

(**F** L'avion a été retardé, donc nous devons modifier nos plans. **S** El avión se retrasó, así que tuvimos que cambiar de planes. **P** O voo atrasou, então tivemos que fazer uma mudança nos nossos planos.)

□ 保存(する)
ほ ぞん

▶ 冷凍すれば、長期間保存できます。
れいとう　　　　ちょうきかんほぞん

(**F** conservation
S conservar **P** guardar)

(**F** Si vous le congelez, vous pouvez le conserver longtemps. **S** Si lo congela, lo podrá conservar durante mucho tiempo. **P** Se você congelar, pode armazená-lo por um longo período.)

□ 満足(する)
まんぞく

▶ 今の仕事に満足している人は6割くらいです。
いま　しごと　まんぞく　　　　　ひと　　わり

(**F** satisfaction
S satisfacer
P satisfazer)

(**F** Environ 60 % des personnes sont satisfaites de leur emploi actuel. **S** Alrededor del 60 % de la gente está satisfecha con su trabajo actual. **P** Cerca de 60% das pessoas estão satisfeitas com seus trabalhos atuais.)

□ 無視(する)
む し

▶ 一回断ったのにまたメールが来たので、今度は
いっかいことわ　　　　　　　　　　き　　　　　こんど
無視することにしました。
む し

(**F** ignorer **S** ignorar
P ignorar)

(**F** J'ai reçu un autre e-mail après avoir pourtant refusé, alors j'ai décidé de l'ignorer cette fois. **S** Aunque lo rechacé, ha seguido escribiéndome por correo electrónico. Por eso, he decidido ignorarlo ahora. **P** Embora tenha recusado uma vez, recebi outro e-mail, então desta vez decidi ignorá-lo.)

□ 用心(する)
ようじん

▶ 最近、変な事件が多いから、夜、一人で歩くとき
さいきん　へん　じけん　おお　　　　よる　ひとり　ある
は用心してね。
ようじん

(**F** prudence **S** tener cuidado **P** cautelar)

(**F** Il y a beaucoup d'incidents étranges récemment, alors soyez prudent(e) lorsque vous êtes seul(e) dehors la nuit. **S** Últimamente ha habido muchos incidentes extraños, así que ten cuidado cuando camines solo por la noche. **P** Ultimamente tem ocorrido muitos incidentes estranhos, portanto, tenha cuidado ao andar sozinho à noite.)

□ 予想(する)
よそう

▶ 予想した以上に混んでいました。
よそう　いじょう　こ

(**F** prévision **S** anticipar
P prever)

(**F** C'était beaucoup plus encombré que prévu. **S** Había más gente de la esperada. **P** Estava mais cheio do que eu esperava.)

□ 予防(する)
よぼう

▶ 風邪の予防として、帰ったら必ず手を洗っていま
か ぜ　よぼう　　　　　　かえ　　　かなら　て　あら
す。

(**F** prévention **S** prevenir
P prevenir)

(**F** Pour prévenir le rhume, je me lave toujours les mains dès que je rentre chez moi. **S** Siempre me lavo las manos al volver a casa para prevenir resfriados. **P** Como medida preventiva contra resfriados, sempre lavo as mãos quando volto para casa.)

□ 理解(する)
り かい

▶ この言葉の意味をやっと理解することができた。
ことば　いみ　　　　　りかい

(**F** compréhension
S comprender
P compreender)

(**F** Je viens de comprendre la signification de ce mot. **S** Por fin comprendo qué significan estas palabras. **P** Finalmente compreendi o significado dessa palavra.)

□ 連続(する)
れんぞく

▶ 最近、同じような事件が連続して起こっている。
さいきん　おな　　　　　じけん　れんぞく　　お

(**F** à la suite **S** continuar (en serie) **P** continuar)

(**F** Récemment, il y a eu une série d'incidents similaires qui se produisent à la suite. **S** Recientemente se han producido una serie de incidentes similares. **P** Recentemente, tem ocorrido uma série de incidentes semelhantes.)

15 名詞 （**F** Noms **S** Sustantivos **P** Substantivos）

☐ **案**（あん）
（**F** proposition **S** propuesta **P** ideia）
▶ 鈴木さんも何か案を出してください。
（**F** M. Suzuki, proposez quelque chose vous aussi. **S** Suzuki, por favor, proponga algunas ideas también. **P** Senhor Suzuki, por favor, apresente alguma ideia também.）

☐ **言い訳（する）**（いわけ）
（**F** se trouver des excuses **S** excusa **P** dar desculpas）
▶ 彼は言い訳ばかりで、全然謝らない。
（**F** Il se trouve toujours des excuses et ne demande jamais pardon. **S** Pone excusas continuamente y no se disculpa en absoluto. **P** Ele está sempre dando desculpas e nunca se desculpa de verdade.）

☐ **意志**（いし）
（**F** volonté, détermination **S** voluntad **P** determinação）
▷ 強い意志
（**F** forte détermination **S** voluntad fuerte **P** forte determinação）

☐ **一般**（いっぱん）
（**F** général, ordinaire **S** general **P** geral）
▶ ここはスタッフ専用の通路で、一般の方は通ることができません。
（**F** Ici, c'est un couloir réservé au personnel, les gens ordinaires ne peuvent pas y passer. **S** Este pasillo es solo para personal autorizado, y el público en general no puede pasar. **P** Este é um corredor exclusivo para o pessoal autorizado; o público em geral não pode passar por aqui.）

☐ **居眠り（する）**（いねむり）
（**F** dormir debout **S** sueño (ligero) **P** cochilar）
▶ あまりに眠くて授業中居眠りをしてしまいました。
（**F** J'étais tellement fatigué(e) que j'ai dormi en classe. **S** Tenía tanto sueño que me quedé dormido durante la clase. **P** Estava tão cansado que acabei cochilando durante a aula.）

☐ **絵本**（えほん）
（**F** livre d'images **S** libro ilustrado **P** livro ilustrado）

☐ **贈り物（をする）**（おくりもの）
（**F** cadeau **S** regalo **P** dar um presente）
▶ 〈店で〉贈り物なので、簡単に包んでもらえますか。
（**F** (Au magasin) Puis-je avoir un emballage simple car c'est pour un cadeau ? **S** (En una tienda) Es para regalar. ¿Podría ponerle un envoltorio sencillo? **P** 〈Na loja〉Como é para presente, você poderia fazer um embrulho simples?）

☐ **落し物（をする）**（おともの）
（**F** objet perdu **S** objeto perdido **P** perder algo）
▶ あれ何だろう？ —— 誰かの落し物じゃない？
（**F** Qu'est-ce que c'est que ça ? — Ce n'est pas un objet que quelqu'un aurait perdu ? **S** ¿Qué es eso? —Debe ser un objeto perdido. **P** — O que será aquilo? — Não será um objeto perdido?）

敬語 11
決まった言い方 12
動詞① 13
動詞②(〜する) 14
名詞 15
形容詞 16
副詞 17
接続詞 18
ぎおん語・ぎたい語 19
カタカナ語 20

□ **忘れ物(をする)**
わす　もの
▶ すみません、忘れ物をしたので取りに戻ります。
　　　　　　　わす　もの　　　　　　と　　　もど

(**F** objet oublié **S** olvidar algo en un sitio **P** esquecer algo)

(**F** Désolé(e), j'ai oublié quelque chose, je vais rentrer le chercher. **S** Lo siento, he olvidado algo y tengo que volver a buscarlo. **P** Desculpe-me, esqueci algo e preciso voltar para buscá-lo.)

□ **おまけ(する)**
▶ 以前、この店で買い物をした時、かわいい絵は
　　い ぜん　　　　みせ　か　　もの　　　　とき　　　　　　　え
がきをおまけでもらった。

(**F** cadeau bonus **S** regalo (tras una compra) **P** ganhar (um desconto/brinde))

(**F** Lors de mon précédent achat dans ce magasin, j'ai reçu une jolie carte postale en cadeau. **S** Una vez que vine a comprar aquí, me dieron una postal preciosa de regalo. **P** Na última vez que comprei nesta loja, eles me deram um cartão postal fofo como brinde.)

□ **思い出**
おも　で
▶ この街にはいろいろな思い出があります。
　　　　まち　　　　　　　　　おも　で

(**F** mémoire, souvenir **S** recuerdo **P** lembrança)

(**F** Cette ville est pleine de souvenirs. **S** Tengo muchos recuerdos de este barrio. **P** Tenho muitas lembranças dessa cidade.)

□ **香/香り**
かおり　かお
▶ この花、いい香りがするね。
　　　　はな　　　　かお

(**F** odeur **S** aroma **P** aroma)

(**F** Ces fleurs sentent bon, n'est-ce pas ? **S** Estas flores tienen un buen aroma. **P** Esta flor tem um aroma agradável, não acha?)

□ **課題**
か だい
(**F** tâche, devoir **S** tema **P** tarefa)

□ **可能性**
か のうせい
▶ 当たる可能性は1パーセントくらいです。
　　あ　　　か のうせい

(**F** possibilité **S** posibilidad **P** possibilidade)

(**F** Il y a environ 1 % de chance de réussite. **S** Hay un 1 % de posibilidades de acertar. **P** A possibilidade de acertar são de aproximadamente 1%.)

□ **感想**
かんそう
▶ 映画を見た感想を聞かせてください。
　　えい が　　み　　かんそう　き

(**F** impression **S** impresión **P** impressão)

(**F** Pouvez-vous partager vos impressions après avoir vu le film ? **S** Quisiera que me dijeras qué impresión tienes de la película. **P** Por favor, me diga quais foram suas impressões sobre o filme.)

□ **基礎**
き そ
▶ これは基礎から応用まで学べるコースです。
　　　　　き そ　　　おうよう　　　まな

(**F** fondation, base **S** base **P** base)

(**F** Ce cours vous apprendra de la base à la pratique. **S** En este curso se puede aprender desde lo básico hasta las aplicaciones prácticas. **P** Este é um curso em que você pode aprender desde o básico até as aplicações práticas.)

□ **喫煙(する)**
きつえん
▶ たばこの喫煙が病気の進行を早めます。
　　　　　　きつえん　びょうき　しんこう　はや

(**F** fumer **S** fumar **P** fumar)

(**F** Le tabagisme accélère la progression des maladies. **S** Fumar tabaco acelera la progresión de la enfermedad. **P** Fumar cigarro acelera o progresso de doenças.)

□ **基本**
き ほん
▶ まずは基本をしっかり身につけましょう。
　　　　　き ほん　　　　　　み

(**F** base **S** base, fundamento **P** básico)

(**F** Commençons par bien maîtriser les bases. **S** Primero aprendamos bien lo básico. **P** Vamos primeiro dominar o básico.)

☐ **基本的(な)**
きほんてき

(**F** basique **S** básico
P básico)

▶ 基本的な質問ですみませんが、これはどういう
きほんてき　　しつもん
意味ですか。
いみ

(**F** Désolé(e) pour cette question basique, mais que signifie cela ?
S Siento hacer una pregunta básica, pero ¿qué significa esto?
P Desculpe pela pergunta básica, mas o que isso significa?)

☐ **行列**
ぎょうれつ

(**F** file, queue **S** fila, cola
P fila)

▶ このラーメン屋はいつも長い行列ができている。
　　　　　　や　　　　　　なが　ぎょうれつ

(**F** Ce restaurant de ramen a toujours une longue file d'attente.
S Siempre hay mucha cola en este restaurante de ramen.
P Este restaurante de lámen sempre tem uma fila longa.)

☐ **くせ(癖)**
くせ

(**F** (mauvaise) habitude,
manie **S** mala
costumbre **P** hábito)

▶ 妹には爪をかむくせがあります。
いもうと　　つめ

(**F** Ma sœur a la mauvaise habitude de se ronger les ongles.
S Mi hermana tiene la mala costumbre de morderse las uñas.
P Minha irmã tem o hábito de roer as unhas.)

☐ **景色**
けしき

(**F** paysage, vue
S paisaje, panorama
P paisagem, vista)

▶ どこか景色のいいところに行きたい。
　　　　けしき　　　　　　　い

(**F** J'aimerais aller quelque part avec une belle vue. **S** Quiero ir a un sitio
con paisajes bonitos. **P** Gostaria de ir a algum lugar com uma bela
paisagem.)

☐ **風景**
ふうけい

(**F** paysage **S** paisaje,
escena **P** paisagem)

▶ 北海道の自然から東京の街、地方のお祭りなど、
ほっかいどう　しぜん　　とうきょう　まち　ちほう　　まつ
さまざまな風景の写真があった。
　　　　　　ふうけい　しゃしん

(**F** De la nature d'Hokkaido aux rues de Tokyo, en passant par les festivals
régionaux, il y avait de nombreuses photos de paysages.
S Había fotografías de varios paisajes, desde la naturaleza de Hokkaido,
hasta las calles de Tokio y festivales locales. **P** Havia fotos de várias
paisagens, desde a natureza de Hokkaido até a vida urbana em Tóquio, e
festivais em áreas rurais.)

93

☐ **結論**
けつろん

(**F** conclusion
S conclusión
P conclusão)

▶ 2時間話し合ったけど、結論は出なかった。
　じかんはな　あ　　　　　けつろん　で

(**F** Nous avons discuté pendant 2 heures, mais nous n'avons pas abouti à
une conclusion. **S** Lo discutimos durante dos horas, pero no llegamos a
ninguna conclusión. **P** Tivemos uma discussão de duas horas, mas não
chegamos a uma conclusão.)

☐ **原因**
げんいん

(**F** cause **S** causa
P causa)

▷ 故障の原因、火事の原因
こしょう　げんいん　かじ　げんいん

(**F** cause d'une panne, cause d'un incendie **S** causa de una avería;
causa de un incendio **P** a causa do defeito, a causa do incêndio)

☐ **効果**
こうか

(**F** effet **S** efecto
P efeito)

▶ 3カ月このダイエットをやってみたけど、効果が
　げつ　　　　　　　　　　　　　　　　　　　こうか
なかった。

(**F** J'ai essayé ce régime pendant 3 mois, mais il n'a pas eu d'effet.
S Probé esta dieta durante tres meses, pero no funcionó. **P** Tentei esta
dieta por três meses, mas não houve nenhum resultado.)

☐ **心**
こころ

(**F** cœur **S** corazón,
alma, espíritu
P coração, mente)

▶ 心からお礼を申し上げます。
こころ　　れい　もう　あ

(**F** Je vous remercie du fond du cœur. **S** Le agradezco de todo corazón.
P Agradeço de todo o coração.)

▷ 心と体、心の病気、日本人の心
こころ　からだ　こころ　びょうき　に ほんじん　こころ

（🇫 l'esprit et le corps, maladie cardiaque, l'esprit japonais
🇪🇸 mente y cuerpo; enfermedad mental; el espíritu de los japoneses
🇵🇹 mente e corpo, doença mental, o espírito dos japoneses）

□ 差
さ

（🇫 différence
🇪🇸 diferencia
🇵🇹 diferença）

▶ 昼と夜の気温の差が大きい。
ひる　よる　き おん　さ　おお

（🇫 Il y a une grande différence de température entre le jour et la nuit.
🇪🇸 Hay una gran diferencia de temperatura entre el día y la noche.
🇵🇹 A diferença entre as temperaturas diurnas e noturnas é grande.）

□ 最新
さいしん

（🇫 le plus récent
🇪🇸 último, el más nuevo
🇵🇹 mais recente）

▷ 最新のニュース、最新の設備
さいしん　　　　　さいしん　せつび

（🇫 les dernières nouvelles, les équipements les plus récents
🇪🇸 últimas noticias; los equipos más nuevos
🇵🇹 as últimas notícias, equipamentos de última geração）

□ 参考
さんこう

（🇫 référence
🇪🇸 de referencia, de consulta 🇵🇹 referência）

▶ よかったら、この資料を参考にしてください。
し りょう　さんこう

（🇫 N'hésitez pas à vous référer à ce document. 🇪🇸 Si lo desea, consulte este documento. 🇵🇹 Se quiser, use este material como referência.）

□ 種類
しゅるい

（🇫 type 🇪🇸 tipo, clase
🇵🇹 tipo）

▶ メニューは100種類以上ある。
しゅるいい じょう

（🇫 Il y a plus de 100 types de plats au menu. 🇪🇸 Hay más de cien opciones de menú. 🇵🇹 Temos mais de 100 opções no cardápio.）

□ 状況
じょうきょう

（🇫 situation 🇪🇸 situación
🇵🇹 situação）

▶ 電話がつながらないから、向こうの状況がわからない。
でん わ　　　　　む　　　　じょうきょう

（🇫 Je ne peux pas comprendre la situation de l'autre côté car les appels ne passent pas. 🇪🇸 No logramos comunicarnos por teléfono, así que no sabemos la situación de por allí. 🇵🇹 Não consigo fazer chamadas, então não sei qual é a situação de lá.）

□ 条件
じょうけん

（🇫 condition, critère
🇪🇸 condición
🇵🇹 condições）

▶ 募集しているんですが、なかなか条件に合う人がいません。
ぼ しゅう　　　　　　　　　　　じょうけん　あ　ひと

（🇫 Nous recrutons, mais il est difficile de trouver quelqu'un qui corresponde aux critères. 🇪🇸 Estamos reclutando gente, pero no hay casi nadie que se ajuste a las condiciones. 🇵🇹 Estamos recrutando, mas está difícil encontrar alguém que atenda aos requisitos.）

□ 常識
じょうしき

（🇫 bon sens 🇪🇸 sentido común 🇵🇹 senso comum）

▶ 誰がこんなところに捨てるんだ!? ── 世の中には常識のない人がいるんだよ。
だれ　　　　　　　　　す　　　　　　　　よ　なか
じょうしき　　ひと

（🇫 Qui jette cela dans un endroit pareil ? ── Il y a des gens sans aucun bon sens. 🇪🇸 ¿Quién ha tirado esto aquí? ──Hay gente en el mundo que no tiene sentido común. 🇵🇹 ── Quem jogou lixo aqui? ── Há pessoas no mundo que não têm senso comum.）

□ 状態
じょうたい

（🇫 état 🇪🇸 condición
🇵🇹 estado, condição）

▶ 熱がひどくて、外出できる状態じゃない。
ねつ　　　　　　　がいしゅつ　　　　じょうたい

（🇫 Je ne suis pas en état de sortir car je suis très fiévreux. 🇪🇸 Tengo mucha fiebre y no estoy en condiciones de salir. 🇵🇹 Tenho tanta febre que não estou em condições de sair.）

敬語 11
決まった言い方 12
動詞① 13
動詞②（〜する） 14
名詞 15
形容詞 16
副詞 17
接続詞 18
ぎおん語・ぎたい語 19
カタカナ語 20

279

□ 情報
じょうほう
(F information
S información, datos
P informação)

▶ 何か新しい情報が入ったら、知らせてください。
なに　あたら　　じょうほう　はい　　　　　　し
(F Tenez-moi au courant s'il y a de nouvelles informations.
S Si consigues alguna información nueva, avísame.
P Por favor, me avise se tiver alguma informação nova.)

□ 宝
たから
(F trésor S tesoro P tesouro)

□ 卓球／ピンポン
たっきゅう
(F tennis de table / ping-pong S tenis de mesa/ping pong
P tênis de mesa/pingue-pongue)

□ 調子
ちょうし
(F condition, forme
S condición
P condição)

▷ 体の調子がいい、機械の調子が悪い
からだ　ちょうし　　　　きかい　ちょうし　わる
(F être en pleine forme, machine qui ne fonctionne pas bien S estar en
buenas condiciones; máquina en malas condiciones P boa condição
física, a máquina não está funcionando bem)

□ 都合
つごう
(F convenance,
arrangement
S conveniencia,
circunstancias
P conveniência)

▶ その日はちょっと都合が悪くて……。ほかの日
ひ　　　　　　　つごう　わる　　　　　　　　　　　ひ
にしてもらえませんか。
(F Ce jour-là ne me convient pas... Pourriez-vous le reporter à un autre
jour ? S Ese día me viene un poco mal... ¿No podríamos hacerlo otro
día? P Nesse dia é um pouco inconveniente para mim... Poderíamos
marcar outro dia, por favor?)

□ 出来事
できごと
(F événement
S acontecimiento
P acontecimento)

▶ 今年一番印象に残った出来事は何ですか。
ことしいちばんいんしょう　のこ　　　できごと　なん
(F Quel a été l'événement le plus mémorable de cette année ?
S ¿Cuál ha sido el acontecimiento más memorable del año?
P Qual foi o acontecimento mais marcante do ano?)

□ 電子辞書
でんし　じしょ
(F dictionnaire électronique S diccionario electrónico P dicionário
eletrônico)

□ 伝統
でんとう
(F tradition S tradición P tradição)

□ 伝統的（な）
でんとうてき
(F traditionnel
S tradicional
P tradicional)

▷ 伝統的な行事
でんとうてき　ぎょうじ
(F événements traditionnels S actos o ceremonias tradicionales
P cerimônia tradicional)

□ 当然
とうぜん
(F naturel, évident
S natural, lógico,
merecido P natural)

▶ お礼をするのは当然のことです。
れい　　　　　　　とうぜん
(F Il est normal de dire merci. S Es natural estarle agradecidos.
P É normal fazer um agradecimento.)

▶ そんなひどいことを言ったの？　彼女が怒るのも
い　　　　　　　　かのじょ　おこ
当然だよ。
とうぜん
(F As-tu vraiment dit quelque chose d'aussi méchant ? C'est normal
qu'elle se soit mise en colère. S ¿Le dijeron algo tan cruel? Tiene todo el
derecho a estar enfadada. P Você disse esse crueldade? Ela tem todo o
direito de ficar brava.)

敬語 11
決まった言い方 12
動詞① 13
動詞②(～する) 14
名詞 15
形容詞 16
副詞 17
接続詞 18
ぎおん語・ぎたい語 19
カタカナ語 20

□ **特徴**
とくちょう

▶ この商品の特徴は、軽くて持ち運びに便利なところです。
しょうひん　とくちょう　　かる　　　も　　はこ　　　　べんり

(**F** caractéristique
S característica
P característica)

(**F** La caractéristique de ce produit est qu'il est léger et facile à transporter.
S Este producto se caracteriza por ser ligero, práctico y fácil de llevar.
P A característica deste produto é que é leve e fácil de transportar.)

□ **内容**
ないよう

▶ その映画は見たことあるけど、どんな内容だったか、よく覚えてない。
えいが　み　　　　　　　　　　　ないよう
おぼ

(**F** contenu, sujet
S contenido, detalles
P conteúdo)

(**F** J'ai déjà vu ce film, mais je ne me souviens pas bien du sujet.
S He visto esa película, pero no recuerdo bien de qué trataba.
P Eu vi o filme, mas não me lembro bem do enredo.)

□ **中身**
なか み

▷ 箱の中身、中身が重要
はこ　なかみ　なかみ　じゅうよう

(**F** contenu, intérieur
S contenido
P conteúdo)

(**F** contenu d'une boîte, contenu important **S** contenido de una caja; el
contenido es lo que importa **P** conteúdo da caixa, o conteúdo é o que
importa)

94

□ **無し**
な

▶ じゃ、この計画は無し、ということにしましょう。
けいかく　な

(**F** aucun, rien,
annulation, refus **S** sin
P sem)

(**F** Dans ce cas, arrêtons ce projet. **S** Entonces digamos que no a este
plan. **P** Então, vamos recusar esse plano.)

▷ 変更無し、問題無し
へんこう な　もんだい な

(**F** aucun changement, aucun problème **S** sin cambios; sin problema
P sem alterações, sem problemas)

□ **にせ(偽)物**
に せ　もの

▶ 安いと思ったら、にせ物だった。
やす　　おも

(**F** imitation, contrefaçon
S falsificación
P imitação)

(**F** Je trouvais que c'était bon marché, c'était en fait une contrefaçon.
S Me pareció barato, pero era falso. **P** Pareceu-me barato, mas era uma
falsificação.)

□ **日常**
にちじょう

▷ 日常会話、日常生活
にちじょうかい わ　にちじょうせいかつ

(**F** quotidien **S** diario,
cotidiano **P** cotidiano)

(**F** conversation quotidienne, vie quotidienne **S** conversación cotidiana;
vida cotidiana **P** conversa do dia a dia, vida cotidiana)

□ **売店**
ばいてん

(**F** boutique **S** tienda, quiosco **P** quiosque, banca, barraca)

□ **場面**
ば めん

▶ 〈映画について〉一番印象的な場面はどこですか。
えいが　　　　　いちばんいんしょうてき　ば めん

(**F** scène, situation
S escena **P** cena)

(**F** (Concernant un film) Quelle a été la scène particulièrement mémorable
pour vous ? **S** (Sobre una película) ¿Qué escena ha sido la más
memorable para ti? **P** 〈Sobre um filme〉 Qual foi a cena mais
impressionante?)

□ **非常**
ひ じょう

▷ 非常口、非常手段
ひじょうぐち　ひじょうしゅだん

(**F** extrême, urgence
S emergencia
P emergência)

(**F** issue de secours, moyen d'évacuation d'urgence **S** salida de
emergencia; medios de emergencia **P** saída de emergência, medida de
emergência)

□ 無事
ぶじ

(**F** sain et sauf, sans encombre **S** a salvo, sin contratiempos **P** seguro)

▶ ずっと連絡がとれないから心配しましたよ。で
れんらく　　　　　　　　　　　　　　しんぱい
も、無事でよかったです。
ぶじ

(**F** J'étais vraiment inquiet car je n'avais pas de nouvelles depuis longtemps. Mais je suis soulagé qu'il soit sain et sauf. **S** Estaba preocupada porque no pude ponerme en contacto contigo durante todo este tiempo. Pero me alegro de que estés a salvo. **P** Fiquei preocupado porque não conseguia entrar em contato por todo esse tempo. Mas fico aliviado que esteja tudo bem.)

▶ 娘のピアノの発表会が無事終わって、ほっとし
むすめ　　　　　　　　はっぴょうかい　ぶじお
ています。

(**F** La récital de piano de ma fille s'est terminé sans encombre, et je suis soulagé(e). **S** Qué alivio que el recital de piano de mi hija haya ido bien. **P** A apresentação de piano de minha filha correu bem e estou aliviado.)

□ 雰囲気
ふんいき

(**F** ambiance, atmosphère **S** atmósfera, ambiente **P** ambiente)

▶ ここはおいしくて雰囲気がいいので、気に入って
ふんいき　　　　　　　　　き　い
います。

(**F** J'apprécie cet endroit car il offre une bonne cuisine et une atmosphère agréable. **S** Me gusta este sitio porque la comida es buena y tiene un ambiente agradable. **P** Eu gosto deste lugar porque a comida é deliciosa e o ambiente é agradável.)

□ ほこり

(**F** poussière **S** polvo **P** poeira)

▶ ずっと掃除をしていなかったから、ほこりがた
そうじ
まっている。

(**F** La poussière s'est accumulée car je n'avais pas fait le ménage depuis longtemps. **S** Está lleno de polvo porque hace mucho que no lo limpian. **P** Como não é limpo há muito tempo, a poeira se acumulou.)

□ 真似(する)
まね

(**F** imiter **S** imitación **P** imitar)

▶ 子どもの時からそうですが、妹はすぐ私の真似
こ　　　とき　　　　　　　いもうと　　　わたし　まね
をするんです。

(**F** Ma petite sœur n'arrête pas de m'imiter, et ce depuis que nous sommes enfants. **S** Mi hermana me imita todo el tiempo desde que éramos niñas. **P** Minha irmã tem o hábito de imitar desde que éramos crianças.)

□ 真似る
まね

(**F** imiter, copier **S** imitar **P** imitar)

□ 無理(する)
むり

(**F** impossible, forcer **S** imposible, esfuerzo excesivo **P** ser impossível)

▶ これを全部運ぶんですか。私一人じゃ無理です。
ぜんぶはこ　　　　　　わたしひとり　　　むり

(**F** Je dois porter tout ça moi-même ? C'est impossible pour moi tout(e) seul(e). **S** ¿Vas a cargar con todo esto? No puedes hacerlo solo. **P** Tenho que carregar tudo isso? É impossível para mim fazer isso sozinho.)

▶ 具合が悪いんでしょ。あまり無理しないで。
ぐあい　わる　　　　　　　　　　　むり

(**F** Ça n'a pas l'air d'aller. Ne force pas trop. **S** Te encuentras mal, así que no te esfuerces demasiado. **P** Você não está se sentindo bem, certo? Não se esforce demais.)

敬語 11

決まった言い方 12

動詞① 13

動詞②（〜する）14

名詞 15

形容詞 16

副詞 17

接続詞 18

ぎおん語・ぎたい語 19

カタカナ語 20

□ **目的**
もくてき
(**F** but **S** objetivo
P objetivo)

▷ 来日の目的、練習の目的
らいにち もくてき れんしゅう もくてき

(**F** but de la venue au Japon, but de l'entraînement **S** objetivo de su venida a Japón; objetivo de la práctica **P** o propósito da sua visita ao Japão, o objetivo do treino)

□ **目標**
もくひょう
(**F** objectif **S** meta
P meta)

▶ これからも、教師になるという目標に向かって頑
きょうし もくひょう む がん
張ってください。
ば

(**F** Continuez à faire votre maximum pour atteindre votre objectif de devenir enseignant(e). **S** Sigue trabajando duro para alcanzar tu meta de ser profesor. **P** Daqui para frente, continue se esforçando para alcançar sua meta de se tornar um professor.)

□ **元**
もと
(**F** source, origine
S lugar original
P origem)

▶ 使ったら、元の場所に戻しておいてください。
つか もと ばしょ もど

(**F** Lorsque vous avez fini de l'utiliser, remettez-le à sa place d'origine. **S** Por favor, pon las cosas donde estaban después de usarlas. **P** Após o uso, coloque-o de volta em seu lugar original.)

□ **物**
もの
(**F** chose, objet **S** cosa
P coisa)

▷ 自分の物、便利な物
じぶん もの べんり もの

(**F** ses propres affaires, des choses pratiques **S** cosas propias; cosas útiles **P** coisas pessoais, coisas úteis)

▷ 大切なもの、気になるもの
たいせつ き

(**F** objet précieux, choses qui inquiètent **S** cosas importantes; cosas que nos inquietan **P** coisas importantes, coisas que nos preocupam)

□ **様子**
ようす
(**F** apparence, état
S estado, condiciones,
aspecto **P** situação)

▶ 会場の様子が気になるので、ちょっと見てきます。
かいじょう ようす き み

(**F** Je suis inquiet de l'état de la salle, donc je vais aller y jeter un coup d'œil. **S** Me inquieta cómo estará el salón de actos, así que voy a echarle un vistazo. **P** Estou preocupado com a situação do salão de eventos, por isso vou dar uma olhada.)

□ **歴史**
れきし
(**F** histoire **S** historia
P história)

▶ このお祭りには 500 年の歴史がある。
まつ ねん れきし

(**F** Ce festival a une histoire de 500 ans. **S** El festival tiene quinientos años de historia. **P** Este festival tem uma história de 500 anos.)

95

16 形容詞　(F Adjectifs S Adjetivos P Adjetivos)
けいようし

☐ **曖昧(な)**
あいまい

(F ambigu(ë) S ambiguo
P ambíguo)

▶ そんな曖昧な答えでは困ります。
　　　あいまい　こた　　　　こま

(F Une réponse aussi vague ne nous aide pas. S Esa respuesta tan
ambigua me pone en un aprieto. P Essa resposta tão ambígua me
coloca em uma situação difícil.)

☐ **怪しい**
あや

(F suspect(e)
S sospechoso
P suspeito)

▶ あそこにサングラスをかけた怪しい人がいる。
　　　　　　　　　　　　　　　あや　　ひと

(F Il y a là-bas une personne suspecte portant des lunettes de soleil.
S Por allí hay un hombre sospechoso con gafas de sol.
P Há uma pessoa suspeita usando óculos de sol ali.)

☐ **いい加減(な)**
　　　　か げん

(F irresponsable,
négligent(e)
S descuidado, prudente
P descuidado,
negligente)

▶ 彼はいいかげんだから、大事なことは頼めない。
　かれ　　　　　　　　　　　　だいじ　　　　　　たの

(F Il est négligent, donc je ne peux pas lui confier des choses importantes.
S Es un descuidado, así que no puedo pedirle que haga nada
importante. P Ele é tão descuidado que não posso pedir coisas
importantes a ele.)

▶ また間違い電話？　いいかげんにしてほしいね！
　　　まちが　でんわ

(F Encore un mauvais numéro ? J'espère que cela va cesser !
S ¿Otra vez se ha equivocado de número? ¡A ver si tenemos más
cuidado! P Número errado novamente? Gostaria que parasse com isso!)

☐ **薄暗い**
うすぐら

(F sombre S tenue
P meio (um pouco)
escuro)

▶ そんな薄暗いところで読んでると、目が悪くなるよ。
　　　うすぐら　　　　　　　よ　　　　　め　わる

(F Lire dans un endroit aussi sombre est mauvais pour les yeux.
S Te harás daño a la vista si sigues leyendo con esa luz tan tenue.
P Você prejudicará sua vista se continuar a ler com pouca luz.)

☐ **おかしい**

(F bizarre, étrange, drôle
S ridículo, gracioso
P estranho)

▶ あの人の言っていることはおかしいと思う。
　　　ひと　い　　　　　　　　　　　　　おも
　── 確かにちょっと乱暴な意見だよね。
　　　たし　　　　　　らんぼう　いけん

(F Ce qu'il dit est étrange. — Oui, c'est certainement un avis un peu
excessif. S Creo que lo que dice es ridículo. —Sí, sin duda es una
opinión un poco salvaje. P — Acho que o que ele disse é estranho.
— Com certeza, é uma opinião um pouco agressiva.)

▶ 何がそんなにおかしいの？　笑わないでよ。
　なに　　　　　　　　　　　　わら

(F Qu'est-ce qu'il y a de si drôle ? Ne ris pas comme ça. S ¿Qué te hace
tanta gracia? No te rías de mí. P O que há de tão engraçado? Não ria.)

☐ **おかし(な)**

(F bizarre, drôle
S gracioso P estranho)

▶ おかしな顔
　　　　　かお

(F un visage étrange S cara graciosa P rosto cômico)

□ **おしゃれ（な）** ▷ おしゃれな人／服
　おしゃれ

(**F** à la mode, chic **S** elegante **P** elegante)

(**F** personne à la mode / vêtement à la mode **S** persona/ropa elegante **P** pessoa/roupa elegante)

▶ 今日はホテルで食事なので、ちょっとおしゃれ
　きょう　　　　　　　　しょくじ
　をして行きます。
　　　　い

(**F** Je m'habille un peu élégamment aujourd'hui car nous dînons à l'hôtel. **S** Hoy voy a cenar en un hotel, así que voy a ponerme algo elegante. **P** Hoje, vou me vestir um pouco mais elegante porque vamos jantar no hotel.)

□ **主（な）** ▶ 今回の旅行の主な目的は、昔の友だちに会うこと
　おも　　　　こんかい　りょこう　おも　もくてき　　むかし　とも　　　あ
　でした。

(**F** principal(e) **S** principal **P** principal)

(**F** Le but principal de ce voyage était de revoir des amis. **S** El objetivo principal de este viaje era ver a mis amigos. **P** O principal objetivo desta viagem foi encontrar velhos amigos.)

□ **主に** ▶ この病気には、主に３つの原因が考えられます。
　おも　　　　　びょうき　　おも　　　　げんいん　かんが

(**F** principalement **S** principalmente **P** principalmente)

(**F** Cette maladie a principalement trois causes. **S** Se cree que esta enfermedad tiene, principalmente, tres causas. **P** Acredita-se que esta doença pode ter principalmente três causas.)

□ **確実（な）** ▷ 確実な方法
　かくじつ　　　かくじつ　ほうほう

(**F** certain(e), fiable **S** seguro, cierto **P** confiável, seguro)

(**F** une méthode fiable **S** método seguro **P** método seguro)

□ **硬い／固い** ▷ 硬い木、体が硬い
　かた　　かた　　　かた　き　からだ　かた

(**F** dur(e), rigide **S** duro **P** rígido, duro)

(**F** du bois dur, un corps rigide **S** árbol o madera duros; cuerpo rígido **P** madeira dura, corpo rígido)

▶ ふたが固くて開けられない。
　　　　かた　あ

(**F** Le couvercle est si serré que je ne peux pas l'ouvrir. **S** No puedo abrir la tapa porque está dura. **P** A tampa está tão dura que não consigo abrir.)

□ **可能（な）** ▶ このホテルなら、ペットと一緒に泊まることも
　かのう　　　　　　　　　　　　いっしょ　と
　可能です。
　かのう

(**F** possible **S** posible **P** possível)

(**F** Si vous séjournez dans cet hôtel, il est possible de rester avec votre animal de compagnie. **S** En este hotel es posible hospedarse con las mascotas. **P** Neste hotel é possível se hospedar com animais de estimação.)

□ **不可能（な）** ▶ これを明日までにやるのは不可能です。
　ふかのう　　　　　　　あした　　　　　　　ふかのう

(**F** impossible **S** imposible **P** impossível)

(**F** Il est impossible de faire cela d'ici demain. **S** Es imposible que lleguemos a tiempo para mañana. **P** Fazer isso até amanhã é impossível.)

□ **完全（な）** ▷ 完全な計画
　かんぜん　　　かんぜん　けいかく

(**F** complet / complète **S** perfecto **P** completo)

(**F** un plan complet / parfait **S** plan perfecto **P** plano perfeito)

□ **完全に**
かんぜん

(**F** complètement
S completamente,
realmente
P completamente)

▶ もう９時⁉　だめだ、完全に遅刻だ！

(**F** Il est déjà 9 heures ? Oh non, je suis complètement en retard !
S ¿Las 9 ya? ¡Qué mal, voy a llegar realmente tarde! **P** Já são 9 horas?!
Droga, estou completamente atrasado!)

□ **きつい**

(**F** difficile, serré(e)
S apretado, estrecho,
duro **P** apertado, difícil)

▶ Ｓサイズだと、ちょっときつい。

(**F** La taille S est un peu serrée. **S** El tamaño S me queda un poco
apretado. **P** Tamanho S é um pouco apertado.)

▶ 仕事はちょっときついけど、給料はいいです。
しごと　　　　　　　　　　　　　　　　　　きゅうりょう

(**F** Le travail est un peu difficile, mais le salaire est bon. **S** El trabajo es un
poco duro, pero el sueldo es bueno. **P** O trabalho é um pouco difícil, mas
o salário é bom.)

□ **臭い**
くさ

(**F** odeur **S** oler a
P cheiro)

▶ この部屋、ちょっとたばこ臭い。
へや　　　　　　　　　　くさ

(**F** Cette pièce a une odeur de cigarette. **S** Esta habitación huele un poco
a tabaco. **P** Este quarto fede um pouco a cigarro.)

□ **詳しい**
くわ

(**F** détaillé(e), précis(e)
S detallado, conocedor
P detalhado)

▷ 詳しい内容／説明、法律に詳しい
くわ　　ないよう　せつめい　ほうりつ　くわ

(**F** sujet détaillé / explication précise, bonne connaissance du droit
S descripción/explicación detallada; conocedor de las leyes
P descrição/explicação detalhada, conhecedor de leis)

🎧96

□ **幸運（な）**
こううん

(**F** chanceux / chanceuse
S afortunado
P afortunado)

▶ こんな素晴らしい経験ができて、幸運だと思う。
す ば　　　　けいけん　　　　　　　こううん　　　おも

(**F** C'est une grande chance d'avoir pu vivre une telle expérience.
S Me siento afortunado de haber tenido una experiencia tan buena.
P Acho que sou afortunado por ter tido essa experiência maravilhosa.)

□ **不運（な）**
ふうん

(**F** malchanceux / malchanceuse **S** desafortunado **P** desafortunado)

□ **高価（な）**
こうか

(**F** coûteux / couteuse
S caro **P** caro)

▶ こんな高価なもの、いただけません。　——い
こうか

えいえ、そんなに高いものではないです。
たか

(**F** Un article aussi cher, je ne peux pas l'accepter. — Oh non, ce n'est
pas si cher que ça. **S** No puedo aceptar algo tan caro. —No te
preocupes, no es tan caro. **P** —Não posso aceitar algo tão caro. — Não,
não é tão caro assim.)

□ **幸福（な）**
こうふく

(**F** heureux / heureuse **S** feliz **P** feliz)

□ **不幸（な）**
ふこう

(**F** malheureux /
malheureuse **S** infeliz
P infeliz)

▶ 結婚して幸せになる人もいれば、不幸になる人
けっこん　　しあわ　　　　ひと　　　　　　　ふこう　　　ひと

もいる。

(**F** Il y a des gens qui deviennent heureux après s'être mariés, mais aussi
d'autres qui deviennent malheureux. **S** Algunas personas son felices en
el matrimonio, mientras que otras son infelices. **P** Algumas pessoas são
felizes no matrimônio, enquanto outras são infelizes.)

敬語 11

決まった言い方 12

動詞① 13

動詞②（〜する） 14

名詞 15

形容詞 16

副詞 17

接続詞 18

ぎおん語・ぎたい語 19

カタカナ語 20

☐ **盛ん（な）**
さか

▶ この地方は、昔から米作りが盛んなところです。
　ち ほう　むかし　こめづく　　 さか

(**F** florissant(e), prospère
S próspero **P** próspero)

(**F** Cette région a toujours été prospère dans la culture du riz.
S Esta región siempre ha sido una zona arrocera próspera.
P Esta região sempre foi próspera na produção de arroz.)

☐ **様々（な）**
さまざま

▷ さまざまな職業
　　　　 しょくぎょう

(**F** divers(e) **S** varios
P diverso)

(**F** diverses professions **S** ocupaciones varias **P** diversas profissões)

☐ **騒がしい**
さわ

▶ 外が騒がしいね。何かあったのかなあ。
　そと さわ　　　 なに

(**F** bruyant(e) **S** ruidoso
P barulhento)

(**F** C'est bruyant dehors. Je me demande s'il s'est passé quelque chose.
S Hay mucho ruido fuera. ¿Qué habrá pasado? **P** Lá fora está.
barulhento. Será que aconteceu algo?)

☐ **自然（な）**
し ぜん

▶ お昼を食べたあと眠くなるのは、自然なことですよ。
　 ひる た　　　　ねむ　　　　　 し ぜん

(**F** naturel(le) **S** natural
P natural)

(**F** Il est naturel de se sentir somnolent(e) après avoir déjeuné.
S Es natural tener sueño después de almorzar. **P** É natural sentir sono
após almoçar.)

☐ **自然に**
し ぜん

▶ あまり難しく考えないで、もっと自然に話した
　　　 むずか　　 かんが　　　　　　　　　 し ぜん はな
ほうがいいです。

(**F** naturellement **S** con
naturalidad, naturalmente
P naturalmente)

(**F** Il vaut mieux parler plus naturellement sans trop réfléchir. **S** Es mejor
hablar con más naturalidad y no pensar demasiado. **P** Seria melhor
conversar mais naturalmente, sem pensar muito.)

☐ **自由（な）**
じ ゆう

▶ 服装は自由です。
　 ふくそう じ ゆう

(**F** libre **S** libre, como
uno quiere **P** livre)

(**F** Le code vestimentaire est libre. **S** Pueden vestirse como quieran.
P A forma de se vestir é livre.)

☐ **自由に**
じ ゆう

▶ どうぞご自由にお持ち帰りください。
　　　　　 じ ゆう も かえ

(**F** librement
S libremente
P livremente)

(**F** Vous êtes libre de l'emporter avec vous. **S** Lléveselo a casa si quiere.
P Fique à vontade para levar consigo.)

☐ **不自由（な）**
ふ じ ゆう

▷ 不自由な生活、体の不自由な方
　 ふ じ ゆう せいかつ からだ ふ じ ゆう かた

(**F** défavorisé(e)
S discapacitado
P restrito)

(**F** vie contraignante, personne handicapée **S** vida con discapacidad;
personas con discapacidades físicas **P** Vida com privações, um
deficiente físico)

□ 真剣（な）
しんけん

(**F** sérieux / sérieuse
S serio **P** sério)

▶ 人が真剣に話しているときに冗談を言うなよ。
ひと　しんけん　はな　　　　　　　　　　じょうだん　い

(**F** Ne plaisante pas quand quelqu'un parle sérieusement. **S** No bromees
cuando la gente habla en serio. **P** Não faça piadas quando alguém
estiver falando sério.)

□ 新鮮（な）
しんせん

(**F** frais / fraîche **S** fresco
P fresco)

▷ 新鮮な野菜
しんせん　やさい

(**F** légumes frais **S** verdura fresca **P** verdura fresca)

□ 鋭い
するど

(**F** affûté(e) **S** afilado
P afiado)

▶ へー、こんな硬い実を食べるんだ。　　—けっ
かた　み　た
こう鋭い歯をしているからね。
するど　は

(**F** Hé, il mange un fruit aussi dur ? — Oui, car il a les dents affûtées.
S Oh, así que se alimentan de estas bayas tan duras. —Sí, porque
tienen los dientes bastante afilados. **P** — Nossa, você consegue comer
uma fruta assim tão dura? — É porque eu tenho dentes bem afiados.)

□ 正確（な）
せいかく

(**F** précis(e) **S** preciso **P** preciso)

□ 贅沢（な）
ぜいたく

(**F** luxueux / luxueuse
S lujoso, de alto nivel
P luxuoso)

▶ ボーナスが入ったから、ちょっとぜいたくな食
はい
事をしました。
じ

(**F** J'ai reçu une prime, alors j'ai pris un repas un peu luxueux.
S Me dieron la paga extra, así que comí algo un poco más lujoso.
P Como recebi um bônus, fiz uma refeição um pouco mais suntuosa.)

□ 退屈（な）
たいくつ

(**F** ennuyeux / ennuyeuse **S** aburrido **P** entediante)

□ 退屈（する）
たいくつ

(**F** s'ennuyer **S** aburrirse
P entediado)

▶ 退屈してるなら、こっち来てちょっと手伝って。
たいくつ　　　　　　　　き　　　　　　　　　てつだ

(**F** Si tu t'ennuies, viens ici et donne-moi un coup de main. **S** Si estás
aburrido, ven aquí y ayúdame un poco. **P** Se você está entediado, venha
aqui e me ajude um pouco.)

□ 確か（な）
たし

(**F** certain(e) **S** seguro
P certo)

▶ それは確かですか。　　—ええ。本人から聞きま
たし　　　　　　　　　　　　ほんにん　　　き
した。

(**F** Est-ce certain ? — Oui, je l'ai entendu le dire. **S** ¿Estás seguro de
eso? —Sí. Me lo dijo él mismo. **P** — Tem certeza disso? — Sim, ouvi
isso diretamente da pessoa.)

□ 確かに
たし

(**F** certainement
S sin duda
P realmente)

▶ 確かに彼女は美人だと思う。
たし　かのじょ　びじん　おも

(**F** Elle est sans aucun doute très belle. **S** Sin duda, es una mujer
hermosa. **P** Sem dúvida, ela é uma mulher bonita.)

□ 確か
たし

(**F** certain(e), sûr(e)
S probablemente
P talvez, provavelmente)

▷ チケットは確か今日、発売だったと思う。
たし　きょう　はつばい　　　　　おも

(**F** Je suis sûr(e) que c'est aujourd'hui que les billets sont mis en vente.
S Creo recordar que las entradas salían a la venta hoy. **P** Se não me
engano, os ingressos foram colocados à venda hoje.)

97

敬語 11
決まった言い方 12
動詞① 13
動詞②(〜する) 14
名詞 15
形容詞 16
副詞 17
接続詞 18
ぎおん語ぎたい語 19
カタカナ語 20

□ **適当(な)**
てきとう

▶〈試験問題〉次の（　　）に適当な言葉を入れ
なさい。
しけんもんだい　つぎ　　　　　　　　てきとう　ことば　い

(**F** approprié(e), convenable **S** adecuado, correcto **P** adequado)

(**F** [Question de test] Remplissez les blancs avec les mots appropriés. **S** (Enunciado de examen) Escriba la palabra adecuada entre los paréntesis. **P** (Enunciado da prova) Escreva a palavra apropriada entre parênteses.)

□ **適当に**
てきとう

▶どういうお菓子がいい？　── 適当に選んで買っ
てきて。任せる。
かし　　　　　　てきとう　えら　か　まか

(**F** n'importe quoi **S** al azar, cualquiera **P** aleatoriamente)

(**F** Quels gâteaux devrais-je prendre ? — Prends-les au hasard. Je te laisse décider. **S** ¿Qué dulce compramos? —Compra cualquiera. Lo dejo en tus manos. **P** — Que tipo de doce você quer? — Compre qualquer um. Deixo por sua conta.)

□ **不適当(な)**
ふてきとう

(**F** inapproprié(e) **S** inadecuado **P** inapropriado)

□ **鈍い**
にぶ

▶寒いと動きが鈍くなりませんか。
さむ　うご　にぶ

(**F** pas vif / vive, mou / molle **S** torpe, lerdo, entumecido **P** lento)

(**F** Le froid ne vous rend-il pas mou ? **S** ¿No te mueves más lento cuando hace frío? **P** Quando faz frio, seus movimentos não ficam mais lentos?)

▷足の感覚が鈍くなる
あし　かんかく　にぶ

(**F** perte de sensibilité dans les jambes **S** Tengo los pies entumecidos. **P** perda de sensibilidade nas pernas)

□ **激しい**
はげ

▶熱が下がるまで、激しい運動はしないでください。
ねつ　さ　　　　　はげ　うんどう

(**F** intense **S** severo, intenso, violento **P** intenso)

(**F** Ne faites pas d'exercice intense jusqu'à ce que la fièvre diminue. **S** No haga ningún ejercicio intenso hasta que no le baje la fiebre. **P** Não faça exercícios intensos até que sua febre baixe.)

□ **激しく**
はげ

(**F** intensément **S** intensamente **P** intensamente)

□ **微妙(な)**
びみょう

▷微妙な問題
びみょう　もんだい

(**F** subtil(e) **S** sutil, delicado **P** sutil)

(**F** problème subtil **S** problema delicado **P** problema delicado)

□ **微妙に**
びみょう

▶この二つは似てるけど、微妙に違う。
ふた　に　　　　　びみょう　ちが

(**F** subtilement **S** sutilmente, ligeramente **P** sutilmente)

(**F** Ces deux choses se ressemblent, mais diffèrent subtilement. **S** Los dos son parecidos, pero ligeramente diferentes. **P** Estes dois são parecidos, mas há uma diferença sutil.)

□ **貧乏(な)**
びんぼう

(**F** pauvre **S** pobre **P** pobre)

□ 平気（な） ▶ この子は転んでも平気な顔をしている。
こ　　　　　へいき　かお

（F calme, tranquille, indifférent(e) S tranquilo, despreocupado P calmo, indiferente）

（F Cet enfant a l'air indifférent alors qu'il est tombé. S Este niño tiene cara de tranquilo aunque se caiga. P Esta criança parece indiferente mesmo depois de ter caído.）

□ 平和（な） ▶ 戦争のない、平和な世界になってほしいと思う。
へいわ　　　せんそう　　　　　へいわ　せかい　　　　　　　　おも

（F paisible S pacífico P pacífico）

（F Je souhaite un monde sans guerre, un monde de paix. S Quiero que en el mundo haya paz y no guerra. P Espero que tenhamos um mundo sem guerra, um mundo de paz.）

□ 豊富（な） ▶ 彼は知識も経験も豊富です。
ほうふ　　　　かれ　ちしき　けいけん　ほうふ

（F abondant(e), riche S abundante P abundante）

（F Il possède une grande connaissance et une riche expérience. S Tiene abundantes conocimientos y experiencia. P Ele possui conhecimento e experiência abundantes.）

□ めちゃくちゃ（な）／ ▶ 台風で畑がめちゃくちゃになった。
めちゃめちゃ（な）　　　たいふう　はたけ

（F absurde, en désordre, dévasté(e) S desordenado, caótico, absurdo P caótico, bagunçado, absurdo）

（F Le champ a été complètement dévasté par le typhon. S Los campos se han convertido en un caos con el tifón. P As plantações foram completamente devastadas pelo tufão.）

□ めちゃくちゃ ▷ めちゃくちゃ面白い／安い
おもしろ　やす

（F très S muy, mucho P desordenadamente）

（F très amusant(e) / très bon marché S muy interesante/barato P muito hilário/barato）

□ 面倒（な） ▶ 手続きがこんなに面倒だとは思わなかった。
めんどう　　　てつづ　　　　　めんどう　　　おも

（F ennuyeux / ennuyeuse, astreignant(e) S problemático, molesto, complicado P complicado）

（F Je n'aurais jamais pensé que les formalités seraient si astreignantes. S No esperaba que los trámites fueran tan complicados. P Nunca pensei que o processo fosse tão trabalhoso.）

□ ものすごい ▶ 今、外でものすごい音がしたね。
いま　そと　　　　　　　おと

（F incroyable S tremendo P tremendo, incrível）

（F Il y a eu un bruit incroyable dehors. S Ha habido ahora un ruido tremendo fuera. P Houve um barulho tremendo lá fora.）

□ ものすごく ▶ 森さんを誘う？ ── 彼女はだめ。今、ものす
もり　　さそ　　　　　　かのじょ　　　　いま
ごく忙しいって。
いそが

（F extrêmement S mucho, muy P extremamente）

（F Inviter Mme Mori ? ── Non, c'est impossible. Elle est actuellement extrêmement occupée. S ¿Invitamos a Mori? ──No puede. Me ha dicho que está muy ocupada ahora. P ── Convidamos a senhora Mori? ── Ela não pode. Ela me disse que está extremamente ocupada agora.）

敬語 11

決まった言い方 12

動詞① 13

動詞②（〜する） 14

名詞 15

形容詞 16

副詞 17

接続詞 18

ぎおん語・ぎたい語 19

カタカナ語 20

☐ **ゆるい**

(**F** lâche, flexible, doux **S** suelto, ligero, poco severo **P** relaxado)

▷ スカートのゴムがちょっとゆるい（←→きつい）。

(**F** L'élastique de la jupe est un peu lâche (←→ serré). **S** La cinta elástica de su falda está un poco suelta (←→ apretada). **P** O elástico da saia está um pouco frouxo (←→ apertado).)

▷ ゆるい（←→急な）カーブ、規則がゆるい

(**F** virage doux (←→ serré), règles flexibles **S** curva ligera (←→ pronunciada); normas poco severas **P** Curva suave (←→ acentuada), regras frouxas)

☐ **乱暴（な）**
らんぼう

(**F** violent(e) **S** brusco, violento, temerario **P** violento)

▷ 乱暴な運転、乱暴な性格
らんぼう　うんてん　らんぼう　せいかく

(**F** conduite violente, tempérament violent **S** conducción temeraria; carácter violento **P** Direção imprudente, caráter violento)

☐ **乱暴に**
らんぼう

(**F** violemment **S** con brusquedad **P** violentamente)

▷ ドアを乱暴に閉める
らんぼう　し

(**F** claquer violemment une porte **S** cerrar las puertas con brusquedad **P** Bater a porta violentamente)

☐ **乱暴（する）**
らんぼう

(**F** être violent(e) **S** ser brusco, ser violento **P** ser violento)

☐ **冷静（な）**
れいせい

(**F** calme **S** frío, sereno, calmo **P** calmo)

▷ 冷静な判断
れいせい　はんだん

(**F** prise de décision calme **S** decisión tomada en frío **P** Julgamento de forma racional)

☐ **冷静に**
れいせい

(**F** calmement **S** con calma **P** calmamente)

▷ 地震や火災が起きたときは、あわてず、冷静に行
じしん　かさい　お　　　　　　　　　　　　　れいせい　こう
動するようにしてください。
どう

(**F** En cas de séisme ou d'incendie, veuillez agir calmement sans paniquer. **S** En caso de terremoto o incendio, no entren en pánico y actúen con calma. **P** No caso de um terremoto ou incêndio, não entre em pânico e aja com calma.)

☐ **若い**
わか

(**F** jeune **S** joven **P** jovem)

▷ 若い女性、若い木、若い会社
わか　じょせい　わか　き　わか　かいしゃ

(**F** jeune femme, jeune arbre, jeune entreprise **S** mujer joven; árbol joven; empresa joven **P** mulher jovem, árvore jovem, empresa jovem)

98

☐ **一時**
いちじ

(**F** à un moment **S** un tiempo, por un momento **P** por um tempo)

▶ 一時、東京に住んでいました。
いちじ　とうきょう　す

(**F** À un moment, j'ai vécu à Tokyo. **S** Viví un tiempo en Tokio. **P** Eu morei em Tóquio por um tempo.)

▶ 危なかったですね。一時はどうなるかと思いました。
あぶ　　　　　　　　　　　いちじ　　　　　　　　おも

(**F** C'était vraiment limite, n'est-ce pas ? À un moment donné, je me suis demandé(e) ce qui allait se passer. **S** Qué peligro hemos pasado. Por un momento me pregunté qué sería de nosotros. **P** Foi perigoso, não é? Por um momento, eu me perguntei o que seria de nós.)

☐ **一度に**
いちど

(**F** en une fois **S** de una vez **P** de uma vez)

▶ 一度に全部覚えられないので、メモを取っても
いちど　ぜんぶ　おぼ　　　　　　　　　　　　　と
いいですか。

(**F** Je ne peux pas tout mémoriser en une fois, puis-je prendre des notes ? **S** No puedo recordarlo todo de una vez. ¿Puedo tomar notas? **P** Não consigo memorizar tudo de uma vez, posso fazer anotações?)

☐ **いつか**

(**F** un jour **S** alguna vez **P** algum dia)

▶ いつか、富士山に登ってみたいです。
ふじさん　のぼ

(**F** Un jour, j'aimerais gravir le mont Fuji. **S** Alguna vez quisiera subir al monte Fuji. **P** Algum dia, gostaria de tentar escalar o monte Fuji.)

☐ **一瞬**
いっしゅん

(**F** (en) un instant **S** un momento, un instante **P** um instante)

▶ イエスとノーを間違えて押したら、データが一
まちが　お
瞬で消えてしまった。
しゅん　き

(**F** J'ai appuyé sur "oui" au lieu de "non" par erreur, et toutes les données ont disparu en un instant. **S** He pulsado sin querer "no" en vez de "sí", y he perdido todos los datos en un instante. **P** Quando errei e apertei o botão 'sim' no lugar do 'não', os dados desapareceram em um instante.)

▶ 一瞬の出来事で、何が何だか、わかりませんでした。
いっしゅん　できごと　　なに　なん

(**F** En un si bref instant, je n'ai pas du tout compris ce qui était en train de se passer. **S** Sucedió en un instante y no entendí lo que estaba pasando. **P** Foi em um breve instante, eu não fazia ideia do que estava acontecendo.)

☐ **一層**
いっそう

(**F** davantage **S** mucho más **P** ainda mais)

▶ 温めると一層おいしくなります。
あたた　　　いっそう

(**F** Ce plat est encore meilleur si on le réchauffe. **S** Sabe mucho mejor cuando se calienta. **P** Fica ainda mais gostoso quando você o aquece.)

☐ **いったい**

(**F** mais enfin ! **S** (qué, quién, cómo, dónde...) demonios **P** mas afinal...?)

▶ いったい誰がこんなことをしたんだろう。
だれ

(**F** Qui diable aurait fait une telle chose ? **S** ¿Quién demonios ha podido hacer algo así? **P** Mas quem diabos poderia ter feito isso?)

一方
いっぽう

(**F** d'un (autre) côté
S por otra parte, aunque
P por outro lado)

▶ 新しい治療が期待される一方、その費用が心配
あたら　ちりょう　きたい　　　いっぽう　　　ひよう　しんぱい
されています。

(**F** Bien que d'un côté de nouveaux traitements soient attendus, leur coût est une source d'inquiétude. **S** Aunque el nuevo tratamiento es prometedor, me preocupa su costo. **P** Embora os novos tratamentos sejam promissores, por outro lado há preocupações quanto ao seu custo.)

多く
おお

(**F** beaucoup, nombre de
S muchos **P** muito)

▶ ここには外国人の観光客も多く訪れる。
かいこくじん　かんこうきゃく　おお　おとず

(**F** De nombreux touristes étrangers visitent cet endroit. **S** Muchos turistas extranjeros visitan este lugar. **P** Muitos turistas estrangeiros visitam este local.)

おおよそ／およそ

(**F** approximativement, environ
S aproximadamente
P aproximadamente)

▶ ハワイに旅行するとしたら、おおよそいくらぐ
りょこう
らいかかりますか。

(**F** Si je voyageais à Hawaï, combien cela coûterait-il environ ? **S** ¿Cuánto costaría aproximadamente viajar a Hawái? **P** Se eu fosse viajar ao Havaí, quanto custaria aproximadamente?)

恐らく
おそ

(**F** probablement
S probablemente
P provavelmente)

▶ みんなとサッカーができるのは、恐らくこれが
おそ
最後だと思います。
さいご

(**F** C'est probablement la dernière fois que nous jouons au football ensemble. **S** Esta será probablemente la última vez que pueda jugar al fútbol con todos. **P** Provavelmente, esta é a última vez que posso jogar futebol com todos.)

かなり

(**F** considérablement
S bastante, mucho
P consideravelmente)

▶ 私が浅草に行ったのは、かなり前のことです。
わたし　あさくさ　い　　　　　　　　まえ

(**F** La dernière fois que je suis allé à Asakusa, c'était il y a bien longtemps. **S** Fui a Asakusa hace mucho tiempo. **P** Faz um tempo considerável desde a última vez que fui a Asakusa.)

気軽に
きがる

(**F** ne pas hésiter à, décontracté(e)
S sin reparos, informalmente, cómodamente
P descontraído, à vontade)

▷ 気軽に話しかける、気軽なお店
きがる　はな　　　きがる　みせ

(**F** ne pas hésiter à aborder des gens, un endroit décontracté **S** dirigirse (a alguien) sin reparos; tienda de trato informal **P** conversar descontraidamente, loja descontraída)

▶ どうぞ気軽にしてください。

(**F** Mettez-vous à l'aise. **S** Siéntase cómodo. **P** Por favor, sinta-se à vontade.)

きちんと

(**F** correctement
S correctamente, bien
P corretamente)

▶ もうすぐお客さんが来るから、いすをきちんと
きゃく　く
並べておいてくれる？
なら

(**F** Veuillez aligner correctement les chaises car des clients arrivent bientôt. **S** Pronto vendrán los invitados. ¿Podrías dejar las sillas bien alineadas? **P** Os clientes vão chegar em breve, você pode alinhar as cadeiras corretamente?)

□ **偶然**
ぐうぜん

(**F** par hasard
S por casualidad
P por acaso)

▶ 今朝、原さんと偶然、駅で会いました。
けさ　はら　　　　ぐうぜん　えき　あ

(**F** Ce matin, j'ai rencontré M. Hara par hasard à la gare. **S** Esta mañana, me encontré por casualidad con Hara en la estación. **P** Esta manhã, eu encontrei o senhor Hara por acaso na estação.)

□ **結局**
けっきょく

(**F** en fin de compte, au final **S** al final
P no final)

▶ この前の話、結局、どうなりましたか。
まえ　はなし　けっきょく

(**F** Qu'est-il advenu de cette affaire au final ? **S** ¿Qué pasó al final con lo que me dijiste el otro día? **P** Afinal, como acabou aquela história do outro dia?)

□ **さっさと**

(**F** rapidement
S de una vez por todas
P rapidamente)

▶ さっさと仕事を終わらせて、早く帰ろう。
しごと　お　　　　　　はや　かえ

(**F** Finissons ce travail rapidement et rentrons au plus tôt.
S Terminemos el trabajo de una vez por todas y vayámonos pronto a casa. **P** Vamos terminar o trabalho rapidamente e ir para casa.)

□ **早速**
さっそく

(**F** immédiatement
S enseguida
P imediatamente)

▶ 新聞に広告を出したら、早速、電話がかかってきた。
しんぶん　こうこく　だ　　　　さっそく　でんわ

(**F** Dès que nous avons publié l'annonce dans le journal, le téléphone a sonné immédiatement. **S** Puse un anuncio en el periódico y enseguida recibí una llamada. **P** Assim que o anúncio foi publicado no jornal, o telefone tocou imediatamente.)

🎧99 □ **ざっと**

(**F** grossièrement, en vitesse **S** por encima, brevemente **P** por alto)

▶ この資料をざっと読んでおいてください。
しりょう　　　　よ

(**F** Veuillez lire ce document en vitesse. **S** Lea por encima este material. **P** Por favor, dê uma olhada por alto neste documento.)

□ **さらに**

(**F** encore plus
S aún más
P além disso)

▶ 新しくなって、さらに使いやすくなりました。
あたら　　　　　　　　つか

(**F** C'est encore plus facile d'utilisation avec ce nouveau modèle.
S Ha salido uno nuevo que es aún más fácil de usar. **P** Foi lançada uma nova versão que é ainda mais fácil de usar.)

□ **しかも**

(**F** de plus **S** además
P além disso)

▶ この店はいいですよ。料理がすごくおいしくて、
みせ　　　　　　　　　りょうり
しかも安いんです。
やす

(**F** Cet endroit est génial. La nourriture est délicieuse et en plus abordable.
S Este restaurante es bueno. La comida es exquisita y, además, barata.
P Este restaurante é ótimo. A comida é muito saborosa e além disso é barato.)

□ **実際／実際に**
じっさい　　じっさい

(**F** en réalité **S** en (la) realidad **P** na realidade, de fato)

▶ 写真では何度か見ましたが、実際に見るのは初
しゃしん　　なんど　み　　　　　　じっさい　み　　　　はじ
めてです。

(**F** Je l'ai vu en photo plusieurs fois, mais c'est la première fois que je le vois en vrai. **S** Lo he visto en fotos varias veces, pero es la primera vez que lo veo en la realidad. **P** Vi várias vezes nas fotos, mas é a primeira vez que vejo de fato.)

敬語 11
決まった言い方 12
動詞① 13
動詞②〈～する〉 14
名詞 15
形容詞 16
副詞 17
接続詞 18
ぎおん語・ぎたい語 19
カタカナ語 20

□ **実は**
じつ

▶ 週末は時間がありません。実はまだレポートを書いていないんですよ。
しゅうまつ　じかん　　　　　　　じつ
か

(**F** en fait **S** de hecho **P** na verdade)

(**F** Je n'ai pas le temps ce week-end. En fait, je n'ai pas encore fini d'écrire mon rapport. **S** No tengo tiempo este fin de semana. De hecho, aún no he escrito el informe. **P** Não tenho tempo no fim de semana. Na verdade, ainda não escrevi o relatório.)

□ **しばしば**

▶ 都会では、こういう問題がしばしば起こります。
とかい　　　　　　　もんだい　　　　　　お

(**F** souvent **S** a menudo **P** com frequência)

(**F** Dans les grandes villes, de tels problèmes se produisent souvent. **S** En la ciudad, este tipo de problemas ocurre a menudo. **P** Problemas como esse ocorrem com frequência na cidade.)

□ **徐々に**
じょじょ

▶ 事故の原因が、徐々に明らかになってきた。
じこ　げんいん　　じょじょ　あき

(**F** progressivement **S** poco a poco **P** gradualmente)

(**F** La cause de l'accident apparaît progressivement. **S** Poco a poco va quedando clara la causa del accidente. **P** A causa do acidente está gradualmente se tornando clara.)

□ **ずいぶん(随分)**
ずいぶん

▶ 随分大きな荷物ですね。何が入ってるんですか。
ずいぶんおお　にもつ　　　なに　はい

(**F** vraiment beaucoup **S** bastante **P** bastante)

(**F** C'est vaiment un gros bagage. Que contient-il ? **S** Lleva un paquete bastante grande. ¿Qué contiene? **P** É uma bagagem bastante grande. O que há dentro?)

□ **少なくとも**
すく

▶ 次に薬を飲むまで、少なくとも3時間は空けてください。
つぎ　くすり　の　　　　すく　　　　じかん　あ

(**F** au moins **S** al menos **P** pelo menos)

(**F** Attendez au moins trois heures avant de prendre le prochain médicament. **S** Por favor, espere al menos tres horas antes de tomar su próxima dosis. **P** Por favor, aguarde pelo menos três horas antes de tomar o próximo medicamento.)

□ **ずっと**

▶ どこに行ってたんですか。みんな、ずっと心配してたんですよ。
い　　　　　　　　　　　　　しんぱい

(**F** pendant tout ce temps **S** todo el tiempo **P** o tempo todo)

(**F** Où étais-tu ? Nous étions très inquiets pour toi pendant tou ce temps. **S** ¿Dónde has estado? Todos hemos estado preocupados por ti todo este tiempo. **P** Onde você estava? Todos estavam preocupados com você esse tempo todo.)

□ **既に**
すで

▶ すみません、こちらの商品は、既に全部売り切れてしまいました。
しょうひん　　すで　ぜんぶう

(**F** déjà **S** ya **P** já)

(**F** Je suis désolé(e), mais ce produit est déjà en rupture de stock. **S** Lo siento, pero este producto ya se ha agotado. **P** Desculpe, mas este produto já está esgotado.)

□ **せっかく**

▶ せっかく東京に来たんだから、秋葉原に行ってみたいです。
とうきょう　き　　　　あきはばら　い

(**F** puisque **S** ya que **P** com muito esforço)

(**F** Puisque je suis venu(e) à Tokyo, j'aimerais vraiment visiter Akihabara. **S** Ya que hemos venido hasta Tokio, me gustaría que visitáramos Akihabara. **P** Já que vim até Tóquio, gostaria de ir a Akihabara.)

□ 絶対に

▶ 飛行機に乗り遅れるので、絶対に遅刻しないでください。

（**F** absolument
S absolutamente, bajo ningún concepto
P absolutamente）

（**F** N'arrivez absolument pas en retard ou sinon nous raterons l'avion. **S** No llegues tarde bajo ningún concepto o perderás tu vuelo. **P** Não se atrase de jeito nenhum, porque senão você perderá o avião.）

□ そう

▶ この仕事は、そう簡単じゃないと思う。

（**F** aussi ～ que, cela
S no tan **P** assim, dessa forma）

（**F** Je ne pense pas que ce travail soit aussi simple que ça. **S** No creo que el trabajo sea tan fácil. **P** Acho que este trabalho não é assim tão simples.）

▶ 先にお昼を食べる？ ── うん、そうしよう。

（**F** On déjeune d'abord ? — D'accord, on fait ça ! **S** ¿Quieres que almorcemos primero? —De acuerdo, vamos. **P** — Vamos almoçar primeiro? — Sim, vamos fazer isso.）

□ 相当

▶ すみません、駅はどっちですか。 ── 歩いて行くんですか。相当ありますよ。

（**F** considérablement
S bastante **P** bastante）

（**F** Excusez-moi, où est la gare ? — Vous y allez à pied ? C'est considérablement loin vous savez ! **S** Disculpe, ¿dónde está la estación? —¿Va caminando? Hay bastante distancia. **P** — Por favor, onde é a estação? — Você vai a pé? É bastante longe.）

□ たまたま

▶ 「雪まつり」は見たことがあります。出張で北海道に行ったのが、たまたまその時期だったんです。

（**F** par hasard
S por casualidad
P por acaso）

（**F** J'ai déjà vu le "Festival de la neige". C'était par hasard la saison lors d'un voyage d'affaires à Hokkaido. **S** He visto el Festival de la Nieve. Por casualidad coincidió con los días que fui a Hokkaido de viaje de negocios. **P** Já vi o 'Festival da Neve'. Por acaso, ele coincidiu com os dias em que fui a Hokkaido em viagem de negócios.）

□ ちゃんと

▶ 寝坊しないか心配でしたが、ちゃんと7時に起きました。

（**F** correctement, bien
S correctamente, como corresponde
P corretamente）

（**F** Je craignais de me lever en retard, mais je me suis bien réveillé à 7 heures. **S** Me preocupaba quedarme dormido, pero me levanté a las siete en punto como corresponde. **P** Eu estava preocupado com a possibilidade de dormir demais, mas me levantei devidamente às 7h.）

□ 直接

▶ 気になるんだったら、本人に直接聞いてみたら？

（**F** directement
S directamente
P diretamente）

（**F** Si vous vous en souciez, pourquoi ne pas lui demander directement ? **S** Si te inquieta, ¿por qué no se lo preguntas directamente? **P** Se você está preocupado com isso, por que não pergunta diretamente à pessoa em questão?）

□ ついに（遂に）

▶ これまで何度も失敗しましたが、ついに成功しました！

（**F** enfin **S** por fin
P finalmente）

（**F** Jusque-là nous avions échoué plusieurs fois, mais nous avons enfin réussi ! **S** Hemos fracasado muchas veces, pero ¡por fin lo hemos conseguido! **P** Até então, tínhamos fracassado várias vezes, mas agora finalmente fomos bem-sucedidos!）

敬語 11
決まった言い方 12
動詞① 13
動詞②（〜する） 14
名詞 15
形容詞 16
副詞 17
接続詞 18
ぎおん語 ぎたい語 19
カタカナ語 20

□ 常に
つね

（**F** toujours **S** siempre
P sempre）

▶ 子どもの写真は、常に財布の中に入れています。
こ　　　しゃしん　　　つね　さいふ　なか　　い

（**F** J'ai toujours une photo de mon enfant dans mon portefeuille.
S Siempre llevo una foto de mis hijos en la billetera. **P** Sempre carrego
uma foto das crianças na carteira.）

🎧100 □ どうしても

（**F** absolument
S de ningún modo
P inevitavelmente）

▶ 映画はあと少しで終わりだったけど、どうして
えいが　　　すこ　　　お
も我慢できなくて、トイレに行きました。
がまん　　　　　　　　　　　い

（**F** Bien que le film soit sur le point de se terminer, je n'ai absolument pas
pu résister et suis allé(e) aux toilettes. **S** La película estaba a punto de
terminar, pero no pude aguantarme de ningún modo y acabé yendo al
baño. **P** Embora o filme estivesse prestes a terminar, inevitavelmente não
pude resistir e fui ao banheiro.）

□ とうとう

（**F** enfin **S** por fin
P finalmente）

▶ 機械が苦手な母も、とうとう自分用のパソコン
きかい　にがて　はは　　　　　じぶんよう
を買いました。
か

（**F** Même ma mère, qui n'est pas douée avec les machines, s'est enfin
acheté un ordinateur. **S** Incluso mi madre, a la que no se le dan bien los
aparatos, se ha comprado por fin un ordenador.
P Minha mãe, que não era boa com máquinas, finalmente comprou um
computador para si mesma.）

□ どこか

（**F** quelque part
S algún lugar, algún sitio
P algum lugar）

▶ 今度の日曜、どこか行かない？
こんど　にちよう　　　　い

（**F** Que dirais-tu d'aller quelque part ce dimanche ? **S** ¿Por qué no vamos
a algún sitio este domingo? **P** Que tal irmos a algum lugar neste
domingo?）

□ とにかく

（**F** de toute façon
S de todos modos
P de qualquer maneira）

▶ できるかどうか、わからないけど、とにかくやっ
てみます。

（**F** Je ne sais pas si je peux le faire, mais je vais de toute façon essayer.
S No sé si podré, pero lo intentaré de todos modos. **P** Não sei se
consigo fazer isso, mas , de qualquer forma, vou tentar.）

□ どんなに〜ても

（**F** peu importe à quel
point **S** por mucho que,
por muy… que
P não importa o quanto）

▶ どんなに忙しくても、バイオリンの練習は毎日続
いそが　　　　　　　　　　　　れんしゅう　まいにちつづ
けています。

（**F** Peu importe à quel point je suis occupé(e), je continue à pratiquer le
violon tous les jours. **S** Por muy ocupado que esté, sigo practicando el
violín todos los días. **P** Por mais que esteja ocupado, continuo praticando
violino todos os dias.）

□ なかなか（〜ない）

（**F** pas facilement
S no conseguir, no ser
capaz de
P não facilmente）

▶ なかなか風邪が治らない。
かぜ　なお

（**F** Mon rhume ne semble pas s'améliorer. **S** No consigo quitarme el
resfriado. **P** Não consigo me livrar do meu resfriado.）

□ なかなか

（**F** assez bien **S** muy
P muito）

▶ ここのピザはなかなかおいしかったね。

（**F** La pizza ici était assez bonne, n'est-ce pas ? **S** La pizza estaba muy
buena. **P** A pizza daqui estava muito gostosa, não é?）

□ **非常に**
ひじょう

(**F** extrêmement
S mucho, muy **P** muito)

▶ 車の窓から手や顔を出すのは、非常に危険です。
くるま まど て かお だ ひじょう きけん

(**F** Il est extrêmement dangereux de sortir les mains ou le visage par la fenêtre de la voiture. **S** Es muy peligroso sacar las manos o la cara por la ventanilla del coche. **P** É extremamente perigoso colocar as mãos ou o rosto para fora da janela do carro.)

□ **別に**
べつ

(**F** pas spécialement
S nada, no especialmente
P não particularmente)

▶ 昨日はごめんね。 ── 別に気にしてないよ。
きのう べつ き

(**F** Désolé pour hier. — Ce n'est pas grave. **S** Siento lo de ayer. —Nada, no te preocupes. **P** — Desculpe pelo que aconteceu ontem. — Eu realmente não me importo.)

▶ ごめん、今忙しい? ── ううん、別に。どうしたの?
いまいそが べつ

(**F** Excuse-moi, es-tu occupé(e) en ce moment ? — Non, pas spécialement. Qu'est-ce qu'il y a ? **S** Perdona, ¿estás ocupado ahora? —No, no especialmente. ¿Qué sucede? **P** — Desculpa, você está ocupado agora? — Não, não em especial. O que aconteceu?)

□ **ほぼ**

(**F** quasiment **S** casi
P quase)

▷ 準備はほぼ完了です。
じゅんび かんりょう

(**F** La préparation est quasiment terminée. **S** Ya está casi listo. **P** Os preparativos estão quase concluídos.)

□ **まさに**

(**F** justement, précisément
S verdaderamente
P exatamente)

▷ その美しさは、まさに国の宝といえるものでした。
うつく くに たから

(**F** Sa beauté était véritablement un trésor national. **S** Su belleza verdaderamente podría considerarse un tesoro nacional. **P** A beleza disso era verdadeiramente um tesouro nacional.)

□ **ますます**

(**F** de plus en plus
S más y más
P ainda mais)

▶ この本を読んで、ますます興味を持ちました。
ほん よ きょうみ も

(**F** Après avoir lu ce livre, je suis encore plus intéressé(e). **S** Me interesé más y más en el tema después de leer este libro. **P** Depois de ler este livro, fiquei ainda mais interessado.)

□ **間もなく**
ま

(**F** bientôt **S** en breve
P em breve)

▶ 間もなく、試合開始です。
ま しあいかいし

(**F** Le match commencera bientôt. **S** El juego comenzará en breve. **P** O jogo começará em breve.)

□ **まるで**

(**F** comme si
S parecerse muchísimo
P como se)

▶ これ、お菓子でできてるの? まるで本物みたい。
かし ほんもの

(**F** C'est fait avec des gâteaux ? Pourtant c'est comme si c'était un vrai. **S** ¿Lo han hecho con dulces? Parece real. **P** Isto aqui é feito de doces? Parece real.)

□ **もう**

(**F** encore ~ **S** ...más
P mais)

▷ もう一つ、もう少し、もうあと5センチ
ひと すこ

(**F** encore un autre, un peu plus, encore 5 centimètres **S** uno más; un poco más; cinco centímetros más **P** mais um, só mais um pouco, mais 5 centímetros)

□ 元々
　もともと

(**F** à l'origine
S originalmente
P originalmente)

▶ 私は元々、大阪に住んでいました。
　わたし もともと おおさか す

(**F** J'habitais à Osaka à l'origine. **S** Yo vivía originalmente en Osaka.
P Originalmente, eu morava em Osaka.)

□ わざと

(**F** intentionnellement
S a propósito, adrede
P de propósito)

▶ 父と何かゲームをしたら父はいつもわざと負けて、
　ちち なに ちち ま
お菓子を少しくれたんです。
　かし すこ

(**F** Quand je jouais avec mon père, il perdait toujours intentionnellement et
me donnait des gâteaux. **S** Cuando jugaba a algún juego con mi padre,
siempre perdía a propósito y me daba dulces. **P** Sempre que eu jogava
com meu pai, ele, propositalmente, sempre perdia e me dava um pouco
de doces.)

□ わざわざ

(**F** exprès
S expresamente
P especialmente)

▶ わざわざ会って話さなくてもいいんじゃない。
　あ はな
メールで十分だと思う。
　じゅうぶん おも

(**F** Il est inutile de se voir exprès en personne. Je pense qu'un e-mail suffit.
S No hace falta que vayas expresamente a hablar con él. Con que le
envíes un correo electrónico basta. **P** Não é necessário nos
encontrarmos especialmente para conversar sobre isso. Acho que um
e-mail é suficiente.)

決まった言い方 12

動詞① 13

動詞②（〜する） 14

名詞 15

形容詞 16

副詞 17

接続詞 18

ぎおん語・ぎたい語 19

カタカナ語 20

18 接続詞 (F Conjonctions S Conjunciones P Conjunções)
せつぞくし

□ **あるいは**

▶ 申込書を下記までお送りください。あるいは、
もうしこみしょ かき おく
直接、窓口にお出しください。
ちょくせつ まどぐち だ

(F ou S o P ou)

(F Formulaire de demande à envoyer à l'adresse ci-dessous. Ou déposez-le directement au guichet. S Envíe el formulario de solicitud a la dirección de abajo o entréguelo directamente en la ventanilla. P Por favor, envie o formulário de inscrição para o endereço abaixo ou entregue-o diretamente no balcão.)

▶ メールあるいはファックスでお送りください。
おく

(F Veuillez l'envoyer par e-mail ou par fax. S Envíelo por correo electrónico o por fax. P Por favor, envie por e-mail ou fax.)

□ **さて**

▶ さて、次はどこに行こうか。
つぎ い

(F alors S bueno P bem)

(F Alors, où devrions-nous aller ensuite ? S Bueno, ¿a dónde vamos ahora? P Bem, para onde vamos agora?)

□ **したがって**

▶ Aチームが合計で56点、Bチームが59点。
ごうけい てん てん
従って、今回はBチームの勝ちです。
したが こんかい か

(F ainsi, par conséquent S por lo tanto P portanto)

(F L'équipe A a marqué un total de 56 points, l'équipe B 59. Par conséquent, l'équipe B gagne cette fois-ci. S El equipo A ha conseguido un total de 56 puntos y el equipo B, 59 puntos. Por lo tanto, gana el equipo B. P A equipe A conseguiu um total de 56 pontos, enquanto a equipe B conseguiu 59 pontos. Portanto, a equipe B venceu desta vez.)

□ **そこで**

▶ このイベントには外国の方もたくさん来ます。そこ
がいこく かた き
で、皆さんに協力をお願いしたいと思ったのです。
みな きょうりょく ねが おも

(F donc, c'est pourquoi S así que P portanto, então, por isso)

(F De nombreuses personnes étrangères participent à cet événement. C'est pourquoi nous aimerions solliciter votre collaboration. S Van a venir muchos visitantes extranjeros a este evento, así que queríamos pedirles su colaboración. P Muitos estrangeiros também virão a evento. Portanto, gostaria de pedir a colaboração de todos.)

□ **そして**

▶ 日本に行ったら、浅草と秋葉原に行くつもりで
にほん い あさくさ あきはばら い
す。そして、ぜひ、富士山に登ってみたいと
ふじさん のぼ
思っています。
おも

(F aussi, en plus S y, también P e, (e) depois)

(F Si je vais au Japon, j'ai l'intention de visiter Asakusa et Akihabara, et j'aimerais aussi vraiment gravir le mont Fuji. S Cuando vaya a Japón, pienso visitar Asakusa y Akihabara. También quiero subir sin falta al monte Fuji. P Quando for ao Japão, pretendo visitar Asakusa e Akihabara. E depois, com certeza, quero tentar escalar o monte Fuji.)

□ その上（うえ）

▶ 食事をごちそうになって、その上、お土産まで
いただいたんです。

(F et en plus
S y además
P além disso)

(F Le repas nous a été offert, et en plus, nous avons même reçu des
cadeaux. S Me invitaron a comer y, además, me trajeron recuerdos.
P Serviram-nos uma refeição deliciosa e, além disso, recebemos
lembranças.)

□ それで

▶ 休みがとれなくて、旅行には行けなくなりました。
それで、近くの海に行くことにしたんです。

(F alors, donc S así que,
por eso P por isso)

(F Je n'ai pas pu prendre de congé pour voyager, alors j'ai décidé d'aller à
la mer à proximité. S Como no me dieron vacaciones, no pude viajar. Por
eso, decidí ir a la playa más cercana. P Como não consegui tirar folga,
não pude viajar. Por isso, decidi ir à praia aqui perto.)

□ だが

▶ 薬の効果は実験ではっきり示された。だが、い
くつかの問題も明らかになった。

(F cependant S pero, sin
embargo P mas)

(F L'efficacité du médicament a été clairement démontrée dans les essais.
Cependant, il y a aussi eu des problèmes identifiés. S La eficacia del
fármaco quedó claramente demostrada en los experimentos. Sin
embargo, se detectaron también algunos problemas. P A eficácia do
medicamento foi claramente demonstrada nos testes. Mas alguns
problemas também foram identificados.)

□ だけど

▶ 確かにいろいろ機能があって便利だと思う。だけ
ど、人には勧められないよ。ちょっと高すぎる。

(F toutefois S pero, sin
embargo P no entanto)

(F Il est certain que cet appareil offre de nombreuses fonctionnalités
pratiques. Toutefois, je ne peux pas le recommander. Il est un peu trop
cher. S Es verdad que tiene muchas funciones y es útil, pero no se lo
recomendaría a nadie. Es demasiado caro. P Certamente, possui várias
funções úteis e é conveniente., No entanto, não posso recomendá-lo para
outras pessoas. É um pouco caro demais.)

🎧102 □ ただし

▶ 時給は 1,000 円です。ただし、最初の 2 週間は 800
円です。

(F cependant
S sin embargo
P entretanto)

(F Le salaire horaire est de 1 000 yens. Cependant, il est de 800 yens
pour les deux premières semaines. S El salario por hora es de 1000
yenes. Sin embargo, durante las dos primeras semanas es de 800 yenes.
P O salário por hora é de 1.000 ienes. Entretanto, durante as primeiras
duas semanas, é de 800 ienes.)

□ だって

▶ 村田先生はあんまり好きじゃない。だって、怖い
んだもん。

(F car en fait S es que
P afinal, é que)

(F Je n'aime pas beaucoup le Professeur Murata. Car en fait, il me fait
peur. S No me gusta mucho el profesor Murata. Es que da miedo.
P Eu não gosto muito do professor Murata. É que ele dá medo.)

□ つまり	▶ まず経済的なサポート、つまり、お金が必要なのです。

けいざいてき / かね / ひつよう

(**F** c'est-à-dire **S** es decir **P** ou seja)

(**F** Tout d'abord, nous avons besoin de soutien financier, c'est-à-dire d'argent. **S** En primer lugar, necesitamos apoyo financiero, es decir, dinero. **P** Primeiramente, precisamos de apoio financeiro, ou seja, é necessário dinheiro.)

▶ …そうですか。つまり、協力は難しい、ということですね。

きょうりょく / むずか

(**F** … D'accord, cela signifie donc que la collaboration est difficile. **S** … Ya veo. Así que, en otras palabras, la cooperación es difícil. **P** … Entendi. Em outras palavras, a cooperação é difícil.)

□ ところが	▶ 〈小説について〉私はずっと、その秘書が犯人だと思っていたんです。ところが、全然違っていたんです。

しょうせつ / わたし / ひしょ / はんにん / おも / ぜんぜんちが

(**F** mais en fait **S** sin embargo **P** no entanto)

(**F** (Concernant un roman) J'ai longtemps pensé que le secrétaire était le coupable. Mais en fait j'avais complètement tort. **S** (Sobre una novela) Siempre pensé que el asesino era el secretario. Sin embargo, me equivoqué. **P** <Sobre um romance> Eu sempre achei que a secretária fosse a culpada. No entanto, era completamente diferente.)

□ ところで	▶ ところで、来週の土曜って、何か予定ある？

らいしゅう / どよう / なに / よてい

(**F** au fait **S** por cierto **P** a propósito)

(**F** Au fait, as-tu quelque chose de prévu samedi prochain ? **S** Por cierto, ¿tienes algo que hacer el próximo sábado? **P** A propósito, você tem algum plano para o próximo sábado?)

□ また	▶ また近いうちに会いましょう。

ちか / あ

(**F** à nouveau, de plus **S** de nuevo, además **P** novamente, além disso)

(**F** Nous devrions nous revoir bientôt. **S** Veámonos de nuevo pronto. **P** Vamos nos encontrar novamente em breve.)

▶ 現在、この治療方法が最も効果的です。また、費用もそれほどかかりません。

げんざい / ちりょうほうほう / もっと / こうかてき / ひよう

(**F** Actuellement, cette méthode de traitement est la plus efficace. De plus, elle n'est pas si coûteuse. **S** Actualmente, este tratamiento es el más eficaz. Además, no es muy caro. **P** Atualmente, este tratamento é o mais eficaz. Além disso, os custos não são tão elevados.)

□ もしかしたら	▶ もしかしたら、来年、転勤になるかもしれない。

らいねん / てんきん

(**F** peut-être **S** puede que **P** talvez)

(**F** Peut-être que je serai muté(e) l'année prochaine. **S** Puede que el año que viene me trasladen. **P** Talvez eu seja transferido no próximo ano.)

□ **もしかして** ▶ こんな格好で来ているのは、もしかして、私だ
け?

（🇫 si ça se trouve
🇪 puede que, acaso
🇵 por acaso）

（🇫 Si ça se trouve, suis-je le seul à être habillé de cette façon ?
🇪 ¿Acaso soy yo el único que ha venido vestido así?
🇵 Será que sou o único aqui vestido assim?）

□ **もしも** ▶ もしも事実なら、絶対に許されないことです。

（🇫 si 🇪 si 🇵 se）

（🇫 Si c'est vrai, ce serait impardonnable. 🇪 Si eso es verdad, es absolutamente inaceptable. 🇵 Se isso for verdade, é absolutamente inaceitável.）

決まった言い方 12

動詞① 13

動詞②（〜する） 14

名詞 15

形容詞 16

副詞 17

接続詞 18

ぎおん語・ぎたい語 19

カタカナ語 20

⑲ ぎおん語・ぎたい語

(🇫 Onomatopées etc.
🇪 Onomatopeyas, etc.
🇵 Onomatopeias)

□ **いらいら(する)** ▶ 〈バス停で〉 そんなにいらいらしないでよ。も うすぐ来るって。

(🇫 être irrité(e)
🇪 impaciente
🇵 impaciente)

(🇫 (À l'arrêt de bus) Ne sois pas si irrité(e), il arrive bientôt.
🇪 (En la parada del autobús) No seas tan impaciente. Llegará pronto.
🇵 〈No ponto de ônibus〉 Não seja tão impaciente. Vai chegar logo.)

□ **うっかり(する)** ▶ 返事するのをうっかり忘れてた。

(🇫 par inadvertance
🇪 descuidado
🇵 desatento)

(🇫 J'ai oublié de répondre par inadvertance. 🇪 Me olvidé de contestar.
🇵 Por lapso, esqueci-me de responder.)

□ **からから** ▶ 暑くて、もう、のどがからから。

(🇫 très sec 🇪 seco,
sediento 🇵 seco)

(🇫 Il fait si chaud, ma gorge est complètement sèche. 🇪 Hace calor y
tengo sed. 🇵 Faz calor e minha garganta está terrivelmente seca.)

□ **ぎりぎり** ▶ だめかと思ったけど、ぎりぎり間に合った。

(🇫 de justesse
🇪 al límite, justo a tiempo
🇵 por pouco)

(🇫 Je pensais que c'était trop tard, mais je suis arrivé(e) juste à temps.
🇪 Pensé que lo iba a perder, pero llegué justo a tiempo. 🇵 Pensei que
não conseguiria, mas, por pouco, deu tempo.)

□ **ぐっすり** ▶ 昨日はぐっすり眠れましたか。

(🇫 dormir profondément
🇪 profundamente
dormido 🇵 dormir
profundamente)

(🇫 Avez-vous bien dormi hier soir ? 🇪 ¿Dormiste bien anoche?
🇵 Você dormiu profundamente ontem à noite?)

□ **じっくり** ▶ まだ時間はありますから、じっくり考えてください。

(🇫 en profondeur
🇪 con calma, con
detenimiento
🇵 com calma e devagar)

(🇫 Il vous reste du temps, alors réfléchissez-y en profondeur.
🇪 Aún estás a tiempo, así que piénsalo bien. 🇵 Ainda há tempo, então
reflita com cuidado.)

□ **じっと(する)** ▶ あっ、ハチ！ 危ないから、じっとしてて。

(🇫 rester immobile
🇪 quieto, tranquilo
🇵 fixamente, sem se
mover.)

(🇫 Oh, une abeille ! Ne bouge pas, c'est dangereux. 🇪 ¡Oh, hay abejas!
Quietos, que son peligrosas. 🇵 Oh, uma abelha! Não se mova porque é
perigoso.)

▶ さっきから何をじっと見てるの？

(🇫 Qu'est-ce que tu regardes si fixement depuis tout à l'heure ?
🇪 ¿Qué te has quedado mirando? 🇵 O que você está olhando fixamente
durante todo esse tempo?)

11 敬語
12 決まった言い方
13 動詞①
14 動詞②（〜する）
15 名詞
16 形容詞
17 副詞
18 接続詞
19 ぎおん語・ぎたい語
20 カタカナ語

□ **すっきり(する)** ▶ 汗をかいて気持ち悪かったけど、シャワーを浴びたらすっきりした。

(**F** être rafraîchi(e), soulagé(e)
S fresco, aliviado, claro
P (sentir-se) fresco/aliviado, claro)

(**F** J'étais en nage et me sentais mal à l'aise, mais j'ai été rafraîchi(e) après la douche. **S** Estaba sudando y me sentía mal, pero después de ducharme me sentí más fresco. **P** Eu estava suado e me sentia desconfortável, mas me senti revigorado após a ducha.)

□ **すらすら** ▶ 日本の新聞がすらすら読めるようになりたいです。

(**F** couramment
S con soltura o fluidez
P facilmente)

(**F** J'aimerais être capable de lire couramment les journaux japonais. **S** Quiero poder leer con fluidez los periódicos japoneses. **P** Quero ser capaz de ler jornais japoneses facilmente.)

□ **そっくり(な)** ▶ あの親子はほんとにそっくりですね。

(**F** identique, se ressembler **S** idéntico
P parecido)

(**F** Cette mère et sa fille se ressemblent vraiment. **S** El padre y el hijo se parecen mucho. **P** Aquela mãe e filho são realmente parecidos, não é?)

□ **そっと(する)** ▶ 子どもたちを起こさないように、そっと家を出ました。

(**F** doucement, discrètement
S calladamente, a hurtadillas
P sem fazer barulho, com cuidado.)

(**F** J'ai quitté la maison discrètement pour ne pas réveiller les enfants. **S** Salí de casa sin hacer ruido para no despertar a los niños. **P** Saí de casa silenciosamente para não acordar as crianças.)

□ **どきどき(する)** ▶ 合格発表を見に行った時はすごくどきどきしました。

(**F** battre la chamade, être nerveux / nerveuse **S** palpitar de excitación o nerviosismo **P** palpitação, nervosismo)

(**F** J'étais très nerveux quand nous sommes allés voir les résultats des examens. **S** Me palpitaba el corazón cuando fui a ver la lista de aprobados. **P** Meu coração palpitava quando fui ver a lista de candidatos aprovados.)

□ **どきっと(する)** ▶ 急に名前を呼ばれたから、どきっとした。

(**F** être surpris(e)
S palpitar de excitación o nerviosismo
P em sobressalto)

(**F** J'ai été surpris(e) quand mon nom a été appelé soudainement. **S** Me puse muy nerviosa cuando, de repente, dijeron mi nombre. **P** Fiquei surpreso quando meu nome foi chamado de repente.)

104 □ **にこにこ(する)** ▶ 山田先生は優しい先生で、いつもにこにこしていました。

(**F** sourire **S** sonreír
P sorridente)

(**F** Le professeur Yamada était toujours souriant et gentil. **S** El profesor Yamada era amable y sonreía siempre. **P** O professor Yamada era um professor gentil e sempre estava sorridente.)

□ **にっこり(する)** ▶ 写真を撮りますから、皆さん、にっこり笑ってください。

(**F** sourire **S** sonreír
P sorridente)

(**F** Je vais prendre des photos, alors souriez tous. **S** Voy a tomar una foto, así que sonrían todos. **P** Vou tirar uma foto, então sorriam todos, !)

□ のんびり（する）▶ たまには温泉でのんびりしたいです。
　　　　　　　　　　　　　　おんせん

（**F** détendu(e)
S tranquilo,
despreocupado
P despreocupado,
tranquilo）

（**F** De temps en temps, j'aimerais me détendre dans une source chaude.
S A veces me dan ganas de pasar un rato tranquilo en las aguas
termales. **P** De vez em quando, quero relaxar em águas termais.）

□ ばらばら（な）▶ チームが一つにならないと勝てないのに、今は
　　　　　　　　　　　　　　　　　ひと　　　　　　　　か　　　　　　　　　いま
　　　　　　　　　　ばらばらです。

（**F** en morceaux,
disparate **S** separado,
desunido, desintegrado
P separado,desorganizado）

（**F** Pour gagner, l'équipe doit travailler ensemble, mais pour l'instant, elle
est disparate. **S** El equipo tiene que estar unido para ganar, pero ahora
estamos divididos. **P** A equipe precisa estar unida para vencer, mas
agora ela está desarticulada.）

□ ぴかぴか（する）▶ 掃除したばかりだから、窓がぴかぴかです。
　　　　　　　　　　　　　　そうじ　　　　　　　　　　まど

（**F** étincelant(e) **S** brillar
P brilhante）

（**F** Les vitres brillent, car je viens de les nettoyer. **S** Las ventanas brillan
porque acabo de limpiarlas. **P** Acabei de limpar, As janelas estão
brlhando porque acabei de limpá-las.）

□ びしょびしょ ▶ どうしたの？　ズボンがびしょびしょに濡れてるよ。
　　　　　　　　　　　　　　　　　　　　　　　　　　　　　　　　　　ぬ

（**F** complètement
trempé(e) **S** empapado
P molhado）

（**F** Qu'est-ce qui ne va pas ? Ton pantalon est complètement trempé.
S ¿Qué te ha pasado? Tienes los pantalones empapados.
P O que aconteceu? Suas calças estão completamente molhadas.）

□ ぴったり ▶ このシール、ぴったりくっついて、うまく取れな
　　　　　　　　　　　　　　　　　　　　　　　　　　　　　　　　　と
　　　　　　　　い。

（**F** parfaitement, pile
S justo, acertado,
ajustado **P** perfeito）

（**F** Ces autocollants collent parfaitement et sont difficiles à enlever.
S Estas pegatinas se pegan tan fuerte que no se pueden quitar bien.
P Este adesivo está tão perfeitamente colado que eu não consigo
removê-lo facilmente.）

▶ 受付が始まる 10 時ぴったりに電話をかけました。
　うけつけ　はじ　　　　　　じ　　　　　　　　　　でんわ

（**F** J'ai appelé pile à 10 heures, quand les inscriptions ont commencé.
S Llamé a las diez en punto, justo cuando abre la recepción.
P Liguei exatamente às 10h, quando a recepção abriu.）

□ ふらふら（する）▶ あの人、大丈夫かなあ。ふらふらして、倒れそう。
　　　　　　　　　　　　　　　ひと　だいじょうぶ　　　　　　　　　　　　　　たお

（**F** tituber, errer, se
promener
S tambalearse, ir perdido
o sin rumbo
P cambaleante, errante）

（**F** Je me demande si ça va pour cette personne. Elle titube et semble sur
le point de tomber. **S** ¿Estará bien esa persona? Se tambalea y parece
que va a desmayarse. **P** Estou preocupado com aquela pessoa. Ela
cambaleia e parece que está prestes a desmaiar.）

▶ 林さんは暇そうで、昨日もふらふらここにやっ
　はやし　　　ひま　　　　　きのう
　て来ました。
　　き

（**F** M. Hayashi semble s'ennuyer et il est venu se promener ici hier.
S Parece que Hayashi no tiene nada que hacer; ayer también vino
paseándose por aquí. **P** O senhor Hayashi parece estar desocupado;
ontem ele também veio perambular por aqui.）

306

□ **ぺらぺら** ▶ 彼女はアメリカ育ちだから、英語がぺらぺらです。
かのじょ　　　　　　　　　　そだ　　　　　　　えいご

(**F** couramment
S con fluidez
P falar fluentemente)

(**F** Elle a grandi aux États-Unis, c'est pourquoi elle parle couramment anglais. **S** Se crio en Estados Unidos, así que habla inglés con fluidez.
P Ela foi criada nos Estados Unidos, por isso fala inglês fluentemente.)

□ **わくわく(する)** ▶ カルロスの演奏を生で聴けると思うと、わくわく
えんそう　なま　き　　　　　おも
するね。

(**F** excité(e)
S entusiasmo, ilusión,
ansias **P** animado)

(**F** Je suis excité(e) à l'idée d'entendre Carlos jouer en live.
S Me muero de ganas de poder escuchar a Carlos tocar en vivo.
P Estou animado para ouvir Carlos tocar ao vivo.)

敬語 11

決まった言い方 12

動詞① 13

動詞②(〜する) 14

名詞 15

形容詞 16

副詞 17

接続詞 18

ぎおん語・ぎたい語 19

カタカナ語 20

20 カタカナ語 (ご) (F Mots en katakana S Palabras en katakana P Palavras em katakana)

☐ **アイデア** ▷ アイデアが浮(う)かぶ

(F idée S idea P ideia) (F idée qui vient à l'esprit S ocurrírsele a uno ideas P ter uma ideia)

☐ **アップ(する)** ▶ 1年経(たっ)たので、時給(じきゅう)が50円(えん)アップした。

(F hausse (augmenter) S subir P aumento)

(F Après un an, mon salaire horaire a augmenté de 50 yens. S Ha pasado un año, por eso mi salario por hora ha subido 50 yenes. P Depois de um ano, o salário por hora aumentou em 50 ienes.)

☐ **アドバイス(する)** ▶ 何(なに)かいいアドバイスをしてもらえませんか。

(F (donner des) conseils S consejo P conselho)

(F Pourriez-vous me donner un bon conseil ? S ¿Puede darme algún buen consejo? P Você pode me dar algum bom conselho?)

☐ **アナウンス(する)** ▶ 駅(えき)のアナウンス、聞(き)いた? 電車(でんしゃ)が遅(おく)れるって。

(F (faire une) annonce S anuncio P anúncio)

(F Avez-vous entendu l'annonce à la gare ? Le train est en retard. S ¿Has oído el anuncio de la estación? Parece que el tren va a llegar tarde. P Você ouviu o anúncio da estação? O trem está atrasado.)

☐ **アマチュア／アマ** (F amateur S amateur, aficionado P amador)

☐ **イメージ(する)** ▶ 「日本(にほん)」と聞(き)いて、どんなイメージが浮(う)かびますか。

(F image (imaginer) S imagen P imagem)

(F En entendant "Japon", quelle image vous vient à l'esprit ? S ¿Qué imagen te viene a la mente cuando oyes la palabra "Japón"? P Que imagem lhe vem à mente quando você ouve a palavra "Japão"?)

☐ **イヤホン(する)** (F (utiliser des) écouteurs S auriculares P fones de ouvido)

☐ **インタビュー(する)** ▶ 〈テレビ〉これから選手(せんしゅ)へのインタビューが行(おこな)われます。

(F (faire une) interview S entrevista P entrevista)

(F (À la télévision) Des interviews de joueurs auront lieu prochainement. S (En televisión) Ahora se harán las entrevistas a los jugadores. P (Na televisão) A entrevista com os jogadores será realizada agora.)

☐ **ウェブ／ウエブ** ▷ ウェブサイト

(F web S web P web) (F site web S sitio web P site da web)

☐ **エアメール** (F courrier aérien S correo aéreo P correio aéreo, por via aérea)

□ エネルギー　▷ 太陽エネルギー
　　　　　　　　　　たいよう

(**F** énergie **S** energía **P** energia)

(**F** énergie solaire **S** energía solar **P** energia solar)

□ オーバー　▷ 予算をオーバーする、オーバーに話す
　　　　　　　　　よさん　　　　　　　　　　　　　　　はな

(**F** au-dessus, dépasser **S** exceso **P** excessivo)

(**F** dépasser le budget, exagérer **S** pasarse del presupuesto; hablar de más **P** exceder o orçamento, exagerar)

□ オープン(する)　▷ 新しいお店は３月にオープンします。
　　　　　　　　　　　　あたら　　　みせ　がつ

(**F** ouvrir **S** abrir, abierto **P** abrir)

(**F** Le nouveau magasin ouvrira en mars. **S** La nueva tienda abrirá en marzo. **P** A nova loja abrirá em março.)

□ ガイド(する)　▷ ガイドの人に聞いてみましょう。
　　　　　　　　　　　　　ひと　き

(**F** guider, guide **S** guía **P** guia)

(**F** Demandons au guide ! **S** Preguntémosle al guía. **P** Vamos perguntar ao guia.)

□ カウンター　▷ カウンター席
　　　　　　　　　　　　　　　せき

(**F** comptoir **S** mostrador, barra **P** balcão)

(**F** siège au comptoir **S** asiento junto a la barra **P** assento no balcão)

□ カジュアル(な)　▷ カジュアルな格好でかまいません。
　　　　　　　　　　　　　　　　　かっこう

(**F** décontracté(e) (sans formalité) **S** informal **P** casual)

(**F** Une tenue décontractée est acceptable. **S** Puedes ponerte ropa informal. **P** Você pode se vestir de forma casual.)

□ カット(する)　▷ 給料がちょっとカットされるかもしれない。
　　　　　　　　　　　きゅうりょう

(**F** couper **S** corte, recorte **P** corte)

(**F** Votre salaire pourrait subir une légère coupe. **S** Tu salario puede sufrir un pequeño recorte. **P** Seu salário pode sofrer uma pequena redução.)

□ カップル　(**F** couple **S** pareja **P** casal)

□ キス(する)　(**F** embrasser, un baiser **S** beso **P** beijo)

□ キャッシュカード　(**F** carte bancaire **S** tarjeta de cajero automático **P** cartão de caixa eletrônico)

□ クイズ　▷ じゃ、私が一つクイズを出します。
　　　　　　　　　　わたし　ひと　　　　　　　だ

(**F** quiz **S** cuestionario, prueba **P** quiz)

(**F** Alors, je vais poser un quiz. **S** Bueno, te haré un cuestionario. **P** Então, vou lhe fazer um "quiz".)

□ クリップ　▷ クリップでとめる

(**F** pince / trombone **S** sujetapapeles (clip) **P** clipe)

(**F** assembler avec un trombone **S** sujetar con un clip **P** prender com um clipe)

☐ ケーブル ▷ パソコンのケーブル

(**F** câble **S** cable
P cabo)

(**F** câble d'ordinateur **S** cable del ordenador **P** cabo de computador)

☐ コース ▷ 初級コース、散歩のコース、〈食事〉コースで
頼む
しょきゅう　　　　　さんぽ　　　　　しょくじ
たの

(**F** parcours, itinéraire,
cours **S** curso, recorrido,
trayectoria, menú
P curso)

(**F** cours niveau débutant, itinéraire de promenade, commander un menu
S curso para principiantes; ruta de paseo; pedir un menú (comida)
P curso básico, trilha para caminhada, pedir uma refeição completa)

☐ ココア ▷ ホットココア

(**F** cacao **S** cacao
P cacau)

(**F** chocolat chaud **S** chocolate caliente **P** chocolate quente)

☐ サンプル (**F** échantillon **S** muestra **P** amostra)

☐ シール ▷ シールを貼る / はがす
は

(**F** autocollant
S pegatina **P** adesivo)

(**F** coller / décoller des autocollants **S** poner/quitar pegatinas
P colar/descolar adesivos)

☐ ジャケット (**F** veste **S** chaqueta **P** jaqueta)

☐ シャンプー (**F** shampooing **S** champú **P** xampu)

☐ スケジュール ▷ スケジュールを立てる
た

(**F** emploi du temps
S programa, calendario,
horario **P** agenda)

(**F** établir un emploi du temps **S** confeccionar un horario, armar un
programa **P** fazer um cronograma)

☐ スタート(する) (**F** démarrer, début **S** comienzo, salida **P** iniciar)

☐ スタイル ▷ スタイルがいい、ヘアスタイル

(**F** (avoir du) style
S estilo **P** estilo)

(**F** avoir du style, coiffure **S** con estilo; peinado **P** ter estilo, penteado.)

☐ ストップ(する) ▷ 運転をストップする、電車がストップする
うんてん　　　　　　　　　　てんしゃ

(**F** arrêt (s'arrêter)
S parada, detención
P parar)

(**F** arrêter la voiture, le train s'arrête **S** frenar; detenerse el tren
P interrupção das operações, parar o trem)

☐ スニーカー (**F** chaussures de sport, baskets **S** zapatillas **P** tênis)

□ スピード ▷ スピードを上げる／落とす、スピードを出す、ス
ピードが出る

(**F** vitesse **S** velocidad　(**F** augmenter / réduire la vitesse, accélérer **S** acelerar/desacelerar; ir
P velocidade)　rápido **P** aumentar/diminuir a velocidade, ganhar velocidade)

□ セット（する）▷ 目覚まし時計をセットする、髪をセットする

(**F** régler, arranger, mettre　(**F** mettre son réveil, se coiffer **S** configurar el despertador; marcar el
S conjunto,　cabello **P** ajustar o despertador, fazer um penteado)
configuración, marcado
P configurar, montar)　▷ セットメニュー

(**F** menu fixe **S** menú fijo **P** cardápio com opções de combinação)

□ セルフサービス ▶ ここはセルフサービスだから、注文しに行かな
いと。

(**F** self-service　(**F** C'est en libre-service ici, vous devez aller passer votre commande.
S autoservicio　**S** Este sitio es autoservicio; tenemos que ir a pedir nosotros mismos.
P autoatendimento)　**P** Aqui é serviço de autoatendimento, você precisa ir lá e fazer seu
pedido.)

□ センス ▷ センスがいい、ユーモアのセンス

(**F** sens, goût **S** buen　(**F** avoir du goût, sens de l'humour **S** buen gusto; sentido del humor
gusto **P** senso)　**P** ter bom gosto, senso de humor)

□ ソフトクリーム (**F** glaces **S** crema helada **P** sorvete expresso)

□ ダウン（する）▶ 前の月よりも売上がダウンした。

(**F** diminuer **S** descenso　(**F** Les ventes ont baissé par rapport au mois précédent. **S** Las ventas
P cair)　han bajado respecto al mes anterior. **P** As vendas caíram em
comparação com o mês anterior.)

□ チキン (**F** poulet **S** pollo **P** frango)

□ チャージ（する）(**F** recharger **S** cargar, cobrar **P** carregar)

□ チャイム (**F** sonnette **S** timbre **P** campainha)

□ チャレンジ（する）▶ もう一回チャレンジしたら？

(**F** défi, essayer　(**F** Et si vous essayiez à nouveau ? **S** ¿Por qué no lo intentas de nuevo?
S desafío, intento　**P** Que tal tentar de novo?)
P tentar)

□ チャンネル ▶ その番組は何チャンネル？

ばんぐみ　なん

(**F** chaîne TV **S** canal
P canal)

(**F** Sur quelle chaîne passe ce programme ? **S** ¿En qué canal dan ese
programa? **P** Em que canal está passando?)

□ チョーク (**F** craie **S** tiza **P** giz)

□ ツナ (**F** thon **S** atún **P** atum)

□ ティー ▷ アイスティー

(**F** thé **S** té **P** chá)

(**F** thé glacé **S** té helado **P** chá gelado)

□ テイクアウト(する)▶ ここで食べる？　それとも、テイクアウトする？

た

(**F** (à) emporter
S comida para llevar
P levar para viagem)

(**F** Tu veux le manger ici, ou tu préfères l'emporter ? **S** ¿Comemos aquí o
pedimos para llevar? **P** Você vai comer aqui ou levar para viagem?)

□ ディナー ▶ ランチは安いけど、ディナーになると、やっぱ
り高いね。

やす

たか

(**F** dîner **S** cena
P jantar)

(**F** Le déjeuner est bon marché, mais pour le dîner c'est cher.
S El almuerzo es barato, pero la cena sigue siendo cara.
P O almoço é barato, mas o jantar, como era de se esperar, é caro.)

□ テーマ ▷ 論文のテーマ

ろんぶん

(**F** thème **S** tema
P tema)

(**F** thème de thèse **S** tema de tesis **P** tema da dissertação)

□ デザイン(する)▷ デザイナー

(**F** design **S** diseño
P design)

(**F** designer **S** diseñador **P** designer)

□ トースト (**F** toast **S** tostada **P** torrada)

□ トップ ▷ トップになる、トップクラス

(**F** top, le / la meilleur(e)
S parte superior, alto
nivel **P** topo)

(**F** devenir le meilleur, être au top **S** llegar al puesto o nivel máximo; de la
más alta clase **P** tornar-se o melhor, de alto nível, de primeira classe)

□ ノック(する) (**F** frapper (à la porte) **S** golpear **P** bater na porta)

敬語 11

決まった言い方 12

動詞① 13

動詞②（〜する） 14

名詞 15

形容詞 16

副詞 17

接続詞 18

ぎおん語ぎたい語 19

カタカナ語 20

☐ パート　　　▷ 男性が歌うパート、パートで働く

（**F** partie, temps partiel **S** parte **P** tempo parcial）

（**F** partie chantée par un homme (dans une chanson), travailler à temps partiel (emploi à temps partiel) **S** parte cantada por hombres; trabajar a tiempo parcial **P** parte cantada por um homem (significa parte), trabalhar por meio período (trabalho de meio período)）

☐ バーベキュー　　（**F** barbecue **S** barbacoa **P** churrasco）

☐ ハイヒール　　（**F** hauts talons **S** tacones altos **P** salto alto）

☐ パス（する）　▷ パスの練習、飲み会をパスする

（**F** (faire une) passe, passer (son tour) **S** pasar **P** passar）

（**F** s'entraîner à la passe, passer son tour pour une soirée (ne pas participer) **S** practicar pases (en deportes); no participar en la fiesta **P** praticar passes de bola, recusar um convite para beber com os amigos）

☐ バスケットボール　（**F** basket-ball **S** baloncesto **P** basquete）

☐ バランス　　　▷ バランスがいい、バランスをとる

（**F** équilibre **S** equilibrio **P** equilíbrio）

（**F** équilibré(e), trouver l'équilibre **S** equilibrado; equilibrarse **P** ter equilíbrio, manter o equilíbrio）

☐ ヒーター　　（**F** chauffage **S** calefacción **P** aquecedor）

☐ ビーフ　　（**F** bœuf **S** carne de res **P** carne bovina）

☐ ビザ　　　▷ ビザを取る

（**F** visa **S** visa, visado **P** visto）

（**F** recevoir un visa **S** obtener un visado **P** obter um visto）

☐ ビスケット　　（**F** biscuit **S** bizcocho, galleta **P** biscoito）

☐ ピン　　　▷ ピンでとめる、ヘアピン

（**F** broche / épingle **S** alfiler; horquilla **P** pino, alfinete）

（**F** assembler avec une broche / épingle à cheveux **S** sujetar con alfileres o imperdibles; sujetar (el pelo) con horquillas **P** prender com um pino ou alfinete）

☐ ブーツ　　（**F** bottes **S** botas **P** botas）

☐ ブザー　　（**F** avertisseur **S** zumbador (buzzer) **P** buzzer, alarme）

☐ プライド　　▶ こんなことをして！　プライドはないのか、と言いたい。

（**F** fierté **S** orgullo **P** orgulho）

（**F** Comment a-t-il pu faire ça ! Je me demande s'il n'a pas de fierté? **S** ¿Cómo va a hacer algo así? Dan ganas de decirle: ¿No tienes orgullo? **P** Fazer uma coisa dessas! Dá vontade de perguntar: se ele não tem orgulho.）

▷ プライドが高い

（**F** être fier **S** orgulloso, soberbio **P** orgulhoso）

□ プラス(する) ▶ これにあと10個プラスしてください。

(**F** ajouter **S** añadir, sumar **P** adicionar)

(**F** Ajoutez-en 10 je vous prie. **S** Añade diez unidades más a esto. **P** Adicione mais dez unidades aqui, por favor.)

□ ブランド ▷ ブランド品

(**F** (produit de) marque **S** marca **P** marca)

(**F** des articles de marque **S** artículos de marca **P** produto de marca)

□ プログラム ▶ その曲も今回のプログラムに入ってますよ。2番目の曲です。

(**F** programme **S** programa **P** programa)

(**F** Cette chanson fait également partie du programme cette fois, c'est la deuxième chanson. **S** Esa canción también está en este programa, es la segunda. **P** Essa música também está no programa desta vez. É a segunda música.)

▷ コンピューターのプログラム

(**F** programme informatique **S** programa informático **P** programa de computador)

□ ヘアー／ヘア (**F** cheveux **S** pelo, cabello **P** cabelo)

□ ベスト(な) ▶ 富士山の写真を撮るなら、この場所がベストですよ。

(**F** meilleur(e) **S** mejor **P** melhor)

(**F** Si vous voulez prendre une photo du Mont Fuji, cet endroit est le meilleur. **S** Este es el mejor lugar para tomar fotos del monte Fuji. **P** Se você quiser tirar uma foto do monte Fuji, este é o melhor lugar.)

□ ヘッドホン (**F** écouteurs **S** auriculares **P** fones de ouvido)

□ ポイント ▷ ポイントを説明する、10ポイント加える

(**F** point **S** punto, idea principal **P** ponto)

(**F** expliquez un point, ajouter 10 points **S** explicar las ideas principales; sumar diez puntos **P** explicar um ponto, adicionar 10 pontos)

□ ポーク (**F** porc **S** carne de cerdo **P** carne de porco)

□ ホームステイ (**F** séjour en famille d'accueil **S** alojamiento en casas de familia **P** hospedagem em casa de família)

□ ボランティア ▷ ボランティアで通訳をする

(**F** bénévole **S** voluntario, voluntariado **P** voluntário)

(**F** faire du bénévolat en tant qu'interprète **S** oficiar de intérprete voluntario **P** ser um intérprete voluntário)

敬語 11

決まった言い方 12

動詞① 13

動詞②(〜する) 14

名詞 15

形容詞 16

副詞 17

接続詞 18

ぎおん語・ぎたい語 19

カタカナ語 20

□ ボリューム　▶すみません、ちょっとボリュームを下げてもらえませんか。

(🇫 volume 🇪 volumen 🇵 volume)

(🇫 Excusez-moi, pourriez-vous un peu baisser le volume ? 🇪 Disculpe, ¿podría bajar un poco el volumen? 🇵 Por favor, você poderia abaixar um pouco o volume?)

□ ボリューム　▶ここのパスタはボリュームがありますね。全部食べられないかもしれない。

(🇫 volume 🇪 volumen 🇵 volume)

(🇫 Les portions de pâtes ici sont volumineuses ! Je ne pourrais peut-être pas tout finir. 🇪 La pasta aquí es muy abundante. Quizá no pueda comérmela toda. 🇵 As massas aqui tem uma porção generosa. Talvez eu não consiga comer tudo.)

□ マーカー　(🇫 marqueur 🇪 rotulador, marcador 🇵 marcador)

□ マップ　(🇫 carte 🇪 mapa 🇵 mapa)

□ マニュアル　▶わからなかったら、マニュアル見て、自分で調べて。

(🇫 manuel 🇪 manual 🇵 manual)

(🇫 Si vous ne comprenez pas, regardez le manuel et recherchez vous-même. 🇪 Si no lo entiendes, mira el manual y búscalo tú mismo. 🇵 Se você não entender, olhe no manual e pesquise por si mesmo.)

□ ミス(する)　▶ミスをしないよう、気をつけてください。

(🇫 (faire une) erreur 🇪 error 🇵 erro)

(🇫 Faites attention à ne pas commettre d'erreur. 🇪 Tenga cuidado de no cometer errores. 🇵 Tenha cuidado para não cometer erros.)

□ ミネラルウォーター　(🇫 eau minérale 🇪 agua mineral 🇵 água mineral)

□ メイク(する)　▶朝はメイクにどれくらい時間をかけていますか。

(🇫 se maquiller, maquillage 🇪 maquillaje 🇵 maquiagem)

(🇫 Combien de temps prenez-vous pour vous maquiller le matin ? 🇪 ¿Cuánto tiempo dedicas a maquillarte por las mañanas? 🇵 Quanto tempo você gasta com a maquiagem de manhã?)

□ メッセージ　▷メッセージを残す

(🇫 message 🇪 mensaje 🇵 mensagem)

(🇫 laisser un message 🇪 dejar un mensaje 🇵 deixar uma mensagem)

□ ユーモア　▶ユーモアのある人が好きです。

(🇫 humour 🇪 humor 🇵 humor)

(🇫 J'aime les gens qui ont de l'humour. 🇪 Me gusta la gente con sentido del humor. 🇵 Gosto de pessoas com senso de humor.)

□ ヨーグルト　(🇫 yaourt 🇪 yogur 🇵 iogurte)

□ ラベル　(🇫 étiquette 🇪 etiqueta, rótulo 🇵 etiqueta)

☐ リサイクル(する) ▷ ごみのリサイクル

(🇫 recycler 🇸 reciclaje
🇵 reciclagem)
(🇫 recyclage des déchets 🇸 reciclaje de residuos 🇵 reciclagem de lixo)

☐ リスト　　　　　▶ これが、この近くの病院のリストです。
　　　　　　　　　　　　　　　 ちか　　　 びょういん

(🇫 liste 🇸 lista 🇵 lista)
(🇫 Voici une liste des hôpitaux près d'ici. 🇸 Esta es una lista de los
hospitales de esta zona. 🇵 Esta é a lista dos hospitais próximos.)

☐ リュック/リュックサック　(🇫 sac à dos 🇸 mochila 🇵 mochila)

☐ リラックス(する) ▶ 親がいると安心なんですね。子どもたちはみん
　　　　　　　　　　　　 おや　　　 あんしん
　　　　　　　　　　　　　 な、リラックスしているみたいです。

(🇫 détendu(e), se relaxer
🇸 relajación 🇵 relaxar)
(🇫 C'est rassurant que les parents soient là. Les enfants ont l'air détendus.
🇸 Se sienten seguros cuando están sus padres, ¿verdad? Todos los
niños parecen relajados. 🇵 Nos sentimos mais seguros quando os pais
estão por perto. Todas as crianças parecem estar relaxadas.)

☐ レッスン(する) ▷ レッスンを受ける
　　　　　　　　　　　　　　　　 う

(🇫 leçon, cours
🇸 lección, clase (dar)
🇵 aula)
(🇫 prendre des cours 🇸 tomar clases 🇵 ter aulas)

さくいん （F Index　S Índice de términos　P Índex）

327

●著者

倉品さやか（くらしな さやか）

筑波大学日本語・日本文化学類卒業、広島大学大学院日本語教育学修士課程修了。スロベニア・リュブリャーア大学、福山 YMCA 国際ビジネス専門学校、仙台イングリッシュセンターで日本語講師を務めた後、現在は国際大学言語教育研究センター講師。

本文レイアウト	ポイントライン
DTP	平田文普
カバーデザイン	花本浩一
翻訳	Vincent Giry／Mireille Dambron／ Alan Gazzano／Andrea V. L. Monteiro
翻訳校正	Rudy Blanchot José Manuel Escalona Echániz 城間アンドレイ

本書へのご意見・ご感想は下記 URL までお寄せください。
https://www.jresearch.co.jp/contact/

フランス語・スペイン語・ポルトガル語 版
日本語単語スピードマスター　STANDARD2400

令和5年（2023年）　12月10日　初版第1刷発行

著　者	倉品さやか
発行人	福田富与
発行所	有限会社　Jリサーチ出版
	〒166-0002 東京都杉並区高円寺北 2-29-14-705
	電話　03(6808)8801(代)　FAX　03(5364)5310
	編集部　03(6808)8806
	https://www.jresearch.co.jp
印刷所	株式会社シナノ パブリッシング プレス

ISBN 978-4-86392-605-9　禁無断転載。なお、乱丁、落丁はお取り替えいたします。

Guide de téléchargement audio

ÉTAPE 1. Accédez à la page d'accueil ! Trois méthodes sont disponibles pour cela !

- En scannant le code QR.
- En saisissant directement https://www.jresearch.co.jp/book/b635697.html
- En accédant au site Web de J Research https://www.jresearch.co.jp/ et en saisissant le nom du livre dans "Mots-clés" pour effectuer une recherche.

ÉTAPE 2. Cliquez sur le bouton "Téléchargement audio" sur la page.

ÉTAPE 3. Saisissez le nom d'utilisateur "1001" et le mot de passe "26059" !

ÉTAPE 4. Deux méthodes d'utilisation du son sont disponibles ! Choisissez celle qui vous convient selon votre style d'apprentissage !

- Téléchargez les fichiers depuis "Téléchargement de la totalité des fichiers audio" puis écoutez-les.
- Appuyez sur le bouton ▶ pour écouter directement en streaming.

- Les fichiers audio téléchargés peuvent être écoutés sur un ordinateur, un smartphone, etc. Ils seront compressés au format .zip lorsque vous les téléchargez en totalité. Veuillez donc les décompresser pour les utiliser. Si la décompression des fichiers ne fonctionne pas, vous pouvez écouter le son directement en streaming.
- Pour toute question concernant le téléchargement audio, veuillez contacter : toiawase@jresearch.co.jp (Heures de traitement : du lundi au vendredi de 9h à 18h)

Cómo descargar la grabación

Paso 1.	Acceda a la página del producto. Puede hacerlo de tres maneras:

- escanear el código QR.
- ingresar la URL https://www.jresearch.co.jp/book/b635697.html
- escribir el título del libro en Palabras clave (キーワード), para buscarlo en el sitio web de J-Research (https://www.jresearch. co.jp)

Paso 2.	Ya en la página, haga clic en el botón Descargar grabación (音声ダウンロード)

Paso 3.	Ingrese el nombre de usuario 1001 y la contraseña 26059

Paso 4.	Hay dos maneras de escuchar los archivos de sonido. Elija la que mejor se adapte a su estilo de aprendizaje:

- descargarlos desde el menú "Descargar todos los archivos de sonido de una vez" y acceder a ellos luego.
- pulsar el botón ▶ para reproducir y escuchar los archivos de sonido directamente.

- Los archivos de sonido descargados pueden escucharse en ordenadores, smartphones y otros dispositivos. Si se los descarga todos de una vez, se comprimen en formato .zip. Descomprímalos para poder escucharlos. Si tiene problemas para descomprimir los archivos, intente reproducirlos directamente desde la página.
- Consultas sobre la descarga de la grabación: toiawase@jresearch.co.jp (horario de atención: lunes a viernes, de 9:00 a 18:00)